總　　目

第 1 册

潛溪集十卷附録二卷　（明）宋濂 撰　明初刻本 …………………………………… 1

潛溪後集十卷　（明）宋濂 撰　明初刻本 ………………………………………… 235

第 2 册

宋景濂先生未刻集不分卷　（明）宋濂 撰　清康熙三年(1664)陳國珍刻本 …… 1

誠意伯劉先生文集二十卷(卷一—四)　（明）劉基 撰

　　明成化六年(1470)戴用、張僖刻本 ………………………………………… 277

第 3 册

誠意伯劉先生文集二十卷(卷五—十一)　（明）劉基 撰

　　明成化六年(1470)戴用、張僖刻本 ……………………………………………… 1

第 4 册

誠意伯劉先生文集二十卷(卷十二—二十)　（明）劉基 撰

　　明成化六年(1470)戴用、張僖刻本 ……………………………………………… 1

第 5 册

危太樸續補不分卷　（明）危素 撰　清乾隆五十年(1785)許庭堅鈔本 ………… 1

胡仲子先生信安集二卷　（明）胡翰 撰　明弘治十六年(1503)沈杰刻本 …… 223

姑蘇雜咏二卷　（明）高啓 撰　（明）衛拱宸 輯

　　明洪武三十一年(1398)刻本 …………………………………………………… 383

第 6 册

青邱詩集擷華八卷　（明）高啓 撰　（清）費仲子 輯　清費仲子鈔本 …………… 1

聽雪篷先生詩集七卷附錄一卷（卷一—五） （明）劉秩 撰

　明洪武二十年(1387)王仲本刻本 ·················· 443

第 7 冊

聽雪篷先生詩集七卷附錄一卷（卷六—七 附錄） （明）劉秩 撰

　明洪武二十年(1387)王仲本刻本 ·················· 1

袁海叟在野集八卷 （明）袁凱 撰　清汪文柏鈔本 ·········· 119

種菊庵詩四卷 （明）錢子義 撰　明正統刻錫山錢氏《三華集》本 ········· 293

莊擊壤公詩集一卷附錄一卷 （明）莊希俊 撰

　明萬曆四十四年(1616)莊若華刻本 ·················· 367

寓軒詩集九卷存三卷拾遺一卷 （明）朱潤祖 撰　明刻本 ·········· 475

第 8 冊

雲間清嘯集一卷 （明）陶振 撰　清鈔本 ·················· 1

斗南先生詩集六卷 （明）胡奎 撰　清鈔本 ·················· 45

第 9 冊

巽隱程先生文集四卷 （明）程本立 撰　明嘉靖吳德翼刻本 ·················· 1

易齋稿十卷附錄一卷 （明）劉璟 撰　明刻本 ·················· 289

第 10 冊

東里詩集三卷文集二十五卷續編六十二卷別集三卷附錄四卷(詩集卷一—三 文集
　卷一—八) （明）楊士奇 撰　明嘉靖二十九年(1550)黃如桂刻本 ·········· 1

第 11 冊

東里詩集三卷文集二十五卷續編六十二卷別集三卷附錄四卷(文集卷九—二十

三）　（明）楊士奇　撰　明嘉靖二十九年（1550）黃如桂刻本 …………………… 1

第 12 冊

東里詩集三卷文集二十五卷續編六十二卷別集三卷附錄四卷（文集卷二十四—
二十五　續編卷一—九）　（明）楊士奇　撰

明嘉靖二十九年（1550）黃如桂刻本　…………………………………………… 1

第 13 冊

東里詩集三卷文集二十五卷續編六十二卷別集三卷附錄四卷（續編卷十一—
二十二）　（明）楊士奇　撰　明嘉靖二十九年（1550）黃如桂刻本 …………… 1

第 14 冊

東里詩集三卷文集二十五卷續編六十二卷別集三卷附錄四卷（續編卷二十三—
三十六）　（明）楊士奇　撰　明嘉靖二十九年（1550）黃如桂刻本 …………… 1

第 15 冊

東里詩集三卷文集二十五卷續編六十二卷別集三卷附錄四卷（續編卷三十七—
五十）　（明）楊士奇　撰　明嘉靖二十九年（1550）黃如桂刻本 ……………… 1

第 16 冊

東里詩集三卷文集二十五卷續編六十二卷別集三卷附錄四卷（續編卷五十一—
六十）　（明）楊士奇　撰　明嘉靖二十九年（1550）黃如桂刻本 ……………… 1

第 17 冊

東里詩集三卷文集二十五卷續編六十二卷別集三卷附錄四卷（續編卷六十一—
六十二　別集卷一—三　附錄卷一—四）　（明）楊士奇　撰

明嘉靖二十九年（1550）黄如桂刻本 ………………………………………… 1

第 18 册

張修撰遺集八卷附録一卷　（明）張洪 撰　清播琴山館鈔本 ………………… 1

觀光詩集四卷助教侯先生文集四卷　（明）侯復 撰　清金氏文瑞樓鈔本 …… 251

覺非先生文集五卷　（明）羅泰 撰　清林氏樸學齋鈔本 …………………… 477

第 19 册

思庵先生文粹十一卷　（明）吳訥 撰　明嘉靖二十七年（1548）范來賢刻本 …… 1

友梅集不分卷　（明）季麓 撰　清鈔本 ……………………………………… 487

第 20 册

忠肅公和梅花百咏一卷　（明）于謙 撰　清康熙六十年（1721）于繼先刻本 …… 1

宣廟御製總集不分卷　（明）宣宗朱瞻基 撰　清金氏文瑞樓鈔本 …………… 43

古穰文集三十卷（卷一—十）　（明）李賢 撰

　明成化十年（1474）李璋刻本 ……………………………………………… 293

第 21 册

古穰文集三十卷（卷十一—三十）　（明）李賢 撰

　明成化十年（1474）李璋刻本 ……………………………………………… 1

第 22 册

杜東原雜著一卷補遺一卷　（明）杜瓊 撰　清鈔本 ………………………… 1

楊宜閑文集十二卷存六卷　（明）楊璿 撰　明刻本 ………………………… 101

東安李都憲先生文集五卷　（明）李侃 撰　明弘治六年（1493）李德仁刻本 … 327

第 23 册

枕肱亭文集二十卷存十二卷(卷一—九)　(明)童軒 撰

明成化六年(1470)萬僖刻本 …………………………………… 1

第 24 册

枕肱亭文集二十卷存十二卷(卷十一—十二)　(明)童軒 撰

明成化六年(1470)萬僖刻本 …………………………………… 1

瓊臺吟稿十卷(卷一—八)　(明)丘濬 撰

明弘治五年(1492)蔣雲漢刻本 ……………………………… 315

第 25 册

瓊臺吟稿十卷(卷九—十)　(明)丘濬 撰　明弘治五年(1492)蔣雲漢刻本……

1

瓊臺類稿七十卷(卷一—十)　(明)丘濬 撰　明弘治五年(1492)閔珪刻本 …

89

第 26 册

瓊臺類稿七十卷(卷十一—二十四)　(明)丘濬 撰

明弘治五年(1492)閔珪刻本 …………………………………… 1

第 27 册

瓊臺類稿七十卷(卷二十五—三十九)　(明)丘濬 撰

明弘治五年(1492)閔珪刻本 …………………………………… 1

第 28 册

瓊臺類稿七十卷(卷四十一—五十五)　(明)丘濬 撰

明弘治五年(1492)閔珪刻本 …………………………………… 1

第 29 册

瓊臺類稿七十卷(卷五十六—七十) (明)丘濬 撰

明弘治五年(1492)閔珪刻本 …………………………………… 1

第 30 册

桃溪類稿六十卷存五十一卷附錄一卷(卷一 卷七—十 卷十五—二十二)

(明)謝鐸 撰 明嘉靖二十五年(1546)謝適然刻本 ……………… 1

第 31 册

桃溪類稿六十卷存五十一卷附錄一卷(卷二十三—四十) (明)謝鐸 撰

明嘉靖二十五年(1546)謝適然刻本 …………………………… 1

第 32 册

桃溪類稿六十卷存五十一卷附錄一卷(卷四十一—六十 附錄) (明)謝鐸 撰

明嘉靖二十五年(1546)謝適然刻本 …………………………… 1

第 33 册

愧齋文粹五卷附錄一卷 (明)陳音 撰 清范氏天一閣鈔本 …………………… 1

南坡詩稿十五卷存八卷(卷八—十五) (明)趙輔 撰 明刻本 ……………… 143

懷柏先生詩集十卷(卷一—三) (明)徐霖 撰

明萬曆四十五年(1617)徐時建等刻本 …………………………………… 453

第 34 册

懷柏先生詩集十卷(卷四—十) (明)徐霖 撰

明萬曆四十五年(1617)徐時建等刻本 …………………………………… 1

施信陽文集七卷存四卷　（明）施文顯　撰

　明嘉靖元年(1522)施逢原、施穎刻本 ……………………………… 205

太保東湖屠公遺稿七卷　（明）屠勳　撰　清鈔本 ……………………… 319

第 35 册

瓜涇集二卷　（明）徐源　撰　明正德刻本 …………………………………… 1

王南郭詩集六卷　（明）王弼　撰　明正德九年(1514)王坊刻本 ………… 183

静軒文鈔不分卷　（明）汪舜民　撰　清汪氏裘杼樓鈔本 ……………… 383

第 36 册

博趣齋稿二十三卷　（明）王雲鳳　撰　明刻本 …………………………… 1

韋庵集二卷　（明）皇甫信　撰　明嘉靖五年(1526)皇甫録世葉堂刻本 ……… 403

康德瞻集四卷附録一卷　（明）康阜　撰　明嘉靖九年(1530)李鑛刻本 ……… 485

第 37 册

偲庵詩集十卷存七卷文集十卷附録一卷(詩集卷一—三　卷七—十　文集卷一—十
　附録)　（明）楊旦　撰　明嘉靖楊襄刻本 …………………………………… 1

第 38 册

重訂集古梅花詩四卷　（明）童琥　撰　明刻本 …………………………… 1

東溪遺稿四卷附録一卷　（明）陳謐　撰　清鈔本 ……………………… 163

坦上翁集不分卷　（明）劉麟　撰　清鈔本 ……………………………… 319

第 39 册

陽明先生文録十七卷語録三卷(文録卷一—七)　（明）王陽明　撰　（明）徐愛　輯
　明嘉靖二十六年(1547)范慶刻本 …………………………………………… 1

第 40 册

陽明先生文録十七卷語録三卷(文録卷八—十六)　(明)王陽明 撰

　(明)徐愛 輯　明嘉靖二十六年(1547)范慶刻本 ……………………… 1

第 41 册

陽明先生文録十七卷語録三卷(文録卷十七 語録卷一—三)　(明)王陽明 撰

　(明)徐愛 輯　明嘉靖二十六年(1547)范慶刻本 ……………………… 1

蒼谷集録十二卷存六卷(卷一 卷六—九)　(明)王尚絅 撰

　明嘉靖三十年(1551)王同刻本 ………………………………… 229

第 42 册

蒼谷集録十二卷存六卷(卷十二)　(明)王尚絅 撰

　明嘉靖三十年(1551)王同刻本 ………………………………… 1

華陽稿二卷　(明)王廷相 撰　明鈔本 …………………………… 105

何仲默先生詩集十五卷(卷一—六)　(明)何景明 撰　明吳勉學刻本 ……… 323

第 43 册

何仲默先生詩集十五卷(卷七—十五)　(明)何景明 撰　明吳勉學刻本 ……… 1

鳳川先生文集三卷　(明)劉良臣 撰　(明)薛一鶚 評

　明萬曆十八年(1590)任養心刻本 ……………………………… 311

第 44 册

董中峰先生文選十一卷　(明)董玘 撰　(明)唐順之 輯

　明嘉靖四十年(1561)王國楨刻本 ……………………………… 1

甘泉湛子古詩選五卷(卷一—二)　(明)湛若水 撰　(明)謝錫命等 輯

明嘉靖三十一年(1552)湛若水刻本 ·· 527

第 45 册

甘泉湛子古詩選五卷(卷三—五)　(明)湛若水 撰　(明)謝錫命等 輯

　　明嘉靖三十一年(1552)湛若水刻本 ·· 1

鏡山詩集□□卷存六卷　(明)李汎 撰　明刻本 ····································· 131

玄庵晚稿二卷　(明)穆孔暉 撰　清鈔本 ··· 521

第 46 册

桐岡集不分卷小稿一卷　(明)楊鳳 撰　明鈔本 ······································ 1

臥癡閣彙稿不分卷　(明)史忠 撰　清初刻本 ·· 143

在笥集十卷　(明)徐繗 撰　明萬曆刻本 ··· 271

撫上郡集一卷　(明)周金 撰　明嘉靖十四年(1535)宋宜刻本 ··············· 639

第 47 册

楊升庵詩五卷　(明)楊慎 撰　明嘉靖二十四年(1545)譚少帽刻本 ·············· 1

海岱會稿一卷　(明)楊應奎 撰　明鈔本 ··· 83

乙巳春游稿五卷　(明)李濂 撰　明嘉靖二十五年(1546)白浚刻本 ············ 169

入楚吟一卷　(明)張綖 撰　明嘉靖十七年(1538)蔣芝刻本 ·················· 301

山陵賦一卷　(明)顏木 撰　明嘉靖十八年(1539)劉祚刻本 ·················· 387

渌江集十二卷附錄一卷(卷一—六)　(明)徐一鳴 撰

　　明隆慶三年(1569)五泉書院徐卿緒、徐卿述刻本 ························· 423

第 48 册

渌江集十二卷附錄一卷(卷七—十二 附錄)　(明)徐一鳴 撰

　　明隆慶三年(1569)五泉書院徐卿緒、徐卿述刻本 ························· 1

陳徵士集四卷 （明）陳鑾 撰　明熊梓刻本 …………………………………… 431

第 49 冊

内方文集五卷 （明）童承叙 撰　明萬曆二十五年（1597）蘇瀀刻本 …………… 1

第 50 冊

太華山人集四卷 （明）何棟 撰　明刻本 ……………………………………… 1

五龍山人集六卷 （明）王同祖 撰　明萬曆刻本 ……………………………… 277

林泉高士孫西川詩稿一卷 （明）孫艾 撰　明嘉靖十五年（1536）孫未刻本 … 491

第 51 冊

林屋集二十卷南館集十三卷（林屋集卷一——二十） （明）蔡羽 撰

　　明嘉靖八年（1529）刻本…………………………………………………… 1

第 52 冊

林屋集二十卷南館集十三卷（南館集卷一——十三） （明）蔡羽 撰

　　明嘉靖八年（1529）刻本…………………………………………………… 1

汀西詩集六卷 （明）趙玨 撰　明嘉靖十七年（1538）刻本 ………………… 301

余鶴池詩集十卷（卷一——二） （明）余承恩 撰　明萬曆刻本 ……………… 467

第 53 冊

余鶴池詩集十卷（卷三——十） （明）余承恩 撰　明萬曆刻本 ……………… 1

歐陽南野先生文選五卷（卷一——三） （明）歐陽德 撰　（明）李春芳 輯

　　明隆慶三年（1569）周之屏刻本………………………………………… 287

第 54 冊

歐陽南野先生文選五卷（卷四——五） （明）歐陽德 撰　（明）李春芳 輯

明隆慶三年(1569)周之屏刻本…………………………………………………………… 1

李石疊集四卷附録一卷　(明)李宗樞 撰

明嘉靖二十九年(1550)西亭書院刻本……………………………………………… 143

張罇江先生存笥集二卷徵行録一卷(存笥集卷一—二)　(明)張銓 撰

(明)張基 輯　明張世俊素心堂刻本 …………………………………………… 501

第 55 册

張罇江先生存笥集二卷徵行録一卷(徵行録)　(明)張銓 撰　(明)張基 輯

明張世俊素心堂刻本 ………………………………………………………………… 1

雲岡選稿二十卷(卷一—十一)　(明)龔用卿 撰

明萬曆三十五年(1607)龔燁刻本 ………………………………………………… 31

第 56 册

雲岡選稿二十卷(卷十二—二十)　(明)龔用卿 撰

明萬曆三十五年(1607)龔燁刻本 ………………………………………………… 1

樊氏集十二卷(卷一—二)　(明)樊鵬 撰

明嘉靖十三年(1534)孔天胤刻二十三年(1544)吳九經續刻本 ……………… 483

第 57 册

樊氏集十二卷(卷三—十二)　(明)樊鵬 撰

明嘉靖十三年(1534)孔天胤刻二十三年(1544)吳九經續刻本 ……………… 1

第 58 册

鄭少白詩集□卷存四卷　(明)鄭允璋 撰　明刻本 …………………………… 1

石湖集一卷　(明)王守 撰　明鈔本 …………………………………………… 103

穀原詩集八卷　(明)蘇祐 撰　明刻本 ………………………………………… 153

龍川駢語不分卷　（明）孟思 撰　明紫芝堂鈔本 ……………………… 525

第 59 冊

環溪漫集八卷（卷一—四）　（明）沈愷 撰　明嘉靖刻本 ……………… 1

第 60 冊

環溪漫集八卷（卷五—八）　（明）沈愷 撰　明嘉靖刻本 …………… 1

第 61 冊

中麓山人拙對二卷續對一卷　（明）李開先 撰　明嘉靖刻本 ………… 1
王椒園先生集四卷　（明）王納言 撰　明萬曆三十九年(1611)王鳳徵刻本 … 333

第 62 冊

皇甫司勛慶曆稿二十一卷　（明）皇甫汸 撰　明萬曆刻本 …………… 1
聽真稿二卷　（明）陸奎章 撰　明嘉靖刻本 ……………………………… 313
洞庭漁人續集十六卷（卷一—九）　（明）孫宜 撰
　明萬曆三十年(1602)孫斯傳刻本 ……………………………………… 371

第 63 冊

洞庭漁人續集十六卷（卷十一—十六）　（明）孫宜 撰
　明萬曆三十年(1602)孫斯傳刻本 ………………………………………… 1
陭堂摘稿十六卷（卷一—十二）　（明）許應元 撰
　明嘉靖四十年(1561)李金、黃中等刻本 …………………………… 181

第 64 冊

陭堂摘稿十六卷（卷十三—十六）　（明）許應元 撰

明嘉靖四十年(1561)李金、黃中等刻本 ………………………………………… 1

寒村集四卷　(明)蘇志皋 撰　明嘉靖三十六年(1557)許應元刻本 ………… 139

錢海石先生詩集七卷　(明)錢薇 撰　清范希仁鈔本 ………………………… 341

第 65 冊

徐徐集一卷家乘一卷　(明)王梃 撰　明嘉靖刻本 …………………………… 1

程右丞稿八卷　(明)程瑤 撰　明萬曆十九年(1591)程紹刻本 …………… 105

武林稿一卷容臺稿一卷二臺稿一卷省中稿四卷(武林稿 容臺稿 二臺稿)

　(明)許穀 撰　明嘉靖刻本 ………………………………………………… 477

第 66 冊

武林稿一卷容臺稿一卷二臺稿一卷省中稿四卷(省中稿卷一一四)

　(明)許穀 撰　明嘉靖刻本 ………………………………………………… 1

嘉南集二卷　(明)舒綎 撰　明嘉靖刻本 …………………………………… 189

周子弼集不分卷　(明)周天佐 撰　明鈔本 ………………………………… 237

間存集八卷　(明)靳學顏 撰　明刻本 ……………………………………… 347

第 67 冊

海上老人別集二卷　(明)喻時 撰　明嘉靖四十五年(1566)安希堯刻本 ……… 1

樂府一卷　(明)沈鍊 撰　明鈔本 …………………………………………… 331

馮光祿詩集十卷　(明)馮惟訥 撰　明萬曆十四年(1586)馮琦、馮珣刻本…… 353

公餘漫稿五卷(卷一)　(明)王崇古 撰

　明隆慶二年(1568)粟永祿、馮惟訥刻本 ………………………………… 651

第 68 冊

公餘漫稿五卷(卷二一五)　(明)王崇古 撰

　　　明隆慶二年(1568)粟永禄、馮惟訥刻本 ·················· 1

李駕部集二卷續編詩集一卷續編文集一卷青霞漫稿一卷　(明)李時行 撰

　　　清乾隆二十八年(1763)李文炳刻本·················· 159

宛溪先生滄州摘稿□卷存二卷滄州近稿二卷無文漫草□□卷存十二卷(滄州摘稿
　　　卷一一二)　(明)梅守德 撰　明隆慶刻萬曆遞修本 ·········· 633

第 69 冊

宛溪先生滄州摘稿□卷存二卷滄州近稿二卷無文漫草□□卷存十二卷(滄州近稿
　　　卷一一二 無文漫草卷三一十四)　(明)梅守德 撰

　　　明隆慶刻萬曆遞修本 ··························· 1

第 70 冊

緑槐堂稿二十二卷(卷一一十二)　(明)王交 撰

　　　明隆慶五年(1571)王益荃刻本·················· 1

第 71 冊

緑槐堂稿二十二卷(卷十三一二十二)　(明)王交 撰

　　　明隆慶五年(1571)王益荃刻本·················· 1

第 72 冊

程刺史栖霞集不分卷　(明)程應登 撰

　　　明天啓程尚勤、程正己刻康熙二十九年(1690)程之玿重修本 ········ 1

徐汝思詩二卷　(明)徐文通 撰　明刻本 ················ 270

少司馬谷公文集二卷　(明)谷中虛 撰

　　　明天啓元年(1621)谷遷喬、葛如麟刻本 ············· 393

第 73 册

游梁集一卷　（明）陳全之 撰　明嘉靖刻本 ………………………………… 1

庸齋先生集二卷　（明）陶承學 撰　清陶氏賢奕書樓鈔本 ……………… 39

一舫齋詩一卷　（明）張淵 撰　明萬曆刻本 …………………………… 227

自由堂稿十一卷（卷一—四）　（明）馬三才 撰　明刻本 …………… 293

第 74 册

自由堂稿十一卷（卷五—十一）　（明）馬三才 撰　明刻本 ………… 1

寄籬稿詩六卷存一卷寄籬稿文一卷寄籬雜稿一卷　（明）石璽 撰

　明萬曆刻本 ………………………………………………………… 287

第 75 册

鳳岩山房文草二十六卷存二十四卷（卷一—八）　（明）黃甲 撰

　明萬曆刻本 ………………………………………………………… 1

第 76 册

鳳岩山房文草二十六卷存二十四卷（卷九—十九）　（明）黃甲 撰

　明萬曆刻本 ………………………………………………………… 1

第 77 册

鳳岩山房文草二十六卷存二十四卷（卷二十一—二十四）　（明）黃甲 撰

　明萬曆刻本 ………………………………………………………… 1

藏甲岩稿六卷　（明）吳國倫 撰　明萬曆二年(1574)唐汝禮刻本 ……… 317

邵北虞先生遺文不分卷　（明）邵圭潔 撰　明芝蘭書室鈔本 ……… 535

第 78 冊

海剛峰先生集六卷政事四卷(卷一—六)　(明)海瑞　撰

　明萬曆二十二年(1594)阮尚賓刻本……………………………… 1

第 79 冊

海剛峰先生集六卷政事四卷(卷七—十)　(明)海瑞　撰

　明萬曆二十二年(1594)阮尚賓刻本……………………………… 1

第 80 冊

賜麟堂集六卷存四卷　(明)梁夢龍　撰　明末鈔本　………………… 1

渭上續稿十一卷(卷一—八)　(明)南軒　撰　明萬曆二十年(1592)刻本…… 473

第 81 冊

渭上續稿十一卷(卷九—十一)　(明)南軒　撰　明萬曆二十年(1592)刻本…… 1

橫槎集十卷　(明)吳時來　撰　明萬曆十六年(1588)刻本………………… 99

第 82 冊

絅齋先生文集□□卷存四卷　(明)葉春及　撰　明刻本　……………… 1

李裕州蕭然亭集四卷(卷一—三)　(明)李尚實　撰　明萬曆刻本………… 245

第 83 冊

李裕州蕭然亭集四卷(卷四)　(明)李尚實　撰　明萬曆刻本　…………… 1

太虛軒稿一卷　(明)胡直　撰　明萬曆二十一年(1593)曠驥刻本………… 111

溫函野詩集二卷　(明)溫如璋　撰　明鈔本　……………………………… 231

樾墩詩集□卷存七卷　(明)陶益　撰

明嘉靖四十三年(1564)王子充等刻本 ·· 395

第 84 册

泉湖山房稿三十卷存十二卷(卷一——十)　(明)曾同亨 撰　明刻本 ·············· 1

第 85 册

泉湖山房稿三十卷存十二卷(卷十一——十二)　(明)曾同亨 撰　明刻本 ········ 1
西征集二卷存一卷　(明)王世懋 撰　明刻本 ······························ 135
横戈集一卷附録一卷　(明)鄧子龍 撰　清鈔本 ···························· 229
留餘堂集二卷(卷一)　(明)陳儒 撰　清鈔本 ······························ 371

第 86 册

留餘堂集二卷(卷二)　(明)陳儒 撰　清鈔本 ······························ 1
學易齋集二十卷(卷一——九)　(明)萬廷言 撰　明萬曆刻本 ················ 245

第 87 册

學易齋集二十卷(卷十一——二十)　(明)萬廷言 撰　明萬曆刻本 ············ 1
玉介園存稿十八卷附録四卷(卷一——三)　(明)王叔杲 撰
　明萬曆二十九年(1601)王光美刻本 ······································ 383

第 83 册

玉介園存稿十八卷附録四卷(卷四——十五)　(明)王叔杲 撰
　明萬曆二十九年(1601)王光美刻本 ······································ 1

第 89 册

玉介園存稿十八卷附録四卷(卷十六——十八 附録卷一——四)　(明)王叔杲 撰

明萬曆二十九年(1601)王光美刻本 ··· 1

第 90 冊

何震川先生集二十八卷(卷一—十四)　(明)何洛文 撰

明天啓五年(1625)何奕家刻本 ··· 1

第 91 冊

何震川先生集二十八卷(卷十五—二十八)　(明)何洛文 撰

明天啓五年(1625)何奕家刻本 ··· 1

起曹稿□卷存一卷　(明)葉逢春 撰　明刻本 ································· 525

第 92 冊

淮上詩四卷　(明)陳文燭 撰　明隆慶刻本 ······························· 1

張中丞詩集二卷　(明)張煥 撰　明萬曆刻本 ··························· 183

長嘯軒近稿一卷續草一卷　(明)陳純 撰　(明)冒愈昌 校　(明)錢良胤 評

明萬曆四十一至四十二年(1613—1614)朱之蕃刻本 ················· 359

雲仙集□□卷存十七卷(卷一—四)　(明)朱勛㴐 撰

明嘉靖十八年(1539)瀋藩刻本 ··· 451

第 93 冊

雲仙集□□卷存十七卷(卷五 卷九—十四 卷十八—二十 卷二十六—二十八)

(明)朱勛㴐 撰　明嘉靖十八年(1539)瀋藩刻本 ······················· 1

豫章旣白詩稿四卷　(明)朱拱榣 撰　明嘉靖二十九年(1550)刻本 ··· 399

匡南先生詩集四卷　(明)朱拱樋 撰　明嘉靖刻本 ······················· 513

第 94 冊

瑞鶴堂近稿三卷　(明)朱拱樋 撰　明嘉靖刻本 ······························· 1

新樂王甲戌稿一卷　（明）朱載璽 撰　稿本 ……………………………… 77

江皋集六卷遺稿一卷　（明）馮淮 撰　明刻本 …………………………… 99

素軒吟稿十一卷（卷一—三）　（明）傅倫 撰

　　明嘉靖五年(1526)朱肅齋刻本 …………………………………………… 337

第 95 冊

素軒吟稿十一卷（卷四—十一）　（明）傅倫 撰

　　明嘉靖五年(1526)朱肅齋刻本 …………………………………………… 1

心逸道人吟稿二卷　（明）吳宗漢 撰　清道光十年(1830)馬泰榮鈔本 …… 117

謝茂秦集二卷　（明）謝榛 撰　（明）王世貞 輯　明刻本 …………… 301

梅谷蕭山稿一卷　（明）蕭敬德 撰　明嘉靖刻本 ……………………… 433

第 96 冊

張弘山先生集四卷　（明）張後覺 撰　清初刻本 ……………………… 1

閩中稿一卷　（明）李奎 撰　明刻本 …………………………………… 151

北轅集一卷　（明）歐大任 撰　明隆慶六年(1572)趙用光家鈔本 ……… 171

秣陵集八卷　（明）歐大任 撰　清鈔本 ………………………………… 231

鄭松庵漫稿七卷存五卷附錄一卷　（明）鄭明寶 撰　明嘉靖刻本 …… 479

白狼山人漫稿二卷　（明）盧楓 撰　明嘉靖三十七年(1558)鄧霓等刻本 …… 581

第 97 冊

筆峰詩草一卷醉鄉小稿一卷　（明）高應玘 撰　明嘉靖刻本 ………… 1

北游漫稿三卷附錄一卷　（明）顧聖之 撰　明鈔本 …………………… 93

五瓠山人詩集四卷續附一卷　（明）宗訓 撰

　　明嘉靖四十一年(1562)潘嘉刻本 ………………………………………… 355

鹿城詩集二十八卷（卷一—六）　（明）梁辰魚 撰　清鈔本 ………… 507

第 98 册

鹿城詩集二十八卷(卷七一二十八) （明）梁辰魚 撰 清鈔本 ······················ 1

南門仲子續集二卷 （明）陸之裘 撰 明嘉靖四十年(1561)王道刻本 ········ 433

第 99 册

豐村集三十六卷(卷一一二十) （明）魏圻 撰 明嘉靖刻本 ·············· 1

第 100 册

豐村集三十六卷(卷二十一一三十六) （明）魏圻 撰 明嘉靖刻本 ············· 1

齊雲山史集不分卷 （明）葉泓 撰 明嘉靖四十四年(1565)殷復陽等刻本 ··· 205

用拙集一卷丁艾集一卷 （明）沈明臣 撰 明隆慶刻本 ·············· 479

第 101 册

游梁詩集六卷 （明）吳鑨 撰 明萬曆綠雨樓刻本 ······················· 1

趙梅峰先生遺稿四卷 （明）趙仲全 撰 明萬曆二十四年(1596)趙健刻本 ··· 263

碧雞集一卷彈鋏集一卷金陵游稿一卷 （明）黃德水 撰 明萬曆刻本 ········· 453

第 102 册

漪游草三卷 （明）潘之恒 撰 明萬曆刻本 ···························· 1

朱文懿文稿不分卷 （明）朱賡 撰 稿本 ···························· 181

尚友堂詩集十三卷(卷一一九) （明）龔勉 撰
　明萬曆十二年(1584)龔勉自刻本···················· 199

第 103 册

尚友堂詩集十三卷(卷十一一十三) （明）龔勉 撰

明萬曆十二年(1584)龔勉自刻本…………………………………………………… 1

李侍御詩略一卷　(明)李尚默 撰　明崇禎六年(1633)李埈刻本 ………… 143

巢鷦樓吟稿不分卷　(明)姚應龍 撰　清道光十一年(1831)姚鳳翰鈔本 …… 159

管子憲章餘集二卷　(明)管志道 撰　明萬曆刻本 …………………………… 255

第 104 册

片玉齋存稿二卷　(明)丁元復 撰　明天啓刻本 ……………………………… 1

金閶稿二卷　(明)馮時可 撰　明刻本 ………………………………………… 247

石湖稿二卷　(明)馮時可 撰　明刻本 ………………………………………… 337

雨航吟稿三卷　(明)馮時可 撰　明刻本 ……………………………………… 485

第 105 册

孟我疆先生集八卷存四卷　(明)孟秋 撰

　明萬曆十四年(1586)孟化鯉、鄒元標刻藍印本 …………………………… 1

醙雞鳴瓿□□卷存十一卷(卷十六—二十一 卷二十八—三十二)

　(明)張子中 撰　明刻本 …………………………………………………… 125

觀槿續稿十九卷存十卷(卷一—五)　(明)吳敏道 撰

　明萬曆耿隨龍、曹大咸等刻本 ……………………………………………… 451

第 106 册

觀槿續稿十九卷存十卷(卷六—十)　(明)吳敏道 撰

　明萬曆耿隨龍、曹大咸等刻本 ……………………………………………… 1

宋布衣詩集二卷　(明)宋登春 撰　明萬曆五年(1577)徐學謨刻本 ………… 177

巢雲詩集八卷　(明)裴邦奇 撰　明刻本 ……………………………………… 319

第 107 册

鏡心堂草十六卷　(明)陶允宜 撰　明刻本 …………………………………… 1

游參知藏山集十卷(卷一一二)　(明)游朴 撰

明萬曆四十五年(1617)游仲卿等刻本 ················· 461

第 108 册

游參知藏山集十卷(卷三一九)　(明)游朴 撰

明萬曆四十五年(1617)游仲卿等刻本 ····················· 1

第 109 册

游參知藏山集十卷(卷十)　(明)游朴 撰

明萬曆四十五年(1617)游仲卿等刻本 ····················· 1

沛園集五卷(卷一一三)　(明)邢侗 撰　明天啓四年(1624)賜緋堂刻本 ······ 109

第 110 册

沛園集五卷(卷四一五)　(明)邢侗 撰　明天啓四年(1624)賜緋堂刻本 ········ 1

三餘集□□卷存二十二卷(卷二一五 卷十)　(明)蘇濬 撰　明刻本 ········· 377

第 111 册

三餘集□□卷存二十二卷(卷十一一十五 卷十七一二十四)　(明)蘇濬 撰

明刻本 ··· 1

第 112 册

三餘集□□卷存二十二卷(卷二十九一三十二)　(明)蘇濬 撰　明刻本 ········ 1

屠長卿集十九卷存十三卷　(明)屠隆 撰　明萬曆刻本 ··················· 185

第 113 册

石羊生詩稿六卷　(明)胡應麟 撰　(清)徐肇元 輯　清初研露齋刻本 ············ 1

西巡草一卷　（明）吳禮嘉 撰

　明萬曆二十二年(1594)黃克纘、吳堯弼刻本 ················· 279

刻庚辰進士少薇許先生窗稿一卷會試墨卷一卷　（明）許弘綱 撰　（明）唐卿 輯

　明萬曆十年(1582)江志省刻本 ················· 315

第 114 冊

石居士漫游紀事二卷　（明）石昆玉 撰　明刻本 ················· 1

竹素園集九卷　（明）馮大受 撰　明萬曆刻本 ················· 375

第 115 冊

徐孝廉遺稿二卷　（明）徐學質 撰　明萬曆二十八年(1600)葉永盛刻本 ········· 1

王太史季孺詩草一卷　（明）王萱 撰　明萬曆十七年(1589)屠本畯刻本 ····· 193

鐫黃離草十卷(卷一—二)　（明）郭正域 撰　明萬曆刻本 ················· 251

第 116 冊

鐫黃離草十卷(卷三—六)　（明）郭正域 撰　明萬曆刻本 ················· 1

第 117 冊

鐫黃離草十卷(卷七—十)　（明）郭正域 撰　明萬曆刻本 ················· 1

第 118 冊

白蓮沜文選九卷詩選六卷(文選卷一—九 詩選卷一—三)　（明）程德良 撰

　明刻本 ················· 1

第 119 冊

白蓮沜文選九卷詩選六卷(詩選卷四—六)　（明）程德良 撰　明刻本 ············ 1

烟鬟子集十四卷　（明）李茂春 撰　明刻本 ·· 151

第 120 册

西園存稿四十三卷附録二卷（卷一—七）　（明）張萱 撰

　　明刻清康熙四年（1665）重修本 ··· 1

第 121 册

西園存稿四十三卷附録二卷（卷八—十六）　（明）張萱 撰

　　明刻清康熙四年（1665）重修本 ··· 1

第 122 册

西園存稿四十三卷附録二卷（卷十七—二十二）　（明）張萱 撰

　　明刻清康熙四年（1665）重修本 ··· 1

第 123 册

西園存稿四十三卷附録二卷（卷二十三—三十一）　（明）張萱 撰

　　明刻清康熙四年（1665）重修本 ··· 1

第 124 册

西園存稿四十三卷附録二卷（卷三十二—三十七）　（明）張萱 撰

　　明刻清康熙四年（1665）重修本 ··· 1

第 125 册

西園存稿四十三卷附録二卷（卷三十八—四十三 附録）　（明）張萱 撰

　　明刻清康熙四年（1665）重修本 ··· 1

第 126 册

藏徵館集十五卷　（明）劉黄裳　撰　明萬曆刻本 …………………………………… 1

第 127 册

薊丘集四十七卷（卷一—十九）　（明）王嘉謨　撰　明刻本 ………………… 1

第 128 册

薊丘集四十七卷（卷二十一—三十四）　（明）王嘉謨　撰　明刻本 ……………… 1

第 129 册

薊丘集四十七卷（卷三十五—四十七）　（明）王嘉謨　撰　明刻本 ……………… 1

第 130 册

客乘二十八卷（卷一—十七）　（明）張懋忠　撰　明崇禎刻本 ………………… 1

第 131 册

客乘二十八卷（卷十八—二十八）　（明）張懋忠　撰　明崇禎刻本 …………… 1
李長卿集二十八卷（卷一—二）　（明）李鼎　撰
　　明萬曆四十年（1612）李嗣宗刻本 ………………………………………… 471

第 132 册

李長卿集二十八卷（卷三—十六）　（明）李鼎　撰
　　明萬曆四十年（1612）李嗣宗刻本 ………………………………………… 1

第 133 册

李長卿集二十八卷（卷十七—二十八）　（明）李鼎　撰

明萬曆四十年(1612)李嗣宗刻本 ·· 1

第 134 冊

雞肋删三卷　(明)李叔元 撰　明崇禎李雲寧等刻本 ················· 1

第 135 冊

尊生館稿不分卷　(明)沈潅 撰　清初鈔本 ···························· 1

第 136 冊

大司馬張海虹先生文集十七卷　(明)張五典 撰　明刻本 ············ 1

第 137 冊

王考功鸚適軒詩集十卷存六卷文集四卷附錄一卷　(明)王樂善 撰

　明萬曆刻本 ·· 1

第 138 冊

小草齋集十一卷烏衣集一卷　(明)謝肇淛 撰　明謝氏小草齋鈔本 ······ 1

木天遺草二十八卷附錄一卷(卷一——八)　(明)高克正 撰

　清康熙十年(1671)高維檜寶安公署刻本·························· 299

第 139 冊

木天遺草二十八卷附錄一卷(卷九—二十八 附錄)　(明)高克正 撰

　清康熙十年(1671)高維檜寶安公署刻本·························· 1

第 140 冊

曹門學則四卷存二卷　(明)曹于汴 撰　明馬之騋刻本 ················ 1

石隱園文稿不分卷　（明）畢自嚴 撰　清初鈔本 ……………………………… 159

溪南清墅集草六卷(卷一—二)　（明）張應泰 撰　明萬曆刻本 ……………… 433

第 141 冊

溪南清墅集草六卷(卷三—六)　（明）張應泰 撰　明萬曆刻本 ………………… 1

蘆花湄集二十九卷(卷一—四)　（明）張鶴鳴 撰　明萬曆刻本 …………… 295

第 142 冊

蘆花湄集二十九卷(卷五—二十九)　（明）張鶴鳴 撰　明萬曆刻本 ………… 1

第 143 冊

學半齋集不分卷(一)　（明）陳禹謨 撰　明抱爽樓鈔本 ………………………… 1

第 144 冊

學半齋集不分卷(二)　（明）陳禹謨 撰　明抱爽樓鈔本 ………………………… 1

睡庵詩稿一卷文稿二卷　（明）湯賓尹 撰　明萬曆刻本 …………………… 125

蘇門山房詩草二卷文草四卷家乘一卷東事書一卷(蘇門山房詩草卷一—二)
　（明）郭淐 撰　明天啓刻本 ……………………………………………………… 399

第 145 冊

蘇門山房詩草二卷文草四卷家乘一卷東事書一卷(文草卷一—四 家乘 東事書)
　（明）郭淐 撰　明天啓刻本 ………………………………………………………… 1

第 146 冊

望雲樓稿十八卷(卷一—十)　（明）徐如珂 撰　清鈔本 ………………………… 1

第 147 册

望雲樓稿十八卷(卷十一—十八)　(明)徐如珂 撰　清鈔本 …………………… 1

第 148 册

浮山堂集一卷石倉文稿一卷　(明)曹學佺 撰　明刻本 ……………………… 1

春別篇一卷　(明)曹學佺 撰　明刻本 …………………………………… 139

金陵集三卷存二卷　(明)曹學佺 撰　明刻本 …………………………… 181

遥連堂訂王損仲先生詩乙稿一卷　(明)王惟儉 撰　明刻本 …………… 315

詹炎集三十四卷存十八卷(卷一—四)　(明)葉維榮 撰

　明萬曆二十八年(1600)林中梧等刻藍印本……………………………… 353

第 149 册

詹炎集三十四卷存十八卷(卷五—十二)　(明)葉維榮 撰

　明萬曆二十八年(1600)林中梧等刻藍印本……………………………… 1

第 150 册

詹炎集三十四卷存十八卷(卷十三—十八)　(明)葉維榮 撰

　明萬曆二十八年(1600)林中梧等刻藍印本……………………………… 1

第 151 册

漱玉齋類詩三卷初吟草一卷解弢集一卷　(明)鄧雲霄 撰　明刻本 …………… 1

西游續稿六卷(詩草 日紀摘鈔上)　(明)蘇惟霖 撰　明刻本 ………………… 415

第 152 册

西游續稿六卷(日紀摘鈔下 日紀 札子 雜著)　(明)蘇惟霖 撰　明刻本 ……… 1

率道人素草七卷(卷一—三)　(明)吳玄 撰　明刻本 …………………… 239

第 153 册

率道人素草七卷(卷四—七)　(明)吳玄 撰　明刻本 ……………………… 1

第 154 册

葛司農遺集不分卷　(明)葛寅亮 撰　清吳允嘉鈔本 ……………………… 1

止園集二十四卷續集一卷(止園集卷一—八)　(明)吳亮 撰

　明天啓元年(1621)吳亮刻本 ……………………………………………… 97

第 155 册

止園集二十四卷續集一卷(止園集卷九—十七)　(明)吳亮 撰

　明天啓元年(1621)吳亮刻本 ……………………………………………… 1

第 156 册

止園集二十四卷續集一卷(止園集卷十八—二十四 續集)　(明)吳亮 撰

　明天啓元年(1621)吳亮刻本 ……………………………………………… 1

薄游小草一卷　(明)李檉 撰　明刻本 …………………………………… 513

第 157 册

答問草一卷　(明)郭尚友 撰　明萬曆四十五年(1617)郭尚友自刻本 ………… 1

秀野堂集十卷　(明)楊師孔 撰　明萬曆天啓間刻本 …………………… 107

第 158 册

密娛齋詩集九卷後集一卷　(明)王嗣奭 撰　清鈔本 …………………… 1

第 159 冊

澶淵雜著二卷 （明）王臣直 撰 明崇禎六年（1633）刻本 …………………… 1

郭汝承集□卷存四卷 （明）郭應寵 撰 清鈔本 …………………………… 341

第 160 冊

雪堂文集十卷附錄一卷（卷一—七） （明）沈守正 撰

　明崇禎三年（1630）沈尤含、沈美含刻本 ………………………………… 1

第 161 冊

雪堂文集十卷附錄一卷（卷八—十 附錄） （明）沈守正 撰

　明崇禎三年（1630）沈尤含、沈美含刻本 ………………………………… 1

藿議不分卷 （明）劉士龍 撰 明刻本 ……………………………………… 375

紫薇堂集八卷附錄一卷（卷一—二） （明）陸明揚 撰 清鈔本 …………… 517

第 162 冊

紫薇堂集八卷附錄一卷（卷三—八 附錄） （明）陸明揚 撰 清鈔本 ………… 1

槎庵詩集八卷 （明）來斯行 撰 明末百順堂刻本 ………………………… 259

第 163 冊

樂中集一卷近集七卷前集七卷 （明）胡繼先 撰 明萬曆刻本 ……………… 1

第 164 冊

西征稿八卷（卷一—四） （明）傅振商 撰 明萬曆刻本 …………………… 1

第 165 冊

西征稿八卷（卷五—八） （明）傅振商 撰 明萬曆刻本 …………………… 1

頌帚居士戒草一卷　（明）劉錫玄 撰　明萬曆四十五年(1617)劉錫玄刻本 … 469

頌帚三集二卷(卷上)　（明）劉錫玄 撰　明萬曆刻本 ……………………… 551

第 166 册

頌帚三集二卷(卷下)　（明）劉錫玄 撰　明萬曆刻本 …………………………… 1

紫庭草一卷　（明）文翔鳳 撰　明刻《三子小草》本 ……………………… 117

竹聖齋吟草一卷　（明）文翔鳳 撰　明鈔本 ……………………………… 221

太古堂遺編十四卷(奏疏一——雜著)　（明）高弘圖 撰　清鈔本 ………… 249

第 167 册

太古堂遺編十四卷(古近體詩—論史四)　（明）高弘圖 撰　清鈔本 ………… 1

第 168 册

勺水庵詩集一卷　（明）張言 撰　明末刻本 ……………………………… 1

瑶草園初集□□卷存十一卷(卷一——三)　（明）吳之鯨 撰　明刻本 ……… 125

第 169 册

瑶草園初集□□卷存十一卷(卷四—六)　（明）吳之鯨 撰　明刻本 ………… 1

第 170 册

瑶草園初集□□卷存十一卷(卷七—十)　（明）吳之鯨 撰　明刻本 ………… 1

第 171 册

瑶草園初集□□卷存十一卷(卷十一)　（明）吳之鯨 撰　明刻本 …………… 1

素雯齋集三十八卷(卷一——三)　（明）吳伯與 撰　明天啓刻本 ………… 149

第 172 册

素雯齋集三十八卷(卷四一十二)　(明)吳伯與 撰　明天啓刻本 ················· 1

第 173 册

素雯齋集三十八卷(卷十三一十八)　(明)吳伯與 撰　明天啓刻本 ············· 1

第 174 册

素雯齋集三十八卷(卷十九一二十四)　(明)吳伯與 撰　明天啓刻本 ··········· 1

第 175 册

素雯齋集三十八卷(卷二十五一二十九)　(明)吳伯與 撰　明天啓刻本 ·········· 1

第 176 册

素雯齋集三十八卷(卷三十一一三十六)　(明)吳伯與 撰　明天啓刻本 ············ 1

第 177 册

素雯齋集三十八卷(卷三十七一三十八)　(明)吳伯與 撰　明天啓刻本 ········· 1
范文忠公文稿不分卷　(明)范景文 撰　明稿本 ··················· 149
傳是堂合編五卷河東文告四卷奏議一卷(傳是堂合編卷一一四)　(明)李日宣 撰
明天啓刻本 ······································· 235

第 178 册

傳是堂合編五卷河東文告四卷奏議一卷(傳是堂合編卷五 河東文告卷一一四)
(明)李日宣 撰　明天啓刻本 ··························· 1

第 179 冊

傳是堂合編五卷河東文告四卷奏議一卷(奏議)　(明)李日宣 撰

　明天啓刻本 ··· 1

來復齋稿十卷(卷一—八)　(明)劉鐸 撰　明崇禎劉淑刻永曆重修本 ········ 137

第 180 冊

來復齋稿十卷(卷九—十)　(明)劉鐸 撰　明崇禎劉淑刻永曆重修本 ··········· 1

恒游草一卷燕游草一卷　(明)王琨 撰　明刻本 ················ 121

踽庵集不分卷(一)　(明)魏浣初 撰　明鈔本 ·················· 178

第 181 冊

踽庵集不分卷(二)　(明)魏浣初 撰　明鈔本 ·················· 1

四留堂雜著不分卷(一)　(明)魏浣初 撰　清鈔本 ·············· 457

第 182 冊

四留堂雜著不分卷(二)　(明)魏浣初 撰　清鈔本 ·················· 1

青來閣二集十卷(卷一—四)　(明)方應祥 撰

　明天啓四年(1624)易道暹等刻本 ························· 209

第 183 冊

青來閣二集十卷(卷五—十)　(明)方應祥 撰

　明天啓四年(1624)易道暹等刻本 ··························· 1

存笥詩草五卷　(明)吳桂森 撰　明崇禎吳陞之刻本 ············ 457

陳庶常遺集四卷附錄一卷(卷一)　(明)陳萬言 撰

　明崇禎三年(1630)王起隆等刻本 ························· 509

第 184 册

陳庶常遺集四卷附錄一卷（卷二—四 附錄） （明）陳萬言 撰

　　明崇禎三年（1630）王起隆等刻本 ····································· 1

青錦園文集選五卷存一卷 （明）葉憲祖 撰 （明）許運鵬 輯

　　明天啓刻本 ·· 297

學言一卷 （明）李芳 撰 明萬曆刻本 ································· 417

游燕雜紀二卷 （明）盛時泰 撰 明萬曆三年（1575）盛時泰自刻本 ··········· 519

第 185 册

小雅堂詩稿不分卷 （明）莫雲卿 撰 明稿本 ····················· 1

客越集一卷 （明）王巽 撰 明萬曆二十一年（1593）談修刻本 ············ 19

楚游稿二卷 （明）李多見 撰 明刻本 ······························· 89

湖海長吟八卷操瑟迂譚二卷 （明）王文禎 撰 清鈔本 ········· 145

東游草一卷 （明）陸應陽 撰 明刻本 ······························· 307

擊轅草一卷 （明）錢蕎 撰 清道光六年（1826）錢泰吉家鈔本 ················ 361

筆花樓新聲一卷 （明）顧正誼 撰 明萬曆二十四年（1596）顧正誼自刻本 ··· 397

蘭陔堂稿十四卷（扣舷草 遠游篇 貂裘草） （明）杜開美 撰 明萬曆刻本 ··· 485

第 186 册

蘭陔堂稿十四卷（秋水篇 潤州草 敝帚草 白門草 行藥草 蝸甲草 尺牘一）

　　（明）杜開美 撰 明萬曆刻本 ·· 1

第 187 册

蘭陔堂稿十四卷（尺牘二—四） （明）杜開美 撰 明萬曆刻本 ················· 1

停雲館詩選二卷 （明）文從龍 撰 明萬曆刻本 ···················· 181

行藥吟一卷·（明）聞龍　撰　明萬曆二十八年（1600）聞龍自刻本 …………… 293

桃葉編一卷　（明）錢希言　撰　明萬曆二十八年（1600）吳趨客傲齋刻本 …… 375

臥雲稿一卷　（明）許自昌　撰　明萬曆三十年（1602）許自昌自刻本 ………… 445

毄音集一卷　（明）于承祖　撰　明萬曆芙蓉社刻本 …………………………… 521

第 188 册

在原咏一卷題贈一卷　（明）吳大經　撰　明萬曆刻本 ………………………… 1

礴園詩稿二卷　（明）王瀠　撰　明末刻本 …………………………………… 137

紫霞閣文集十三卷存十二卷（卷一）　（明）周如錦　撰　清鈔本 …………… 281

第 189 册

紫霞閣文集十三卷存十二卷（卷二—四）　（明）周如錦　撰　清鈔本 ………… 1

第 190 册

紫霞閣文集十三卷存十二卷（卷五—八）　（明）周如錦　撰　清鈔本 ………… 1

第 191 册

紫霞閣文集十三卷存十二卷（卷九—十一）　（明）周如錦　撰　清鈔本 ……… 1

第 192 册

紫霞閣文集十三卷存十二卷（卷十二）　（明）周如錦　撰　清鈔本 …………… 1

携劍集四卷恒西游草一卷　（明）俞景寅　撰　明萬曆刻本 …………………… 219

蜀都賦不分卷　（明）范楩　撰　（明）江鎏　注　明萬曆刻本 ……………… 379

第 193 册

胡伯良集六卷游廬山詩一卷詩説紀事三卷　（明）胡之驥　撰　明萬曆刻本 …… 1

第 194 冊

我有軒集四卷哀挽詩一卷　（明）范之默　撰

　明萬曆四十四年(1616)范之熊刻本 ……………………………………………………… 1

韞璞齋稿一卷燕臺草一卷　（明）馮珣　撰　明鈔本 ……………………………… 245

青藜齋集二卷洛書樓社草一卷祀岳集一卷孝行始末文稿一卷學行始末文稿一卷

　（青藜齋集卷一）　（明）朱朝瞡　撰　明萬曆刻本 ……………………………… 313

第 195 冊

青藜齋集二卷洛書樓社草一卷祀岳集一卷孝行始末文稿一卷學行始末文稿一卷

　（青藜齋集卷二 洛書樓社草 祀岳集 孝行始末文稿 學行始末文稿）

　（明）朱朝瞡　撰　明萬曆刻本 …………………………………………………………… 1

市隱堂詩草五卷(卷一—三)　（明）朱頤媂　撰

　明崇禎十四年(1641)朱用澡刻本 ………………………………………………………… 239

第 196 冊

市隱堂詩草五卷(卷四—五)　（明）朱頤媂　撰

　明崇禎十四年(1641)朱用澡刻本 …………………………………………………………… 1

大業堂詩草十一卷（卷一—八）　（明）朱誼澊　撰　明刻本 …………………… 225

第 197 冊

大業堂詩草十一卷（卷九—十一）　（明）朱誼澊　撰　明刻本 ………………… 1

落花詩一卷　（明）薛岡　撰　明崇禎刻本 …………………………………………… 147

二楞庵詩卷一卷　（明）釋通潤　撰　清初刻本 …………………………………… 181

玄對樓巳集七卷　（明）穆光胤　撰　明刻本 ……………………………………… 297

第 198 册

遠游集十二卷　（明）汪聖敫　撰　明萬曆刻本 …………………………………… 1

一葦集二卷附録一卷　（明）釋圓復　撰　明刻本 ………………………………… 393

假庵詩草不分卷　（明）歸昌世　撰　明稿本 …………………………………… 485

居易子鏗鏗齋外稿續集一卷雜卷一卷　（明）朱篔　撰　明刻本 ……………… 561

第 199 册

緒言四卷　（明）董斯張　撰　明末刻本 ………………………………………… 1

句曲游稿一卷　（明）陳魁文　撰　明萬曆刻本 ………………………………… 141

西渼草一卷　（明）陳魁文　撰　明崇禎刻本 …………………………………… 197

瑞雲樓稿□□卷存三卷　（明）王承勛　撰　明刻本 …………………………… 289

夏叔夏貧居日出言二卷仍園日出言二卷　（明）夏大寯　撰　明刻本 ………… 379

第 200 册

印可編一卷續編一卷　（明）詹紹治　撰

　　明崇禎四年(1631)、十七年(1644)詹日昌刻本 …………………………… 1

素蘭集一卷　（明）翁孺安　撰　清鈔本 ………………………………………… 79

龍潭集□□卷存十七卷（卷四—九）　（明）龔黄　撰　明刻本 ………………… 140

第 201 册

龍潭集□□卷存十七卷（卷十一—二十）　（明）龔黄　撰　明刻本 …………… 1

西園續稿二十卷存十八卷（卷二—六）　（明）彭堯諭　撰　明末刻本 ………… 357

第 202 册

西園續稿二十卷存十八卷（卷七—十四　卷十六—十八）　（明）彭堯諭　撰

明末刻本 ·· 1

第 203 冊

西園續稿二十卷存十八卷(卷十九—二十)　(明)彭堯諭 撰　明末刻本 ········ 1

蔣氏敬日草十二卷外集十二卷(蔣氏敬日草卷一—四)　(明)蔣德璟 撰

　明崇禎刻隆武元年(1645)續刻本 ··· 121

第 204 冊

蔣氏敬日草十二卷外集十二卷(蔣氏敬日草卷五—九)　(明)蔣德璟 撰

　明崇禎刻隆武元年(1645)續刻本 ··· 1

第 205 冊

蔣氏敬日草十二卷外集十二卷(蔣氏敬日草卷十一—十二 外集卷一—二)

　(明)蔣德璟 撰　明崇禎刻隆武元年(1645)續刻本 ······················ 1

第 206 冊

蔣氏敬日草十二卷外集十二卷 (外集卷三—七)　(明)蔣德璟 撰

　明崇禎刻隆武元年(1645)續刻本 ··· 1

第 207 冊

蔣氏敬日草十二卷外集十二卷 (外集卷八—十二)　(明)蔣德璟 撰

　明崇禎刻隆武元年(1645)續刻本 ··· 1

第 208 冊

黃子錄六十六卷存三十七卷(卷一 卷九—十四)　(明)黃道周 撰　(清)洪思 考正

　(清)柯蔭 集解　清鈔本 ·· 1

第 209 册

黄子録六十六卷存三十七卷(卷十五—二十二　卷三十　卷三十四—三十七)

　　(明)黄道周 撰　(清)洪思 考正　(清)柯蔭 集解　清鈔本 ………………… 1

第 210 册

黄子録六十六卷存三十七卷(卷三十八—四十五　卷五十八)　(明)黄道周 撰

　　(清)洪思 考正　(清)柯蔭 集解　清鈔本 ………………………………… 1

第 211 册

黄子録六十六卷存三十七卷(卷五十九—六十六)　(明)黄道周 撰　(清)洪思 考正

　　(清)柯蔭 集解　清鈔本 …………………………………………………… 1

第 212 册

珵美堂集一卷沙上集一卷　(明)水佳胤 撰　明崇禎刻本 ……………………… 1

雲隱堂文集三十卷詩集十卷附録四卷(文集卷一—六)　(明)張鏡心 撰

　　清康熙十一年(1672)奉思堂張潘刻本 ……………………………………… 121

第 213 册

雲隱堂文集三十卷詩集十卷附録四卷(文集卷七—十七)　(明)張鏡心 撰

　　清康熙十一年(1672)奉思堂張潘刻本 ……………………………………… 1

第 214 册

雲隱堂文集三十卷詩集十卷附録四卷(文集卷十八—三十)　(明)張鏡心 撰

　　清康熙十一年(1672)奉思堂張潘刻本 ……………………………………… 1

第 215 冊

雲隱堂文集三十卷詩集十卷附録四卷(詩集卷一—十 附録卷一—三)

　(明)張鏡心 撰　清康熙十一年(1672)奉思堂張潛刻本 ·················· 1

香國樓精選槖罋草□□卷存三卷　(明)孫徵蘭 撰

　明天啓崇禎孫隆孫、孫啓賢刻本 ···································· 415

半日閑一卷　(明)孫徵蘭 撰　明末刻本 ····························· 543

第 216 冊

唧唧吟一卷　(明)楊承誨 撰　明崇禎刻本 ··························· 1

餘廉堂集八卷　(明)吳履中 撰　清康熙元年(1662)王元晉刻本············ 45

第 217 冊

浪吟集二卷疏草一卷方城公尺牘一卷　(明)曹履泰 撰　清康熙刻本 ·········· 1

迦陵集一卷　(明)黎遂球 撰　明崇禎十七年(1644)四知堂居士鈔本 ········ 271

松寥詩一卷　(明)程嘉燧 撰　明天啓冷風臺刻本 ····················· 403

太霞集選二十八卷(卷一—五)　(明)杜文焕 撰　明天啓刻本··············· 487

第 218 冊

太霞集選二十八卷(卷六—二十八)　(明)杜文焕 撰　明天啓刻本··············· 1

第 219 冊

玩世齋集十二卷　(明)華師召 撰　明天啓二年(1622)華師召自刻本 ··········· 1

第 220 冊

釋義美人染甲詩二卷　(明)孫繼統 撰注　明天啓刻本 ····················· 1

釋義雁字詩二卷　（明）孫繼統　撰注　明天啓刻本 …………………………… 231

第 221 冊

采藍集四卷　（明）周應辰　撰　明天啓三年（1623）李子啓刻本 ……………… 1

亦顡集八卷　（明）倪大繼　撰　明刻本 ………………………………………… 173

墨華集不分卷（一）　（明）安舒　撰　清稿本 ………………………………… 385

第 222 冊

墨華集不分卷（二）　（明）安舒　撰　清稿本 ………………………………… 1

黎縝之游稿一卷椒花初頌贈言一卷　（明）黎密　撰

　　明天啓五年（1625）刻本 ……………………………………………………… 283

蒹葭什一卷　（明）李桐　撰　明天啓六年（1626）李桐自刻本 ……………… 407

橫山草堂詩集十一卷　（明）崔培元　撰　明末刻本 …………………………… 475

第 223 冊

綴閑集二卷公孫龍子達辭一卷　（明）徐濟忠　撰　明末刻本 ………………… 1

石民甲戌集□卷存五卷　（明）茅元儀　撰　明崇禎刻本 ……………………… 125

鍾山獻續一卷再續二卷三續二卷　（明）楊宛　撰

　　明崇禎四至八年（1631—1635）茅氏玄稨居刻本 ………………………… 281

第 224 冊

黃夫人臥月軒稿六卷續刻一卷　（明）顧若璞　撰

　　清順治八年（1651）黃燦、黃煒臥月軒刻本 …………………………………… 1

文几山人集四卷附錄一卷　（清）曹臣　撰

　　清康熙三十五年（1696）曹度帶存堂刻本 …………………………………… 303

剩草一卷　（明）楊宣　撰　明崇禎六年（1633）楊宣自刻本 ………………… 499

第 225 冊

敬民堂小集三卷 （明）蔡邦俊 撰　明崇禎刻本 ……………………………………… 1

萬里吟二卷 （明）冒起宗 撰　明末刻本 ……………………………………………… 147

葛坡草堂集四卷 （明）韓國植 撰　明崇禎刻本 …………………………………… 321

第 226 冊

退思堂集十二卷（卷一—二）　（明）李陳玉 撰　明崇禎刻本 …………………… 1

第 227 冊

退思堂集十二卷（卷三—五）　（明）李陳玉 撰　明崇禎刻本 …………………… 1

第 228 冊

退思堂集十二卷（卷六—八）　（明）李陳玉 撰　明崇禎刻本 …………………… 1

第 229 冊

退思堂集十二卷（卷九—十一）　（明）李陳玉 撰　明崇禎刻本 ………………… 1

第 230 冊

退思堂集十二卷（卷十二）　（明）李陳玉 撰　明崇禎刻本 …………………… 1

妙遠堂詩三集一卷閩游草一卷　（明）王疊 撰　清初王自超鈔本 …………… 237

曹子玉詩集十卷（自娛集 天許集 清嘯集 珠塵集 碎琴集）　（明）曹玑 撰

　明末刻本 ……………………………………………………………………………… 319

第 231 冊

曹子玉詩集十卷（指水集 青薲集 感遇集 飲水集 餘醉集）　（明）曹玑 撰

明末刻本 ……………………………………………………………………… 1

忠介公正氣堂文集八卷越中集二卷南征集十卷（忠介公正氣堂文集卷一—八　越中

集卷一—二）　（明）錢肅樂　撰　（清）全祖望　輯　清鈔本 …………… 233

第 232 册

忠介公正氣堂文集八卷越中集二卷南征集十卷（南征集卷一—十）

（明）錢肅樂　撰　（清）全祖望　輯　清鈔本 …………………………… 1

張公亮先生癸甲螢芝集二卷　（明）張明弼　撰　明崇禎刻本 …………… 283

第 233 册

幾亭文録四卷　（明）陳龍正　撰　明崇禎刻本 ………………………… 1

第 234 册

操縵草十二卷　（明）熊人霖　撰　明崇禎刻本 ………………………… 1

柳潭遺集六卷　（明）王自超　撰　清初平遠刻本 ……………………… 449

第 235 册

上海公遺稿不分卷　（明）彭長宜　撰　清鈔本 ………………………… 1

山水移三卷　（明）楊文驄　撰　明崇禎刻本 …………………………… 255

烟霞外集一卷　（明）范汝植　撰　明崇禎刻本 ………………………… 413

榖園集詩一卷文一卷（詩集）　（明）楊彝　撰

清道光二年（1822）譚天成家鈔本 …………………………………… 505

第 236 册

榖園集詩一卷文一卷（文集）　（明）楊彝　撰

清道光二年（1822）譚天成家鈔本 …………………………………… 1

五石居詩二卷　（明）陳紹英　撰　清鈔本 ………………………………… 185

孫雪屋文集不分卷　（明）孫永祚　撰　清稿本 …………………………… 341

第 237 册

許山集一卷承平雜咏一卷　（明）高夢箕　撰　清括齋王氏鈔本 ………… 1

何士龍詩一卷　（明）何雲　撰　清初鈔本 ………………………………… 27

文彦可先生遺稿不分卷　（明）文從簡　撰　明稿本 ……………………… 89

墨巢集十六卷　（明）謝焜　撰　明崇禎十年(1637)汪宗友刻本 ………… 119

第 238 册

絕餘編四卷　（明）釋智旭　撰　明崇禎十五年(1642)釋普滋等刻本 …… 1

蕉巢拾稿一卷悲風草一卷　（明）周之玿　撰　清初刻本 ………………… 225

栩栩編□卷存一卷　（明）李德星　撰　明崇禎刻本 ……………………… 315

雪花三十韵一卷　（明）鮑釗　撰　明末刻本 ……………………………… 379

坻場集十九卷(卷一―八)　（明）曾益　撰　明末刻本 …………………… 403

第 239 册

坻場集十九卷(卷九―十九)　（明）曾益　撰　明末刻本 ………………… 1

容庵詩集十卷辛卯集一卷容庵文集二卷(容庵詩集卷一―十)　（明）孫爽　撰

　清康熙刻本 ……………………………………………………………… 257

第 240 册

容庵詩集十卷辛卯集一卷容庵文集二卷(辛卯集 容庵文集卷一―二)

　（明）孫爽　撰　清康熙刻本 ………………………………………… 1

籠鵝館集不分卷　（明）王與玟　撰　清初鈔本 …………………………… 335

天啓宮中詞一卷雪舫集一卷　（明）陳悰　撰　清初刻本 ………………… 453

小青集一卷閲稿一卷　（明）馮小青 撰　明末刻本 …………………………… 593

小青焚餘集一卷　（明）馮小青 撰　清咸豐九年(1859)勞權鈔本 …………… 663

索　引

書名筆畫索引

書　名	册號・頁碼

一畫

一舫齋詩一卷	73・227
一葦集二卷附録一卷	198・393
乙巳春游稿五卷	47・169

二畫

二楞庵詩卷一卷	197・181
入楚吟一卷	47・301

三畫

三餘集□□卷存二十二卷	110・377
	111・1
	112・1
大司馬張海虹先生文集十七卷	136・1
大業堂詩草十一卷	196・225
	197・1
上海公遺稿不分卷	235・1
山水移三卷	235・255
山陵賦一卷	47・387
勺水庵詩集一卷	168・1

小青焚餘集一卷　　　　　　　　　　　　　　240・663

小青集一卷閱稿一卷　　　　　　　　　　　　240・593

小草齋集十一卷烏衣集一卷　　　　　　　　　138・1

小雅堂詩稿不分卷　　　　　　　　　　　　　185・1

四畫

王太史季孺詩草一卷　　　　　　　　　　　　115・193

王考功鶹適軒詩集十卷存六卷文集四卷附錄一卷　137・1

王南郭詩集六卷　　　　　　　　　　　　　　35・183

王椒園先生集四卷　　　　　　　　　　　　　61・333

天啓宮中詞一卷雪舫集一卷　　　　　　　　　240・453

木天遺草二十八卷附錄一卷　　　　　　　　　138・299

　　　　　　　　　　　　　　　　　　　　　139・1

五石居詩二卷　　　　　　　　　　　　　　　236・185

五瓠山人詩集四卷續附一卷　　　　　　　　　97・355

五龍山人集六卷　　　　　　　　　　　　　　50・277

太古堂遺編十四卷　　　　　　　　　　　　　166・249

　　　　　　　　　　　　　　　　　　　　　167・1

太保東湖屠公遺稿七卷　　　　　　　　　　　34・319

太華山人集四卷　　　　　　　　　　　　　　50・1

太虛軒稿一卷　　　　　　　　　　　　　　　83・111

太霞集選二十八卷　　　　　　　　　　　　　217・487

　　　　　　　　　　　　　　　　　　　　　218・1

友梅集不分卷　　　　　　　　　　　　　　　19・487

止園集二十四卷續集一卷　　　　　　　　　　154・97

　　　　　　　　　　　　　　　　　　　　　155・1

	156・1
少司馬谷公文集二卷	72・393
中麓山人拙對二卷續對一卷	61・1
內方文集五卷	49・1
片玉齋存稿二卷	104・1
公餘漫稿五卷	67・651
	68・1
文几山人集四卷附録一卷	224・303
文彥可先生遺稿不分卷	237・89
斗南先生詩集六卷	8・45
心逸道人吟稿二卷	95・117

五畫

玉介園存稿十八卷附録四卷	87・383
	88・1
	89・1
甘泉湛子古詩選五卷	44・527
	45・1
古穰文集三十卷	20・293
	21・1
石民甲戌集□卷存五卷	223・125
石羊生詩稿六卷	113・1
石居士漫游紀事二卷	114・1
石湖集一卷	58・103
石湖稿二卷	104・337
石隱園文稿不分卷	140・159

北游漫稿三卷附録一卷 97・93

北轅集一卷 96・171

四留堂雜著不分卷 181・457

  182・1

白狼山人漫稿二卷 96・581

白蓮沜文選九卷詩選六卷 118・1

  119・1

瓜涇集二卷 35・1

用拙集一卷丁艾集一卷 100・479

印可編一卷續編一卷 200・1

句曲游稿一卷 199・141

市隱堂詩草五卷 195・239

  196・1

玄庵晚稿二卷 45・521

玄對樓巳集七卷 197・297

半日閑一卷 215・543

汀西詩集六卷 52・301

六畫

匡南先生詩集四卷 93・513

西巡草一卷 113・279

西征集二卷存一卷 85・135

西征稿八卷 164・1

  165・1

西游續稿六卷 151・415

  152・1

西溪草一卷　　　　　　　　　　　　　199・197

西園存稿四十三卷附録二卷　　　　　　120・1

　　　　　　　　　　　　　　　　　　121・1

　　　　　　　　　　　　　　　　　　122・1

　　　　　　　　　　　　　　　　　　123・1

　　　　　　　　　　　　　　　　　　124・1

　　　　　　　　　　　　　　　　　　125・1

西園續稿二十卷存十八卷　　　　　　　201・357

　　　　　　　　　　　　　　　　　　202・1

　　　　　　　　　　　　　　　　　　203・1

在原咏一卷題贈一卷　　　　　　　　　188・1

在笥集十卷　　　　　　　　　　　　　46・271

存笥詩草五卷　　　　　　　　　　　　183・457

朱文懿文稿不分卷　　　　　　　　　　102・181

竹素園集九卷　　　　　　　　　　　　114・375

竹聖齋吟草一卷　　　　　　　　　　　166・221

自由堂稿十一卷　　　　　　　　　　　73・293

　　　　　　　　　　　　　　　　　　74・1

行藥吟一卷　　　　　　　　　　　　　187・293

危太樸續補不分卷　　　　　　　　　　5・1

亦頹集八卷　　　　　　　　　　　　　221・173

江皋集六卷遺稿一卷　　　　　　　　　94・99

七畫

杜東原雜著一卷補遺一卷　　　　　　　22・1

李石疊集四卷附録一卷　　　　　　　　54・143

李長卿集二十八卷　　　　　　　　　　　　　　131・471

　　　　　　　　　　　　　　　　　　　　　　132・1

　　　　　　　　　　　　　　　　　　　　　　133・1

李侍御詩略一卷　　　　　　　　　　　　　　　103・143

李裕州蕭然亭集四卷　　　　　　　　　　　　　82・245

　　　　　　　　　　　　　　　　　　　　　　83・1

李駕部集二卷續編詩集一卷續編文集一卷青霞漫稿一卷　68・159

秀野堂集十卷　　　　　　　　　　　　　　　　157・107

我有軒集四卷哀挽詩一卷　　　　　　　　　　　194・1

何士龍詩一卷　　　　　　　　　　　　　　　　237・27

何仲默先生詩集十五卷　　　　　　　　　　　　42・323

　　　　　　　　　　　　　　　　　　　　　　43・1

何震川先生集二十八卷　　　　　　　　　　　　90・1

　　　　　　　　　　　　　　　　　　　　　　91・1

余鶴池詩集十卷　　　　　　　　　　　　　　　52・467

　　　　　　　　　　　　　　　　　　　　　　53・1

沛園集五卷　　　　　　　　　　　　　　　　　109・109

　　　　　　　　　　　　　　　　　　　　　　110・1

宋布衣詩集二卷　　　　　　　　　　　　　　　106・177

宋景濂先生未刻集不分卷　　　　　　　　　　　2・1

妙遠堂詩三集一卷閩游草一卷　　　　　　　　　230・237

邵北虞先生遺文不分卷　　　　　　　　　　　　77・535

八畫

玩世齋集十二卷　　　　　　　　　　　　　　　219・1

武林稿一卷容臺稿一卷二臺稿一卷省中稿四卷　　65・477

　　　　　　　　　　　　　　　　　　　　　　　　66・1

青邱詩集擷華八卷　　　　　　　　　　　　　　　6・1

青來閣二集十卷　　　　　　　　　　　　　　　182・209

　　　　　　　　　　　　　　　　　　　　　　183・1

青錦園文集選五卷存一卷　　　　　　　　　　　184・297

青藜齋集二卷洛書樓社草一卷祀岳集一卷孝行始末文稿一卷

　　學行始末文稿一卷　　　　　　　　　　　　194・313

　　　　　　　　　　　　　　　　　　　　　　195・1

長嘯軒近稿一卷續草一卷　　　　　　　　　　　92・359

坦上翁集不分卷　　　　　　　　　　　　　　　38・319

坻塲集十九卷　　　　　　　　　　　　　　　238・403

　　　　　　　　　　　　　　　　　　　　　　239・1

范文忠公文稿不分卷　　　　　　　　　　　　177・149

林泉高士孫西川詩稿一卷　　　　　　　　　　　50・491

林屋集二十卷南館集十三卷　　　　　　　　　　51・1

　　　　　　　　　　　　　　　　　　　　　　52・1

來復齋稿十卷　　　　　　　　　　　　　　　179・137

　　　　　　　　　　　　　　　　　　　　　180・1

松寥詩一卷　　　　　　　　　　　　　　　　217・403

枕肱亭文集二十卷存十二卷　　　　　　　　　　23・1

　　　　　　　　　　　　　　　　　　　　　　24・1

東安李都憲先生文集五卷　　　　　　　　　　　22・327

東里詩集三卷文集二十五卷續編六十二卷別集三卷附錄四卷　10・1

　　　　　　　　　　　　　　　　　　　　　　11・1

　　　　　　　　　　　　　　　　　　　　　　12・1

　　　　　　　　　　　　　　　　　　　　　　13・1

	14・1
	15・1
	16・1
	17・1
東游草一卷	185・307
東溪遺稿四卷附錄一卷	38・163
臥雲稿一卷	187・445
臥癡閣彙稿不分卷	46・143
雨航吟稿三卷	104・485
尚友堂詩集十三卷	102・199
	103・1
易齋稿十卷附錄一卷	9・289
忠介公正氣堂文集八卷越中集二卷南征集十卷	231・233
	232・1
忠肅公和梅花百咏一卷	20・1
金陵集三卷存二卷	148・181
金閶稿二卷	104・247
采藍集四卷	221・1
周子弼集不分卷	66・237
刻庚辰進士少薇許先生窗稿一卷會試墨卷一卷	113・315
宛溪先生滄州摘稿□卷存二卷滄州近稿二卷無文漫草□□卷存十二卷	68・633
	69・1
居易子鏗鏗齋外稿續集一卷雜卷一卷	198・561
姑蘇雜咏二卷	5・383
迦陵集一卷	217・271
孟我疆先生集八卷存四卷	105・1

九畫

春別篇一卷　　　　　　　　　　　　　　　148・139

胡仲子先生信安集二卷　　　　　　　　　　5・223

胡伯良集六卷游廬山詩一卷詩説紀事三卷　　193・1

南坡詩稿十五卷存八卷　　　　　　　　　　33・143

南門仲子續集二卷　　　　　　　　　　　　98・433

柳潭遺集六卷　　　　　　　　　　　　　　234・449

思庵先生文粹十一卷　　　　　　　　　　　19・1

葦庵集二卷　　　　　　　　　　　　　　　36・403

香國樓精選霙鼚草□□卷存三卷　　　　　　215・415

重訂集古梅花詩四卷　　　　　　　　　　　38・1

皇甫司勛慶曆稿二十一卷　　　　　　　　　62・1

泉湖山房稿三十卷存十二卷　　　　　　　　84・1

　　　　　　　　　　　　　　　　　　　　85・1

施信陽文集七卷存四卷　　　　　　　　　　34・205

恒游草一卷燕游草一卷　　　　　　　　　　180・121

洞庭漁人續集十六卷　　　　　　　　　　　62・371

　　　　　　　　　　　　　　　　　　　　63・1

宣廟御製總集不分卷　　　　　　　　　　　20・43

客乘二十八卷　　　　　　　　　　　　　　130・1

　　　　　　　　　　　　　　　　　　　　131・1

客越集一卷　　　　　　　　　　　　　　　185・19

退思堂集十二卷　　　　　　　　　　　　　226・1

　　　　　　　　　　　　　　　　　　　　227・1

　　　　　　　　　　　　　　　　　　　　228・1

	229・1
	230・1

十畫

素軒吟稿十一卷	94・337
	95・1
素雯齋集三十八卷	171・149
	172・1
	173・1
	174・1
	175・1
	176・1
	177・1
素蘭集一卷	200・79
起曹稿□卷存一卷	91・525
袁海叟在野集八卷	7・119
華陽稿二卷	42・105
莊擊壞公詩集一卷附録一卷	7・367
桐岡集不分卷小稿一卷	46・1
桃葉編一卷	187・375
桃溪類稿六十卷存五十一卷附録一卷	30・1
	31・1
	32・1
栩栩編□卷存一卷	238・315
夏叔夏貧居日出言二卷仍園日出言二卷	199・379
唧唧吟一卷	216・1

秣陵集八卷　　　　　　　　　　　　　　　96・231

徐汝思詩二卷　　　　　　　　　　　　　　72・270

徐孝廉遺稿二卷　　　　　　　　　　　　　115・1

徐徐集一卷家乘一卷　　　　　　　　　　　65・1

留餘堂集二卷　　　　　　　　　　　　　　85・371

　　　　　　　　　　　　　　　　　　　　86・1

郭汝承集□卷存四卷　　　　　　　　　　　159・341

烟霞外集一卷　　　　　　　　　　　　　　235・413

烟鬟子集十四卷　　　　　　　　　　　　　119・151

海上老人別集二卷　　　　　　　　　　　　67・1

海岱會稿一卷　　　　　　　　　　　　　　47・83

海剛峰先生集六卷政事四卷　　　　　　　　78・1

　　　　　　　　　　　　　　　　　　　　79・1

浮山堂集一卷石倉文稿一卷　　　　　　　　148・1

浪吟集二卷疏草一卷方城公尺牘一卷　　　　217・1

容庵詩集十卷辛卯集一卷容庵文集二卷　　　239・257

　　　　　　　　　　　　　　　　　　　　240・1

陳庶常遺集四卷附錄一卷　　　　　　　　　183・509

　　　　　　　　　　　　　　　　　　　　184・1

陳徵士集四卷　　　　　　　　　　　　　　48・431

陭堂摘稿十六卷　　　　　　　　　　　　　63・181

　　　　　　　　　　　　　　　　　　　　64・1

孫雪屋文集不分卷　　　　　　　　　　　　236・341

十一畫

珵美堂集一卷沙上集一卷　　　　　　　　　212・1

黃子録六十六卷存三十七卷   208・1

     209・1

     210・1

     211・1

黃夫人臥月軒稿六卷續刻一卷   224・1

梅谷蕭山稿一卷   95・433

曹子玉詩集十卷   230・319

     231・1

曹門學則四卷存二卷   140・1

雪花三十韵一卷   238・379

雪堂文集十卷附録一卷   160・1

     161・1

偲庵詩集十卷存七卷文集十卷附録一卷   37・1

停雲館詩選二卷   187・181

假庵詩草不分卷   198・485

許山集一卷承平雜咏一卷   237・1

庸齋先生集二卷   73・39

康德瞻集四卷附録一卷   36・485

鹿城詩集二十八卷   97・507

     98・1

望雲樓稿十八卷   146・1

     147・1

率道人素草七卷   152・239

     153・1

淮上詩四卷   92・1

渌江集十二卷附録一卷   47・423

	48・1
寄籬稿詩六卷存一卷寄籬稿文一卷寄籬雜稿一卷	74・287
密娛齋詩集九卷後集一卷	158・1
屠長卿集十九卷存十三卷	112・185
張中丞詩集二卷	92・183
張公亮先生癸甲螢芝集二卷	232・283
張弘山先生集四卷	96・1
張修撰遺集八卷附錄一卷	18・1
張蕇江先生存笥集二卷微行錄一卷	54・501
	55・1
陽明先生文錄十七卷語錄三卷	39・1
	40・1
	41・1
絅齋先生文集□□卷存四卷	82・1
巢雲詩集八卷	106・319
巢鵑樓吟稿不分卷	103・159

十二畫

博趣齋稿二十三卷	36・1
萬里吟二卷	225・147
葛司農遺集不分卷	154・1
葛坡草堂集四卷	225・321
董中峰先生文選十一卷	44・1
敬民堂小集三卷	225・1
落花詩一卷	197・147
雲仙集□□卷存十七卷	92・451

	93・1
雲岡選稿二十卷	55・31
	56・1
雲間清嘯集一卷	8・1
雲隱堂文集三十卷詩集十卷附録四卷	212・121
	213・1
	214・1
	215・1
紫庭草一卷	166・117
紫薇堂集八卷附録一卷	161・517
	162・1
紫霞閣文集十三卷存十二卷	188・281
	189・1
	190・1
	191・1
	192・1
閏存集八卷	66・347
剩草一卷	224・499
程右丞稿八卷	65・105
程刺史栖霞集不分卷	72・1
答問草一卷	157・1
筆花樓新聲一卷	185・397
筆峰詩草一卷醉鄉小稿一卷	97・1
愧齋文粹五卷附録一卷	33・1
尊生館稿不分卷	135・1
馮光禄詩集十卷	67・353

湖海長吟八卷操瑟迂譚二卷　　　　　　　　185・145

温函野詩集二卷　　　　　　　　　　　　　83・231

渭上續稿十一卷　　　　　　　　　　　　　80・473

　　　　　　　　　　　　　　　　　　　　81・1

游梁集一卷　　　　　　　　　　　　　　　73・1

游梁詩集六卷　　　　　　　　　　　　　　101・1

游參知藏山集十卷　　　　　　　　　　　　107・461

　　　　　　　　　　　　　　　　　　　　108・1

　　　　　　　　　　　　　　　　　　　　109・1

游燕雜紀二卷　　　　　　　　　　　　　　184・519

寒村集四卷　　　　　　　　　　　　　　　64・139

寓軒詩集九卷存三卷拾遺一卷　　　　　　　7・475

巽隱程先生文集四卷　　　　　　　　　　　9・1

絶餘編四卷　　　　　　　　　　　　　　　238・1

幾亭文録四卷　　　　　　　　　　　　　　233・1

十三畫

瑞雲樓稿□□卷存三卷　　　　　　　　　　199・289

瑞鶴堂近稿三卷　　　　　　　　　　　　　94・1

遠游集十二卷　　　　　　　　　　　　　　198・1

蒼谷集録十二卷存六卷　　　　　　　　　　41・229

　　　　　　　　　　　　　　　　　　　　42・1

蒹葭什一卷　　　　　　　　　　　　　　　222・407

楚游稿二卷　　　　　　　　　　　　　　　185・89

楊升庵詩五卷　　　　　　　　　　　　　　47・1

楊宜閑文集十二卷存六卷　　　　　　　　　22・101

槎庵詩集八卷　　　　　　　　　　　　　　162・259

携劍集四卷恒西游草一卷　　　　　　　　　192・219

睡庵詩稿一卷文稿二卷　　　　　　　　　　144・125

蜀都賦不分卷　　　　　　　　　　　　　　192・379

傳是堂合編五卷河東文告四卷奏議一卷　　　177・235

　　　　　　　　　　　　　　　　　　　　178・1

　　　　　　　　　　　　　　　　　　　　179・1

遙連堂訂王損仲先生詩乙稿一卷　　　　　　148・315

頌帚三集二卷　　　　　　　　　　　　　　165・551

　　　　　　　　　　　　　　　　　　　　166・1

頌帚居士戒草一卷　　　　　　　　　　　　165・469

詹炎集三十四卷存十八卷　　　　　　　　　148・353

　　　　　　　　　　　　　　　　　　　　149・1

　　　　　　　　　　　　　　　　　　　　150・1

誠意伯劉先生文集二十卷　　　　　　　　　2・277

　　　　　　　　　　　　　　　　　　　　3・1

　　　　　　　　　　　　　　　　　　　　4・1

新樂王甲戌稿一卷　　　　　　　　　　　　94・77

溪南清墅集草六卷　　　　　　　　　　　　140・433

　　　　　　　　　　　　　　　　　　　　141・1

十四畫

静軒文鈔不分卷　　　　　　　　　　　　　35・383

碧雞集一卷彈鋏集一卷金陵游稿一卷　　　　101・453

瑤草園初集□□卷存十一卷　　　　　　　　168・125

　　　　　　　　　　　　　　　　　　　　169・1

	170・1
	171・1
趙梅峰先生遺稿四卷	101・263
嘉南集二卷	66・189
蔣氏敬日草十二卷外集十二卷	203・121
	204・1
	205・1
	206・1
	207・1
閩中稿一卷	96・151
種菊庵詩四卷	7・293
管子憲章餘集二卷	103・255
鳳川先生文集三卷	43・311
鳳岩山房文草二十六卷存二十四卷	75・1
	76・1
	77・1
齊雲山史集不分卷	100・205
鄭少白詩集□卷存四卷	58・1
鄭松庵漫稿七卷存五卷附録一卷	96・479
漱玉齋類詩三卷初吟草一卷解弢集一卷	151・1
漪游草三卷	102・1
緒言四卷	199・1
緑槐堂稿二十二卷	70・1
	71・1
綴閑集二卷公孫龍子達辭一卷	223・1

十五畫

穀原詩集八卷　　　　　　　　　　　　　58・153

穀園集詩一卷文一卷　　　　　　　　　235・505

　　　　　　　　　　　　　　　　　　236・1

蕪巢拾稿一卷悲風草一卷　　　　　　　238・225

橫山草堂詩集十一卷　　　　　　　　　222・475

橫戈集一卷附錄一卷　　　　　　　　　85・229

橫槎集十卷　　　　　　　　　　　　　81・99

樊氏集十二卷　　　　　　　　　　　　56・483

　　　　　　　　　　　　　　　　　　57・1

歐陽南野先生文選五卷　　　　　　　　53・287

　　　　　　　　　　　　　　　　　　54・1

撫上郡集一卷　　　　　　　　　　　　46・639

賜麟堂集六卷存四卷　　　　　　　　　80・1

墨華集不分卷　　　　　　　　　　　　221・385

　　　　　　　　　　　　　　　　　　222・1

墨巢集十六卷　　　　　　　　　　　　237・119

黎縝之游稿一卷椒花初頌贈言一卷　　　222・283

餘廉堂集八卷　　　　　　　　　　　　216・45

潛溪後集十卷　　　　　　　　　　　　1・235

潛溪集十卷附錄二卷　　　　　　　　　1・1

豫章既白詩稿四卷　　　　　　　　　　93・399

樂中集一卷近集七卷前集七卷　　　　　163・1

樂府一卷　　　　　　　　　　　　　　67・331

十六畫

操縵草十二卷 234・1

薊丘集四十七卷 127・1

128・1

129・1

薄游小草一卷 156・513

櫬墩詩集□卷存七卷 83・395

踽庵集不分卷 180・178

181・1

學半齋集不分卷 143・1

144・1

學言一卷 184・417

學易齋集二十卷 86・245

87・1

錢海石先生詩集七卷 64・341

龍川騈語不分卷 58・525

龍潭集□□卷存十七卷 200・140

201・1

澶淵雜著二卷 159・1

十七畫

環溪漫集八卷 59・1

60・1

藏甲岩稿六卷 77・317

藏徵館集十五卷 126・1

擊轅草一卷　　　　　　　　　　　　　　　　185・361

礜園詩稿二卷　　　　　　　　　　　　　　　188・137

鍾山獻續一卷再續二卷三續二卷　　　　　　　223・281

謝茂秦集二卷　　　　　　　　　　　　　　　95・301

十八畫

瓊臺吟稿十卷　　　　　　　　　　　　　　　24・315

　　　　　　　　　　　　　　　　　　　　　25・1

瓊臺類稿七十卷　　　　　　　　　　　　　　25・89

　　　　　　　　　　　　　　　　　　　　　26・1

　　　　　　　　　　　　　　　　　　　　　27・1

　　　　　　　　　　　　　　　　　　　　　28・1

　　　　　　　　　　　　　　　　　　　　　29・1

豐村集三十六卷　　　　　　　　　　　　　　99・1

　　　　　　　　　　　　　　　　　　　　　100・1

韞璞齋稿一卷燕臺草一卷　　　　　　　　　　194・245

鐫黃離草十卷　　　　　　　　　　　　　　　115・251

　　　　　　　　　　　　　　　　　　　　　116・1

　　　　　　　　　　　　　　　　　　　　　117・1

雞肋刪三卷　　　　　　　　　　　　　　　　134・1

十九畫

藿議不分卷　　　　　　　　　　　　　　　　161・375

蘆花湄集二十九卷　　　　　　　　　　　　　141・295

　　　　　　　　　　　　　　　　　　　　　142・1

蘇門山房詩草二卷文草四卷家乘一卷東事書一卷　144・399

	145・1
醯雞鳴瓻□□卷存十一卷	105・125
鏡山詩集□□卷存六卷	45・131
鏡心堂草十六卷	107・1
懷柏先生詩集十卷	33・453
	34・1

二十畫

蘭陔堂稿十四卷	185・485
	186・1
	187・1
覺非先生文集五卷	18・477
釋義美人染甲詩二卷	220・1
釋義雁字詩二卷	220・231

二十一畫

| 瞉音集一卷 | 187・521 |

二十二畫

聽真稿二卷	62・313
聽雪篷先生詩集七卷附錄一卷	6・443
	7・1

二十三畫

| 籠鵝館集不分卷 | 240・335 |

二十四畫

觀光詩集四卷助教侯先生文集四卷　　　　　　　　　18・251

觀槿續稿十九卷存十卷　　　　　　　　　　　　　105・451

　　　　　　　　　　　　　　　　　　　　　　　106・1

著者筆畫索引

著　　者	册號・頁碼

二畫

丁元復	104・1

三畫

于承祖	187・521
于　謙	20・1

四畫

王文禎	185・145
王世貞	95・301
王世懋	85・135
王臣直	159・1
王同祖	50・277
王廷相	42・105
王自超	234・449
王　交	70・1
	71・1
王　守	58・103
王叔杲	87・383
	88・1

	89・1
王尚絅	41・229
	42・1
王承勛	199・289
王　萱	115・193
王　梃	65・1
王納言	61・333
王崇古	67・651
	68・1
王惟儉	148・315
王陽明	39・1
	40・1
	41・1
王　琨	180・121
王雲鳳	36・1
王　弼	35・183
王　巽	185・19
王嗣奭	158・1
王與玟	240・335
王嘉謨	127・1
	128・1
	129・1

王 濂	188・137	朱拱㮽	93・399
王樂善	137・1	朱拱樋	93・513
王 㘽	230・237		94・1
文從龍	187・181	朱朝瞛	194・313
文從簡	237・89		195・1
文翔鳳	166・117	朱勛㴑	92・451
	166・221		93・1
方應祥	182・209	朱載壐	94・77
	183・1	朱 篁	198・561
水佳胤	212・1	朱誼㵎	196・225
			197・1
五畫		朱 廣	102・181
石昆玉	114・1	朱潤祖	7・475
石 壐	74・287	朱頤媗	195・239
史 忠	46・143		196・1
丘 濬	24・315	朱瞻基	20・43
	25・1	全祖望	231・233
	25・89		232・1
	26・1	危 素	5・1
	27・1	江 鎏	192・379
	28・1	安 舒	221・385
	29・1		222・1
六畫		**七畫**	
邢 侗	109・109	杜文煥	217・487
	110・1		218・1

杜開美	185・485		230・1
	186・1	李　鼎	131・471
	187・1		132・1
杜　瓊	22・1		133・1
李日宣	177・235	李開先	61・1
	178・1	李　賢	20・293
	179・1		21・1
李多見	185・89	李德星	238・315
李　汛	45・131	李　檺	156・513
李　芳	184・417	李　濂	47・169
李茂春	119・151	吳大經	188・1
李叔元	134・1	吳之鯨	168・125
李尚寶	82・245		169・1
	83・1		170・1
李尚默	103・143		171・1
李　侃	22・327	吳　玄	152・239
李宗樞	54・143		153・1
李春芳	53・287	吳伯與	171・149
	54・1		172・1
李　奎	96・151		173・1
李　桐	222・407		174・1
李時行	68・159		175・1
李陳玉	226・1		176・1
	227・1		177・1
	228・1	吳宗漢	95・117
	229・1	吳　亮	154・97

	155・1	沈　愷	59・1
	156・1		60・1
吳桂森	183・457	沈　鍊	67・331
吳時來	81・99	宋登春	106・177
吳國倫	77・317	宋　濂	1・1
吳敏道	105・451		1・235
	106・1		2・1
吳　訥	19・1	邵圭潔	77・535
吳履中	216・45		
吳禮嘉	113・279		

八畫

吳　鑛	101・1	范之默	194・1
何洛文	90・1	范汝植	235・413
	91・1	范景文	177・149
何　棟	50・1	范　槲	192・379
何　雲	237・27	茅元儀	223・125
何景明	42・323	來斯行	162・259
	43・1	季　篋	19・487
余承恩	52・467	周之玠	238・225
	53・1	周天佐	66・237
谷中虛	72・393	周如錦	188・281
汪舜民	35・383		189・1
汪聖敎	198・1		190・1
沈　樟	135・1		191・1
沈守正	160・1		192・1
	161・1	周　金	46・639
沈明臣	100・479	周應辰	221・1

宗　訓	97・355		210・1
孟　思	58・525		211・1
孟　秋	105・1	姚應龍	103・159

九畫

胡之驥	193・1
胡　直	83・111
胡　奎	8・45
胡　翰	5・223
胡應麟	113・1
胡繼先	163・1
南　軒	80・473
	81・1
柯　蔭	208・1
	209・1
	210・1
	211・1
冒起宗	225・147
冒愈昌	92・359
皇甫汸	62・1
皇甫信	36・403
侯　複	18・251
俞景寅	192・219
施文顯	34・205
洪　思	208・1
	209・1

十畫

馬三才	73・293
	74・1
袁　凱	7・119
華師召	219・1
莫雲卿	185・1
莊希俊	7・367
夏大癕	199・379
畢自嚴	140・159
倪大繼	221・173
徐一鳴	47・423
	48・1
徐文通	72・270
徐如珂	146・1
	147・1
徐　愛	39・1
	40・1
	41・1
徐　源	35・1
徐肇元	113・1
徐　霖	33・453
	34・1

徐學質	115・1	陸奎章	62・313
徐濟忠	223・1	陸應陽	185・307
徐 繗	46・271	陳文燭	92・1
翁孺安	200・79	陳全之	73・1
高弘圖	166・249	陳禹謨	143・1
	167・1		144・1
高克正	138・299	陳 音	33・1
	139・1	陳 純	92・359
高 啓	5・383	陳 悰	240・453
	6・1	陳紹英	236・185
高夢箕	237・1	陳萬言	183・509
高應玘	97・1		184・1
郭正域	115・251	陳魁文	199・141
	116・1		199・197
	117・1	陳 儒	85・371
郭尚友	157・1		86・1
郭 滑	144・399	陳 諮	38・163
	145・1	陳龍正	233・1
郭應寵	159・341	陳 鑾	48・431
唐 卿	113・315	陶允宜	107・1
唐順之	44・1	陶承學	73・39
海 瑞	78・1	陶 振	8・1
	79・1	陶 益	83・395
陸之裘	98・433	孫 艾	50・491
陸明揚	161・517	孫永祚	236・341
	162・1	孫 宜	62・371

	63・1		148・181
孫　爽	239・257	盛時泰	184・519
	240・1	崔培元	222・475
孫徵蘭	215・415	許弘綱	113・315
	215・543	許自昌	187・445
孫繼統	220・1	許運鵬	184・297
	220・231	許　穀	65・477
			66・1
十一畫		許應元	63・181
黄　甲	75・1		64・1
	76・1	康　阜	36・485
	77・1	梁辰魚	97・507
黄道周	208・1		98・1
	209・1	梁夢龍	80・1
	210・1	屠　隆	112・185
	211・1	屠　勛	34・319
黄德水	101・453	張子中	105・125
梅守德	68・633	張五典	136・1
	69・1	張　言	168・1
曹于汴	140・1	張明弼	232・283
曹　玘	230・319	張後覺	96・1
	231・1	張　洪	18・1
曹　臣	224・303	張　基	54・501
曹履泰	217・1		55・1
曹學佺	148・1	張　焕	92・183
	148・139	張　萱	120・1

	121・1	葉春及	82・1
	122・1	葉逢春	91・525
	123・1	葉維榮	148・353
	124・1		149・1
	125・1		150・1
張　淵	73・227	葉憲祖	184・297
張　綖	47・301	萬廷言	86・245
張　銓	54・501		87・1
	55・1	葛寅亮	154・1
張懋忠	130・1	董　玘	44・1
	131・1	董斯張	199・1
張應泰	140・433	喻　時	67・1
	141・1	程本立	9・1
張鏡心	212・121	程　珤	65・105
	213・1	程嘉燧	217・403
	214・1	程德良	118・1
	215・1		119・1
張鶴鳴	141・295	程應登	72・1
	142・1	傅振商	164・1
			165・1

十二畫

		傅　倫	94・337
彭長宜	235・1		95・1
彭堯諭	201・357	舒　纓	66・189
	202・1	童承叙	49・1
	203・1	童　軒	23・1
葉　泓	100・205		24・1

童　琥	38・1		11・1
曾同亨	84・1		12・1
	85・1		13・1
曾　益	238・403		14・1
	239・1		15・1
馮大受	114・375		16・1
馮小青	240・593		17・1
	240・663	楊文驄	235・255
馮　珣	194・245	楊　旦	37・1
馮時可	104・247	楊　宛	223・281
	104・337	楊承誨	216・1
	104・485	楊　宣	224・499
馮惟訥	67・353	楊師孔	157・107
馮　淮	94・99	楊　慎	47・1
湛若水	44・527	楊　鳳	46・1
	45・1	楊應奎	47・83
湯賓尹	144・125	楊　璿	22・101
溫如璋	83・231	楊　彝	235・505
游　朴	107・461		236・1
	108・1	詹紹治	200・1
	109・1		
費仲子	6・1		

十四畫

趙仲全	101・263
趙　玨	52・301

十三畫

靳學顏	66・347
楊士奇	10・1

趙　輔	33・143
蔣德璟	203・121

	204・1	劉士龍	161・375
	205・1	劉良臣	43・311
	206・1	劉　秩	6・443
	207・1		7・1
蔡邦俊	225・1	劉　基	2・277
蔡　羽	51・1		3・1
	52・1		4・1
裴邦奇	106・319	劉黄裳	126・1
聞　龍	187・293	劉　璟	9・289
管志道	103・255	劉錫玄	165・469
鄭允璋	58・1		165・551
鄭明寰	96・479		166・1
熊人霖	234・1	劉　鐸	179・137
鄧子龍	85・229		180・1
鄧雲霄	151・1	劉　麟	38・319
		潘之恒	102・1

十五畫

樊　鵬	56・483		
	57・1		十六畫
歐大任	96・171	薛一鶚	43・311
	96・231	薛　岡	197・147
歐陽德	53・287	蕭敬德	95・433
	54・1	盧　楓	96・581
黎　密	222・283	穆孔暉	45・521
黎遂球	217・271	穆光胤	197・297
衛拱宸	5・383	錢子義	7・293
		錢希言	187・375

錢良胤　　　　　92・359

錢肅樂　　　　　231・233
　　　　　　　　232・1

錢　薇　　　　　64・341

錢　蕭　　　　　185・361

鮑　釪　　　　　238・379

十七畫

韓國植　　　　　225・321

魏　圻　　　　　99・1
　　　　　　　　100・1

魏浣初　　　　　180・178
　　　　　　　　181・1
　　　　　　　　181・457
　　　　　　　　182・1

謝　焜　　　　　237・119

謝　榛　　　　　95・301

謝肇淛　　　　　138・1

謝錫命　　　　　44・527
　　　　　　　　45・1

謝　鐸　　　　　30・1
　　　　　　　　31・1
　　　　　　　　32・1

十八畫

歸昌世　　　　　198・485

顏　木　　　　　47・387

十九畫

蘇志臯　　　　　64・139

蘇　祐　　　　　58・153

蘇惟霖　　　　　151・415
　　　　　　　　152・1

蘇　濬　　　　　110・377
　　　　　　　　111・1
　　　　　　　　112・1

羅　泰　　　　　18・477

二十畫

釋通潤　　　　　197・181

釋智旭　　　　　238・1

釋圓復　　　　　198・393

二十一畫

顧正誼　　　　　185・397

顧若璞　　　　　224・1

顧聖之　　　　　97・93

二十三畫

龔用卿　　　　　55・31
　　　　　　　　56・1

龔　勉　　　　　102・199

103 · 1   201 · 1

龔　黄   200 · 140

提　　要

潛溪集十卷附録二卷

明宋濂撰。明初刻本。二册。半葉十三行,行二十五字。黑口,四周雙邊,雙魚尾。

宋濂(1310—1381),初名壽,字景濂,浙江浦江人,祖籍潛溪,故號潛溪,又號龍門子、玄真子、玄真遁叟等。自幼家貧,好學苦讀,受業於同爲“儒林四杰”的金華二先生柳貫、黃溍,與聞人夢吉、吳萊等亦有師生之誼。後以儒學、文章著名,與高啓、劉基并稱“明初詩文三大家”,與劉基、方孝孺并稱爲“明初散文三大家”,與章溢、劉基、葉琛并稱“浙東四先生”。元順帝徵召其爲翰林院編修,辭而不就,明太祖徵其爲江南儒學提舉,爲太子講經,并主持修撰《元史》,官至翰林學士承旨知制誥,朱元璋稱其爲“開國文臣之首”。明洪武十年(1377)致仕,因其孫宋慎捲入胡惟庸案受到牽連,經皇后、太子挽救,免於死罪,全家流放茂州,洪武十四年(1381)逝世。宋濂學望超群,雖戴罪而逝,蜀王爲其斂葬,群儒尊稱其爲“太史公”,至明武宗時終追諡其爲“文憲”。

本書卷首有文林郎國子監丞莆田陳旅(字衆仲)所作序,述宋濂學緣師承等事。卷末有元至正十六年(1356)門人鄭渙所作序,述其編輯此書過程甚詳。又有至正十五年(1355)王褘序。

本書收録文章,文體涉及頌、書、表、行狀、議論等,無詩賦。附録上卷包括《宋氏世譜記》《潛溪先生小傳》《畫像贊》。下卷爲宋濂所收書信五通。

本書爲原本沿其邊框裁剪後,貼於新紙重訂而成,其紙韌實,字迹秀麗。鈐“潘祖蔭藏書記”印。(杜萌)

潛溪後集十卷

明宋濂撰。明初刻本。二册。半葉十三行,行二十三字至二十五字不等。黑口,四周雙邊,雙魚尾。

本書卷首有歐陽玄序,卷末有元至正十七年(1357)楊維楨序以及孔克仁、趙汸、李尚序。趙汸序言及《潛溪前集》，"浦陽義塾既刻而傳之"，此《潛溪前集》應即《潛溪集》，故知《潛溪集》爲浦陽義塾所刻。李尚序中述其裒輯宋濂文稿以成《潛溪後集》之經歷。李尚序之後另有一序，字迹漫漶，作序者自稱"淵"，查宋濂門生有鄭淵者，應是。

本書編爲十卷，但并未詳加編排，其所收雜論、傳贊、碑文、墓志銘、散文等，皆散置之。歐陽玄評宋濂文章曰："以其所蘊，大肆厥辭，其氣韵沉雄如淮陰出師，百戰百勝，志不少懾，其神思飄逸如列子御風，翩然騫舉，不沾塵土，其辭調爾雅如殷卣周彝，龍紋漫滅，古意獨存。"可謂褒揚備至。

本書第一册卷首與第二册卷尾多有污漬，并有多葉出現斷板痕迹。鈐"養安院藏書"。（杜萌）

宋景濂先生未刻集不分卷

明宋濂撰。清康熙三年（1664）陳國珍刻本。四册。半葉九行，行十八字。白口，左右雙邊。

《宋景濂先生未刻集》卷首有康熙甲辰（三年，1664）蔣超序，又有康熙三年（1664）陳國珍後序。此集內容分爲頌、書、記、序、碑銘、塔銘、表辭、志、贊、跋、雜言。關於《宋景濂先生未刻集》原稿來歷及刊書動議，蔣超在其序中是這樣表述的："順治乙未冬，予過吳門，孝廉既庭爲先生裔孫，出文待詔家藏元板《宋集》一部，中間多目所未遇者……豈兵燹之餘，此書散失？ 不則有所忌諱，不敢剞劂耶？ 金華陳公來守太倉，政事精明，諸廢厥舉。公與先生同里，相晤時，適以此事相詡，公慨然捐俸梓之。"由此可知，此書底本爲宋濂後人提供，原藏文徵明家的元板《宋集》。陳國珍與宋濂爲同里，上任爲太倉知州，蔣超告之元板《宋集》事，陳國珍慨然捐出俸祿，刊刻了此集。蔣超所出元板《宋集》，實爲元鈔本，在陳國珍後序中有"茲未刻鈔本，爲先生元時所作"之語，或爲宋濂手稿。

《宋景濂先生未刻集》收入《四庫全書》，檢《四庫全書總目提要》卷一百六十九，著録爲《宋景濂未刻集》。

此部《宋景濂先生未刻集》首葉鈐“翰林院”印，且有四庫館臣批語，故定爲四庫底本，曾爲翰林院所藏；另有“燕庭藏書”印，知後爲清代著名收藏家劉喜海插架之物。（趙前）

誠意伯劉先生文集二十卷

明劉基撰。明成化六年（1470）戴用、張儔刻本。二十册。半葉十一行，行二十一字。黑口，四周雙邊。

劉基（1311—1375），字伯温，浙江青田人。元順帝元統元年（1333）進士。官江西高安縣丞、江浙儒學副提舉、元帥府都事。爲方國珍所構，羈管紹興。明初聘禮賢館，拜御史中丞兼太史令，授弘文館學士，封誠意伯，明正德九年（1514）追謚“文成”。著述頗豐，有《郁離子》《覆瓿集》《寫情集》《春秋明經》《犁眉公集》等。《明史》有傳，稱其“所爲文章，氣昌而奇，與宋濂爲一代之宗”。

此爲劉基文集。卷首有明成化六年（1470）楊守陳《重鋟誠意伯文集序》，稱：“國初誠意伯劉公伯温嘗著《郁離子》五卷、《覆瓿集》并《拾遺》二十卷、《犁眉公集》五卷、《寫情集》暨《春秋明經》各四卷，其孫薦集御書及狀序諸作曰《翊運録》，皆鋟梓行世，然諸集涣而無統，版畫久而浸堙，學者病之，巡湔御史戴君用與其寀，薛君謙、楊君琅謀重鋟。乃録善本，次第諸集，而冠以《翊運録》，俾杭郡守張君儔成之。屬守陳序。”知其爲成化年間戴用、張儔將劉基諸書及《翊運録》合編成此二十卷，後爲《四庫全書》所采。楊守陳序後爲明永樂二年（1404）王景序及目録。各書前又大多附有序，如《郁離子》前有吳從善序、徐一夔序，《覆瓿集》前有羅汝敬序，《犁眉公集》前有李時勉序，《寫情集》前有葉蕃序等。卷十三末有鈔補葉。鈐“咏霓”“張印壽鏞”“四明張氏約園藏書”“約園善本”等印。曾爲約園舊藏。（陳紅彦）

危太樸續補不分卷

明危素撰。清乾隆五十年（1785）許庭堅鈔本。一册。半葉十四行，行二十六字,無格。

危素(1303—1372),字太樸,一字雲林,金溪(今屬江西)人。少通《五經》,游吳澄、范椁門。元至正間以薦授經筵檢討,遷太常博士、兵部員外郎、監察御史、工部侍郎,轉大司農丞、禮部尚書。後謫和州,幽恨卒,年七十。著有《吳草廬年譜》《元海運志》《危學士集》等。

許庭堅,字次谷。恩貢。父卓然藏書萬卷,庭堅枕葃其中。詩文緄幽鑿險,迥絕恒蹊,工山水,秀逸天成。著有《忍古齋詩文集》。

此鈔本前有清乾隆五十年(1785)許庭堅題識,詳細交代了續補文章的來源。許氏舊藏明昆山歸氏本《危太樸集》,又見清雍正間宋賓王氏手校者及新城涂氏所輯《雲林集》。《雲林集》二卷"有詩無文",《説學齋集》"有文止二十餘篇"。許氏將歸本與涂本對校,發現歸本文章多出十六篇,庭堅曰:"今徵其文完,且卷中爲數與文止二十餘篇之説不類,疑涂未識歸本。若書,若碑文、墓志、墓表、行狀、行述、祭文,若傳,若雜著,若書後、題跋數種,實歸本未有,至宋氏所補涂本又無之,爰續鈔彙成二帙,庶足窺全豹云。"即許氏綜合了舊藏歸本、涂本,續鈔出此稿,通過此續補本可見危氏文章之風采。許氏題識後鈐"許堅""許舍山人"等印,卷端鈐"如掃落葉"印。正文有墨筆題簽及朱筆校改,除危文外,卷末有李存《跋約軒説後》《題危太樸詩集後》兩篇。(徐慧)

胡仲子先生信安集二卷

明胡翰撰。明弘治十六年(1503)沈杰刻本。一册。半葉十行,行二十字。黑口,左右雙邊。

胡翰(1307—1381),字仲申,一字仲子,浙江金華人。明初哲學家。早年師事吳萊,致學古文,後來又從學於許謙。著有《春秋集義》《胡仲子集》《長山先生集》等。

此書前有弘治十六年(1503)開化吾㫄序,評價胡翰曰:"金華胡仲子先生以奇邁卓越之才而學,務師古人,立言必本於六經,參之史傳,出入於諸子,非孔孟仁義道德之説不論也。"又言及此書編刊曰："文集舊刻於浦陽王氏,歲久湮晦,學者有不得而見。吾衢邦伯沈公重其人、愛其文,而惜其不行於世,以先生嘗爲衢庠師,訪求於衢之人,得其仲凡若干篇,將鋟梓以行,謀於佐郡賀公,志相協也。遂刻之,名曰《胡仲子信安集》。"

全書分爲上下兩卷,卷上九篇,以論説之文爲主;卷下二十九篇,包括書、序、記、碑、銘、跋等,内有一篇爲《擬古詩九首》。

書中有朱筆圈點。鈐"太原叔子藏書記""蓮涇"等印。

胡翰之文最初結集爲《胡仲子集》十卷,有明洪武刻本、清《金華叢書》本及鈔本存世。此二卷本極爲罕見。(提娜)

姑蘇雜咏二卷

明高啓撰,明衛拱宸輯。明洪武三十一年(1398)刻本。二册。半葉九行,行十八字。白口,左右雙邊。

高啓(1336—1376),字季迪,長洲(治今江蘇蘇州)人。明初詩人,與楊基、張羽、徐賁并稱"吳中四杰"。元末曾隱居吳淞青丘,因自號青丘子。明初受詔入朝纂修《元史》,授翰林院編修。洪武七年(1374),因作《上梁文》,連坐腰斬。著有《吹臺集》《鳳臺集》等。

《姑蘇雜咏》爲高啓晚年寓居蘇州時的吟咏之作,收詩一百二十三篇,於洪武四年(1371)薈萃成書,并刊刻行世。高啓卒後,其内侄周立得其遺稿,加以增益,并於明永樂元年(1403)梓行於世。其後明景泰元年(1450),徐庸(字用理)彙集各編,刊成《高太史大全集》。大全本行世後,單行本日漸稀少。《姑蘇雜咏》單行本非常珍貴。

此爲洪武三十一年(1398)刻本。卷端署"古吳衛拱宸翼明父編輯",分卷上、下二卷。卷末有《姑蘇雜咏》刻書跋,署"洪武三十一年歲戊寅五月朔郡人周傅識"。鈐有"黃節讀書之記""苦雨齋藏書印"等印,曾爲周作人舊藏。今此書洪武四年(1371)刻本未見諸家書目著録,洪武三十一年(1398)刻本疑爲該書現存最早

刻本。（陳紅彦）

青邱詩集擷華八卷

明高啓撰，清費仲子輯。清費仲子鈔本。八册。半葉九行，行二十四字，小字雙行約三十七、三十八字，無格。

正文前有序三篇，分別是清乾隆三十三年（1768）沈德潛、乾隆三十四年（1769）錢陳群、乾隆二十九年（1764）何發撰《費仲子手鈔高青邱詩擷華序》，沈序交代了本詩稿之來源："吾友費仲子性嗜吟咏，兼善臨池，嘗取高青邱詩摘其尤者，録爲擷華。"此集由費仲子輯選高啓詩歌而成。沈序又對高啓的詩歌風格及費氏書法予以闡述："青邱詩自古樂府、《文選》《玉臺》《金縷》諸體，下至李杜韓柳范陸蘇黃元劉虞揭，靡所不合，持擇爲難。仲子按沙揀金，得青邱之真面目，而筆畫端逸風流，婉約之中多具剛勁、堅凝之致，幾欲追踪'黄庭''樂毅'。"序後鈐沈德潛名號章"沈印德潛""愨士"（沈德潛字）。費仲子擅長書法，錢序指出："費子雲溪長於書而尤精於小楷，平日蠅頭細書，初無厭倦意，年甫逾艾，懷才未遇，壞坎以殁……見其楷法工善，知其書學之深，方之昔人，庶幾待詔之流風餘韵，而悲其人之不可見也。"序後鈐"臣錢陳群""柘南居士"。何序詳述了其與費仲子交往經過及費氏鈔録《青邱詩》之緣由："叩其所得力，三唐而外，最喜高青邱。按之神韵頗相肖，非優孟衣冠，襲其貌者也……入其室左圖右史，筆精硯良，肆力於詩古文詞，孜孜矻矻無間，尋嬰羸疾，閉門吟咏，以適其性而詩愈工。"序後鈐"何發之印""子懷"印。

詩集分八卷，按體編排，卷一爲樂府，卷二、三、四爲五言古詩，卷五爲七言古詩，卷六爲五言律詩，卷七爲六言律詩、七言律詩、聯句等，卷八爲五言絶句、六言絶句等。（徐慧）

聽雪篷先生詩集七卷附録一卷

明劉秩撰。明洪武二十年（1387）王仲本刻本。一册。半葉十二行，行二十一字。黑口，四周單邊。

劉秩,字伯叙,豐城人。洪武元年(1368)任廉明,有惠政,民樂其化。在任間,痛懲猾吏,尊禮儒生,奏減酒稅鹽課。百姓認爲劉秩有德行,爲其建生祠。後遭奸黨誣構,入獄。秩子年幼救父,誣者伏誅。事白,秩弃官歸。

劉秩善詩文,有《聽雪篷詩》行世(見清王昶撰《[嘉慶]直隸太倉州志》卷十二《名宦下》)。另外,清趙宏恩《[乾隆]江南通志》卷一百十五摘録《南畿志》:"明劉秩,字伯序,豐城人。吳元年,知崇明州。渡海誓曰:'苟犯民秋毫者,有如此水。'既至,興利除害,奏減酒稅鹽課與塗田未成而有賦者,章四上,歲省三萬石有奇。"

《聽雪篷先生詩集》是劉秩的詩集,按文體共分七卷。附録内容多爲與劉秩相關的詩文。此書卷首有序文四篇:洪武元年(1368)翰林侍講學士中順大夫知制誥同修國史兼太子贊善大夫金華宋濂撰《劉崇明詩集序》;承務郎中書博士董彝序;洪武二十年(1387)奉議大夫江南諸道行御史臺監察御史胡行簡序;洪武辛酉(十四年,1381)翰林修撰朱善序。《聽雪篷先生詩集》内容豐富,不僅有題贈詩、唱和詩,還有咏物詩、感懷詩。如卷三中的《無書嘆》:"昔時貧,未是貧。今日貧,始是貧。昔貧無金猶有書,今貧金無書亦無。無金令人失顏色,無書令人成俗夫。但得有金買書讀,讀書樂道貧亦足。"此詩表達了作者對讀書的渴望和無書讀的無奈。語句直白,不事雕琢。(趙前)

袁海叟在野集八卷

明袁凱撰。清汪文柏鈔本。一册。半葉八行,行十九字。白口,左右雙邊。

袁凱,生卒年不詳,字景文,號海叟,元末明初松江華亭(今屬上海)人。曾任府吏,博學明辨,性格詼諧。因長期生活在鄉村,詩集多帶有田園氣息,被學壇譽爲"明珠白璧"。

汪文柏(1659—1725),字季青,號柯庭、柯亭、篔溪,安徽休寧人。清代詩人、喜鈔書及古籍整理。康熙間官兵馬司指揮。

是書收録五言古詩約六十八首、七言古詩約十八首、五言律詩約四十三首、五言排律一首、七言律詩約五十八首、五言絶句約二十三首、六言絶句約八首、七言絶句約九十二首。詩有寫景組詩，如《池上二首》。另有以節氣等爲主題的詩作，如《立春日飮任氏西園》。

卷首鈐"四明盧氏抱經樓藏書印""雙鑑樓藏書印""佩德齋"。卷末鈐"汪文柏""柯庭圖書""江安傅沅叔收藏善本""晋生寶藏"。可知此書鈔就後，曾經四明盧氏抱經樓、雙鑑樓遞藏，今藏國家圖書館。（孟月）

種菊庵詩四卷

明錢子義撰。明正統刻錫山錢氏《三華集》本。一册。半葉十二行，行二十四字。黑口，四周雙邊。

錢子義，無錫人，錢子正弟，齋號種菊庵。其兄子正，原名蒙，以字行，元末明初人。兄弟二人與侄錢仲益皆有詩名，其詩集合刻即《三華集》，《四庫全書》收録。

書衣有墨筆題"錢氏三華集存菊庵詩四卷""洪武初本"，鈐"石蓮經眼"印。卷首有明洪武八年（1375）作者自序，鈐"鴛安校勘秘籍"印。序末有唐翰題題記，鈐"唐翰題觀""陽"印。卷端題"錫山錢氏三華詩集""種菊庵詩集卷之一""續咏史詩上"，署"錫山錢子義撰""族孫錢公善編集"。

正文前三卷爲《續咏史詩》上中下三卷，卷内各詩詩題下有小字引，詳細説明所咏對象。如《函關》曰："函谷山高凌紫虚，青牛曾此度輕車。至人得道身將隱，不爲求名更著書。"其小引云："老子名耳，字伯陽。嘗乘青牛薄板車渡函谷關。關吏尹喜先望見紫氣而知之。云：'子將隱，爲我著書。'乃著《道德經》五千言而去。"卷四爲《雜咏》。

關於《三華集》，《四庫全書總目提要》云："三集初各自爲書，正統中仲益族子公善等始合而刻之。其曰'三華'者，蓋以三者皆錢氏英華也。"《種菊庵詩》即爲三種之一。據作者自序，馬孝常據邵陽胡氏《咏史詩》舊題新作《咏史詩》，錢氏以爲不如換新題，"類出黃帝鼎湖已降、洎趙宋厓山共一百五十題，各述以七言一首""欲備故事百餘段，授之童稚，肄業之暇，使之講習，庶幾亦有所補益"。馬治，生卒年不詳，字孝常，一字元素，明初詩人，江蘇宜興人。洪武初獲授内丘知縣，後遷建

昌同知。胡曾,字秋田,湖南邵陽人。唐代詩人,工詩能文,頗負才名。錢氏所作
《咏史詩》一百五十首,均爲七言絶句。因其《咏史詩》爲"授之童稚",故錢氏亦自
言"辭庸意陋"。清初文學家錢謙益《列朝詩集》評價云:"馬孝常有《續胡曾咏史
詩》,子義不仍舊題,別成一百五十首,大率《兔園册》中語耳。程克勤《咏史絶句》
亦采之子義。"

　　據"鵑安校勘秘籍""唐翰題觀"印及唐翰題題記,可知此本曾經唐翰題收藏。
唐翰題(1816—1882),初名寶銜,字子冰,一字蕉庵,號鵑安,又署鵑生等,浙江嘉
興人。官吴縣知縣。精鑒別,收藏甚富。善詩文,能書畫,工刻印。著有《唯自勉齋
存稿》。其題記云:"同治丙寅嘉平十一日虞山張渭濱二尹(本淵)持贈。初明精
刊,不下南宋本,可寶也。"又記:"是本流傳甚罕,邑乘未録。"據此可知,唐氏得此
本於張本淵,認爲珍貴難得。據"石蓮經眼""中嶧""吴印重熹"印,可知此本後歸
藏書家吴重熹。吴重熹(1838—1918),字仲懌,晚號石蓮,山東海豐(今無棣)人。
清同治元年(1862)舉人,納資爲工部郎中,歷任河南陳州、開封知府,江寧布政使,
護理直隸總督,河南巡撫等。辛亥革命後寓居天津。工詩,亦長於詞。(趙愛學)

莊擊壤公詩集一卷附録一卷

　　明莊希俊撰。明萬曆四十四年(1616)莊若華刻本。一册。半葉九行,行十九
字。白口,左右雙邊。

　　莊希俊,元末明初人,字德周,福建福清人。十歲失怙,與母卓氏相依。元季不
仕,明洪武十九年(1386)以孝行擢臨洮府同知,遷濟南知府,受賜璽書褒異。

　　首有王宇《擊壤公集序》,署"萬曆丙辰年季秋月晋安後學王宇題",後有"王宇
之印"。王宇,字永啓,閩縣人。萬曆三十八年(1610)進士。官南兵部武選員外
郎,後擢山東督學副使,又轉北户部員外郎。著有《烏衣集》及《經書説》。據序可
知,莊希俊之詩歌因"歲久卷逸",故由其仍孫莊若華整理編輯。卷端題名"莊擊壤
公詩集",署"濟南府太守莊希俊擊壤甫著""晋安後學林永平夷候甫校""八世孫監
生莊若華編録"。卷末有《擊壤公遺稿跋》,署"不肖仍孫若華百拜謹跋并書"。版

心鎸"孫少山刊"。

此集所收之詩有七言律詩、五言律詩、七言絶句、五言絶句、五言古詩等。附録一卷,收録名賢學生等人所贈詩十二首。集中《別子》等送別詩記述了作者六十歲受命赴京的經歷和依依惜別的離愁別緒,《寄妻》等詩書寫了作者遠在异鄉對親友深切的思念之情,《宿鉛山客舍》等詩記録了作者赴京的沿途風光和客路艱辛。莊氏官臨洮任上時對關中勝景多有描摹,如《驪山晚照》《雁塔晨鐘》,特別是《劇作附寄故鄉諸君子知此風土四首》描述了臨洮一地的風土民情,揭示了南北風俗之迥异,具有重要的地理文獻價值。莊希俊一生樂享林泉之趣,《述懷》等詩表露出"門前好種松和菊,留待淵明解印歸"的山水田園志趣。其行藏亦效陶淵明、王績,近山林深溪、孤棹木葉,喜交游方外之人,尋友高談,把酒論學,正如王宇在《序》中所云"所爲詩清真澹遠""盡脱石氣,自清斯誠,真人之天籟"。

《全閩詩話》評莊詩"皆清麗,直抒胸臆,亦足傳也"。此本鈐"南州書樓所藏""南州後人""徐湯殷"等印,知舊爲徐湯殷所藏。(顏彦)

寓軒詩集九卷存三卷拾遺一卷

明朱潤祖撰。明刻本。一册。半葉十行,行二十字。白口,四周雙邊。

朱潤祖,溧水人。明洪武初任淳安縣教諭,又任明經訓導等。生平事迹參《[光緒]溧水縣志》卷九。

此書見於《千頃堂書目》和《明史‧藝文志》,均爲十卷本,即詩集九卷、拾遺一卷。惜該本僅存四卷,即卷七至九三卷和拾遺一卷。書衣有徐興公跋,稱"其上册則亡矣"。次楊浚跋,稱《寓軒詩集》爲徐興公藏本,原缺卷一至卷六"。

在内容方面,卷七爲七言長律,有《壽虞公幹》《送江浦張主簿權溧水回》等篇;卷八爲七言八句,有《甲午周館柬陳玉林》《寄劉彦基》《丁酉過湯元用墓》《庚子寄楊宗道》《送陸公弼之縉雲》等篇;卷九爲七言絶句,有《懷舊》《寄朱元輔先生》等篇。《拾遺》一卷,内容分別是《許氏友悌傳》《書朱宗顯家譜後》《菊坡記》及詩作三首。詩宗唐韵,講求直抒胸臆,有自然率真之旨。

此本舊爲明人徐興公即徐燉所藏,徐跋記得此本經過,云:"崇禎辛巳中秋偶游武夷,小憩萬年宫梁以成道士房,於亂帙中拾一册,乃洪武初溧水朱潤祖《寓軒集》。"又鈐"雪滄所得善本書""雪滄"諸印,則入清歸楊浚所藏。

據《中國古籍善本書目》著録,國内僅存此部,極具版本及文獻價值。(劉明)

雲間清嘯集一卷

明陶振撰。清鈔本。一册。半葉十行,行二十字。白口,左右雙邊。

陶振,字子昌,自號釣鰲生,其先華亭金澤人,贅於龐山謝氏,遂爲吴江人。少與謝常同學於楊維楨,通《詩》《書》《春秋》三經。明洪武二十三年(1390)舉明經,授吴江訓導,坐法逮至京城,進《紫金山》《金水河》二賦,得釋。著有《釣鰲海客集》。

本書一卷,計詩二十五首,賦二首。詩以古體爲主,多歌行。《明詩紀事》引陸學士語,謂其詩"雄拔豪壯,有追風追電燕雲劍俠之氣"。如《寄姚比玉先生》:"公當醉我九峰百斛之美酒,吾當與公典却七星寶劍千金裘。酒酣騎鯨海上游,開懷一笑兮白雲收。"又有題書、題畫詩若干,而少交游、酬唱之作。陶振生逢元明易代之際,"痛禍福之無常,哀人生之縹緲,故發爲歌詩,貌似曠達,骨實悲傷"。

本書卷首鈐有"曾在李鹿山處""大通樓藏書印""鄭氏注韓居珍藏記"等印,可知曾經清代藏書家李馥、龔易圖、鄭杰收藏。

《雲間清嘯集》未見刻本傳世,可知此鈔本之可貴。(杜萌)

斗南先生詩集六卷

明胡奎撰。清鈔本。四册。半葉十二行,行二十二字,無格。

胡奎(1335—1410),字虚白,號斗南老人,海寧人。少時嘗游貢師泰之門,頗得賞識。學貫經史,尤長於詩,早歲即以詩名震於淵藪。明初,以儒學徵,官寧王府教授。七年後告老歸海寧,越明年,卒於家。此本卷前有寧王涵虚子朱權序,略述其生平,贊其爲人爲文仙風道骨,并叙其歸海寧途中過望湖亭,見碑上有東坡詩,遂步韵和之,書於壁上。有老人觀之曰:"六百年來無此詩矣,君非斗南先生耶?"因是以斗南爲其號,時人皆稱之爲詩仙。

卷端題"寧國文英館編"。正文六卷,卷一收録五言古選二百一十六首;卷二收録古樂府四百首;卷三收録五言律詩四十一首,五言排律二十八首,七言律詩二百一十首,七言排律七首;卷四收録歌行二百六十六首;卷五收録七言絶句五百四十六首;卷六收録五言絶句二百五十八首,六言絶句十三首,共計一千九百八十五首。

朱彝尊《静志居詩話》云:"吾鄉雲東逸史曾手書其稿,舊藏項氏天籟閣,繼歸高氏稽古堂,後爲華山馬思賛所藏。"《四庫全書總目提要》題"《斗南老人集》六卷",并稱:"今世所傳奎集皆出天籟閣鈔本,止有四卷,前有項元汴題識而無寧王原序。此本爲明初寧王府文英館所刊,見於《寧藩書目》,昆山徐氏傳是樓又從原刻影鈔,實分六卷,凡詩一千九百餘首,與項氏所藏互校,乃知彼多所脱佚,不爲足本。"則胡奎《詩集》有四卷本、六卷本之分。四卷本不全,然今亦罕見。六卷本原爲寧王府刻本,今刻本不傳,僅存此鈔本,是以此本文獻價值極高。《四庫全書總目提要》又云:"彝尊謂其功力既深,格調未免太熟,誦之若古人集中所已有者。其言誠不爲過,然春容和雅,其長處亦不可掩,視後來之捃拾摹擬者,固有間矣。"所評頗中肯。

鈐"曝書亭珍藏""荃孫""雲輪閣""菦谷"等印,爲朱彝尊、孔繼涵、繆荃孫等名家遞藏,可見其珍貴。(尤海燕)

巽隱程先生文集四卷

明程本立撰。明嘉靖吴德翼刻本。三册。半葉十行,行二十字。白口,四周單邊。

程本立,字原道,號巽隱老人,崇德人。明洪武九年(1376)舉明經秀才,擢秦府引禮舍人,補周府禮官,進長史。後徵入翰林,預修《太祖實録》,遷右僉都御史。建文三年(1401)改江西按察副使,因燕王朱棣起兵而自縊。追贈太常卿,謚號"忠介"。撰有《巽隱集》。《明史》卷一百四十三有傳。

是書見於《國朝經籍志》《千頃堂書目》著録,均題四卷本。此書的編刻,據卷首所載明嘉靖元年(1522)林庭㭿《巽隱集序》云:"值王師靖難,抗節而死,去今百餘年,後昆落落,遺文不傳。予因掇拾於散逸之餘,得詩文凡若干卷,圖鋟諸梓。"該集由吳昂編訂,又經其手刻梓行世。檢書中卷端即題"賜進士嘉興吳昂編輯"。吳昂,字德翼,海鹽人。明弘治十八年(1505)進士。卷端又題"同郡庠生馬淮校正",則又經馬淮校訂。

全書詩文凡四卷,其中文集三卷,即卷一、卷三至四,詩集一卷即卷二。林廷㭿序稱程本立詩文"文詞醇贍,上追董賈",《四庫全書總目提要》也稱:"本立文章典雅,詩亦深穩樸健,頗近唐音。不但節義爲足重,即以詞采而論,位置於明初作者之間亦無愧色矣。"

據《中國古籍善本書目》著録,國内僅存此部刻本,頗具文獻及版本價值。按書中卷四末有跋云:"《巽隱集》世鮮刻本,舊鈔者多錯字難讀。此本予得於海虞錢氏。"又鈐"江安傅沅叔收藏善本""傅印增湘""沅叔""雙鑑樓藏書印""忠謨繼鑑"諸印,傅增湘舊藏。（劉明）

易齋稿十卷附録一卷

明劉璟撰。明刻本。二册。半葉十二行,行二十四字。黑口,左右雙邊。

劉璟(1350—1402),字仲璟,號易齋,浙江青田人,劉基次子。洪武年間先拜閤門使,後隨谷王分戍宣府,爲谷府左長史,并敕其提調肅遼寧燕趙六王府事。明建文二年(1400),燕王朱棣叛,劉璟獻策明惠帝,不用。逮至燕王朱棣即位,欲用璟,璟言朱棣終難逃一"篡"字,詔下獄,以髮辮自刭而死。明崇禎間,追贈大理寺卿,諡"剛節"。清乾隆四十一年(1776)賜諡"忠節"。另著有《無隱稿》《越吟稿》《聞見録》《遇恩録》等。

本書共十卷:卷一五言律詩、七言律詩,卷二七言律詩,卷三七言絶句詩,卷四、卷五五言古詩,卷六歌行,卷七銘箴,卷八書,卷九、卷十序、記。卷末有《易齋附錄》。四庫館臣謂其詩"氣勢蒼勁,兀傲不群"。

《易齋稿》十卷,初以鈔本行世,明末青田縣楊文驄始出資付梓。入清,《易齋稿》易名《易齋集》,分上下二卷,收録於《四庫全書》中。

本書現存版本有清鈔十卷本,藏於中國科學院圖書館;南京圖書館藏有八千卷樓刻本。本書卷首鈐有"王聞德印""聲弘"諸印。（杜萌）

東里詩集三卷文集二十五卷續編六十二卷別集三卷附録四卷

明楊士奇撰。明嘉靖二十九年(1550)黃如桂刻本。二十六册。半葉十一行,行二十字。白口,四周單邊。

楊士奇(1365—1444),名寓,字士奇,晚號東里老人,人稱"東里先生",以字行,江西泰和人。青年時期曾在湖湘漢沔各地任塾師多年。明建文初,被江西吉安府推薦入翰林院,充編纂官,修《太祖實録》。永樂中爲内閣學士,參預朝廷機務。明成祖北巡,常命士奇留輔太子。明仁宗即位後,士奇以東宮舊臣被擢任内閣大學士兼兵部尚書,任首輔。與楊榮、楊溥并稱"三楊"。楊士奇繼承唐宋古文,學歐陽修文,明廷内閣翰林院沿襲其文體,形成"臺閣體",稱其爲臺閣體之祖。著有《東里詩集》《東里文集》《東里別集》《歷代名臣奏議》等。

此書一至二册爲詩集,有明正統元年(1436)楊溥序,卷一收録四言、辭、五言古詩、七言長短句、樂府,卷二爲五言律詩、五言排律、七言律,卷三爲五言絶句、六言絶句、七言絶句、集句。

三至六册爲文集,有正統五年(1440)黃淮序,卷一、卷二爲記,卷三至八爲序,卷九至十一爲跋,卷十二至十三爲神道碑銘,卷十四爲墓碑銘,卷十五至十六爲墓表,卷十七爲墓碣銘,卷十八至二十爲墓志銘,卷二十一爲墓志銘、墓碣銘、墓表,卷二十二爲傳,卷二十三爲表、詩、贊、文,卷二十四爲辭、賦、銘、箴,卷二十五爲序、碑、記、銘。

七至二十三册爲續編,首有嘉靖庚戌(二十九年,1550)嚴嵩《重刻東里楊公續集序》,記述了重刻續集的緣由以及編纂人員,"公集凡若干卷,有黃文簡之序,乃公存時所自删定,久行於世,其曰續集者,枹刻在嶺南,世鮮得之,比歲,子購得一帙,多脱落不全,托公五世孫吏部員外郎載鳴爲校補之,始克完編,適黄侍御如桂按廣重刻之。"後有正統九年(1444)李時勉序以及黄如桂所做《類刻東里楊公全集紀語》。卷一至五爲記,卷六至十五爲序,卷十六至二十三爲跋,卷二十四至二十六爲神道碑,卷二十七爲神道碑、墓碑銘,卷二十八爲墓碑銘,卷二十九至三十三爲墓表,卷三十四至四十二爲墓志銘,卷四十三爲傳、説,卷四十四爲碑、頌、賦、表,卷四十五爲像贊、銘、贊,卷四十六爲哀辭、祭文、祝文,卷四十七爲書、啓、手簡,卷四十八至五十爲録,卷五十一至五十二爲家書,卷五十三爲家訓,卷五十四爲四言、辭、五言古,卷五十五爲五言古,卷五十六爲五言古,卷五十七爲七言古、長短句、樂府,卷五十八爲五言律、五言長律、聯句,卷五十九爲七言律、七言長律,卷六十爲五言絶句、六言絶句、七言絶句,卷六十一爲七言絶句,卷六十二爲七言絶句、集句、詩餘。二十三册後有明成化九年(1473)韓雍所做《書東里文集續編後》。

文集中的記、序、跋、傳、銘、詩、辭、賦等,爲明代初年的政治、典制、人物等研究,提供了豐富的史料。

二十四册至二十五册爲别集,依次收録代言、聖諭、奏對三録。代言録所收爲楊士奇在内閣時所撰擬碑册詔誥之文,可與《明實録》相參。聖諭録有正統壬戌年(七年,1442)楊士奇自序,仿歐陽修奏事録、司馬光手録之例,記載了永樂、洪熙、宣德三朝楊士奇面承詔旨及奏對之語。奏對録是正統初楊士奇在内閣的奏疏,多係軍國大計。

二十六册爲附録,卷一爲誥命謄副二十八道,卷二爲敕諭謄副十二道、賜詩謄副十七道、寶翰謄副二道、諭祭文謄本十一道,卷三爲大傳,卷四爲小傳二條、像贊八條、祭文六道、嚴郭二夫人銘附。卷末有清康熙辛末(三十年,1691)黄虞稷手書識記:"楊文貞公惟《東里集》二十五卷,其所自編,世亦多有,若《續集》六十六卷則不多見,蓋以鋟於粤東難傳致也。是本予得之市中,字明楮佳,可爲世寶。"

續集、别集以及附録每卷後有"天順五年(1461)冬十月男導編定"字樣。

書中多處鈐有"餘姚謝氏永耀樓臧書""曾臧顧少梅家""武陵顧氏藏本""楮園

圖書""海上武陵季子少梅氏珍藏書画印"等印。（孟化）

張修撰遺集八卷附錄一卷

明張洪撰。清播琴山館鈔本。一册。半葉九行,行二十二字,藍格。白口,四周雙邊,單魚尾。

張洪,生卒年不詳,字宗海,號止庵,江蘇常熟人。本姓侯,養於張氏,從張姓。少補諸生。明洪武十八年(1385)坐事戍雲南,後以明經授靖江王府教授。明永樂元年(1403)擢行人,出使日本。後緬甸亂,洪奉使往。歸,入翰林院修《永樂大典》,任副總裁官。明宣德五年(1430)致仕。著有《周易傳義會通》《尚書補傳》《南夷書》《使規》等。張氏治《易》宗程頤、朱熹,并會通二家。

張洪不僅精通四書五經,是《永樂大典》副總裁,而且曾出使日本,特別是對明初緬甸的情況十分瞭解。此書記事較多,内容各有側重,正文與目錄順序偶有不同。卷一記錄作者出使緬甸之事,收錄六封與緬甸宣慰那羅塔來往的書信,可爲永樂年間中緬交流的研究提供史料。張洪對《四書經解》《周易》《尚書》《詩經》和《春秋》都極有研究,皆作序共八篇收錄於卷二;張洪的生平亦可從卷二的《自序》和附《吳文恪公後序》中得見。卷三、卷四和卷五共有序文四十篇,多記錄了張洪的交游唱和的經歷,收錄其爲友人所撰族譜、序言。卷六有十篇記文,多爲游記,也有政務相關紀聞。卷七多爲名人像贊。卷八爲詩文。附錄則收錄後世對張洪的紀念性文章。

卷首鈐有"舊山樓""趙宗建印",可知此集曾爲清人趙宗建所收藏。文中有朱筆更改痕迹,天頭處題簽較多。卷四《黔國嗣子翠筠軒序》中"胤(按:正文缺筆)"改爲朱字"允",又《順正堂序》末尾增朱字"正則應之矣",上方題簽則曰"明鈔本無'正則應之矣'五字",可知給此書朱校之人當晚於清,加題簽者又晚於朱校者,皆爲近人所書。觀此書題簽字迹,似皆出自一人之手,當爲民國時人使用明鈔本、孫鋆本和菰里瞿氏鈔本等對此書進行校對。據卷五末題簽"李緘庵先生處鈔本曾屬王實之先生,借稽瑞樓、黃琴六兩家鈔本校過,篇數略同而不分卷,所校孫秋山《緬甸録》寫本暨《待漏圖卷》,墨迹與原校亦有不同,兹并録之,縣治廳記以下,因李氏急於索還不及傳録矣。"可知當時還有多個版本流傳。（朱婷婷）

觀光詩集四卷助教侯先生文集四卷

明侯複撰。清金氏文瑞樓鈔本。一册。半葉十一行,行二十二字。白口,左右雙邊。

侯複,生卒年不詳,字祖望,號觀雲,江西進賢人。明洪武初以經明行修薦任國子監助教。

此集卷前有明永樂九年（1411）楊覯序,稱"其詩豪放清逸,效李白,其存氣馳騁於元諸公間,可謂當今江右之杰",評價極高。今觀其詩,確極富才情,飄逸自然。如"芙蓉秀出青雲上,瀑布飛泉幾千丈。却疑海窮倒天河,萬壑涵秋氣蕭爽……"（《清泉歌爲户部主事廖希亮賦》）;"聲傳仙谷琴三叠,光浸瑶池雪一泓"（《玉泉山房爲盱江饒孔昭賦》）等。

此本爲清代文瑞樓鈔本,并有清宋賓王校并鈔補,文瑞樓爲清代藏書家金檀藏書樓,藏書尤多明人集部,多經金氏親自校勘,可見此本極爲珍貴。

此書鈐有"結社溪山""文瑞樓""金星軺藏書記"印。卷端鈐"周暹"印,曾爲周叔弢先生舊藏。（馬琳）

覺非先生文集五卷

明羅泰撰。清林氏樸學齋鈔本。二册。半葉十行,行二十二字,黑格。黑口,左右雙邊。

羅泰,生卒年不詳,字宗讓,別號覺非道人,閩縣（今福建福州）人。先世居豫章、臨川爲盛,五世祖爲福清尉,始入閩,父諱伯淳。泰初聘典應天京闈,辭不就,遁世徜徉於山水之間,收林元美等爲徒,弟子多中舉入仕。羅泰性質穎異,少有孝悌之行,經、史、子、集無不通,尤其精通《易經》《春秋》,精研卦爻十翼之旨。有二子名爲紋、繹,紋由太學生分教湖廣長沙府學,繹由鄉貢士中乙榜分教廣東肇慶府學。

羅泰弟羅澤,字宗本。甲辰進士。授監察御史。羅泰女婿張諤亦有文名。泰本人《明史》有記,據《大清一統志》記,其墓在閩縣瑞峰山。

該文集名爲"覺非",一因作者號覺非道人,二因作者自謙意,《静志居詩話》云"昔人名集往往自謙,如羅泰曰《覺非集》五卷"。内容共分五卷,卷一有序記五篇,卷二、卷三均爲所作之序,共二十三篇。中有《送進士林元美還京師詩序》,叙述鄉情,希望閩地多重視文化,培養人才,可見其拳拳之心。時人評價其文春容雅暢,質而不俚。卷四爲詞和詩歌作品,詞有七篇,五言古詩、五言律詩共十餘首,五言排律十餘首,七言律詩、七言排律共二十餘首。卷之五爲七言歌行十餘首,五言絶句十餘首,六言絶句五首,七言絶句二十四首。比較獨特的是六言絶句,近體詩一般分爲五七言,少見六言絶句。作者與林尚嘿交往頗多,有《次林尚嘿先生送別江西韵二首》《送林尚嘿之沙陽》《寄林尚嘿》等詩。林尚嘿係閩人,有文名。

是書由撫州府知府門人三山林元美編訂集輯羅泰遺稿而成,并捐俸力刊。林元美,名謬,別號守庵,閩縣林浦鄉人。明永樂十九年(1421)進士。後授江西臨川知府。書前有魏克潤序,《浙江通志》記載,魏克潤,上虞人,曾任教授。序文鈐"鄭杰之印""注韓居士"等。鄭杰,一名人杰,字昌英,號注韓居士,侯官(今福建福州)人。清乾隆間貢生。喜讀韓愈書,故號爲"注韓居士"。注重收集閩中文獻,曾輯《全閩詩録》《國朝全閩詩録》《閩詩録》等。目録葉題"楊雪滄得陳恭年藏",楊雪滄名浚,原籍晋江。清咸豐壬子(1852)舉人。官至内閣中書等職。與陸心源、胡鳳丹、林壽圖等人交好,楊藏有秘本古籍,常與陸心源互相探討心得。是書目録卷末題有"嘉慶二年秋仲得《閩詩録》閱",卷五末下朱筆題"嘉慶二年中秋前五日得《閩詩録》閱"。書後有黎近作《後序》。黎近,閩縣人。時任河南泌陽縣知縣。是書甫刻成,黎近得諦視其書版,言其詩歌渾然天成,不爲艱深奇崛之語,磊落清壯,寄興玄遠。又有楊榮撰寫之《故羅君宗讓墓志銘》,楊榮時任光禄大夫柱國少師,謹身殿大學士兼工部尚書,是明代"臺閣體"詩文的代表人物"三楊"之一。

是書間有朱筆點校、點讀,曾藏徐燉處,後藏陳恭年、鄭杰處,今藏國家圖書館。

(張偉麗)

思庵先生文粹十一卷

明吴訥撰。明嘉靖二十七年(1548)范來賢刻本。二册。半葉十行,行二十字。白口,四周單邊。

吴訥(1372—1457),字敏德,號思庵,江蘇常熟人。力學尚義,尚醫術,永樂間以醫士舉至京,懇辭,命教功臣子弟。尋授監察御史,出巡浙江。明宣德五年(1430)升右僉都御史,再升左副都御史,正統間以老辭。謚"文恪"。《明史》卷一百五十八有傳。

據楊子器《刻思庵先生文粹序》,《思庵先生文粹》爲吴訥孫淳編次刻印,至楊氏作序時書版已損失泰半,遂予以重雕,囑吴訥曾孫保藏,至范來賢明嘉靖二十七年(1548)再次刻印時,已是三刻。此本卷一、二爲詩,卷三、四爲序,卷五、六爲記,卷七爲雜著,卷八、九爲題跋,卷十爲書、字説、傳、贊、銘、箴、祭文、哀辭等,卷十一爲墓志銘及墓表。

吴氏生平喜編印書籍,傳世者尚有《文章辨體》五十卷《外集》五卷、《小學集解大成》六卷、《祥刑要覽》二卷、《百家詞》一百三十一卷等。其詩文别集除上述外,另有《吴文恪公大全集》十卷鈔本傳世。（張曉天）

友梅集不分卷

明季篪撰。清鈔本。一册。半葉九行,行二十五字,無框格。

季篪,字仲怡,號友梅,明初常熟人。精於纂述,永樂間參修《永樂大典》,授昆山訓導,遷曹縣教諭。曾修邑志,未成。著有《友梅集》,修昆山、崇明二縣志。

此書爲季篪詩集,詩中描述有别愁離緒、有游山玩水、有述懷題畫,也有悲天悼亡、賞春傷秋,有踏雪觀梅,也有琴棋書畫。内容豐富。涉及蘇州、江陰、虞山等地。

此書字體娟秀,間有眉批,多朱筆圈點,惜殘破多處。鈐"鐵琴銅劍樓""古里瞿氏"。曾爲瞿氏鐵琴銅劍樓舊藏,現藏國家圖書館。（陳紅彦）

忠肅公和梅花百咏一卷

明于謙撰。清康熙六十年（1721）于繼先刻本。一册。半葉九行，行二十字。白口，四周雙邊。

于謙（1398—1457），字廷益，號節庵，錢塘人。明代政治家、詩文家。明永樂十九年（1421）進士。宣德初授御史，遷兵部右侍郎，巡撫河南、山西，前後在任達十九年之久，饒有政績。正統末爲兵部左侍郎。“土木之變”後，力主抗擊瓦剌。英宗復位後，受誣陷而死。明弘治二年（1489），追贈光禄大夫、柱國、太傅，謚“肅愍”，萬曆中改謚“忠肅”。于繼先爲于謙十世孫。

書名葉題“葵丘藏版”，卷端題“忠肅公和梅花百咏”，署“考城十世孫奉祀生繼先敬刊”，版心鐫“和梅花詩”。正文首行又題“和梅花百咏”，小字注“文集衹刻三首”。大概是指于謙《文集》裏僅收其中三首。該書名爲“百咏”，收七言律詩百首。各詩均以“真、人、塵、春”四字爲韵脚。有墨筆圈點斷句。卷首有清胡具慶行書序。胡具慶，生卒年不詳，北直隸容城（今屬河北）人，後遷至杞縣（今屬河南）。康熙五十九年（1720）舉人，清乾隆七年（1742）中明通榜。後任陝西石泉知縣。胡序述及該書刊刻情況，并對比評述唐朝宋璟、宋朝林逋和于謙咏梅之作。胡序云，《梅花百咏》爲“忠肅公填撫梁、晋時和周憲王之所作也”。可知此《和梅花百咏》爲于謙巡撫河南、陝西時，與“周憲王”唱和而作。周憲王指明宗室藩王朱有燉（1379—1439），號誠齋，明太祖朱元璋之孫，襲封周王，藩在開封。卒，謚“憲”，世稱“周憲王”。能詩文、善詞曲。胡序又云“康熙辛丑公之十世孫繼先謀付剞劂而屬予爲之序”，説明了該書刊刻時間是康熙六十年（1721），刊刻人爲于謙十世孫于繼先。胡序云：“公之填撫梁晋也，當宣德、正統間，年纔三十餘，而卓然有‘常留青白在人間’之志……故其咏梅也，不徒爲‘疏影橫斜，暗香浮動’‘高人逸士’之韵，而貞心不改、本性不移，烈烈孤忠之氣象常凛然流露於言表。”詩言志，讀其文如見其人，胡序認爲咏梅詩反映了于謙的氣節。胡序還提及，于繼先本擬附刻釋中峰和朱有燉《梅花百咏》，胡氏認爲此二家咏梅詩志氣不同，應刪去。

《中國古籍總目》集 20206704 號著録此本,另收録萬曆刻"百花鼓吹本"。(孫可依)

宣廟御製總集不分卷

明宣宗朱瞻基撰。清金氏文瑞樓鈔本。四册。半葉十一行,行二十一字。白口,左右雙邊,單魚尾。

朱瞻基(1398—1435),明代第五個皇帝,1426 至 1435 年在位,年號宣德。宣宗以"守成令主"自任,在位期間,親征平定漢王朱高煦叛亂,信用楊士奇、楊溥、楊榮及夏原吉等老臣,裁汰冗官,重視農桑,整頓教育,施行穩定社會,鞏固和發展洪武、永樂時期成就的措施。朱瞻基愛好詩文,詩詞創作數量可觀,有《大明宣宗皇帝御製集》等存世。

此書體裁多樣,共收録二十五篇序文,十一篇碑文,五篇記,五篇賦,四篇頌,五篇贊,一篇銘,九十八首詩,十九首歌,十首詞和兩首曲。所記内容大致包括追思先祖,描寫皇家的重大活動和宮廷生活,記佛經佛寺,歌頌太平景象等。朱瞻基筆下的作品,都是他的生活寫照,是宣德時期皇家宮廷生活的一面鏡子。囿於此,朱瞻基創作的内容題材較爲狹窄,大體是一位"太平天子"雍容安閑的活動和意識的寫照。

卷首鈐印"真意""文瑞樓""結社溪山""家社黄山西岡之間""金星軺藏書記",皆爲金檀藏書印;另有"四明盧氏抱經樓藏書印""吳興劉氏嘉業堂藏"。可知此書曾由金檀文瑞樓藏,後經盧文弨抱經樓、劉承幹嘉業堂遞藏。(朱婷婷)

古穰文集三十卷

明李賢撰。明成化十年(1474)李璋刻本。十二册。半葉十一行,行二十二字。黑口,四周雙邊,雙魚尾。

李賢(1409—1467),字原德,自號浣齋,河南鄧州人。賢自幼聰穎,明宣德七年(1432)鄉試第一,次年舉進士。授吏部主事,歷升郎中。明正統十四年(1449),

英宗北狩，扈從官多預其難，賢瀕死而還。後纍升兵部，進吏部尚書兼翰林學士。觀政時奉使河東，時學士薛瑄以御史家居，賢往造焉。彌月歸，乃大肆力於學，脫然有悟。成化初進華蓋殿大學士，二年（1644）春奔父喪，詔遣内臣護送，仍諭上來京，妻子不得隨去。賢上書懇乞，上皆不准，不得已就任。卒，贈特進光禄大夫左柱國太師，諡“文達”。著有《古穰集》三十卷、《和杜詩》一卷、《讀詩記》一卷、《讀易記》一卷、《南陽李氏族譜》若干卷。

《古穰文集》爲李賢詩文别集，其過世之後，遺文歸其婿程敏政所藏，後交與其子李璋付梓。全書共計三十卷，含賢所作奏議、書、記、序、説、題跋、碑、墓表、行狀、賦、古詩等各類詩文。其中卷二十三至二十四爲《和陶詩》，卷二十五至二十七爲《天順日録》，卷二十八至三十爲《雜録》。卷前有成化三年（1467）劉定序。目録後有成化十年（1474）程敏政記，述成書經過。

此集鈐有“虞山錢曾遵王藏書”“遵王”“惠棟之印”“陽湖陶氏涉園所有書籍之印”等印。（安延霞）

杜東原雜著一卷補遺一卷

明杜瓊撰。清鈔本。一册。

杜瓊（1396—1474），字用嘉，號東原，一作東原耕者，世稱東原先生，晚號鹿冠道人，一作鹿冠老人，吳縣（今江蘇蘇州）人。以孝聞，年七十九卒，門人私諡“淵孝先生”。曾師從陳繼，工書善畫，尤擅畫山水及人物。好爲詩文，詩以“平正暢達爲宗”（見《四庫全書總目提要》）。知府況鍾曾兩薦之，皆固辭不就。著有《東原齋集》《紀善録》《耕餘雜録》等。

此本鈔寫精工，其中《杜東原雜著》鈔録有杜瓊所著序、記、雜説、書札、題跋、行狀、志銘、祭文等各類文章，卷末有“道光辛卯子月長至日録竟”字樣，知此卷於清道光十一年（1831）鈔畢。

《補遺》爲杜瓊所作詩，多附有輯録出處及補録時間，可補國家圖書館所藏明張習鈔本《杜東原集》之遺漏。杜瓊爲文“和平醇實而必本於理”，詩尤“沉雅有古

致"(見《國朝獻徵録》),於是書可見一斑。(賈雪迪)

楊宜閑文集十二卷 存六卷

明楊璿撰。明刻本。一册。半葉十行,行十八字。黑口,四周雙邊,雙魚尾。

楊璿(1416—1474),字叔璣,號宜閑,明南直隸常州府無錫(今屬江蘇)人。明正統四年(1439)進士。歷任户部主事、陝西布政使、右副都御史、河南巡撫。曾撫治荆、襄、南陽流民,病逝於河南巡撫任上。璿性耿介,精悍通敏,交不苟合,事必求是,不擇利害爲趨捨。事母至孝。有《楊宜閑文集》傳於世。

此集無序跋、目録等葉,僅存卷一至六。卷一爲辭、贊、記、序、祭文;卷二爲碑銘、墓表、墓碣銘;卷三爲傳、題跋;卷四爲題跋;卷五、卷六爲書信。其間有五處白葉,疑爲原缺。

此本鈐"瓆川吳氏收藏圖書""汪魚亭藏閱書""振綺堂兵燹後收藏書"等印。曾爲吳銓、汪憲遞藏。

《中國古籍善本書目》著録,此本僅國家圖書館有藏。另南京圖書館藏有明刻本《楊宜閑詩集》六卷《文集》十三卷。(肖剛)

東安李都憲先生文集五卷

明李侃撰。明弘治六年(1493)李德仁刻本。三册。半葉十二行,行二十二字。黑口,四周雙邊,雙魚尾。

李侃(1407—1485),字希正,東安(今河北廊坊)人。明正統七年(1442)進士。歷任户科給事中、禮部都給事中、山西巡撫、右僉都御史等職。爲人好學安貧,頗有政能。明成化年間於山西巡撫任上組織編纂《山西通志》十七卷,殁後由其子李德恢、德仁彙編此《東安李都憲先生文集》。

書前有弘治六年(1493)工部尚書胡拱辰序一篇,叙李侃一生功績甚詳。明英宗朱祁鎮被俘之後,李侃與于謙共同堅守京師,擊退韃靼也先部之軍,有中興社稷之功,故其政名一時幾可與于謙相齊。

本書卷首題"東安李都憲先生文集"，署"李侃撰""男李德恢編次""男李德仁校正"。全書五卷，卷一爲古體、近體詩及絕句，卷二、三爲序，卷四爲序、記、詞，卷五爲書、墓志、祭文。詩文內容以從政、仕宦交游爲主。

胡拱辰序末鈐印三方，其一鈐"清慎堂記"，其二鈐"胡拱辰記"，其三鈐"如如老人記"，均爲胡拱辰私印。卷端朱印二方，行一之末鈐"天人樓"，行三之首鈐"又(右)任"，卷二末鈐朱印一方鈐"獨樹齋"。後二印爲民國藏書家于右任私印，可知此書曾收藏於于右任處。

此書流傳不廣，僅國家圖書館有藏。（杜萌）

枕肱亭文集二十卷存十二卷

明童軒撰。明成化六年（1470）萬僖刻本。七册。半葉十一行，行十八字。黑口，四周雙邊，四魚尾。

童軒（1425—1498），字士昂，其先饒州鄱陽（今江西）人。明景泰辛未（二年，1451）進士。授南京吏科給事中。纍官右副都御史，提督松藩軍務，召爲南京吏部右侍郎，進南京禮部尚書，卒贈太子少保。幼穎敏，讀書過目成誦，書法遒勁。性篤孝，友於物，一介不苟，取其廉勤慎密。除撰有此文集外，尚有《清風亭稿》《籌邊錄》《夢徵錄》以及《醯甕集》若干卷等。生平事迹參《本朝分省人物考》卷十一。

此書見於《國史經籍志》《千頃堂書目》和《明史·藝文志》著錄，均題二十卷本《枕肱集》。卷首有成化六年（1470）呂囧《清風亭稿序》，云："其（童軒）生平所作詩辭歌賦爲《清風亭稿》，間出示予閱之，遍見其清新俊逸，典雅和平。如天機之雲錦，光彩交呈；如鳳閣之簫韶，宮商迭奏。"又稱："稿名'清風'者，重君子之操也。"按《百川書志》著錄《清風亭稿》八卷，疑《清風亭稿》所載詩文又收入此集中。又明天順四年（1460）陶元素《清風稿序》評價其文淵博雄麗，其詩有六義之體，曰："雄渾清雅，其間有美有刺，而序述詳整，興寄高遠，深得古詩人六義之體而足以鳴。"關於是集的編刻，卷端題"門人監察御史金章編"，知爲童軒門人金章輯編。金章，字質庵，成化乙未（十一年，1475）進士。呂囧《清風亭稿序》稱："稿凡若干卷，雲南都闔萬君子和素善吟咏,覿而悦之,請壽諸梓。"詳按此序,應爲萬曆刊刻《清風亭稿》。或是集之編合《清風亭稿》及其詩文,故刻者係於萬曆之手。

此本據卷首目録,詩、文各十卷,詩部分卷目爲卷一四言古詩、騷體,卷二樂府歌行,卷三五言古詩,卷四七言古詩,卷五五言律詩(附五言排律),卷六至九七言律詩(附七言排律),卷十五言絶句(附六言絶句)、七言絶句(附聯句、回文體和集句)。文部分卷目爲卷一至二奏疏,卷三記,卷四至五序,卷六傳、賦、論、説、贊,卷七雜著,卷八墓志銘,卷九墓道志碑銘表、行狀,卷十雜著、上梁文、哀辭、祭文。惜僅存十二卷,即詩卷一至十,文卷一至二。書中鈐"长乐鄭振鐸西諦藏書""長樂鄭氏藏書之印"兩印,鄭振鐸舊藏,現藏國家圖書館。(劉明)

瓊臺吟稿十卷

明丘濬撰。明弘治五年(1492)蔣雲漢刻本。二册。半葉十行,行十八字。黑口,四周雙邊。

丘濬(1420—1495),字仲深,號深庵、玉峰,別號海山老人,瓊州瓊臺(今海南)人。明景泰五年(1454)進士。歷官經筵講官、侍講、侍講學士、翰林學士、國子監祭酒、禮部侍郎、尚書、纂修《憲宗實録》總裁官、文淵閣大學士、户部尚書兼武英殿大學士等。幼好學,著述甚豐,著有《大學衍義補》《文公家禮儀節》《瓊臺會稿》《瓊臺吟稿》《瓊臺類稿》《重校五倫傳香囊記》《丘仲深稿》《投筆記》《鹽法考略》《錢法纂要》,輯《群書鈔方》一卷。

此書首有李東陽序,稱丘濬曰:"尤能詩,信口縱筆,若不經意而思味雋永,援據該博。平生所得近萬篇,往往爲好事者取去,晚乃掇其存者,分類爲編,殆二十之一而已。"《吟稿》收五言古詩、擬古樂府、七言古詩、五言絶句、五言排律、七言絶句、七言律詩、七言排律。書末有弘治元年(1488)龍集戊申冬十二月七日新安程敏政書於清化僧舍之《書瓊臺吟稿後》及弘治五年(1492)壬子秋七月望會稽後學魏瀚書於閩藩之有竹軒之《跋瓊臺吟稿後》,跋稱丘濬以此詩集寄魏瀚,後爲蔣方伯天章所見,嘆曰:"此希世之音也,烏可秘玩,以自資遂命工梓行之。"卷五、十末題"弘

治三年（1490）春三月望日男敦編次""學生傅佐録刊"。（陳紅彦）

瓊臺類稿七十卷

明丘濬撰。明弘治五年（1492）閔珪刻本。二十册。半葉十行，行十九字。黑口，四周雙邊。

卷首有程敏政弘治己酉年（二年，1489）序，指出該書文筆豪放，語句典雅、洗煉，曰："此集雖出於所學之緒餘，然閎肆而精醇，明潤而雅潔，究本之論扶世立教之意鬱乎。"卷首另有何喬新弘治五年（1492）序，云"適都憲吳興閔公出鎮兩廣""是宜閔公欲刻而傳之也"。閔珪（1430—1511），字朝瑛，烏程（今浙江湖州）人。天順八年（1464）進士。授御史巡按河南，先後任江西副使、廣東按察使、右僉都御史等。弘治五年（1492）任兩廣總督。弘治七年（1504），以功遷南京刑部尚書，不久召爲左都御史。弘治十一年（1498），加太子少保，弘治十三年（1510）任刑部尚書。正德元年（1506）六月請求致仕未許。次年又上書求退獲准。正德六年（1511）十月卒。贈太保，謚"莊懿"。著有《閔珪文集》。

全書共七十卷，包含賦、頌、銘、箴、記、序、論、表、章奏、策問、跋、雜説、字説、雜著、贊、哀辭、祭文、神道碑、墓志銘、墓表、事宜等文體，正文偶有缺葉，且目録不完整。首册封面鈐"乾隆三十八年十一月浙江巡撫三寶送到汪啓淑家藏""瓊臺類稿壹部""計書貳拾"印。爲四庫進呈本。卷首序鈐"翰林院"印。（劉炳梅）

桃溪類稿六十卷存五十一卷附録一卷

明謝鐸撰。明嘉靖二十五年（1546）謝適然刻本。十册。半葉十行，行二十字。白口，四周單邊。

謝鐸（1435—1510），字鳴治，號方石，太平縣桃溪（今浙江温嶺）人，祖籍黃岩。明天順八年（1464）進士。入翰林院爲庶吉士，次年授編修。明成化三年（1467）參加編修《英宗實録》，後升侍講。明弘治三年（1490）擢升爲南京國子祭酒。次年辭官回鄉，家居十年。弘治十二年（1499）八月應明孝宗召，出任禮部右侍郎，掌國子監祭酒。七十二歲告老還鄉。謝鐸博通經史,文學造詣極深,工詩文,善書法,死後贈禮部尚書,諡“文肅”。是茶陵詩派重要作家,雁山“七賢”之一。編有《朝陽閣書目》,撰有《桃溪集》《尊鄉録》《伊洛淵源續録》六卷、《赤城新志》二十三卷、《赤城論諫録》十卷等。《明史》有傳。

本書是謝鐸詩文集,由其曾孫謝適然刊刻,今存五十一卷(卷一、卷七至十、卷十五至六十),佚九卷(卷二至六、卷十一至十四)。目録前有謝鐸小像,《自贊》一首。本書前有序言四篇,黄綰序、陳音序、李東陽序和顧璘序。據黄綰序,謝鐸詩文集經歷三次編輯過程,初編爲《桃溪雜稿》,二編爲《桃溪净稿》,三編爲本書《桃溪類稿》。

據本書目録,卷一爲樂府,卷二爲古詩,卷三、四爲歌行,卷五爲五言古詩,卷六爲五言律詩,卷七至十六爲七言律詩,卷十七爲五七言長律,卷十八爲五言絶句,卷十九至二十二爲七言絶句,卷二十三至二十八爲序,卷二十九爲碑,卷三十、三十一爲記,卷三十二爲傳,卷三十三至三十八爲墓志銘,卷三十九爲墓表,卷四十爲史論,卷四十一爲講章,卷四十二至四十五爲奏疏,卷四十六爲議議、策問,卷四十七至五十二爲書,卷五十三至五十九爲雜著,卷六十爲祭文。書末有附録一卷,收有:《方石先生行狀》《明故通議大夫禮部右侍郎管國子監祭酒事致仕贈禮部尚書諡文肅謝公神道碑》《方石先生墓志銘》《跋方石先生墓志卷後》和《題方石先生改葬墓志後》。本書所收各體皆備,内含大量反映現實的詩歌,是研究謝鐸及明代文學思潮、明代歷史的重要文獻。鈐“汪魚亭藏閱書”印。《中國古籍善本書目》著録僅國家圖書館有藏。(龍堃)

愧齋文粹五卷附録一卷

明陳音撰。清范氏天一閣鈔本。一册。半葉十一行,行二十五字,小紅格。白口,四周雙邊。

陳音(1436—1494),字師召,號愧齋,人稱愧齋先生,又稱也罷先生,福建莆田人。明天順八年(1464)進士。改庶吉士。歷官翰林編修、翰林院侍講、南京太常寺少卿,兼翰林院掌院,官至太常寺卿。以剛直敢言著稱。後人將其著作先後編爲《愧齋文粹》《愧齋集》。

是書卷首有明嘉靖壬午(元年,1522)馬明衡序,介紹成書背景:"平生所著不下千餘篇,後峰黃君伯固嘗即其家藏編輯得若干篇,其孫須政又即其集録其要,若奏疏序記志銘之類,得若干篇,題曰《愧齋文粹》,鋟梓以傳。"并評價道:"公天性誠篤,視其外知其中,其與人言忠而恕,故凡見諸制作正而不迂,通而有則,從容和粹之氣、樸實敦厚之風藹然溢於言外。"

文中卷一收録奏疏、表、箋、論七篇,卷二爲記九篇,卷三爲序十二篇,卷四爲字說、題跋、行狀、壙志銘十四篇,卷五輯録墓志銘、傳、書、祭文十篇。附録則爲先友叙述,依次爲王鏊的《愧齋先生傳》,李東陽所撰《明故嘉議大夫南京太常寺卿愧齋陳公神道碑》以及程敏政等人所撰祭文。

卷末有嘉靖癸未(二年,1523)陳須政的識記以及明正德戊寅(十三年,1518)黃鞏所做《題愧齋文粹後》。黃鞏指出由於愧齋先生"平日所爲文多至千餘篇……於乎公之文如良金美玉",不容易取捨,先取其精粹成書,至於"不能盡取者,亦未爲不精也,安得盡刻以傳,使天下後世遍觀爲快。若止刻此而於所不能盡取者,或公平生得意之文在焉,予安所逃其責者,公諸孫其徐圖之"。(孟化)

南坡詩稿十五卷 存八卷

明趙輔撰。明刻本。四册。半葉十行,行二十一字。黑口,四周雙邊,四魚尾。

趙輔(?—1486),字良佐,直隸鳳陽府鳳陽縣(今屬安徽)人。襲職爲濟寧衛指揮使。明正統十四年(1449),尚書王直等以將才薦,擢署都指揮僉事,充左參將,守懷來。天順初,徵入右府涖事。明成化元年(1465),總兵徵兩廣蠻,俘斬三萬。二年(1466),封武靖伯。三年(1467),徵建州夷,斬俘千人。四年,進侯。又因其冒領軍功,多次遭到彈劾。然輔少俊辯有才,善詞翰,多交文士,又好結權幸,雖屢遭論劾,卒無患。官至征夷將軍、武靖侯。成化二十二年(1486)去世,追贈容國公,謚"恭肅"。《明史》有傳。

此稿存卷八至十五。卷八至十二爲七言律詩,卷十三至十四爲歌行,卷十五爲贊、銘。末有墨筆題記:"壬辰九月十四日,姑蘇書肆買此。小雁記。"書中鈐"黃裳青囊文苑""黃裳壬辰以後所得""黃裳藏本"等印,當爲著名藏書家黃裳舊藏。

《中國古籍善本書目》僅著録國家圖書館有藏。（肖剛）

懷柏先生詩集十卷

明徐霖撰。明萬曆四十五年(1617)徐時建等刻本。四册。半葉八行,行十八字。白口,四周單邊。

徐霖,生卒年不詳,字用濟,金溪(今屬江西)人。主要活動於明代成化年間。進士。任刑部員外郎,嘉興郡守。善吟詩,生平嗜文,建書樓曰"皆山樓",讀書其中。多與縉紳交,如翰林院李賓之、王世賞等,這些儒者經常聚會,以唐人詩歌爲韵聯句,分韵作詩,徐霖所作最多,蓋素所好是也。古人認爲詩可以化下又可以刺上,因此對詩非常重視,徐霖力古行之,爲人稱道。與謝遷、李東陽等人交好,多有唱和之作。李東陽《懷麓堂集》記有《徐用濟秋官和雪詩次前韵并東仁輔》一詩,詩云:"雪風吹透褐衣層,望盡高臺不可登。滿地茶烟猶帶濕,幾家藜火尚餘蒸。江湖意氣山人老,詞賦風流漢署能。塵土滿胸消不得,瓊琚欲報兩無曾。"

徐霖所作之詩,除見於《懷柏先生集》外,他人文集中亦收録,如《張東海詩文集》。徐霖時任嘉興知府,題爲《金溪徐懷柏》。徐霖與都察院右副都御史胡桂芳係同鄉,胡桂芳爲《懷柏先生詩集》所作序中稱自己束髮讀書之時,就知鄉里有先達懷柏先生,深知徐公以詩聞海内,但一直未見其詩。直到胡桂芳到杭州致宦時與嘉興接壤,纔看到徐霖的詩,大爲贊賞。胡圭芳歷任湖廣參政、廣東右布政史等職,卒贈工部尚書。

是書内容包括十卷,"都門留別卷之一"多爲在京城中與友人交往、分別之時寫就的詩歌。包括近四十首詩歌作品,十餘首聯句。中間謝遷、李東陽、徐霖作品數量最多。"和章卷之二"多爲詩會得韵與朋友唱和之作。除刊本外,尚有墨筆補充,應爲後世檢選,有近五十首詩歌。"贈送卷之三"主要是贈送給友人之作,共有五十餘首,其中墨筆補充六首。"感懷卷之四"包括四十餘首詩,多爲在宦旅途中的感觸。"祝壽卷之五"包括約二十首詩歌。"挽詩卷之六"包括二十餘首悼念友人的詩歌,其中《挽陳方伯耻庵》"病起須持酒,青山欲到墳"寫出了懷念朋友的深情。"時景卷之七"收詩約七十首,主要是重要節日吟咏的詩歌,如除夕、中秋等,還有相關的風俗和儀式。"賦物卷之八"主要爲咏物之作,收録約八十首詩。"攬勝卷之九"主要歌咏名山盛景,收録約七十首詩。"賦景卷之十"主要爲歌咏風景之作,收録約六十首詩。

是書前有謝遷、胡桂芳、李東陽所作之序,謝序和李序應爲原書之序,原書已殘缺,後人重新編次時又加胡序。謝序多述與徐用濟交往之事,感情真摯。李序現已不全,重點贊揚徐用濟"能詩雅嗜不厭",但是"官不以妨廢,政事居不以蕩佚"。又有家族中爲朝廷所册封的女性事迹,原刊本亦有記載,今亦不全,有墨迹補全,應爲後來所加。是書第一次刊行時由監察御史王約、四科給事吴世忠編次,由子從慶、徯慶、行慶、徽慶刊,孫元禾、元程等同刊。據序言所作時間推測,此書原刊於成化年間,有所缺損,後明弘治十八年(1505)左右重新補全,萬曆四十五年(1617)左右,徐霖玄孫請胡桂芳作序,并重新搜集整理并付梓,書後有重孫徐時建所作之跋。跋語中講述徐霖所作之詩非爲名,祇爲適情,隨寫隨丢,加上皆山樓一場大火,更是十不存一二,此時纔多方拾掇,乃成一編。多年之後,徐時建又增補修訂重新刊印。(張偉麗)

施信陽文集七卷 存四卷

明施文顯撰。明嘉靖元年(1522)施逢原、施穎刻本。一册。半葉九行,行十八字。黑口,左右雙邊,單魚尾。

施文顯(約1435—1508),字焕伯,號春生,又號膚庵,長洲(今江蘇蘇州)人,祖籍安徽亳州。明成化元年(1465)以府學生舉鄉試。自成化二年(1466)至二十年(1484)會試連不利,以經學授徒,稱名師。成化二十二年(1486)選授河南許州同知。明弘治初修《憲宗實録》,獨任河南編纂官。弘治七年(1494)任信陽知州,以清譽稱名宦。通醫學,精治《易》,文名與友吳寬并稱。生平見邵寶爲其所撰墓志銘。著有《施信陽集》。

《施信陽文集》内容爲文顯生平所著諸稿,由其子逢原及其伯兄之嗣子穎在其卒後付梓。全書共計七卷,卷一序六首,卷二記四首,卷三墓志銘八首,卷四雜著二十五首,卷五樂府十二首、古詩二十四首、五言律詩四首,卷六七言律詩五十七首,卷七絶句四十五首、詩餘三首。另附録墓志和墓表各一篇。此本爲殘本,存卷一至四。卷前有嘉靖元年(1522)邵寶序。

《中國古籍善本書目》著録僅國家圖書館有藏。(安延霞)

太保東湖屠公遺稿七卷

明屠勛撰。清鈔本。四册。半葉十二行,行二十二字,無格。

屠勛(1446—1516),字元勛,號東湖,浙江嘉興人。明成化五年(1469)進士。授工部主事,改刑部。後召拜刑部右侍郎,進左侍郎,守内艱歸。正德間拜刑部尚書,以忤劉瑾,引疾去,加太子太保致仕。卒後贈太保,謚“康僖”。有詩名,曾與李東陽、程敏政等唱和,爲茶陵詩派傳人。生平見《國朝徵獻録》卷四十四顧清所撰《故刑部尚書致仕東湖屠公勛行狀》及《屠康僖公文集》所附《墓志銘》等。

屠氏歿後,其子應壋“集公遺稿,得詩文奏疏凡若干卷,將壽梓以傳”。明萬曆四十三年(1615),其曾孫謙等將其集《太和堂集》與其子應埈《蘭暉堂集》合刻爲《合刻屠氏家藏二集》。《太和堂集》卷端題“屠康僖公文集”,共六卷附録一卷,其中卷一至四爲詩,卷五至六爲文,附録收《墓志銘》《神道碑》等與屠氏生平相關文字。此鈔本依格律分爲七卷,卷一爲五言古詩,卷二爲七言古詩,卷三爲五言排律,卷四爲七言排律,卷五爲七言絶句,卷六爲五言律詩,卷七爲七言律詩。將此鈔本與刻本對照,大體與卷一至四相應,然所收詩目多寡及次序亦有不同。如鈔本卷七多《癸酉八月九日京闈第一場憶坤子》等三首,刻本卷四對應位置多《訪嘉善薛惟敦喜其衣冠之盛賦此以贈》等十四首。

屠氏一門自屠勛起,歷四世出七位進士,爲明代嘉興當地之望族。屠勛本人爲官清廉,善斷疑難案件,頗有聲譽。屠勳文集除《明史・藝文志》著録有"《東湖稿》十二卷"外,《振綺堂書目》著録有"《太和堂集》六卷"。屠勳著作另有《東湖内奏》一卷,其子屠應埈所刻,今未見傳本。屠氏文集刻本今傳於世者甚稀,此鈔本雖僅存詩,然於校勘亦有所補,有其獨特價值。(張曉天)

瓜涇集二卷

明徐源撰。明正德刻本。一册。半葉十行,行二十字,小字雙行同。白口,左右雙邊,單魚尾。

徐源(生卒年不詳),字仲山,號瓜涇,又號菽園道人,生於明正統間,至正德中年過七旬尚在世,長洲(今江蘇蘇州)人。明成化乙未(1475)進士。授工部主事,遷兵部郎中,出爲廣東參政,遷湖廣布政使,擢右副都御史,巡撫山東。藏書數千卷,文章博雅。著有《瓜涇集》。室名"襟帶江湖樓",藏印有"都御史圖書""椒園道人""瓜涇"等。

本書爲作者詩文集,於其晚年由其弟、子、門人編定。卷首李東陽序,卷末王鏊跋。李東陽於序中稱已致仕,按東陽正德七年(1512)告老,十一年(1516)去世,本書當編輯於此間。卷一收律詩,以體裁編次,依次爲五律、七律、五絶、六絶、七絶,凡一百九十九首。卷二收古詩及文,先五古、七古凡二十四首,間有五排一首;繼而聯句十三首,爲作者與諸多友人合作;再則散文二十二篇,以文體編次,含序、説、記、行狀、贊、跋。然編録有錯亂之處,後半卷序、説之間竄入七律四首,應編入卷一。

徐氏詩作典雅深沉,李東陽序稱其"爲文平正通達,無鈎棘晦滯之病。其於詩尤所篤好,觸事感物,寓情托興,時出新意"。王鏊跋亦曰:"公詞出,予每詘焉,自以爲弗及也。"李東陽爲宰輔名臣、文壇泰斗,王鏊爲作者同科進士,亦詩文大家,均盛讚若此。又集中唱和聯句,參與者吳寬、李杰、陳璚、趙寬、彭綱、蘇章等皆成化進士,周庚爲御醫,均詩文名家,多爲蘇州同鄉,於明中葉江南文士交游考證有所裨益。(謝非)

王南郭詩集六卷

明王弼撰。明正德九年(1514)王坊刻本。四册。半葉九行,行十八字,小字雙行同。白口,四周雙邊。

王弼(1449—1498),字存敬,號南郭,浙江黄岩人。明成化乙未(1475)進士。授溧水縣知縣,遷刑部主事,晋員外郎,出興化知府,卒於官。著有《南郭集》八卷,今藏日本前田育德會。《明史》有傳。

該本首葉鈐"四明張氏約園藏書"印,林俊序後刻"見素""待用""吾道滄州"印。據書末跋語,該本爲明正德九年(1514)其子王坊刻本。按,書末有明弘治壬戌(十五年,1502)王從鼎《舊刻南郭集後序》,云:"嗚呼! 存敬之詩流傳於世者甚多,予因其見存者姑爲梓行。"知《南郭集》乃王從鼎於1502年刊刻。書末王坊跋云:"宗叔僉憲先生刻於濟南,蓋十之二三。是集也,則方石謝先生選取見素林先生批點者,又刻本中十之三耳。"又各卷首皆題"方石謝先生選取""見素林先生批點",則是書之詩乃謝鐸(字鳴治,號方石)取自《南郭集》中,并經林俊(字待用,號見素)批點者。《天一閣書目》記爲"《王南郭詩集》五卷刊本"。其著錄中所引叙文與今本林俊序同,然僅五卷,不知是否缺失一卷,或非同本。《傳世樓書目》記爲"六卷二本",應僅拆分合并之別,非爲异本也。

此本據詩體分卷,乃"五言絶句""五言律詩""六言""七言絶句""七言律詩""五七言古詩"六卷,其中又以七言律詩爲最多。五絶詩多見仄聲韵者。詩句右旁多有點、三角或白圈標示佳句警字,并間有批語,如《右折桂橋》批"意佳",《游山限韵三首》批"自好",《永豐謡》批"類杜一字一泪",《味閑》批"可誦",《恒齋壽》批"可"等。詩間雙行小字應係作者自注。王從鼎《後序》曰:"詞語流麗,有謫仙之天趣,意格高遠,得少陵之家法,雖先輩許介石、戴石屏諸公不能過之,而其進未已也。"

《中國古籍善本書目》著錄,僅國家圖書館有藏。(李林芳)

静軒文鈔不分卷

明汪舜民撰。清汪氏裘杼樓鈔本。一册。半葉九行,行二十一字。白口,左右雙邊,單魚尾。

汪舜民(?—1507),字從仁,號静軒,徽州婺源人。明成化十四年(1478)進士。授行人,擢御史,出按甘肅,後任江西按察僉事,正德二年(1507)改蒞南京都察院,勤勉廉潔,政績卓著,爲禮部侍郎徽州程敏政稱爲"吾州之杰"。著有《静軒行稿》《增援類編》等,明弘治十五年(1502)主持纂修《徽州府志》十二卷。

本書收録文三十一篇、賦七篇,又五言古詩一首。卷首題作者小傳,每篇文末多有署寫作日期,個別亦題寫作地點,間或干支有誤者。自成化末至正德初,歷成化、弘治、正德三朝,二十餘年間所作。以文體編次,説三篇、記二十一篇、序五篇、後序一篇、傳一篇、賦七篇,末葉又題"汪静軒詩",僅一首《送黄世瑞》五古。卷末清劉喜海題跋曰:"婁東金氏《文瑞樓書目》載汪舜民《静軒文集》十五卷,此册未分卷,而題曰"文鈔",殆選本歟? 東武嘉蔭簃藏并識。"

本書蓋即休寧汪氏自汪舜民十五卷本集中選鈔而成,故書中文數十篇,詩僅一首,體例頗乖,應是隨意摘鈔所致。卷首前襯葉鈐"嘉蔭簃藏書印",卷首鈐"汪森私印""碧巢""笞河府君遺藏書記",卷末跋鈐"喜海"印。用本家私印稿紙,每葉版心下部均有"裘杼樓"字樣,汪氏兄弟文桂、森均用此室名,或爲兄弟二人合鈔。書衣隸書題書名"明汪静軒文鈔",又楷書署"休寧汪氏裘杼樓鈔本"。清休寧汪氏兄弟、劉喜海舊藏。(謝非)

博趣齋稿二十三卷

明王雲鳳撰。明刻本。四册。半葉十行,行二十字。白口,左右雙邊。

王雲鳳(1465—1517),字應韶,號虎谷,山西和順人。明成化二十年(1484)進士。歷任禮部主事、陝州知州、陝西提學副使、山東按察使、國子監祭酒、宣府巡撫。王雲鳳曾取媚於劉瑾,頗爲時人所譏。著有《博趣齋稿》《小學章句》《讀四書札記》

《虎谷集》等。與王瓊（號晉溪）、喬宇（號白岩）并稱"晋中三杰"。

此書無序跋。以詩文體裁分類，有各體詩十一卷，各體文十一卷。第二十三卷爲他人所撰與王雲鳳有關之作，如喬宇《擬别知賦贈吾友王陝州也》、周宣《祭虎谷先生文》等。

王雲鳳吟咏，詩文均流暢清新，文采斐然，集中不乏佳作。如《送客》曰："春濕蒸雲雨散絲，飄飄游子别離時。愁看陌上青青草，送盡行人總不知。"又如《送任中夫歸太原》："旅館相逢即故鄉，别筵誰遣近垂楊。燕山二月春猶薄，欲贈烟絲苦不長。"可見其構思精巧，造語别致。

陳田《明詩紀事》謂："河東三鳳，白岩品學政績稱最。晉溪、虎谷，俱以交納璧幸爲玷。虎谷文采較晉溪差優。如'洮水南分羌部落，鐵城西控漢山川''天連瀚海雲常慘，風起龍沙客自愁''草侵戰血秦王壘，塵没雕梁竇氏宫''老僧相見坐無語，一院野花山寺秋'，皆可誦也。"

首册首葉鈐"徐石卿印"白文方印，末册末葉鈐"陶淑精舍收藏"白文長方印。

各册前後襯葉係公文紙，内容爲清雍正六年（1728）、七年（1729）某處軍營動支朋扣賬目。（劉波）

韋庵集二卷

明皇甫信撰。明嘉靖五年（1526）皇甫録世葉堂刻本。二册。半葉八行，行十六字。細黑口，左右雙邊。

皇甫信，字成之，號韋庵，長洲（今江蘇蘇州）人。明弘治元年（1488）貢入太學。少負奇氣，爲文章數千言立就，作詩有警語，尤工書法，行師趙文敏，楷師張即之。

本書卷首有皇甫信子皇甫録於嘉靖五年（1526）所撰序，言皇甫信曾上書彈劾劉瑾無果，遂沉酣於辭章翰墨之間，適以自終。此集所收詩文，僅是皇甫氏平生作品之極少數。

全書共二卷，卷一爲詩，包括五言古詩、七言古詩、五言律詩、七言律詩、五言絶句。卷二爲文,包括序、記、書、墓志銘。皇甫信詩歌文章,格局闊大,非局限於個人身世際遇之狹境者可比。皇甫信與王鏊交好,《憶王濟之》《臘前一日懷寄王濟之編修》等,皆是懷思王鏊之作。王鏊當年於劉瑾當權時,盡力維護受其迫害之人,與皇甫信意氣相合,故二人有如此情誼。《憶王濟之》曰:"情如骨肉非同姓,業共詩書是一家。相別不須論近遠,古來分袂有天涯。"

本書卷首卷末均有鈐印,如"蒼巖小子""觀其大略"等,可知曾經清代梁清標收藏。(杜萌)

康德瞻集四卷附録一卷

明康阜撰。明嘉靖九年(1530)李鏞刻本。一册。半葉九行,行二十一字。白口,四周單邊。

康阜(1458—1476),字德瞻,陝西武功人。明代文學家康海(1475—1540,字德涵,號對山)之兄,諸生,年十九病卒。

前有嘉靖庚寅(九年,1530)張治道《再刻康德瞻集序》,明正德三年(1508)王九思《康德瞻集序》。卷一騷賦二篇,卷二五言古詩三十五首,卷三七言古詩二十七首,卷四五言律詩十八首、七言律詩七首、五言絕句十首、七言絕句十三首;附録楊武《康德瞻傳》、康海《先兄德瞻墓志銘》。

康阜少年穎悟,善詩賦。康海撰《墓志銘》謂其:"五齡讀《孝經》及《論》《孟》書,輒解會大義;至七齡,凡子、史所載若將遍矣,作爲五七字詩,即工緻有法。"康阜《七齡行》有句云:"今日我生忽七齡,簡册在手心冥冥。仰天太息問真宰,胡不語我令我醒。九州之鐵付大冶,八垠之柱一鼓成。"具見其少年老成、志趣高邁。其寫景抒懷諸什,亦平實中不乏情致。《咏松》曰:"老幹穿雲上,驚濤入夜鳴。莫言幽壑滯,終見歲寒情。"《江行》曰:"棹歌未發已開船,萬里揚帆指沛川。不解故鄉何處是,蒼烟西望水如天。"王九思序謂"其騷賦詩歌,典則不詭,曲盡情理,庶幾乎金石之音而菽粟之味焉",不爲過譽。

張治道稱"今歲長安李明府伯音再刊其詩"。李鏞,字伯音,山西曲沃人。

《［乾隆］新修曲沃縣志》有傳：“嘉靖進士，初授縣令，輕徭節費，儲廩興學，一切與民休息。繼遷御史，務大體，不爲鷹擊毛鷙，然貪墨往往畏之。仕至兩京府丞。”

首葉鈐“少司寇兼御史中丞藍氏私印”朱文方印，末葉鈐“藍氏白玉翁”白文長方印、“華陽書院”白文方印。可知此書爲即墨藍氏華陽書院舊藏。藍章（1453—1525），官至南京刑部侍郎兼都察院左僉都御史。其六世孫藍啓肅（1653—1700），撰《明少司寇兼御史中丞大勞山翁藍公年譜》。正德十三年（1518），藍章於勞山華樓山之陽建華陽書院，作爲藍氏子孫修業之所。華陽書院藏書頗豐，爲即墨之冠，遠近從學者甚多。清乾隆之後，華陽書院日漸衰微，此後偶有修葺，至今基址尚存。（劉波）

偲庵詩集十卷存七卷文集十卷附録一卷

明楊旦撰。明嘉靖楊襄刻本。六册。半葉九行，行十六字。白口，四周單邊。

楊旦（1460—1530），字晋叔，別號偲庵，楊榮曾孫，建安人。明初政治家、文學家、内閣首輔。明弘治三年（1490）進士。歷任司封、考功、太僕、太常。明正德二年（1507）因得罪了明武宗寵宦劉瑾，左遷爲温州知府，又因治理有功，明正德五年（1510）升遷爲浙江提學副使。劉瑾謀逆，東窗事發被明武宗誅殺之後，楊旦又升遷爲應天府尹，後縶擢爲户部侍郎，總督京通等倉。正德十二年（1517）奉敕去甘肅邊境督理糧餉，歸來後遷至右都御史，總督兩廣軍務，討伐平定了番禺、清遠、河源等縣。明嘉靖初升爲南京户部尚書。“大禮議”事件中，曾彈劾張璁、桂萼，而後被陳洸彈劾，於嘉靖三年（1524）被勒致仕。便“坦然自適，放情於溪雲山月之間，詩酒自娱”。嘉靖九年（1530）病逝，享年七十歲。

據卷首嘉靖四年（1525）著者自識，明正德元年（1506）楊旦乞假回家探親，已收集二十年來所積詩文稿數百篇，因未整理完，亦未在次年復職時帶走，後不幸煨燼。待致仕，便讓其子楊襄將其後續所作文稿編輯成《偲庵詩文集》。

此書收録楊旦所著詩文，分爲詩集十卷，文集十卷。卷後刻有“季子襄校刻”字樣，并附有楊旦行狀、墓志銘、傳等。（蔣毅）

重訂集古梅花詩四卷

明童琥撰。明刻本。二册。半葉九行,行二十二字,小字雙行同。白口,四周單邊。

童琥,字廷瑞,別號草窗,蘭溪(今浙江金華)人。明弘治庚戌(三年,1490)進士。官至工部郎中。

《集古梅花詩》四卷,集句成詩,以咏梅花,有五言律詩、七言律詩、七言絕句,各百首。又旁及紅梅,得七言律詩十首。計三百有十首。所采上及六代,下及明初。

卷首楊廷和弘治辛酉(十四年,1501)序,稱童琥官刑部時,工餘不廢文事,此則其使蜀時所集。序曰:"詩雜取諸人或在數十百年之前者,一旦會(薈)粹於二三卷中,如出一時一人之口……今廷瑞蕭然坐公署中,官務鞅掌應接不暇,未必日與梅花相對也,而獨留意於梅賦咏之多,一至於此……屬予爲之序,將刻之以傳。廷瑞固亦樂予之言者,重以惟謙請,遂不復辭。其集題曰'草窗'云者,因廷瑞之別號也。"

卷端首有題"蘭溪童琥廷瑞父集""黄海汪汝禄耐公父、汪汝祺石公父訂"。各詩句下注原作者之名。間有朱墨筆圈點。鈐"徐氏傳是樓藏書""簡莊藝文"等印。(陳紅彦)

東溪遺稿四卷附録一卷

明陳諮撰。清鈔本。一册。每半葉十行,行二十二字,無格。

陳諮(1467—1503?),字汝謀,號東溪,秀水(今浙江嘉興)人。明弘治丙辰(九年,1496)進士。由翰林院庶吉士授吏科給事中。才學超拔,頗有時譽,上言疏事,指摘朝政時弊,更爲時人矚目。惜天不假年,英才早逝,師友皆爲之嘆惜。

卷前有明嘉靖二年(1523)劉瑞序,提及陳諮之子陳瀚於嘉靖二年奉所輯其父遺作謁見之事。據《明文海》所收録嘉靖間人陳昌積《東溪遺稿序》載"東溪陳公既没之二十年,其子少府瀚始迹其遺稿,得奏疏、詩、賦、論、説、記、序若干篇”,則陳諮大約逝於明弘治十六年(1503)左右。

正文卷一爲詩詞,包括五言古詩、五言律詩、五言絶句、七言律詩等六十八首;卷二爲奏疏,三篇;卷三爲雜文,十五篇;卷四爲墓志銘、行狀、贊、跋等,約十篇。附録一卷,收録有弋陽汪偉題記詩二首、昆山顧潜題記詩一首,嘉靖二十七年(1548)張意跋、嘉靖三十四年(1555)傅鰲後序、胡濟世後序并嘉靖二十九年(1550)陳諮之子陳瀚《叙遺稿後》一篇。陳瀚序文追述其自襁褓即失怙恃,髫齡無知,致其父遺作散佚殆盡,及年長,痛感箕裘有負,遂訪舊搜遺,僅得十分之一,乃編輯成册,以存先人手澤并志思父之情也。

此本篇幅不大,然各體兼備,從中可一窺陳諮詩文之風采。劉瑞《東溪遺稿序》贊曰:“公養盛負奇,守貞履正,是故發爲文辭,沛若江湖,炳若日星,肅若陣伍,駕晋魏而媲秦漢,美哉郁郁乎……觀其詩清以和,其文邃以雅,其疏宏以直,匪經勿言靡言,匪道鏗然然,真有德之言也。”

此本稀見。卷端鈐“延古堂李氏珍藏”“雪苑宋氏蘭揮藏書記”等印,爲名家遞藏。(尤海燕)

坦上翁集不分卷

明劉麟撰。清鈔本。二册。半葉十行,行二十字,無格。

劉麟(1475—1561),字元瑞,號南坦,祖籍湖南安仁,世代居住於南京。明弘治九年(1496)進士。曾擔任刑部郎中、紹興知府、雲南按察使、右副都御史、工部尚書等職。據《明史·列傳第八十二》記載,劉麟“績學能文,與顧璘、徐禎卿稱‘江東三才子’”,榮禄大夫太子太保工部尚書豐城雷禮爲劉麟撰墓表曰其文“冲泊雅澹中有奇崛氣……詩擬盛唐,書法宗羲、獻……尺牘片簡,人争寶之”。《明史》載其爲人“清修直節,當官不撓”,早年曾因不願阿諛大太監劉瑾被罷官,却因此很得民心,紹興百姓聚集錢財爲他送行,甚至爲他修建祠堂,“於是劉君之名,一日聞天下”,直到劉瑾伏誅後纔得以復職。離開官場後,劉麟定居在南坦,過起了“賦詩自娱"的林下生活。"晚好樓居",但因貧困,無力造樓,便懸筐於梁,卧筐而睡,戲稱"神樓"。文徵明曾繪《神樓圖》相贈,一時成爲佳話。卒贈太子少保,謚"清惠"。工詩文,爲"湖南五隱"之一,有《南坦老人集》《劉清惠集》十二卷。

《坦上翁集》爲劉麟所著文集,清宣統庚戌(二年,1910)鈔本。前爲明吏部尚書李默撰《坦上翁傳》,明通政司參議昆山張寰撰《南坦翁履略》,明尚書餘姚王華撰《紹興府知府劉公生祠記》,詳細記述了劉麟的生平。後爲劉麟所撰文集十篇,包括《湖廣黔陽縣儒學訓導練溪凌先生墓志銘》《尋甸太守馬碧溪墓表》《安吉州重修廟學記》等文。文中穿插《崇雅小社引》《雅社陳辭》《雅社交期》《雅社會期》《范益謙座右戒》等教律之詞以及《與張石川書》《與施南村書》等回憶文章。卷尾有求恕居士跋曰:"甲寅仲夏得《坦上集》舊鈔本,乃出舊所藏者校之,即紅藥山房之原本也。爲勘一過,烏鳥亥豕訛字尚多,雖已正之,恐原本之訛謬猶不止此也,求恕居士記。"有一行題款"宣統庚戌十一月影紅藥山房藏舊鈔本"。可知此書之由來。

書上鈐"吳興沈氏萬卷樓珍藏""均齋老臧""吳興劉氏嘉業堂藏書記""且喜四時常見書""求恕居士"等印,知爲嘉業堂舊藏。(謝德智)

陽明先生文録十七卷語録三卷

明王陽明撰,明徐愛輯。明嘉靖二十六年(1547)范慶刻本。十六册。半葉十行,行二十字。白口,左右雙邊。

王守仁(1472—1529),字伯安,號陽明,又自號陽明子,學者稱之爲"陽明先生",浙江餘姚人。明弘治十二年(1499)進士。歷任刑部主事、貴州龍場驛丞、廬陵知縣、右僉都御史、南贛巡撫、兩廣總督等職,官至南京兵部尚書、都察院左都御史,封爲新建伯、新建侯,謚號"文成",故又稱"王文成公"。文章宏偉壯闊,思想深邃。撰有《王文成公全書》等。《明史》卷一百九十五有傳。

王陽明詩文集的編訂,卷首有嘉靖癸巳(十二,1533)黄氏所撰《陽明先生存稿序》,云:"世僅足存者,唯《文録》《傳習録》《居夷集》而已。其餘或散亡,及傳寫訛錯,撫卷泫然……乃與歐崇一、錢洪甫、黄正之率一二子侄,檢粹而編訂之,曰《陽明先生存稿》,庶傳之四方垂之。"書後范慶《陽明先生文録跋》云:"陽明先生《遺集》傳於世者,有《存稿》《居夷集》《文録》《傳習録》,門人緒山錢子乃并之曰《文録》,復取先生之奏疏、公移,厘爲《別録》。"并在吴郡得以刊刻梓行。至嘉靖丁未(二十六年,1547),范慶在錢緒山編本的基礎上增入《傳習録》,所撰跋即稱:"爰重加校葺,而補其奏疏二十三篇,彙爲《文録》,以《傳習録》附於卷後,別爲《語録》,凡爲卷共二十,庶可以見先生之全書云。"范慶在嘉靖二十六年(1547)刊刻所編二十卷本,即此本。

全書内容爲卷一至四書,卷五序,卷六序、記、説,卷七記,卷八説、雜著,卷九雜著,卷十墓志銘、墓表、墓碑、傳、碑、贊、箴、祭文,卷十一賦騷,卷十二至十四詩,卷十五至十七奏疏。所附的《語録》三卷,即《傳習録》。范慶跋稱該書"人人可知可能,實學者入道之門"。

此書見於明《澹生堂書目》著録,題十七卷本,當即此本。(劉明)

蒼谷集録十二卷 存六卷

明王尚絅撰。明嘉靖三十年(1551)王同刻本。四册。半葉九行,行二十字。白口,四周單邊,單魚尾。

王尚絅(1478—1531),字錦夫,號蒼谷,河南郏縣人。少即有志於學,明弘治八年(1495)鄉試中舉人,十五年(1502)進士。授兵部職方司主事,明正德三年(1508)調吏部稽勛司主事,七年(1512)外放山西參政,後疏請侍養家居,於蒼谷中築讀書臺。後復起陝西參政、山西參政,官至浙江右布政使,嘉靖十年(1531)卒於任所。撰有《蒼谷集録》。

本書前有序四篇:第一篇爲明嘉靖三十年(1551)九月十一日韓邦奇所作,序中寫道:"集凡十二卷,賦五篇,詩諸體九百四首,辭十二章,文諸體一百四十九篇。"第二篇爲明党以平所作,序中寫道:"貞孝文子蒼谷王公没既二十年,乃子同始刻其集録於隨,集凡十二卷,博雅雄深,奇古絢麗,燦然而奎璧輝,璱然而敦篴列,鏗然而商羽鳴,含蓄貫載,工緻追琢,文不在兹乎。嗚呼!是豈易至者哉……年三十有五,抗疏辭榮，歸養二母，築讀書臺以涵泳聖籍，開渴睡洞以澄湛神思，觀空於扈碉墅徹意法源，探玄於馬牛亭忘情世慮，凝虛養粹者一十九年。”第三篇爲明馬理作，序中寫道：“選是集者龍湫子，録者隨州知州蒼谷冡嗣同也……集凡十有二卷，外蒼谷祠録四卷附焉。”第四篇爲明王崇慶作序，稱贊王尚絅的“精與實”“孝與廉”和“文與行”。

書後有附録兩則：一爲嘉靖三十年（1551）孟夏月望日王尚絅之子王同所作《求集録序文狀》，回憶其父生平，簡述了刊書經過；二爲王尚絅之孫王恩卿作《對讀集録識》。

全書分爲十二卷，卷一賦、古詩，卷二古詩，卷三至四律詩，卷五絶句，卷六絶句附詩餘，卷七疏、記，卷八序，卷九題辭、辯議、論説，卷十銘辭附贊、雜著、碑碣，卷十一志銘，卷十二傳狀、書簡、祭文。國家圖書館現僅存六卷，卷一、卷六至九、卷十二。（張銘）

華陽稿二卷

明王廷相撰。明鈔本。二册。半葉十行，行二十字，藍格。白口，四周單邊。

王廷相（1474—1544），字子衡，號浚川，河南儀封（今蘭考）人。明弘治十五年（1502）進士。明代官員、詩人、思想家。王廷相讀書敏記，文有英氣，初選翰林院庶吉士，後改兵部給事中。廷相爲人剛正，論政不避危厄，在地方爲官期間嚴懲多名貪官、惡霸，政績卓著，官至都察院左都御史，後免官還鄉。在文學上他倡習唐詩，是明代“前七子”之一。廷相問學主宋代張載之論，與羅順欽、王尚絅、楊慎等人構建了“氣學”。著有《慎言》十三卷、《雅述》二卷、《内臺集》十卷。《明史》卷一百九十四有傳。

此書爲王廷相詩文集，爲王廷相明嘉靖六年至八年（1527—1529）任四川巡撫時所作，共録詩二百二十二首，雜體文三十三篇。書首有明正德十六年（1521）王廷相《華陽稿序》。該書所録之文大多被收入《王氏家藏集》中，另有二十四首雜體詩不見於《王集》之中，可補其缺漏。王廷相作詩反對明初“臺閣體”典雅工麗之窠曰,主張返古歸真,倡導詩言、詩意之真性情、真感知。其詩寫景飄逸灑脱、氣勢磅礡,意氣豪邁自然,意境幽遠純澈,具有鮮明的個人情感色彩。該書所記多廷相任四川巡撫時之事,其雜文叙事殊爲詳明,頗有史料價值。

該本保存完整,行字樸拙清晰,具有典型的明代鈔本風格,是該書現存最早版本。(賈大偉)

何仲默先生詩集十五卷

明何景明撰。明吴勉學刻本。八册。半葉十行,行二十字。白口,左右雙邊,單魚尾。

何景明(1483—1521),字仲默,號白坡,又號大復山人,信陽人。八歲即能詩、古文。明弘治十一年(1498)舉於鄉,明弘治十五年(1502)進士。授中書舍人,并任内閣,官至陝西提學副使。何景明與李夢陽等號稱"前七子",取法漢唐,倡導明代文學改革運動。撰有《雍大紀》三十卷、《何子》十二篇及詩歌千餘首,雜文數百篇。《明史》卷二百八十七、《文苑傳》有傳。

此書卷首有《何仲默先生詩集目録》,卷端題"何仲默先生詩集卷第一",次行低十三格題"關西李三才校"。李三才,字道甫,號修吾,臨潼人,一説順天通州人。進士及第。明萬曆二十七年(1599)以右僉都御史總督漕運,巡撫鳳陽等府。李三才輯録何景明詩作而爲此部詩集,并與李夢陽詩集合編,稱爲"李何二先生詩集"。又書中卷一末題"新安門人吴勉學覆校",即由明萬曆間吴勉學所校刻。吴勉學,字師古,《四庫全書總目提要》稱"字肖愚",新安人。博學藏書,嘗校刻經史子集四部及醫書數百種,讎勘頗爲精審。

此集爲十五卷本,罕見書目著録。何景明詩集見於著録者有《傳是樓書目》的十二卷本,題《何大復詩集》;其餘是詩文集合編的三十八卷本(其中詩二十六卷),題《大復集》。全書内容爲卷一至二樂府,卷三至四五言古詩,卷五至六七言古詩,卷七至十五言律詩,卷十一至十二七言律詩,卷十三五言排律、七言排律,卷十四五言絶句、六言絶句,卷十五七言絶句。《本朝分省人物考》稱何景明詩作"類漢魏盛唐"，有"明興詩文，足起千載之衰"之譽。

書中鈐"真州吳氏有福讀書堂藏書""壽鏞""約園藏書""叕光子"諸印，清吳引孫舊藏，後歸約園張壽鏞，現藏國家圖書館。（劉明）

鳳川先生文集三卷

明劉良臣撰，明薛一鶚評。明萬曆十八年（1590）任養心刻本。三冊。半葉十行，行二十字。白口，左右雙邊。

劉良臣（1482—1551），字堯卿，號鳳川，芮城縣（今山西運城）人。明弘治十四年（1501）舉人。詩、文、散曲各體兼備，特別是散曲作品取材廣泛，風格多樣。著作有《鳳川先生文集》三卷、《克己示兒編》一卷、《鳳川壯游集》二卷等。

此書前有薛一鶚（字應薦，號四野）、任養心（字子誠，號正宇）序。薛一鶚係劉良臣同鄉，在序中評價道："故其爲文疏通條暢，下筆數千言，滾滾不竭，核典故，盡事情。詩則莊重典則，而奇特自見。感慨憂時之意，鬱結不平之情，悉於此泄之。"任養心在其序中也説到："詩導性情而用意深婉，文述名實而叙事簡嚴，殆蔚然一家言也。"

全書分爲三卷，卷一爲文，卷二至三爲詩，收詩三百餘首，卷三中又有散曲集《西郊野唱北樂府》。（提娜）

董中峰先生文選十一卷

明董玘撰，明唐順之輯。明嘉靖四十年（1561）王國楨刻本。八冊。半葉九行，行十九字。白口，四周雙邊。

董玘（1483—1546），字文玉，號中峰，會稽（今浙江紹興）人。明弘治十八年（1505）進士。嘉靖初修《武宗實錄》，玘以焦芳所修《武宗實錄》變亂是非，多不可信，請一并發出，重爲校勘。疏上，士論翕然。其諸經筵陳奏，據經議禮，亦多類此。官至吏部左侍郎，兼翰林學士，以憂歸。爲胡明善、汪鋐論劾，遂不復出，年六十四卒，謚"文簡"。明徐階《世經堂集》卷十八有《明故通議大夫吏部左侍郎兼翰林院學士中峰先生董公墓志銘》。

　　唐順之（1507—1560），字應德，江蘇武進人。登嘉靖八年（1529）會試第一。屢破倭寇，擢右僉都御史，巡撫鳳陽，年五十四卒。順之於學無所不窺，當明之中葉，爲古文一大宗。至晚年講學，文格稍變，著有《荆川集》，學者稱荆川先生。

　　王國楨，字以寧，號猷山，浙江山陰（今紹興）人。嘉靖十七年（1538）進士。由行人選南京工科給事中，屢升兵科都，歷廣東參政，官至福建布政使。

　　《董中峰先生文選》爲董玘所撰，唐順之選輯，王國楨詮次倫類、考正訛謬、付梓而成。文選正文前有明正德元年（1506）、嘉靖元年（1522）、嘉靖六年（1527）三篇誥敕文，後爲廷試策，内容依次爲：應制類、奏疏類、序類、記傳類、書札類、志銘類、祭文類、雜著類、詩賦類、詩類。徐階稱："公爲文精於理而深於思，每命階屬草，塗竄損益存者不能十二三。"卷末有王國楨嘉靖辛酉（四十年，1561）春三月《董中峰先生文選後序》一篇，交代此稿輯選付梓緣由，簡要記叙了與中峰先生交往經過及其品性才行，曰："既乃得盡睹其平生所爲文詞，於是又識其胸次渾涵，渟滀曠視，達觀又如此云。夫先生以夙成之學，洞究本始，樹望時髦，結知聖主，其所自持立，毅然卓然不渝不撓，真殊絶一時，師表當代。"

　　《文選》卷首及卷九卷端鈐"小綠天藏書"印及"孫毓修印"。孫毓修，字星如，一字恂如，號留庵，自署小綠天主人，江蘇無錫人。清末秀才。目録學家、藏書家。此稿曾經爲其收藏。（徐慧）

甘泉湛子古詩選五卷

　　明湛若水撰，明謝錫命等輯。明嘉靖三十一年（1552）湛若水刻本。二册。半葉十行，行二十一字。白口，四周單邊。

　　湛若水，字元明，號甘泉，廣州增城人。明弘治五年（1492）舉人。拜陳白沙爲師，成爲白沙學説的衣鉢傳人。弘治十八年（1505）進士。授翰林院編修，後歷任南京吏、禮、兵三部尚書。著有《二禮經傳測》《春秋正傳》《古樂經傳》《格物通》及《甘泉文集》等。《明史》卷二百八十三有傳。

書末有嘉靖三十一年(1552)湛若水門人謝錫命所撰《甘泉先生古詩選後序》，序中談及成書原委："壬子之秋，錫命携家就學天關，先生授命以詩稿一册，皆古體詩，曰：子選其可者，與衆商之……但遵先生之命，選三百餘篇，編成四卷，共一帙，名曰《古詩精》。"(按：成書五卷，"編成四卷"疑誤。"精"字當爲手民之誤，應作"選"。)序後附録有冼桂奇(字奕倩，號少汾)所著啓一篇，對書中詩評價甚高。

鈐"沈觀齋""曾在趙元方家"等印。(提娜)

鏡山詩集□□卷存六卷

明李汛撰。明刻本。三册。半葉十行，行十六字。白口，四周單邊，雙魚尾。

李汛，生卒年不詳，字彦夫，號鏡山居士、鏡山散人，安徽祁門縣人。明弘治十八年(1505)進士。授工部主事，官至思恩知府。撰有《石山居士傳》，附刊於《石山醫案》後。另纂有《[嘉靖]九江府志》十六卷。

此書殘，存六卷，卷三至八，共收詩文近五百首，大致依照詩文内容分卷。其中卷三收録詩文一百一十二首，以咏景叙事爲主；卷四收録詩文八十八首，以應酬賀送爲主；卷五收録詩文六十一首，以送友贈别爲主；卷六收録詩文七十三首，以游歷感懷爲主，有兩首注明寫作時間和地點；卷七收録詩文六十九首，以游歷見聞爲主；卷八收録詩文八十四首，以交游爲主。卷六《自述》："顛沛已云甚，揶揄尚未休。一麾蒙主放，餘月苦誰留……蒼頭身已弃，縮首病初瘳……病癯全似鶴，計拙甚於鳩。夷裔貧兼難，江涯阻且修。"描述了作者當時的狀態和心境。

此書雖爲殘本，但是刊刻精美，版心下鎸刻工名。卷八末有"新安歙邑仇川黄"字樣，説明此書出自著名刻工新安仇川黄氏之手。

《中國古籍善本書目》僅著録國家圖書館有藏。(易曉輝)

玄庵晚稿二卷

明穆孔暉撰。清鈔本。一册。半葉九行，行二十字。

穆孔暉，生於明成化十五年(1479)年，卒於明嘉靖十八年(1539)，字伯潛，號玄庵,堂邑(今山東聊城)人。明弘治十八年(1505)登進士第。選庶吉士,授翰林院檢討。預修《孝宗實録》,遷南京太常寺卿,贈禮部右侍郎,謚"文簡"。著有《讀易録》《尚書困學》《前漢通紀》《游藝集》《穆文簡公宦稿》等。

本書共兩卷,爲穆氏晚年患病期間所作。卷一詩作按古體、律詩、絶句順序編排,因是病時所作,故多淒風苦雨之感,唯讀佛經一節,略有清净自得之意,間或有題贈詩,可知其晚年交游境況。卷二爲文章,論《詩》、論《易》,通達有深意。卷首題"聊城後學朱延禧校",朱延禧,字允修。明萬曆二十三年(1595)進士。與穆孔暉爲同鄉,於此文集亦有功焉。

本書爲清鈔本,版心處尚有"戴惟孝刻"字樣。唯刻本不存,祇此清鈔本。卷首鈐有"雪苑宋氏蘭揮藏書記""友竹軒""延古堂李氏珍藏"朱印,可知曾經清代藏書家宋筠、延古堂李氏收藏。(杜萌)

桐岡集不分卷小稿一卷

明楊鳳撰。明鈔本。一册。半葉十一行,行二十四字。白口,四周單邊,雙魚尾。

楊鳳,生卒年不詳,字子儀,安徽休寧板橋人。貢士。

本書爲楊鳳别集,内容以文爲主,包括祭文、書柬等。其中祭文三篇,述及先嫂、處士、先妣。書柬多説明寫作緣由及時間,涉及人物較多,可見其交游情況,頗有價值。

後附《桐岡小稿》,收録三十餘首詩,後有《民情條款》,係著者爲興利除害之事給休寧縣官員寫的稟稿,主要就縣治方面提出建議,内容包括治理盜賊、預備倉場賑濟等六事;又有楊鳳針對"近年以來,徭差繁重,軍需倍徵,官無憐民之苦,吏有濟己之貪"的狀況給時任知縣所上稟稿,共計十二事。

《中國古籍善本書目》僅著録國家圖書館有藏。(龍堃)

卧癡閣彙稿不分卷

明史忠撰。清初刻本。二册。半葉八行,行二十字。白口,左右雙邊,單魚尾。

史忠(1437—?)，字廷直，號癡翁，江蘇南京人。早年習舉業，不中，隨其父客游江湖。生卒無載，據"弘治丙辰孟冬七日二鼓與山妻共坐寫此圖，時年六十矣"詩題，可知明弘治丙辰年（九年，1496），史忠正六十，故其生年爲明正統二年（1437）。

本書卷首有里中後學王佩中序、《上元縣志·人物傳》、楊順吉所撰《癡翁傳》以及杜菫、沈周、朱文衡、盛時泰等人所作《像贊》，疑本書原有作者小像，惜已佚失不存。除無小像外，本書間或有殘損，字劃缺少，有礙文意。

全書不分卷次，按詩、詞、樂府、雜著分類，詩又分五言古，七言古，五言律，七言律，五言絕句、七言絕句等。史忠自命爲癡翁，其詩詞文章富於鄉村野趣，非與士大夫格調高雅者可比。與沈周等人交游，有《題沈石田畫》。

本書卷首鈐"春泉""金農之印""臣溥之印""长乐鄭振鐸西諦藏書"諸印，卷末鈐"長樂鄭氏臧書之印"。"春泉"不曉爲何人，"臣溥之印"印主蔣溥，乃蔣廷錫之子。故此書曾經金農、蔣溥、鄭振鐸遞藏。

此書流傳不廣，僅國家圖書館有藏。（杜萌）

在笥集十卷

明徐纏撰。明萬曆刻本。四册。半葉九行，行十八字。白口，左右雙邊，單魚尾。

徐纏(1488—1553)，初名陵，字紹卿，一作少卿，吳縣（今江蘇蘇州）人，居洞庭山。諸生。少孤，受學於其舅蔡羽，詩文皆得其指授。與黃魯曾、黃省曾兄弟及皇甫汸等人相交好。晚年與劉鳳、張獻翼及黃省曾之子黃姬水等人友善。性跌宕不羈，嗜酒，年八十六而卒。有詩名，黃德水稱其詩作"貴華彩，尚標致，經營用思，愈老愈深"，劉鳳《續吳先賢贊》亦贊賞其詩"警絕有奇致"。徐纏作詩尤擅五律，皇甫汸《徐隱君詩集序》稱其詩："格高宜傳，調古宜傳，意新句秀宜傳，原情惋而稱物周宜傳，旨遠而辭綺、聲諧而氣宕宜傳。"

是書前有皇甫汸、劉鳳序，共有古近體詩十卷，以五言律詩爲最多。徐纏科場不順,後絕意仕進,士不遇之感慨多見於詩。其爲詩尤多游歷感懷之作,喜寫金陵之名勝,有興亡之感,寓身世之思。《列朝詩集》所謂"游建業,遍覽形勝,酒酣以往,援筆賦詩,感嘆六代興亡之際,高歌長嘯,引聲出蕭瀏間,視舉世無如"是也。詩筆沉鬱老練,寫景亦時有清新之作。(賈雪迪)

撫上郡集一卷

明周金撰。明嘉靖十四年(1535)宋宜刻本。一册。半葉九行,行十八字,小字雙行同。白口,四周雙邊。

周金(1473—1546),字子庚,號約庵,江蘇武進人。明正德三年(1508)進士。歷官工科給事中、户科給事中,嘉靖時遷都察院右僉都御史,巡撫延綏。後改任宣府、保定巡撫,遷任兵部右侍郎,終户部尚書。卒謚"襄敏",贈太子太保。《明史》卷二百一有傳。

是集爲周金撫延綏時所作,集前宋宜序載"古者臨邊遣戍,其詞多苦,其氣多鬱,其音節多哀",是集則"詞雅氣雄,而音節和平"。明嘉靖十五年(1536)做漕運總督時與吳承恩相識,頗有來往。李贄《續藏書》有《太子太保周襄敏公》一篇,曰其"貌瓌偉,善議論""喜讀書,雖稗官小史,亦用以資其經略,尤喜爲詩歌,羽檄倥傯中率不廢詩"。

據《千頃堂書目》,周金另有《漁陽稿》《上穀稿》,今佚。另,明俞憲編《盛明百家詩》收有《周尚書集》一卷。(張曉天)

楊升庵詩五卷

明楊慎撰。明嘉靖二十四年(1545)譚少嵋刻本。一册。半葉九行,行二十字。白口,四周雙邊,雙魚尾。

楊慎(1488—1559),字用修,號升庵,别號博南山人、博南戍史,謚"文憲",新都(今四川成都)人。明代文學家。祖籍江西廬陵,内閣首輔楊廷和之子。少聰穎,十一歲能詩。明正德六年(1511),殿試第一,授翰林院修撰。與解縉、徐渭合稱

"明朝三才子"。嘉靖三年(1524)，因"大禮議"事件，兩次遭廷杖幾至於死，後被貶戍雲南永昌衛三十五年。明嘉靖三十八年(1559)七月初六日，歿於雲南永昌高嶢戍所。

本書卷首有嘉靖二十四年(1545)孔天胤序，孔氏認爲升庵之詩"唐四杰不能過也……情深文明，虛浮靡曼，深莫深於發憤，明莫明於感人"。孔天胤(1505—1581)，字汝陽，號文穀子，山西汾州百金堡人。嘉靖十一年(1532)殿試榜眼。明代著名詩人、藏書家。

該書末署"門人丘文舉、李世芳、楊富春集録"。鈐有"十州三島人家""四明范氏圖書記""长乐鄭振鐸西諦藏書""長樂鄭氏藏書之印"。曾經四明范氏和鄭振鐸先生收藏，現藏國家圖書館。（田周玲）

海岱會稿一卷

明楊應奎撰。明鈔本。一册。半葉九行，行十八字，紅格。四周單邊。有朱墨筆校改、題記。

楊應奎(1486—1542)，字文焕，號澠谷，別號騫翁，益都（今山東青州）人。明正德六年(1511)進士。授仁和尹，徵拜兵部主事，轉禮部員外郎，迎世宗藩邸擢臨洮守，後調南陽。天性孝友，厚重朗豁。爲"海岱八子"之一，以詩鳴於時，精工右軍書法。著有《澠谷文集》《陶情令》《臨洮府志》《[嘉靖]南陽府志》等。

"海岱詩社"爲明嘉靖間活動於青州的文人詩社，由石存禮、馮裕、陳經、黄卿、楊應奎、劉澄甫、劉淵甫、藍田等八人組成。其人皆閑散之身，或致仕閑賦，或丁憂歸里，或除名閑住，其作皆清雅可觀，與當時"臺閣體"之風氣迥异，所結詩集爲《海岱會集》。

此稿有《雲門山賦》《石澗賦》《岱宗賦》等十七篇，當爲與詩社衆人交往唱和之作。前有某年冬十月中旬"慎吾"所撰墨筆跋文一葉，鈔録《分省人物志》《[嘉靖]山東通志》中關於楊氏事迹、著作等内容，并説明此稿來源及修補情况。

《中國古籍善本書目》著録，僅國家圖書館有藏。（肖剛）

乙巳春游稿五卷

明李濂撰。明嘉靖二十五年（1546）白浚刻本。一册。半葉九行，行十八字。白口，四周雙邊。

李濂（1488—1566），字川父，祥符（今河南開封）人。少負俊才，慕信陵君、侯生之爲人。嘗作《理情賦》，其友左國璣持以示李夢陽，夢陽頗嗟賞，訪之吹臺，自此聲馳河洛間。明正德八年（1513），李濂鄉試第一，正德九年（1514）甲戌科二甲進士。授官沔陽知州，遷寧波府同知，擢山西僉事。嘉靖五年（1526）免歸。家居四十餘年，益肆力於學，以古文名於時。著有《嵩渚集》《觀政集》《與李氏居室記》《祥符文獻志》《祥符鄉賢傳》《汴京遺迹志》《醫史》等。

《乙巳春游稿》爲李濂詩文集。記乙巳之春游太行諸山之事。首有柯相序、嘉靖二十五年（1546）李濂序。李濂序稱：“乙巳暮春，暄陽載和，覺獵心之復萌，適婚嫁之甫畢。乃策杖渡河，駕言西邁，入王屋，躡天壇，觀濟源池……往返僅二十日，得游記十二首，雜文三首，五七言雜體詩五十九首，詩餘長短句十首，合爲一帙，置之几案……明年丙午秋，巡撫大中丞池陽柯公枉駕敝廬……乃屬開封太守桂林白侯刻之郡齋。”

卷端署“大梁李濂川父”。卷五首葉殘缺。此書流傳不廣。（陳紅彦）

入楚吟一卷

明張綖撰。明嘉靖十七年（1538）蔣芝刻本。半葉十行，行十九字。白口，四周單邊。

張綖（1487—1543），字世文，號南湖居士，江蘇高郵人。明正德八年（1513）舉人。嘉靖十四年（1535）職判武昌，官至光州知州。南湖先生雅好詞學，自幼勤學善文，據稱曾爲王陽明門人。有《詩餘圖譜》《草堂詩餘別録》《杜律本義》《杜工部詩通》《入楚吟》《南湖詩集》。張綖亦好刊刻，有玩珠堂，刻《西昆酬唱集》，校注并刻《淮海集》。

書前有嘉靖十七年(1538)許樾題識、汪必東序以及張綎自題。書後有嘉靖十七年(1538)蔣芝後叙。全書所録詩爲張綎自嘉靖十四年(1535)十月赴武昌任通判起至次年十一月歸南京間所作,故蔣芝題曰"南湖入楚吟"。文集以詩體劃分,收五言古詩八首,七言古詩十二首,五言律詩十六首,五言排律兩首,六言絶句五首,七言律詩四十五首,七言絶句六首,長短句二十首,共一百一十四首詩詞。附録《與許少行論詩簡》。(朱默迪)

山陵賦一卷

明顔木撰。明嘉靖十八年(1539)劉祚刻本。一册。半葉十行,行二十字。白口,四周單邊。

顔木(1484—1544),字惟喬,號淮漢先生,應山(今湖北廣水)人。明正德十二年(1517)進士。任許州知州,後調亳州。回鄉後,居馬坪二十年。纂有《[嘉靖]隨州志》《[嘉靖]應山縣志》,著有《燼餘稿》《家政集》《七禮解》《十朝小識》及《選詩評》等。生平事迹見《國朝獻徵録》卷八十三。

本書不分卷,共十八葉,包括《山陵賦》《四子講孝論》等内容。前有嘉靖十八年(1539)顔木序,末有"嘉靖十八年中秋信陽劉祚刊於隨州西衙"字樣。此書《天一閣書目》卷四著録,作"賦論一卷",并云:"《山陵賦》《孝論》二篇,皇上事天事親之孝,敬神恤民之誠,與夫植本之固、發源之深,揄揚殆盡矣。聖子神孫萬世帝王之葉端在於是。猗歟休哉。"

鈐有"四明林氏大酉山房藏書之印""林集虛印"等印。

《中國古籍善本書目》僅著録國家圖書館有藏。(閆智培)

渌江集十二卷附録一卷

明徐一鳴撰。明隆慶三年(1569)五泉書院徐卿緒、徐卿述刻本。四册。半葉九行,行十六字,小字雙行同。白口,四周雙邊,單魚尾。

徐一鳴,生卒年不詳,字伯和,自號渌江迂人,湖南醴陵人。明正德十二年

（1517）進士。十五年（1520）任江西提學副使。《南村草堂文鈔》卷十八有傳。

　　本書前有隆慶四年（1570）江西布政使司右布政使董策作序，又有隆慶三年（1569）弟徐一翀《刻淥江集小叙》；末有隆慶三年（1569）弟徐一昂《題淥江集後》、從侄徐卿成《跋淥江集後》。本書共十二卷，其中詩八卷，文四卷，共收詩文三百餘篇。主要根據文體分類編排：卷一爲四言古詩，卷二爲五言古詩，卷三爲七言古詩，卷四爲五言律詩，卷五和卷六爲七言律詩，卷七爲五言排律、七言排律，卷八爲七言絕句、五言絕句，卷九和卷十爲序，卷十一爲頌、贊、説等，卷十二爲書、疏。所撰詩就内容而言有抒情詩和叙事詩，如《壽潘封君味菜翁七十》《贈別客石蕭先生之綏德》等，從中亦可見其交游。且多首詩前有序，詳細介紹了作該詩的緣由。

　　書末有附録一卷，收録嘉靖六年（1527）禮部尚書兼翰林院學士方獻夫等人請求寬宥徐一鳴的奏摺以及徐一舉撰《祖道碑》等。

　　《中國古籍善本書目》僅著録國家圖書館有藏。（閆智培）

陳徵士集四卷

明陳鑾撰。明熊桴刻本。二册。半葉十行，行二十字。白口，左右雙邊。

陳鑾，字廷振，別號元溪，爲明正德、嘉靖年間人。

卷首有吳國倫（1524—1593）撰《陳徵士集叙》，曰：“（陳）廷振少舉明經，試進士不第已，乃拜臨川令，未幾，浩然致其事，歸矣。由是鄉黨益知廷振爲人……陳先生進不擇官，退不詭俗，今里居且數十年，老矣！猶朝夕披一卷不置，又喜爲唐人詩，然未率以示人。故人知先生而不知先生詩也。”作者耿直不阿、爲人謙遜。又曰：“（熊）桴欲梓傳之，得若干篇，題曰‘陳徵士集’。夫先生之出處，似靖節詩多，率意結撰，澹然有風雅之遺，先生蓋得其體裁焉，故得稱‘徵士’云。”説明“徵士”之稱之來意。又其《元溪浪吟拙稿自叙》，云：“雖然千慮一得，匪欲名家或我後人之克肖者追思遺響。就先正而訂之，倘知我者不以寄興吐詞爲誑惑聾瞽而删削之，是予望云也。”再次説明其爲人不張揚。末有河南按察司僉事門人熊桴（1507—1569）撰《陳先生詩集後跋》，謂曰：“先生之詩，以體則莊，以情則正，以詞則葩，以旨則遠。渢渢乎,穆穆乎,被之朱弦而疏越,真風雅之遺乎。"談付梓作者詩詞之感受。

全書四卷,卷一爲七言絶句七十首、五言律詩三十七首(内集古二首),卷二爲五言排律九首、七言律詩六十二首,卷三爲七言律詩五十二首(内集古五首)、七言排律四首(内集古一首)、五言古詩五首,卷四爲七言古詩二十八首、詞一十一首。詩篇多涉作者自身經歷,七言絶句含二篇《自述》:"自古詞人多薄命,我不能詞命亦微。晝長睡起成何事,仰面青天看鳥飛。"多自嘲語氣。七言律詩《余年七十賦此自慶》展現了作者泰然自若的處世心理,"七十年來鬢未絲,時光縛住幾人知。百旬詎可誇仁壽,獨立何緣到古稀。過此不須提四印,從今自合斬三尸。釣周釣漢都餘事,天穀元神立命基。"詩文中亦有《寄鏡湖》《壽熊鏡湖》《春雨甚寒吟呈鏡湖》等懷熊桴之作,《邢山莊有懷鏡湖》曰:"思君一日隔三秋,老望殷勤似有求。良夜易生王子興,邢山安得剡溪舟。"可見二人極爲親密,與序跋中熊桴文字相呼應。

各册鈐有"衡陽常氏潭印閣藏書之圖記",爲衡陽常大淳舊藏。現藏國家圖書館,《中國古籍善本書目》集部 7935 條著録。(薩仁高娃)

内方文集五卷

明童承叙撰。明萬曆二十五年(1597)蘇潢刻本。五册。半葉十行,行二十字。白口,左右雙邊。

童承叙,字士疇,沔陽(今湖北仙桃)人。生有異質,八歲時過目成誦,早失母,繼母性嚴能善事。明正德己卯(十四年,1519)舉於鄉,辛巳(十六年,1521)成進士。選翰林院庶吉士。與茶陵張治、蒲圻廖道南號"楚三才",而承叙尤俊邁。遷國子司業。時涇陽呂柟爲祭酒,倡明理學,承叙佐之,教育人才,與修《寶訓實録》《會典》諸書,進左春坊左庶子,兼翰林侍講。明嘉靖壬寅(二十一年,1542)上疏省墓,給馳驛歸,未幾病卒。

承叙在詞垣二十餘年,爲官風節挺然。少爲文章喜藻麗,中年刊落鉛華。修《[嘉靖]沔陽志》,當時與康海《[正德]武功縣志》、王九思《[嘉靖]鄠縣志》,稱海内三名志。承叙所著有《内方集》，今亦缺略不全。

文集正文前有明萬曆丁酉（二十五年，1597）李維楨《内方童先生序》，論及文集成稿經過、文壇現狀及承叙文章風格，曰：“今文章家率以館閣體興而古法幾亡，長沙李文正實振之，而先生與茶陵蒲圻同舉進士，爲吉士，讀中秘書，踵文正，後遂以古文章高步藝苑，又皆吾楚人也。所論著傳於世者，文正、蒲圻最富，茶陵不及其半，先生當茶陵十七，嘗具一臠，奚必食鷄跖千也。文正於文章有復古功，猶楚陳涉爲秦民，湯武其在。先生則志帝子，闊達大度……茶陵爲先生志墓，品其詩文，語無溢美，海内盛稱先生。”正文前有目録，目録後有嘉靖十三年（1534）敕命一道、嘉靖十五年（1536）誥命一道、嘉靖二十三年（1544）論祭文一道、墓志銘一首。卷前未分卷，祇有每卷卷末或版心可見卷次，卷一爲四言絶句、五言絶句、六言絶句、五言律詩、七言律詩等，卷二爲七言絶句、七言律詩、七言古詩等，卷三爲辭、樂府、歌、唫、賦、奏疏、内制代言、箴、頌、贊等，卷四爲序等，卷五爲書、記、雜著、説、傳、行狀、墓志銘、墓表、祭文等。承叙別號“内方”，是以名集。

序首葉鈐“蒼巖山人書屋記”。蒼岩爲明末清初著名藏書家、文學家梁清標字。梁清標（1620—1691），字玉立，一字蒼岩，號棠村，一號蕉林，直隸真定人（今屬河北）。明崇禎十六年（1643）進士。清順治元年（1644）補翰林院庶起士，授編修。官至兵部尚書、禮部尚書、刑部尚書、户部尚書、保和殿大學士等職。著有《蕉林詩集》《棠村詞》等。名列《貳臣傳》。此集經梁清標遞藏。（徐慧）

太華山人集四卷

明何棟撰。明刻本。四册。半葉十行，行二十字。白口，左右雙邊。

何棟（1490—1573），字伯直，號太華，西安府長安縣人。明正德十六年（1521）進士。曾爲順天府通判。明嘉靖七年（1528）奉明世宗朱厚熜之命與吳仲等人一起修浚北京通惠河用以漕運，升爲工部侍郎，修浚工程於當年農曆二月開始至農曆五月既成，僅花費白銀七千兩便使漕運的糧食可以直抵大通橋（東便門附近），當年省下了漕運費用十二萬兩，因治河有功升任右通政仍舊督理河事。至嘉靖十年

（1531）任太僕寺卿，次年任左僉都御史巡撫大同地方，嘉靖十二年（1533）降一級，後於嘉靖二十九年（1550）升任兵部右侍郎兼僉都御史總督薊遼軍務，三十一年（1552）因軍功升都察院右都御使，次年閑住。

是書爲何棟文集，收録了何棟所著序、墓志銘、碑文、祭文、書信、詩詞等。（蔣毅）

五龍山人集六卷

明王同祖撰。明萬曆刻本。二册。半葉十行，行二十字。白口，四周單邊。

王同祖（1497—1551），字繩武，號前峰，江蘇昆山人，文徵明外甥。同祖少年喪父，然酷喜讀書。明正德十六年（1521）中進士。選庶吉士，授編修，官至國子監司業，後因上奏請皇帝改元創新政而觸怒皇帝，被貶爲庶民。同祖讀書廣博，除六經子史外，對陰陽律曆、山經地志，均有涉獵。善書法，尤工草隸。著有《東吳水利通考》《行書詩卷》等書。

該書爲王同祖詩集，其中五言古詩四十七首，七言古歌行二十七首，五言律詩八十四首，七言律詩一百三十一首，五言排律四首，五言絶句八首，六言絶句一首，七言絶句二十九首，共録詩三百三十一首。該書首有萬曆十五年（1587）王世貞撰《王太史詩集序》，叙王同祖生平經歷，盛贊其品行高潔，不爲俗世之規所左右。敢於直諫其言，竟遭罷官，至於暴病而死，哀其生平之困頓，與志向之不明。

過庭訓《本朝分省人物考》稱王同祖"爲詩清麗，有唐人風"。今觀其詩，五言律詩與七言律詩尤佳，寫景清麗自然，抒情懇切深沉。然古詩多晦澀堆砌，有唐人之樸雅，無唐人之俊逸。（賈大偉）

林泉高士孫西川詩稿一卷

明孫艾撰。明嘉靖十五年（1536）孫耒刻本。一册。半葉十行，行十八字。白口，左右雙邊。

孫艾，字世節，號西川翁，江蘇常熟人。明代畫家。生卒年不詳，據《［嘉靖］常熟縣志》享年八十有二。孫艾性任俠,通朗有俊質,纍舉不第,遂弃。其學詩畫於沈周,山水宗黃公望、王蒙,花卉法錢選,曾爲沈周畫像多次。晚年因子舟貴,封工部主事。現存畫作有《木棉圖》《桑蠶圖》,詩集有《林泉高士孫西川詩稿》。

本書爲其子孫未彙其遺稿而梓,請楊循吉作序。序文中稱孫艾:"平生讀書博學,工於繪畫,好客樂施,至老不倦,蓋人物之豪雄者,其詩筆乃其餘事。"是文是對孫艾性情、行事的高度概括。孫艾年輕時家有豐資,出手闊綽,嗜名畫玩器,客至無不禮接。居所近虞山,曾鑿石導泉以汲游者。然中歲産落,遂以好事聞於東南。孫艾好吟咏,詩多爲律詩,又善爲南詞,與長洲吳寬、皇甫冲相友善,深得沈周的賞識。詩中也多有與沈周、吳寬等往來唱和的作品,如《次吳匏庵韵壽沈石田》《同石田東湖二老石屋看梅復用前韵二首》等等。除此之外,咏物抒情、遣懷寄興的詩作也有不少。詩、畫相結合,可知孫艾意趣。

鈐"西川""保碑堂"等印。（宋宇馨）

林屋集二十卷南館集十三卷

明蔡羽撰。明嘉靖八年(1529)刻本。八册。半葉十二行,行二十字。白口,左右雙邊。

蔡羽(？—1541),字九逵,號林屋山人、左虚子、消夏居士,南直隸蘇州府吳縣(今江蘇蘇州)人。明代文學家、書法家、書法理論家,"吳門十才子"之一。師從王鏊,嘉靖十三年(1534)貢生,授南京翰林院孔目,後致仕歸家。蔡羽平生好古文,師法先秦、兩漢。善書法,長於楷、行。

《林屋集》共二十卷,包括詩十卷、文十卷,前有蔡羽自序一篇。《南館集》共十三卷,詩五卷、文八卷,末有"嘉靖癸卯孟夏朔刊"字樣。

本書前訂有1940年(庚辰)藏園居士傅增湘墨筆題《蔡孔目集書後》三紙。書中鈐"江安傅氏藏園鑑定書籍之記""沅叔""傅增湘印"等印。爲傅增湘舊藏,現藏國家圖書館。（劉家平）

汀西詩集六卷

明趙玨撰。明嘉靖十七年（1538）刻本。一册。半葉十一行,行二十字,小字雙行同。白口,左右雙邊,單魚尾。

趙玨（1464—？）,字朋壁,號汀西,長洲（今江蘇蘇州）人。

本書前有嘉靖十七年（1538）邑人陸粲序,内稱趙玨爲“隱君”,説明趙氏未任官職,又説長洲趙氏以醫名,趙玨紹其家學,然趙玨“獨刻意爲詩”,所作詩“纍至數十百篇,卒與其醫名并傳而不相掩也”。序中又説“隱君今年且七十又五”,據此可推知其生年,而逝世應在嘉靖時期。

全書分爲六卷,前五卷爲詩,最後一卷爲詞。詩按體裁編排,卷一五言古體、七言古體、長短句,卷二七言律詩,卷三七言律詩、七言排律,卷四五言律詩、五言排律、五言絕句,卷五七言絕句。卷六詞,共三十四首。所作詩内容多以游覽山水、觸景生情爲主,如《婁江晚歸》《泛泖望九峰諸山》《漁樵問話圖》《早春池上》《游南屏净慈寺》等。另有多首反映田園生活,如《西野草堂》《耕讀》《西田收穫》。此外,書中還收録多首吟詩會友之作,如《題扇寄徐院判》《訪江南鄭氏昆玉》等。陸粲在書前序中評價其詩“清婉和平有自得之趣”。

末有嘉靖十七年（1538）歸仁《書汀西先生詩集後》一篇,對趙玨醫術及詩作頗有稱道。（孫恒）

余鶴池詩集十卷

明余承恩撰。明萬曆刻本。四册。半葉十行,行二十字。黑口,四周雙邊。

余承恩（1491—1543）,字戀忠,號鶴池,世家青神（今四川眉山）。明正德十一年（1516）舉人,官至永寧參將。正德十三年（1518）襲南京錦衣衛指揮僉事,明嘉靖四年（1525）擢湖廣都署都指揮僉事,嘉靖七年（1528）擢四川都司長,嘉靖十一年（1532）擢疊茂營游擊參將,嘉靖十五年（1536）擢參軍并加提督叙瀘及貴州迤西等處地方職衛。《［康熙］四川總志・人物》有其傳。著有《鶴池詩集》。

此本前存李長春於明萬曆十七年（1589）撰《鶴池余公詩集序》，陳以勤（1511—1586）於明萬曆五年（1577）撰《余鶴池詩集序》，曰："余目其卷帙甚富，稍取快讀十數章，并音節秀婉，情旨柔澹，翩翩有風。"評作者詩風。又存張佳胤（1526—1588）於明隆慶四年（1570）撰《余公詩集序》，曰："凡稱將軍以詩行世者，平生未之見也。吾鄉青神鶴池余公，爲西南名將，有詩集傳播人口。余得而讀之，其詩典富平正，根極性靈，命意准體，往往合轍，曾未嘗求工一字間，亦未嘗作法外語。即儒家能言之士，操觚白首，何以加諸。公於詩誠深矣。"贊嘆作者文武雙全。又有門下士遂寧章平於隆慶己巳（三年，1569）撰《鶴池公詩序》和弟余承勛撰《余鶴池墓志銘》，由此可尋作者生平事迹。書末有黄裳朱墨題跋，謂："明《行人司書目》文部六有《余鶴池詩集》四本一條舊目著録。"并贊："此萬曆隆慶中蜀刻本《余鶴池詩集》十卷，余君官參將，守黔蜀。武人能詩於宋明一代，蓋不數見也。刊本罕傳，未見著録。卷前有蒼岩山人一印，奇古而佳。曾遭水厄，當重裝池始可藏弆也。"

詩集卷端題名下署"青神鶴池余承恩著""翰林院修撰余承勛、雲南按察司副使余承業校"，全文含五言古詩、七言古詩、古詩長短句、五言律詩、五言排律、七言律詩、五言絶句、七言絶句、三四六七言雜詩，末附集杜句五首。詩句多涉作者掌西南軍事時事務，如五言古詩開篇《贈大司馬松月伍公平南還朝》中以"妖氛積歲月，竊發西南隅。夷酋騁螳蛙，群醜跳豺狐"較長篇幅描述西南情勢。

全書鈐"蒼岩山人書屋記""黄裳藏本""黄裳小燕""來燕榭珍藏記"等印，原爲梁清標（1620—1691）、黄裳（1919—2012）故物，現藏國家圖書館。（薩仁高娃）

歐陽南野先生文選五卷

明歐陽德撰，明李春芳輯。明隆慶三年（1569）周之屏刻本。四册。半葉十行，行二十一字。白口，四周單邊。

歐陽德（1496—1554），字崇一，號南野，江西泰和人。鄉舉後從王守仁學，明嘉靖二年（1523）進士，除六安知州，入爲刑部員外郎。六年（1527），詔改翰林編修，遷南京國子司業。尋改南京尚寶卿，召爲太僕少卿，復改南京鴻臚卿，纍遷吏部左侍郎兼學士,掌詹事府。丁母憂歸,即用爲禮部尚書。與徐階(1503—1583)、聶豹(1487—1563)、程文德(1497—1559)并以宿學居顯位,集四方名士於靈濟宮,與論良知之學,赴者五千人。歐陽德學務實踐,不尚空虛,贈太子少保,諡"文莊"。生平事迹見《明史》卷二百八十三、《明儒學案》卷十七《文莊歐陽南野先生德》等。有《南野集》《南野文選》傳世。

《四庫全書總目提要》卷一百七十七稱,其門人王宗沐編《歐陽南野集》三十卷。後門人李春芳亦"取先生文集摘其要者,彙成若干卷",寄至馮惟訥。馮遂"參互校楫,共得文若干篇,厘爲五卷",由周之屏序刻之(見胡直《歐陽南野先生文選序》和馮惟訥《歐陽南野先生文選後序》)。其卷一至三爲書,卷四爲序、記、雜文,卷五爲教語。其"教語"多爲書序雜著、家書節錄,體現了作者爲人、爲學、處世的價值理念。如書序雜著節錄之"聖門之學,以德行爲務。纔涉訓詁,便落第二義""良知之靈於義利公私誠譌,分毫不可欺蔽。無功利之心,則通體是義""君子之心,不爲順遷,不爲逆移,不爲難沮,不爲易肆"。再如家書中"處人之道,最宜有情有禮,更要精實,不可一毫虛餙",强調做人要真實坦蕩;"凡有情於我者,當記善忘過",表明要有容忍之心;"擇友須勝己""刊落浮華,真實乃見。消融客氣,良心自妙"等,則談及處事經驗。是故,馮惟訥謂該書"崇虛寂而乖實用……鮮不過矣"。(見《文選後序》)

此明隆慶三年(1569)周之屏刻本有朱筆圈點。(趙大瑩)

李石叠集四卷附錄一卷

明李宗樞撰。明嘉靖二十九年(1550)西亭書院刻本。四冊。半葉九行,行十六字。白口,四周單邊。

李宗樞,字子西,號石叠,李恕第三子。嘉靖癸未(二年,1523)進士。授諸城令,政尚嚴飭,境內蕭然,旋以治績拜御史,歷官河南臬藩,皆有聲。會河汾寇警,冢宰交章,薦其才可大任,晉巡撫,扼要害,禁奢侈,中州安堵,會病卒,不竟其施。宗樞性慧才敏,有幹濟略,又工詩善章草,著《石叠集》。

集前有都察院右副都御史許宗魯所撰《李石叠集序》，許氏自稱與石叠“朝夕論談唱酬”而“知石叠”，序文論及石叠詩文宗奉：“今讀其集，若四言古詩則取則乎風雅，五言古詩則憲章乎漢魏，七言古詩則掇英乎王楊，五七言律則集美乎岑杜，逌然并軌前哲，蓋詩之成章者也。乃其文則會最左史，綴緒禮經，詞聿采乎遷固，理不詭於周孔，斯亦飽其膏腴而領其旨趣者。”又論宗樞剛正不阿，不空談，曰：“石叠始終典學，舉措不訛，言之可行，行之可言，觀其對奏之言華而核，籌略之言暢而當，是乃不尚空談，而可裨實用者也。無亦效法於董賈而取材於陸贄者乎？”正文前有目録，共有詩文四卷，卷一爲四五七言古詩，卷二爲五七言律詩、五言排律、七言絶句，卷三爲序、記、墓碑、墓表、墓志銘，卷四爲傳、跋、問、表、疏、祭文。

附録爲明嘉靖庚戌年（二十九年，1550）周鎮國中尉西亭子睦㮮撰《故都察院右僉都御史富平右叠李公行狀》，悉述石叠生平次第、仕履及收稿經過，曰：“恕（子西父）登弘治丙辰進士，官至貴州布政司左參議。參議君實公之考也，初母宋宜人，從參議君居德平時，夢紅日如輪，墮懷中寤而生公。公諱宗樞，字子西，生七歲即善詩，十歲日誦古文數千言，十六補縣學生，乃見知於朱凌溪、受禮於南瑞泉。二公者，皆天下藻鑒人也。每試其文，大奇之，曰：是夫夫也，它日所就奚翅科第也。已無何，參議君卒，公服喪三年，至丙子始膺鄉薦，次年詣禮部試，不第，歸益砥志憤發，究極閎奥，歷七年而當嘉靖癸未登進士第……歿之日，睦㮮收其遺稿得詩文諫草四卷，皆精細言華，行將梓傳於世云。”朱睦㮮（1518—1587），字灌甫，號西亭，明周定王朱橚六世孫，封鎮國中尉。本集爲西亭書院所刻，版框外左下題“西亭書院雕”。（李慧）

張蕁江先生存笥集二卷徵行録一卷

明張銓撰，明張基輯。明張世俊素心堂刻本。一册。半葉九行，行十八字。白口，左右雙邊，單魚尾。

張銓，字秉道，江蘇越來溪人。明嘉靖元年（1522）舉於鄉，舉進士不中，以選入吏部，先後出任膠州知州、南安府同知。據《［乾隆］吳江縣志》載，銓未仕時已通達世務，及爲官，則能爲當地百姓謀，上爲長官所倚重，下爲百姓所擁戴。

本書前有明嘉靖二十九年（1550）沈啓序、二十六年（1547）趙汴序，《[乾隆]吴江縣志》内所載張銓傳。此爲張銓詩文集，全書按體裁編排，分爲兩卷，卷上爲詩，包括四言古詩、五言古詩、五言律詩、五言排律、五言絶句、七言古詩、七言律詩、七言絶句；卷下爲文，包括賦、頌、壽文、説、書、祭文和公移等。

《張尊江先生徵行録》一卷，張基輯，收録與張銓相關的傳、墓志、墓表、誄、像贊等傳記資料。

《中國古籍善本書目》著録，僅國家圖書館有藏。（田周玲）

雲岡選稿二十卷

明龔用卿撰。明萬曆三十五年（1607）龔爗刻本。六册。半葉九行，行十八字。白口，四周雙邊，單魚尾。

龔用卿（1500—1563），字鳴治，號雲岡，福建懷安縣人。明嘉靖五年（1526）狀元。授翰林院修撰，歷左春坊、左喻德、翰林院侍讀，官至南京國子監祭酒。嘉靖十五年（1536）出使朝鮮，爲官清廉，不辱使命，使"遠人欽服"。參與修撰《明倫大典》《大明會典》。在詩歌和散文領域皆有創作，撰有《使朝鮮録》等。

本書前有萬曆三十一年（1603）謝杰撰《大司成雲岡龔先生略集叙》，末有萬曆三十五年（1607）龔用卿子龔爗所撰跋。龔爗在跋中説，其父詩文集業已刊刻行世，"然多訛而失次"，於是重加編選排序，"今春始付剞劂氏，歷杪冬方底成緒，庶了夙心也"。

全書分爲二十卷，前有目録。卷一爲賦、詞和詩，詩分四言古體和五言古體；卷二爲詩，分六言古體、七言古體；卷三爲詩，分七言古體、五言絶句、六言絶句；卷四爲詩，七言絶句；卷五爲詩，分七言絶句、五言律；卷六爲詩，七言律；卷七爲詩，七言律、五言排律、七言排律；卷八爲奏疏；卷九爲記；卷十至十四爲序；卷十五至十六爲志銘；卷十七爲碑；卷十八爲墓表、祭文；卷十九爲贊、説和題跋；卷二十爲雜著。

《四庫全書總目提要》收録，列存目之中，評價此書："考古人以詞爲詩餘，今編入詩前，殊乖體例。所作亦大抵館閣體也。”

鈐“蒼巖山人書屋記”“妙因居士”“觀其大略”等印。明末清初著名藏書家、文學家梁清標曾藏。

《中國古籍善本書目》著録，僅國家圖書館和中國科學院文獻情報中心有藏，中國科學院文獻情報中心還收藏有一部該書的明鈔本。另據《中國古籍善本書目》記載，上海圖書館收藏有一部龔用卿撰、明嘉靖刻本《金臺稿翰撰集》二十卷。（田周玲）

樊氏集十二卷

明樊鵬撰。明嘉靖十三年（1534）孔天胤刻二十三年（1544）吳九經續刻本。半葉十行，行二十字。白口，四周單邊。

樊鵬，字少南，號南溟子，河南信陽人。嘉靖五年（1526）進士。授安州知州，歷升陝西按察僉事。曾游於“弘治四杰”中的何景明、邊貢之門，與孟洋、唐順之輩爲詩文友，故談詩頗有所見。曾編《初唐詩》三卷并序，有《樊氏集》十二卷。

《樊氏集》乃樊鵬詩文總集：前六卷爲詩集，各有集名，卷一《信陽集》，卷二《安州集》，卷三《北都集》，卷四《中都集》，卷五《南都集》，卷六《關中集》；後六卷爲雜詩及文章，無集名。詩集六卷以詩體劃分，共收録樊詩約四百首，涵蓋賦、四言詩、樂府、律詩、絕句、古體詩等。文集共收文近二百篇，包括問對、序跋、志銘、書論、雜說等。

是書前七卷爲孔天胤所刻，其中前四卷爲嘉靖十三年（1534）刊刻，第五至七卷於十八年（1539）補刻。第八至十二卷乃嘉靖二十三年（1544）吳九經校刊續刻。孔天胤，字汝錫，山西汾州人。好讀書，重刊刻。嘗授山西按察僉事，與樊鵬既爲同僚交好，又與其重盛唐的詩學觀相符。《樊氏集》是有文字記載的孔天胤所刻第一部書。吳九經，字子誠，浙江永康人。嘉靖二十年（1541）任信陽知州。二十三年（1544）校刻此書。

書前有嘉靖十五年（1536）康海德序、嘉靖十五年（1536）趙時春序、北平張詩

序以及孔天胤刻書叙。鈐"皖南張師亮筱漁氏校書於篤素堂""篤素堂藏書"等印。（朱默迪）

鄭少白詩集□卷存四卷

明鄭允璋撰。明刻本。一册。半葉十行，行二十一字，白口，四周單邊。

鄭允璋，字德卿，福建閩縣人，鄭汝羨之子。明嘉靖五年（1526）進士。曾任建昌府同知。生平事迹參《［萬曆］福州府志》卷十七。

《天一閣書目》著録《鄭少白詩集》五卷，又《傳是樓書目》則著録《少白詩集》八卷，則該集有不同傳本。是書殘存四卷，即卷四至七。其中卷四收五言詩，卷五收六言詩，卷六收五言排律，卷七收七言律詩。據《傳是樓書目》著録，疑此部全書當爲八卷本。書中詩題下有小注，或就詩中涉及到的人名、地名等加以注釋，或交待作詩緣由。如《海樓贈李長沙》詩題下小注稱"海樓，李别號"，《少溪爲周生賦》小注稱"壺公，山名。玉磵，水名，皆近少溪"。《紀异》小注稱："嘉靖十四年十有一月壬申日夜半，萬鳥喧飛過富水，聲震林谷，余聞之作此詩。"又《讀何吉陽作》小注稱："吉陽，何子沂别號也。何寄所爲詩文，請益於余，余讀之有畏心焉。何曾索余作，吉陽詩久未有以復也，因寄此作。"詩風宗唐，質樸率真。此爲明刻本，卷端題"閩鄭允璋德卿"，版心題"少白詩集"。審其刻風，似爲嘉靖間所刻。

檢《中國古籍善本書目》，國内僅存此本，流傳極罕，極具版本及文獻價值，現藏中國國家圖書館。（劉明）

石湖集一卷

明王守撰。明鈔本。一册。半葉九行，行十六字，藍格。白口，左右雙邊。

王守（1492—1550），字履約，號涵峰，吴縣（今江蘇蘇州）人，王寵同母兄。明嘉靖五年（1526）進士。授南昌府推官，入爲吏科給事中，出按秦地邊事，還爲都給事中，遷光禄少卿，大理寺少卿，南京都察院右僉都御史協掌院事兼督江防，遷右副都御史。卒於官，享年五十九歲。明陸粲爲其撰祭文。

此鈔本不分卷,詩作内容以游覽、酬唱、題贈爲主,是典型的官宦詩人詩集。詩作謹正工整,間有辭采。如《楞伽山玩月》:"千峰吐華月,江海光騰射。茫茫俯仰間,修短隨萬化。"又其記官員往來行迹,可資人物與事件的考證。

本書卷末有題識曰"庚寅九月廿六日海上所收,黄裳珍藏",加之"黄裳藏本""黄裳珍藏善本""黄裳容氏珍藏圖籍"諸印,可知此本曾在黄裳處。又卷端并卷末鈐印,尚有"履約""吴郡趙頤光家文藝""大中丞印""汪士鐘藏""草亭藏""郇國之裔"等印。可知此本曾經明趙頤光、清汪士鐘等藏家收藏。

《石湖集》未經刊刻,祇此鈔本傳世,彌足珍貴。(杜萌)

穀原詩集八卷

明蘇祐撰。明刻本。四册。半葉十行、行二十字。白口,四周雙邊。

蘇祐,生卒年不詳,字允吉,一字舜澤,號穀原,山東濮州人。明嘉靖五年(1526)進士。除吴縣知縣,改束鹿,入爲監察御史;出爲江西提學副使、山西參政、大理少卿,後以僉都御史巡撫保定;進副都御史,改撫山西;徵拜刑部侍郎,尋以兵部左侍郎總督宣大,進兵部尚書;削籍,尋又復官。詩宗李攀龍,不肯作唐以後格,無新意;又多邊塞詩,然爲錢謙益評爲"粗豪伉浪",文亦有"詞多駢麗,規仿《文選》,而真氣不足以充之,在七子派中又爲旁支"之評。著有《穀原詩集》《穀原文草》《逌旃瑣語》等。生平事迹見《國朝獻徵録》卷五十七。

《四庫全書總目提要·別集類存目》著録蘇祐撰《穀原文草》四卷、《穀原集》十卷,前者爲文集、後者爲詩集。本書名爲八卷,然卷三、卷四分上下,實爲十卷,與《四庫全書總目提要》所著録相合。全書四册,第一册爲卷一至二,第二册爲卷三上下,第三册爲卷四上下,第四册爲卷五至八。以詩體編次,卷一爲樂府二十二首,卷二爲四言九首、古詩九十七首,卷三爲五言律詩二百八十二首,卷四爲七言律詩二百八十一首,卷五爲五言排律二十四首,卷六爲歌行四十一首,卷七爲五言絶句五十八首,卷八爲七言絶句一百零七首,凡九百二十一首,但卷八中《黄花嶺二首》其二有目無篇,蓋編輯疏漏,實得九百二十首。其中末篇《集唐句送表侄吴生鸜自

塞下還郡》一組八首爲集唐人詩句而成,非出自撰。（謝非）

龍川駢語不分卷

明孟思撰。明紫芝堂鈔本。二册。半葉八行,行十六字,藍格。白口,四周單邊。

孟思,生卒年不詳,河南濟縣人,明嘉靖時人。

本書前有羅振常序兩段,末有羅振常跋。全書不分卷,爲孟思詩詞集。

羅振常在序中寫到《龍川駢語》頗似南宋人劉龍洲之文,故初以爲宋人別集。後得知作者乃明嘉靖時人孟思,爲“豫之河北人,屢試不第,隱於下僚”。此集未見刻本,“亦未見全帙,則此《駢語》二册殆成孤本矣”。跋中記載該書兩册爲羅振常祖父購於濟南故書肆,因不知作者名氏而弃置十餘年,後得知爲孟思所撰,查詢後得知北京東方天地研究所書目中有孟思《龍川集》刊本,并希望他日可以借來校訂。

此書序後有羅振常“常”字鈐印,開篇有“羅振玉”“振常之印”鈐印。

此書曾得羅振玉、羅振常收藏,現藏國家圖書館。（宋玥）

環溪漫集八卷

明沈愷撰。明嘉靖刻本。八册。半葉九行,行十七字。白口,四周雙邊。

沈愷,生卒年不詳,字舜臣,號鳳峰,華亭（今屬上海）人。明嘉靖八年（1529）進士。授刑部主事,歷員外郎中,出爲寧波知府,歷湖廣按察副使,進參政。愷深於吏治,政餘喜攻詩文,以事忤朝貴,遂乞歸居家,杜門著書。隆慶初起太僕卿,不赴。所著《守株子論》,人多誦法之。另著有《夜燈管測》二卷。亦善書,仿張顛,有龍蛇飛動之勢。

卷首有徐階《鳳峰子雜集序》,署“嘉靖歲己亥孟秋之吉賜進士及第中憲大夫太子洗馬兼翰林侍讀經筵講官少湖徐階書”。徐階,字子升,華亭人。嘉靖癸未（二年,1523）廷對第三人,授編修,進禮部尚書,兼文淵閣大學士,卒贈太師,謚“文貞”。著有《世經堂集》《少湖文集》等。次唐龍《鳳峰子守明續紀序》,署“嘉靖壬寅季春初吉賜進士第資德大夫正治上卿太子少保刑部尚書蘭溪漁石唐龍撰”。唐龍，字虞佐，蘭溪人。明正德戊辰（1508）進士。歷官太子太保、吏部尚書，卒謚“文襄”。有《漁石集》等。復次《鳳峰子詩稿序》，署“嘉靖壬寅仲夏之吉翰林院待詔長洲文徵明著”，後有陰文木記“文徵明印”，陽文木記“徵仲”。文徵明，初名壁，字徵仲，避祖諱以字行，號衡山，長洲（今江蘇吳縣）人。官翰林待詔。按其三序題名皆不同，疑今名爲後來所追改，或又佚其詩集。卷端題“環溪漫集”，署“雲間沈愷著”。版心題“環溪集”。

據焦竑《國史經籍志》、《明史》皆著録《環溪集》二十六卷，則此集非其全，凡八卷，皆愷所著雜文。卷一記，卷二序，卷三傳，卷四雜著，卷五書，卷六雜文，卷七論，卷八碑銘。

《澹生堂藏書目》《傳是樓書目》著録此本。《四庫全書總目提要》評沈愷：“文章頗尚古雅，不肯作秦漢以下語，而模仿太甚，遂與北地同歸。”又朱彝尊《明詩綜》集諸家評語：“徐伯臣云‘鳳峰長於律’，皇甫子循云‘環溪閎眇之製，湛思以宣，綺麗之詞，緣情而得茵鼎之貴，不能奪蓴鱸之思，熊軾之華，無以輓扁舟之興，不既深於詩乎’，穆敬甫云‘沈詩肉骨勻稱，條達不滯’，李時遠云‘舜臣詞翰瀟灑，有出塵之致’。”

此本鈐印“蕉林藏書”“觀其大略”，知舊爲清梁清標藏。（顏彦）

中麓山人拙對二卷續對一卷

明李開先撰。明嘉靖刻本。四册。半葉九行，行十八字。黑口，四周雙邊。

李開先（1502—1568），字伯華，號中麓，山東章丘人。嘉靖戊子（七年，1528）鄉試第二，次年成進士。授户部主事，尋調吏部，又擢太常少卿，因得罪權貴而罷歸。自幼善屬文讀書，一見成誦，又知聲律吟咏之學。積書好客，豪宕不羈，著作甚富，撰有《閑居集》十二卷以及雜集二十一種等。《明史》卷二百八十七有傳。

《中麓山人拙對》見於《天一閣書目》著録爲兩卷本，當不包括《續對》一卷。所謂“對”即屬對，也就是俗稱的對對子，而稱以“拙對”乃出自李開先的謙稱。

　　書中有陳德安跋,即云:"對以拙名,非眞拙也,乃自謙也。"該書三卷的内容,即收錄李開先所撰屬對。編撰此書的緣由,首先是李開先重視屬對,并不視爲雕蟲小技。據卷首嘉靖壬子(三十一年,1552)李開先《中麓山人拙對序文》云:"屬對在文事中爲末技,然童而習之,至白首有不能得其肯綮者,此與詩聯夐别。祇宜嚴而切,簡而明,雖若出自信口,字句渾然天成,無雕琢之迹,有金石之聲。是則可傳,傳而可遠,不當以末技目之矣。"書中所收的屬對,皆作於李開先罷官歸故里之後,序稱:"余自罷太常歸舊里……遍設對扁以見志,林泉花鳥耕稼之外無他辭。"李思禄跋則稱:"起自嘉靖癸卯,止於癸丑,得對共一千聯。"李開先遂"總成小集",且"分爲兩卷,名以《中麓山人拙對》"。此兩卷的刊刻,李思禄跋稱:"予嘗就而録之,歸藏篋笥,恐久而散逸,因謀諸梓以廣其傳。"後又有《續對》一卷,該卷的編撰,李開先嘉靖己未(三十八年,1559)《中麓山人續對序》稱:"予囊有對千餘聯,誤爲世所珍尚,刻行久矣,乃後求者不已,散作亦時或有之,比之前刻又得三之一……名以《續對》,遂亦刻之。"此《續對》一卷與《拙對》兩卷合訂,嘉靖刻風,頗具文獻實用價值。

　　書中鈐"言言齋善本圖書""曾留吴興周氏言言齋"兩印,周越然舊藏。(劉明)

王椒園先生集四卷

　　明王納言撰。明萬曆三十九年(1611)王鳳徵刻本。四册。半葉九行,行十八字。白口,四周單邊,

　　王納言(1494—1567),字惟允,因築玉洞椒仙别業自號椒園,河南信陽人。明嘉靖八年(1529)進士。授户科給事中,因忤旨繫獄遭貶,後任嘉興府通判、山東僉事、陝西僉事等職。納言爲學沉鬱爾雅,晚歲頗自適,吟詩作賦,有閑情逸致,以朝陽鳴鳳翱翔吴、楚、魯、秦間,從容林下二十餘年,與一時名流勝韻笑傲於賢山澗水之間。觀其詩文,風神高邁,冲夷平淡,無凡夫俗子寒酸語,有屈平之志而無其怨。納言生前纂有《[隆慶]豐潤縣志》十三卷,身後其孫鳳徵輯刻《王椒園先生集》四卷。

是集卷一收五言古詩《滇南篇贈胡在軒觀察》等二十首,七言古詩《關西行贈張蔓亭年兄之陝臬》等五首;卷二收五言排律《和薛應登年兄鵠山紀事贈陳子晋年兄》等六首,五言律詩《九日瑣垣宴集》等九十八首,七言律詩《五日有感》等五十二首;卷三收七言律詩《壽陽南澗太夫人八帙》等一百零四首,五言絕句《春晝》等十首,六言絕句《於役江上》等四首,七言絕句《同薛應登登黃鶴樓》等二十首,雜著《西風匹馬辭》《南康太守歌》二篇;卷四收疏《奏黃冠异流濫叨清秩疏》一篇,書《與袁永之年兄》等十一篇,記《新蔡縣遷建廟學記》二篇,序《汝南佳會詩序》三篇,詞《贈潘直原先生榮升江西潘伯帳詞》一篇,祭文《祭春卿劉先生文》等五篇。全集共收王納言詩文等共計三百四十四篇。

首冊有朱一馮撰《王椒園先生集序》。朱一馮(1572—1646),字非二、明京,號澹叟,江蘇泰興人。爲政福建,掌福建軍政事務,有《自訂詩文集》三十卷、《福寧定亂紀事》二卷、《符離彌變紀事》一卷存世。第四冊末有何洛文撰《明奉政大夫陝西提刑按察司僉事前户科給事中王公墓志銘》。何洛文(1534—1602),字啓圖,河南信陽人。嘉靖四十四年(1565)進士。纍官至禮部左侍郎兼翰林院學士。著《震川集》等。又有黃文煥撰《王椒園先生集後序》。黃文煥(1585—1641),字幼明,號十數,河南信陽人,明末文學家。幼學好文,顔有天分,爲詩藻艷,不乏氣勢,有《公車紀行》《問娥篇》《回月樓集》《閑語》等著作存世。最末爲王納言孫王鳳徵識語,言及是集編纂,云:"(鳳徵)不憚焦勞,手自鈔録,就正於二、三宗匠,祈求於當代名儒,選校既精,剞劂乃付。長篇短律,燦八音以齊鳴;古作新聲,繪五色而焕彩。"足可慰納言在天之靈。(宋凱)

皇甫司勛慶曆稿二十一卷

明皇甫汸撰。明萬曆刻本。四冊。半葉十行,行十九字。白口,左右雙邊。

皇甫汸(1497—1582),字子循,號百泉、百泉子,齋名浩歌亭,長洲(今江蘇蘇州)人。汸與皇甫冲、皇甫涍、皇甫濂三兄弟并以詞筆顯名江右,人稱"皇甫四杰",而汸尤卓著。明嘉靖八年(1529)進士。歷工部郎中,謫黃州推官,召爲南京吏部郎中，又謫開州同知，量移處州府同知，升雲南按察僉事。著有《長洲藝文志》二十四卷、《百泉子緒論》《解頤新語》。輯有《玉涵堂詩選》《忠義拾遺》《白洛原遺稿》等。《明史》卷二百八十七有傳。

卷首有王世貞《皇甫司勛慶曆詩集序》，署“嘉議大夫都察院右副都御史束京大理太僕寺卿琅琊王世貞撰，後學陸士謙書”。王世貞，字元美，號鳳洲，又號弇州山人，太倉人。明嘉靖丁未（二十六年，1547）進士。纍官至南京刑部尚書，卒贈太子少保，有《弇州四部稿》。卷端題“皇甫司勛慶曆稿”，署“吳郡皇甫汸子循撰”。

是集凡二十一卷，爲皇甫汸隆慶萬曆間所作詩，時皇甫汸年已六十餘。集中賦五首，五言古詩十一首，樂府十一首，歌行三十八首，五言律詩二百五十五首，五言排律十九首，七言律詩一百三十七首，七言絕句八十五首。内容包括贈答、題咏、悼亡、游記、咏物等。

明沈德潛《明詩別裁集》評皇甫汸：“子循古體出入二謝，五言律亦在錢劉之間。”王世貞《弇州史料》評：“子循五言律最工，七言次之，有錢劉風調。”胡應麟《詩藪》評：“皇甫子循以六朝語入中唐調，而清空無迹。”清朱彝尊《静志居詩話》評：“百泉清音藻思，五言整於小謝，五律隽於中唐，清真朗潤，妙絕時人。”

《傳是樓書目》著錄此本，今藏國家圖書館。（顏彦）

聽真稿二卷

明陸奎章撰。明嘉靖刻本。一册。半葉十行，行十八字。白口，四周單邊。

陸奎章，生卒年不詳，字子翰，自號孤陳山人，又號束坤，約明世宗嘉靖中前後在世，直隸常州府武進縣（今屬江蘇）人。嘉靖戊子（七年，1528）科舉人。官至浙江武康縣知縣。著《香奩四友傳》，仿韓愈《毛穎傳》而作。

《聽真稿》爲陸奎章所撰，卷首爲《聽真稿序》及《聽真稿引》，爲作者自序，説明《聽真稿》的創作意圖和成書經過。書稿分爲上、下兩卷，各爲六十五篇，其内容皆有感於歷代名人的生平事迹，爲其單獨立傳。所載人物或爲周武王、漢文帝等一代君侯，或爲比干、韓信、孔明等名人志士，既有孟子、李斯、陶淵明等文人將相，亦有漂母、王昭君、張麗華等巾幗女性，内容豐富，寓意深遠。每篇詩文均爲七言絶句，内容直指朝政，縱論時局，針砭時弊。卷尾爲“前雲南按察司僉事同邑周塤”和“司寇事治下李儒頓”所書《聽真稿叙》及《叙聽真稿後》，道明此集的意義所在，并表達了對陸奎章及《聽真稿》的贊許與推重。《聽真稿》主要引用中國古代名人來寓意，希望通過傳主的事例來影響世人，授以人們處世之道。（謝德智）

洞庭漁人續集十六卷

明孫宜撰。明萬曆三十年（1602）孫斯傳刻本。四册。半葉十行，行二十字。白口，四周單邊。

孫宜（1507—1556），字仲可，一字仲子，湖南華容人。其父繼芳，仕提學副使，師事何景明，以景明故得盡交海内諸公。明嘉靖七年（1528）舉於鄉，後數試不第，然詩文日工。家在洞庭湖上，自稱洞庭漁人。人呼之進士不應，呼漁人則應之。年五十卒。所著《洞庭漁人集》前後六十九卷，《邇言》十七篇，已傳。據傳，又有《兩都集》十卷、《洞玄志》三卷、《宋元史論》二卷、《明初略》二卷、《岳州志》三十卷以及所輯《孫氏日鈔》六十二卷、《王氏易》七卷、《天文書》八十二卷、《國朝事迹》百二十卷、《求言録》十五卷。顧起綸謂其詩“新聲奇調，在李唐二孟之間”。王世貞謂其得力於杜，又贊曰“奇逸飛動，龍虬鬱盤”。喬世寧則贊其詩文“有離騷史漢之遺風”。

孫宜生前手自校訂有《洞庭漁人集》五十三卷，《洞庭漁人續集》爲其子斯傳在其過世之後，整理遺稿所刻之續本。此本含宜所作詩文共計十六卷，其中古樂府暨諸古風詩四卷，五七言律、排律、絶句七卷，傳、志、碑、序、書、啓、雜文等五卷。卷前有萬曆二十四年（1596）鄒觀光序。又王世貞所作《洞庭漁人傳》，述其生平。卷末有萬曆三十年（1602）其子孫斯傳跋，述成書經過。（安延霞）

碕堂摘稿十六卷

明許應元撰。明嘉靖四十年（1561）李金、黄中等刻本。八册。半葉九行，行十八字。白口，四周單邊。

　　許應元(1506—1565)，字子春，號茗山，又號陶堂、漪堂，浙江錢塘人。生而絶敏，十五爲博士弟子，二十而舉於鄉，嘉靖八年（1529）赴試春官，嘉靖十一年(1532)進士。以剛介忤執政，出知泰安州。廉白自持，苞苴斷絶。復調泰州，除泰安知州，擢工部都水員外郎。凡典二州，卓有執守，不爲豪右所撓。嘉靖二十三年(1544)遷夔州府知府。廉靖平恕，輯和民夷，興學勸士，暇則吊三閭大夫、杜工部遺迹，彬彬雅咏，稱儒吏焉。嘉靖二十八年（1549）擢四川按察副使，久之遷四川按察司副使，後調爲廣西副使兼撫夷。嘉靖三十四年（1555）遷遼東苑馬寺卿，明年轉爲雲南布政司參政，未上而奔太宜人之喪。嘉靖三十八年（1559）起補福建，嘉靖四十一年(1562)爲雲南按察使，明年徙廣西右布政使。嘉靖四十四年（1565）卒於官，時年六十。許應元天性孝友，曲承親志，振人困急，處弟友愛備至，周窮樂施，傾貲爲義，篤厚君子也。著有《許水部稿》三卷，乃應元官夔州知府時所自刊，皆官郎署時所作，凡詩一卷、文二卷，四庫存目。另有《春秋内傳》《列國語》《史記鈔》《漢語》若干卷，今不存。

　　此書卷首有嘉靖四十年（1561）游震得所作《陶堂摘稿序》。卷一至四收録各體詩歌，卷五至七收序二十七篇，卷八收記、説、題跋共八篇，卷九收祭文哀詞共十五篇，卷十至十二收墓志銘十八篇，卷十三收傳三篇、墓表三篇，卷十四收行狀兩篇、系略一篇、述一篇，卷十五至十六收書、啓四十篇。應元工詩文，李開先贊其爲"盛唐雅調"。明王兆雲《皇明詞林人物考》稱"《陶堂集》文大有秦漢人規格，詩有唐人風致，蓋亦藝林不多得者"，清陳田《明詩紀事》稱其"五律亦流動自然"，清丁丙《善本書室藏書志》引皇甫子循語，稱其"短律淒清，長歌瓌壯"。

　　此書首葉鈐"完翁所藏善本"印，卷端鈐"伯繩秘笈""虛靜齋"二印，當曾爲清末民國初藏書家孫祖同所藏。（王俊雙）

寒村集四卷

明蘇志皋撰。明嘉靖三十六年（1557）許應元刻本。四册。半葉十一行，行二十一字。白口,四周單邊。

蘇志皋(1497—1569),字德明,號寒村,又號岷峨山人,順天府固安(今河北)人,父蘇子良。明代著名邊塞詩人。嘉靖十一年(1532)進士。授湖廣瀏陽知縣,調任江西進賢縣。歷官刑部主事、陝西左參政、山西按察使等,官至都察院右副都御史、遼東巡撫。曾在宣府、陝西等邊關之地任職,處理邊關軍務。郭秉聰與其“同鄉,且仕同朝”,撰其詳細生平於《明通議大夫都察院右副都御史食從二品俸致仕寒村蘇公暨配恭人溫氏合葬墓志銘》。清末陳田《明詩紀事·戊籤》卷十八錄其詩四首,按曰:“《寒村詩》,風調自佳,北平詩人,品在頓鷗汀(頓銳)之次。”著有《寒村集》四卷,詩文集。另著有《譯語》,搜集北方山川地理及蒙古各部落情況而成的專題史料。巡撫遼東時刻印吳禄輯《食品集》二卷。

此《寒村集》前有張珩序,序云:“公才兼文武,操擬冰霜,且歷任以來,隨其所在,政教罩敷……政暇,於是搜羅舊作,間以新製,歌咏太平之中,復寓安不忘危之戒,非縱明者。是故乘時感興,緣物應酬,發於性情,止乎禮義,尤有不能自已者焉。”介紹蘇志皋詩作才情富麗,但因心繫百姓政務而有所克制。書後有嘉靖丁巳(1557)秋汪來序,序云:“公弱冠能詩文,文皆類秦漢,不作秀才語,詩祖風騷,宗漢魏,尤長於賦,賦《紀行》等篇,可等《長楊》《上林》諸作。詩二卷,文二卷,《巡撫奏議》十八卷,《譯語》《畫跋》《恒言》各一卷,餘皆藏之篋中,獨斯集得傳刻,因得於少司馬家。”記録了蘇志皋其他著作,惜已佚。

全書四卷,卷一為賦、五言古詩、五言絕句、五言律詩、七言古詩,卷二為七言絕句、七言律詩、詩餘,卷三為序、記,卷四為墓志銘、解、説、跋、駁、拾遺。卷前題“固安寒村蘇志皋德明存稿”。卷末為郭秉聰所撰《墓志銘》。

鈐“上第二子”“寒雲秘笈珍藏之印”“長洲章氏所藏”“曾藏周亮工家”等印。據鈐印可知此本曾為袁克文、章珏、周亮工等所藏。(郭静)

錢海石先生詩集七卷

明錢薇撰。清范希仁鈔本。二册。半葉十行,行二十字,無格。

　　錢薇（1502—1554），字懋垣，號海石，浙江海鹽人。明嘉靖十一年（1532）進士。由行人擢禮科給事中，進右給事中。上疏彈劾郭勛違法七事，極言主德之失，帝懷恨。後又疏諫南巡，被奪俸。歸鄉里與晚進講學，足迹不及公府。曾請兵備倭患，鄉人懷德。隆慶初，追贈太常少卿。著有《承啓堂集》（又名《海石先生集》）。生平事迹見《明史》卷二百八、《國朝獻徵録》卷八十。

　　《四庫全書總目提要・別集類存目》著録錢薇《承啓堂稿》二十九卷“凡詩七卷、文二十卷、附録志銘行狀墓表傳誄一卷、末一卷……”，則本書爲《承啓堂集》之詩集部分。錢氏詩文集爲其門人、刑科右給事嚴從簡所編。本書鈔者范希仁，清初海鹽人，爲錢氏同鄉後學。全書楷書工整鈔録，卷六首葉漏鈔卷數。卷首錢氏婿許聞造序、作者畫像，應爲鈔摹原本。序末行草錢氏小傳數行，畫像後明末清初樊維城、張履祥題跋應爲此本所獨有。全書分上下册，上册卷一至四，下册卷五至七，以詩體編次，卷一五言古詩七十八首附四言八句四首，卷二七言古詩五十一首、七言聯句三首，卷三五言律詩一百一十五首，卷四五律詩五十四首、五言排律三十三首，卷五至六七言律詩二百二十七首，卷七五言絶句四十二首、六言絶句二十二首、七言絶句一百一十六首，凡七百四十五首。兩册卷首均鈐“椒園”“沈廷芳印”。（謝非）

徐徐集一卷家乘一卷

　　明王梴撰。明嘉靖刻本。半葉八行，行十八字。白口，左右雙邊。

　　王梴，字子長，象山（今浙江寧波）人。賦性明敏，博覽群書。嘉靖辛卯（十年，1531）領鄉試，嘉靖壬辰（十一年，1532）進士。授中書舍人，擢兵科給事中，改工部員外，進郎中，又升江西參議，轉山東副使，又遷湖廣參政，被劾免官。撰有《涉江集》《疏議稿》《同野遺稿》等，生平事迹參《［雍正］浙江通志》卷一百六十八。

　　此書見於《千頃堂書目》《天一閣書目》著録。《徐徐集》包括詩和文兩部分，所收詩篇有《行碭山二首》《修護城隄植柳其上》《九里山》《戲馬臺》《雲龍山》《子房山》《明妃曲》《梅花落》《歲正三日梅宛溪地官約馮補齋冬官暨予登桓山二首》《登沛城二首》《上元夕長淮阻風二首》《是夕懷書厓》《哭張文東》《豐縣登華山》《石窟》《華山書院示諸生》《沛縣示諸生》《東書院示諸生》和《再示諸生》,共計十九篇。文篇則有《與同軒賦》《皆見亭説》《城沛縣記》《徐州弘濟橋記》《新建彭東書院記》《華山書院記》《祭陣亡王鎮撫文》《叙徐州志》,共計八篇。《家乘》一卷,包括《皇明賜進士文林郎廣西道監察御史先君毅齋先生墓志銘》《明故廣西道監察御史贈奉政大夫毅齋王公墓碑銘》《明故監察御史毅齋王公墓表》《王御史毅齋先生誄一首》,共計四篇。其詩文的風格,《[嘉靖]寧波府志》卷三十一小傳評云:"閎肆豪邁,下筆滾滾不窮,頃刻可就……素善古詩文,晚更精詣,有漢唐風格。"

書中鈐"真州吴氏有福讀書堂藏書""張印壽鏞""四明張氏約園藏書印""羅氏藏書""羅振常讀書記""四明沈氏雙泉草堂珍賞印"諸印,經吴引孫、沈德壽、張壽鏞、羅振常所藏,且有羅振常題跋一則。根據《中國古籍善本書目》著録,國内僅藏有此部,極具版本及文獻價值。(劉明)

程右丞稿八卷

明程珤撰。明萬曆十九年(1591)程紹刻本。四册。半葉九行,行十八字。白口,四周單邊。

程珤,字子彬,號静泉,山東德州人。明嘉靖十一年(1532)中進士。授懷慶府推官。程珤廉介明決,案無留牘,任滿遷兵部武庫司主事,升尚寶寺卿,後因守正不阿,左遷户部主事,歷官四川、陝西、浙江、廣東參議副使,陝西按察使,江西右布政使。辭官歸家後築"静軒",讀書寫詩。其後代程紹、程泰均有詩文傳世。

《程右丞稿》爲程珤所著詩集,由林雲程選,程紹刻印而成。詩集封面題"程右丞稿",下有鈐"北峯草堂"印。後爲温陵後學林雲程撰《程右丞□文集序》和汝南張九一撰《程右丞稿序》。詩集分八卷,卷一爲五言古詩、七言古詩,卷二爲五言律詩,卷三爲五言排律,卷四爲七言律詩、七言排律,五言絕句,七言絕句,卷五爲序,卷六爲記、論,卷七爲傳、賦、評,卷八爲志銘、祭文。張九一評程珤詩"所爲近體本之才情,傳以色澤,渢渢洋洋,復見正始之音",田同之評程珤云"詩協唐音,尤工五

律"。《山左明詩鈔》和《明詩紀事》均收錄了程珤所著詩文。（成二麗）

武林稿一卷容臺稿一卷二臺稿一卷省中稿四卷

明許穀撰。明嘉靖刻本。六册。半葉九行，行十八字，白口，左右雙邊。

許穀（1504—1586），字仲貽，號石城，上元（今江蘇南京）人。嘉靖乙未（十四年，1535）進士。除户部主事，歷吏禮二部，遷南太常少卿，升南尚寶卿。罷歸，以詩文名，三十年不入官府。朱彝尊《静志居詩話》言"石城詩頗近大曆十子"，《四庫全書總目提要》亦稱其"詩格頗爽俊，當其合處時，得古人之意"。有《二臺稿》《省中稿》《歸田稿》等。

此本爲明嘉靖刻本。其中《武林稿》成於嘉靖二十六年（1547），爲其門人黄希憲所刻，收錄許穀謫兩浙都轉運鹽副使期間的詩作與雜著；《容臺稿》一卷，为詩稿；《二臺稿》一卷，爲文稿，前有嘉靖三十年（1551）許穀自撰《二臺稿序》；《省中稿》成於嘉靖四十二年（1563），前有康大和、黄國卿序，爲詩集四卷。國家圖書館館另藏有許太常《歸田稿》十卷，明萬曆十五年（1587）卓明卿刻本。

《省中稿》卷端鈐"貴陽趙氏壽華軒"印。（馬琳）

嘉南集二卷

明舒繢撰。明嘉靖刻本。一册。半葉十行，行十八字。白口，四周單邊。

舒繢，生卒年不詳，字振伯，號東崗，又號黎州山人，餘姚人。嘉靖二十九年（1550）前後在世。嘉靖十四年（1535）進士。官王府長史。著有《黎洲野承》《嘉南集》等。

卷前有舒繢自叙，言此集爲自己於長沙告歸舟中檢得舊作而成，嘉南之名取自屈原《遠游》篇中"嘉南州之德兮，麗桂樹之冬榮"之意。共收錄詩作九十首，多爲五七言律詩，有杜詩風韵。其中《關山雜咏》《秋日雜興》《重過關山》等詩抒發羈旅宦游的無奈之情，沉鬱頓挫。

卷端鈐"雲輪閣""繆荃孫藏"印，可知此集曾藏繆荃孫處。（馬琳）

周子弼集不分卷

明周天佐撰。明鈔本。一册。

周天佐(1511—1541),字子弼,號磧山,福建晋江人。明嘉靖十四年(1535)進士。授户部主事。性剛貞,以忠諫而死,年甫三十一,贈光禄少卿,謚"忠愍"。有《周忠愍先生文集》傳世,《明史》有傳。

首有劉明陽跋三篇及補鈔"明周忠愍集目",目録署"劉明陽編",後題"戊寅四十六歲初度日草記"一行,跋及目録皆寫於朱絲欄上。劉明陽(1892—1959),字静遠,天津人。律師。喜藏書,藏書處名"研理樓"。

此集爲明藍格鈔本,不分卷,所收之詩文諸體兼備,包括詩一百二首、詞一首、歌四首、賦一篇、奏疏三篇、叙頌七篇、祭文一篇。正文有朱筆眉批。

周天佐以忠正直諫而名,其上疏救楊爵獲罪而死,多見於史料記載,然其生平行藏却記述不多。天佐爲官雖年不長,仕不永,然仕宦南北,或舟行,或夜宿,或曉發,歷苦熱、秋雨、殘雪,集中所録詩文正是其爲官經歷及心態的忠實記録和真實寫照,有補史之缺的文獻價值。另外,其與林希元、劉存德、梁材、閔如霖等人之間送別、酬贈之詩作體現出周天佐與友人之間的真切情誼及共同志趣,而且也從一個側面反映出嘉靖一朝的仕宦生存境況。周天佐關心民間疾苦,《咏蝗》《過田家》《池上桑》《種黍歌》等詩詞描寫了布衣百姓躬耕之艱辛,不僅要飽受自然灾害之苦,還要忍受公府徵租公吏的呵斥。有明一代,邊禍不斷,《過邊民徙鎮城作》《征婦吟》《三邊捷》等詩道出了戍邊將士之勞苦以及親人之閨怨之情,可見其憂時憂治之情懷。

明嘉靖二十年(1541)周學曾刻有《周忠愍先生文集》,然其卷次與此鈔本不相合,又《千頃堂書目》著録有《磧山遺稿》十卷,《傳是樓書目》著録《周磧山遺稿》十卷,故劉楊明在跋中推論"抑此本即爲《磧山遺稿》"。

此本鈐"劉陽明王静宜夫婦讀書之印""研理樓劉氏倭劫餘藏""明陽藏書"等印,知舊爲劉陽明所藏。(顔彦)

間存集八卷

明靳學顏撰。明刻本。四册。半葉九行，行十六字。白口，左右雙邊。

靳學顏（1514—1571），字子愚，號兩城，山東濟寧人。明嘉靖十三年（1534）山東鄉試解元，次年中進士。《［道光］濟寧直隸州志》引李壯撰傳謂其："七歲能文，及長詣師授句讀，日記數千言，率能口誦，尤嗜《左》《國》子史諸書。"《明史》本傳載其仕履，曰："授南陽推官，以廉平稱。歷吉安知府，治行高，驟遷左布政使。隆慶初入爲太僕卿，改光禄，旋拜右副都御史，巡撫山西。應詔陳理財，凡萬餘言，言選兵、鑄錢、積穀最切……尋召爲工部右侍郎，改吏部，進左侍郎。學顏內行修潔，見高拱以首輔掌銓專恣甚，遂謝病歸。"著有《兩城集》二十卷及《荒稿》《園志》等。

此書以體裁分類：卷一詩類，卷二樂府類，卷三至五五言類，卷六至七七言類，卷八文類。所收詩文均見於《兩城集》，編次順序亦相同，兩書卷次對應關係爲：此書卷一，當《兩城集》卷二"四言詩（附謡）"；卷二，當《兩城集》卷三"樂府"；卷三、卷四，當《兩城集》卷四、卷五"五言古詩"；卷五，當《兩城集》卷六"五言古詩"；卷六，當《兩城集》卷七"七言古詩"；卷七，當《兩城集》卷十"七言律詩"；卷八，當《兩城集》卷十四"序文"。《兩城集》部分卷次收詩文較本書相應卷次多若干首。《兩城集》明萬曆十七年（1589）始由靳學顏之子靳需付梓，而此書編者毛愷早在二十年前作古，故此書之編定早於《兩城集》無疑，《兩城集》或即以此書爲基礎增補而成。

此本前後無序跋。各卷卷端題"東魯兩城靳學顏著""古越介川毛愷編次""豫章應洲李天榮校正"。毛愷（1506—1570），字達和，號介川，浙江江山人。嘉靖十四年（1535）進士。與靳學顏有同年之誼，歷任瑞州、寧國、萊州知府，山東按察副使，山西布政使司右參政，河南按察使，河南右布政使，南京禮吏二部尚書，官至刑部尚書。著有《介川文集》十卷、《介川奏議》八卷。校者李天榮，江西南昌人。嘉靖二十六年（1547）進士。曾任南陽知府，官至河南副使。刊刻過陳宗虞《江門別言》一卷。

《四庫全書總目提要》將靳學顏《兩城集》列入《集部》存目,提要謂:"其詩格律清整,而蹊徑尚存,不脫歷下流派,文則偶然揮灑而已。"朱彝尊《明詩綜》選録靳學顏詩二首,謂:"子愚詩宗初唐,雄渾老健,卓然成家。"陳田《明詩紀事》録其詩五首,謂其:"頗擅才華,集中有《七諷》《解嘲》等篇,類以作者自命。詩則古體摹襲前人,時有佳篇,近體率意頹唐。"(劉波)

海上老人別集二卷

明喻時撰。明嘉靖四十五年(1566)安希堯刻本。半葉八行,行二十字。白口,四周單邊。

喻時(1506—1571),字中甫,號吴皋,別號海上老人,江西豐城人,祖籍河南光州(今潢川)。嘉靖十七年(1538)戊戌科進士。授吴江知縣。政清民和,擢御史,歷官應天府府丞,改南京太僕寺卿。遷右僉都御史,巡撫福建,又改南京右僉都御史,提督操江。進右副都御史,總督漕運和陝西三邊軍務。入京,任兵部右侍郎,改南京兵部、户部侍郎(見《[順治]光州志》)。

喻時務實精明,治國有獨到見解并躬行實踐。在吴江令任上修繕學校,懲凶扶正,治行卓越。王世貞《弇州山人續稿》有《喻吴皋先生集選序》一篇,言:"當嘉靖隆慶間,有博大劌亮鉅公若光州喻司馬吴皋者,其跋歷南北,禦圉安攘,所在著聲。"可見其軍政才能之卓著。喻時書法亦頗有建樹。《[乾隆]光州志》收其《大別山》詩及文《與豐城族人書》,另有《吴皋集》十二卷,《海上老人別集》二卷流傳於世。

卷端手録錢謙益《列朝詩集·丁集第二》所記喻時小傳一篇。卷首有無錫名士、四川按察司僉事安如山(子静)跋文一篇,指出安氏敬仰喻時之詩文,命其子安希堯將此別集刊行於世,因喻時別號海上老人,故名別集。書無目録,署"汝南喻時著"。書分二卷,卷一録七言律詩三百零三首,卷二録五言律詩九十七首、七言古風二十三首、五言古風五十六首、七言絶句九十一首、五言絶句(讀書鈔、偶興之作、雜録)多首及賦三首。七言律詩主題有訪古、游記、咏物、咏時節等,思緒幽古,頗舒展大氣,亦有感慨時政、抒發政治理想之作,如"死臣失事論功易,戰將平胡見賞難"

"白頭許國心猶壯，黃霧漫天氣未平"等句。五言律詩、七言古風、五言古風中有覽勝之作，亦有詞、曲、吟、紀等多種形式的作品。七言絕句有《憂倭詞》《平倭曲》《示諸將》等鏗鏘之作，亦有人物組詩若干。喻時詩文舒朗宏博，具古意，安如山評價其詩"格律宏雅，思出象外"。（戴季）

樂府一卷

明沈鍊撰。明鈔本。一冊。半葉九行，行二十至二十二字，藍格。白口，四周雙邊。

沈鍊（1507—1557），字純甫，號青霞，浙江會稽（今紹興）人。幼聰敏能文。明嘉靖十七年（1538）進士。歷任溧陽、茌平、清豐縣令。清廉愛民，政績卓著。但秉性純直，因事左遷爲錦衣衛。爲官期間，以"十罪疏"彈劾首輔嚴嵩，被處以杖刑，貶至保安州爲民。居保安，仍以詈罵嚴嵩父子爲樂。嘉靖三十六年（1557），嚴嵩子嚴世藩遣宣大總督楊順設計殺害沈鍊，并杖死其次子。明穆宗隆慶元年（1567），平反昭雪，追贈爲光禄少卿，謚號"忠湣"。著有《青霞集》等。

本書卷首有序言一篇，其後正文卷端題"樂府"，署名"會稽青霞山人沈鍊撰"。收詩作近四十首：《將進酒》《劉生》《出自薊北門行》《傷歌行》《賦得愛妾換馬》《射虎行》《古塞下曲（七首）》《江南曲（二首）》《塞下曲（四首）》《咏懷》《感懷》《賦邊詩》《送蕭道安赴雲中》《寄竹溪殿下》《送徐典史赴茌平》《謁楚王祠》《答陳鳴野社友》《答朱允中》《送任子入都城》《寄黃縣沈少尹》等。從中可瞭解沈鍊其時的生活和交游，也反映了嘉靖年間戰亂頻繁、政治黑暗、民不聊生的悲慘社會狀況，如《感懷》："割生獻首古來無，解道功成萬骨枯。白草黃沙風雨夜，冤魂多少覓頭顱。"

鈐"汪魚亭藏閱書""振綺堂兵燹後收藏書"等印。（孟曉紅）

馮光禄詩集十卷

明馮惟訥撰。四冊。明萬曆十四年（1586）馮琦、馮珣刻本。半葉九行，行十九字。白口，四周單邊，單魚尾。

馮惟訥(1513—1572),字汝言,別號少洲,山東青州臨朐人。明嘉靖戊戌(十七年,1538)進士。官江西左布政使,加光禄卿致仕。明隆慶五年(1571)告老歸家,天子特賜光禄寺卿,世稱"馮光禄"。馮惟訥爲官清正廉潔,頗有聲望和政績。《明通奉大夫光禄寺卿少洲馮公墓志銘》載曰:"仕宦三十餘年,圖書詩卷外無長物。"

《馮光禄詩集》十卷,卷八至十爲鈔配。共收四百餘首詩,按五言古詩、七言古詩、五言律詩(包括五言排律)、七言律詩、五言絶句、七言絶句的順序録出。内容有酬贈、送別、祝壽、悼挽、寫景、邊塞、題畫等。其中又以交友聚會、送別的内容居多,反映了詩人豐富的經歷和廣泛的社會交往。詩風可謂冲淡和平,正如魏允貞跋中所評:"先生非今人詩也。今人尚藻麗,先生守冲淡;今人尚矯健,先生守和平;今人尚虛玄,先生守沉實。"

書首有翰林院日講官于慎行的序,對馮氏詩歌造詣和風格給予了很高的評價。書末附有翰林院國史檢討余繼登所撰《明通奉大夫光禄寺卿少洲馮公墓志銘》以及門人魏允貞所作跋。

馮惟訥爲馮裕之子。馮裕爲官清正,曾遷貴州按察司副使。致仕後與摯友創建"海岱詩社",詩歌直抒胸臆、不事雕琢,開馮氏文學之先河。馮惟訥爲官廉潔,爲人正直,爲學勤奮,皆承父志。一生著述頗豐,有《詩紀》《漢魏六朝詩紀》《風雅廣逸》《選詩約注》《馮少洲集》《楚辭旁注》《文獻通考纂要》《唐音翼》《杜律删注》《陶詩輯評》《歐陽南野先生文集》《[嘉靖]青州府志》等,部分書目已佚。(彭文芳)

公餘漫稿五卷

明王崇古撰。明隆慶二年(1568)栗永禄、馮惟訥刻本。二册。半葉九行,行十八字。黑口,四周雙邊。

王崇古(1515—1588),字學甫,號鑒川,山西蒲州(今永濟)人。明代三朝邊陲重臣。明嘉靖三十四年(1555)任常州兵備副使,與俞大猷等大敗倭寇。四十三年

（1564）升右僉都御史，巡撫寧夏。隆慶初，總督陝西、寧夏、甘肅軍務。隆慶四年（1570），與蒙古俺答議和互市，自此明朝北部邊境休寧，史稱“隆慶和議”“俺答封貢”。萬曆年間，歷任刑部尚書、兵部尚書，《明史》稱其“身歷七鎮，勛著邊陲”。明萬曆十六年（1588）病故，贈太保，謚“襄毅”。著有《王襄毅公奏議》十五卷、《公餘漫稿》五卷、《王鑒川文集》四卷、《王督撫集》一卷、《莊浪漫記》《山堂彙稿》等。

是書爲王崇古詩集，共五卷，約一百九十首。按詩體類型分爲卷一五言古詩，卷二七言古詩，卷三五言律詩、五言排律，卷四七言律詩，卷五五言絶句、七言絶句。詩集創作於總督陝西任上，乃王崇古“草檄餘暇輯平生所著詩篇”，内容多爲唱和、紀行或憫時諷喻之作。《明詩選》載李舒章評崇古“司馬意氣閑整，殊有緩帶之風”，《静志居詩話》評其“詩格聳高橫槊，自喜然按之，不無儒響”。

書前有隆慶二年（1568）馮惟訥、孫應鰲序，書後有同年莫如忠後序。（朱默迪）

李駕部集二卷續編詩集一卷續編文集一卷青霞漫稿一卷

明李時行撰。清乾隆二十八年（1763）李文炳刻本。三册。半葉九行，行十七字。白口，左右雙邊或四周雙邊。

李時行（1514—1569），字少偕，廣東番禺人，《粵大記》作南海（今廣東佛山）人。嘗讀書於羅浮青霞谷，因號青霞。弱冠入邑庠，爲督學豫陽田汝成所欣賞。明嘉靖十九年（1540）舉於鄉，嘉靖二十年（1541）連登進士第。授浙江嘉興縣知縣，鉏豪猾鷙，悉治以法，升南車駕司主事。結方外之士，遍游吳越齊魯諸名山。歸杜門讀書，從湛甘泉、黃泰泉二先生游，築小雲林於西郊，匾曰“青霞洞天”。嘗與歐大任、梁有譽、黎民表、吳旦等結“南園詩社”，世稱後五先生。著有《駕部集》《青霞漫稿》《雲巢子》《天求子》《癯瘉子》等。

《李駕部集》全書分爲前集和後集兩部分。前集爲時行所作五言古詩、七言古詩、五言律詩等古今體詩及頌、書、論、對、文、説、序等各類文章。卷末附李義壯所撰《雲巢子集序》一篇。後集爲《李駕部續編詩集》和《李駕部續編文集》（版心仍題

"李駕部集"),分別爲時行所作古今體詩以及序、記、書、傳等各類文章。本書卷前有嘉靖四十年(1561)錢塘田汝成序,長洲文徵明序,隆慶六年(1572)南海龐尚鵬序,清乾隆二十八年(1763)車騰芳序。又青霞公遺像一幅及明隆慶五年(1571)倫以詵所撰《像贊》,明萬曆元年(1573)何子明撰《青霞李君先生誄詞》。據車序知,時行生平著述頗豐,然曰:"諸書今皆散失無存,比年以來族人訪求遺軼,僅得是集於城西,而簡篇錯落,已無完本,彙而輯之,得詩文各半,共爲三卷,凡若干篇。"文徵明評曰:"其文章法漢魏,古詩法顔謝,歌行法李杜,絕律則又取裁於沈宋王孟諸大家,咸超詣入品。"書中有墨筆批注。

《李駕部集》後附《青霞漫稿》一卷,含時行所作古今體詩三十三首。卷前有嘉靖二十一年(1542)文徵明序、乾隆二十八年(1763)李文炳序。文序贊其諸韵興寄高雅,鑄詞圓融,得作者之旨。（安延霞）

宛溪先生滄州摘稿□卷存二卷滄州近稿二卷無文漫草□□卷存十二卷

明梅守德撰。明隆慶刻萬曆遞修本。六册。半葉九行,行十八字。白口,左右雙邊,單魚尾。

梅守德(1510—1577),字純甫,安徽宣城人。明嘉靖二十年(1541)進士。授台州推官,入爲户部主事,改吏部給事中。後因忤嚴嵩而出爲紹興知府,遷山東副使,尋改督學。轉雲南參政,以母老不赴。歸建書院講學,世稱"宛溪先生"。守德執憲公平,文經武緯,吏服民懷。著有《宛溪先生滄州摘稿》《滄州續稿》《[嘉靖]徐州志》《宣風集》《古今家戒》《無文漫草》等。

《宛溪先生滄州摘稿》爲守德所作各體詩。卷前有明隆慶六年(1572)建業石城許穀序,言:"《滄州摘稿》者,蓋乃蒞滄州,端居静適,與詞人往來,商訂里(定)之後,俊袁子子鳴、沈子君典摘其稿之精粹者以傳。"卷一爲《台州稿》,卷二分爲《徐州稿》《諫垣稿》《越中稿》《東臯稿》《南行稿》等。守德過世後,其子鼎祚恐其遺稿散佚,代爲付梓,即爲《滄州近稿》,其内容亦爲守德所作各體詩。此本爲二卷全本,卷前有明萬曆六年(1578)同邑唐汝迪序。《無文漫草》爲殘本,存十二卷,卷三至十四。爲守德所作序、記、傳、行狀、墓志銘、祭文、書牘、奏疏、論、雜著等。以上三種書中均有朱筆圈點。

《中國古籍善本書目》著録,僅國家圖書館有藏。(安延霞)

緑槐堂稿二十二卷

明王交撰。明隆慶五年(1571)王益荃刻本。六册。半葉八行,行十七字。白口,四周單邊。

王交,生卒年不詳,字徵久,號龍田,又號同齋,慈溪人。明嘉靖二十年(1541)進士。選庶吉士,授邢科給事中,官至南京太僕寺丞。

此書共二十二卷,依次以"甲、乙、丙、丁、戊、己、庚、辛、壬、癸"十天干,"子、丑、寅、卯、辰、巳、午、未、申、酉、戌、亥"十二地支爲序命名,是古籍卷次命名中較有代表性的一類。書前有顏鯨的序文和王交小識。顏鯨贊其"詩文閎暢渾厚,有盛朝承平之風"。另,明後七子之一的吳國倫還曾撰《緑槐堂稿序》,在文章中表達了自己文學上受王交激賞的強烈感激之情。

本書由王交子王益荃得其遺稿付梓,以光家學。囊括王交所撰寫不同體裁的詩、文,有絶句、律詩、詞、序、碑記、題跋、祭文、墓志銘等,十分齊全。縱覽全書,可以窺得王交其人文學修養和個人旨趣。

鈐"九峰舊廬藏書記""綏珊收藏善本""瑯園秘笈"等印。(宋宇馨)

程刺史栖霞集不分卷

明程應登撰。明天啓程尚勤、程正己刻康熙二十九年(1690)程之珆重修本。四册。半葉九行,行十七字。白口或黑口,左右雙邊。

程應登(1577—1654),字孟山,一字司晉,號存齋,山西潞州人。嘉靖庚子(十九年,1540)經魁。應登自幼聰穎,弱冠能文,《[乾隆]潞安府志》記載曰:"幼負异質,游李侍御漳野門,與任光禄董相切劇,又主陵川,宗約教以詩文,著弱冠。"程應登先後在河南睢州、河北延慶州做官,後因其孫程正己緣故,贈兵部右侍郎。退養歸鄉後,與家鄉有名望的"王公耆碩"共結"咸泉社""八子會""學易會"。著有《栖霞集》。

《程刺史栖霞集》爲程應登所著詩集,是其孫程正緒初編,後代程之珆於清康熙二十九年(1690)重修刊刻而成。因程刺史晚號"栖霞道人",故名。詩集正文之前有閬中後學劉迪撰《栖霞集序》,孫男程王緒撰《栖霞集行略》《鈔録栖霞集自叙》,程之珆題《栖霞集紀略》,記述該書重修刊刻的情況。後爲正文,題名"程刺史栖霞集",署名"上黨程應登存齋著"。該詩集共四册,録詩四百餘首,多爲五七言律。首篇爲七言律《山居歲暮有懷健齋年兄》,除感懷外,詩集還有游記、贈友、送別等主題。劉迪於序中評價應登之詩曰:"先生論詩尚居其前,已自成一家言。"

鈐"长乐鄭振鐸西諦藏書""長樂鄭氏臧書之印",爲鄭振鐸舊藏。(成二麗)

徐汝思詩二卷

明徐文通撰。明刻本。一册。半葉八行,行十七字。白口,左右雙邊,單魚尾。

徐文通,生卒年不詳,字汝思,浙江永康人。明嘉靖二十三年(1544)進士。授刑部主事,歷員外郎,中出爲山東參議,遷副使。後報授德州兵備,欲效霍去病封狼居胥事,然遭忌見黜,抑鬱而死。與李攀龍、王世貞交好,於當時詩壇亦稱翹楚。

本詩集卷端有王世貞序,王於序中盛贊唐代詩歌,指出盛唐詩歌遠超別代的原因,曰:"盛唐之於詩也,其氣完,其聲鏗以平,其色麗以雅,其力沈而雄,其意融而無迹。"又談及徐文通作詩崇古尚古,稱其:"如《登岱》《雲門》《泛海》諸篇,颯颯乎有古遺響。"

徐文通生前存詩共四百餘首,經王世貞删汰,得一百五十餘首,編爲二卷,即爲是本。卷一爲五言古體、七言古體、五言律詩、七言律詩,卷二爲七言律詩。古體極少,以五七言近體爲主。内容涉及送別、酬贈、行旅、抒懷等,皆是其宦游生涯的寫照。

此本詩集墨色濃淡不一,字體間或有差,應是後印本,且疑有補配。流傳不廣,

僅國家圖書館有藏。（杜萌）

少司馬谷公文集二卷

明谷中虛撰。明天啓元年（1621）谷遷喬、葛如麟刻本。二册。半葉九行，行十八字。白口，左右雙邊。

谷中虛（1525—1585），字子聲，號岱宗，又號近滄，海豐（今山東無棣）人，祖籍順天府三河縣（今河北廊坊）。幼而穎异，七歲能文，十二歲應邑考，受上賞。嘉靖二十三年（1544）成進士。授南陽知縣，擢給事御史，除兵部職方主事，守山海關。後出爲山西副使，分巡畿輔，爲政嚴整有方，雖權勢臨之，亦執正不阿。嘉靖四十二年（1563）由湖廣右布政使改右僉都御史，巡撫四川，平薛兆乾亂。次年改撫湖廣，嘉靖四十四年（1565）遷陝西巡撫右副都御史，未任，以憂去。明隆慶二年（1568），起右副都御史，巡撫浙江。隆慶四年（1570），召爲兵部右侍郎，尋進左侍郎，署部事。時高拱當國，後因事被劾，高拱罷其官。居家十四年，於明萬曆十三年（1585）五月十五日卒。身後著述無存稿，去世三十餘年後，其孫谷遷喬、外孫葛如麟撿録手迹，刊爲文集兩卷。谷中虛持身端謹，慮事精詳，遇大變故却處之裕如，不驚不亂，性尚儉，不事紛華。萬斯同《明史》有傳。另著有《水兵陣令》一卷。

此書版心上鐫“谷公前集”（第一册）及“谷公後集”（第二册），下鐫葉數，第一册首葉版心下鐫“顧之王刊”。卷端署“山東海豐谷中虛子聲甫著”。書前有時任山西提刑按察司副使兼布政使司右參議張曉所撰序言。集中收録谷中虛各體文章，包括序文六篇、墓志兩篇、祭文十七篇、書札三十九篇、雜録四篇。文風平實敦厚而不失睿見，張曉在序文中稱其文：“論政機則持大體、規大計；論方略，則審時勢、燭幾微；論進退，則達盈虛、察倚伏。”稱贊他“經世淑世兩不朽”。書後附有翰林院國史檢討葛曦所撰《明故通議大夫兵部左侍郎岱宗谷公行狀》及谷中虛外孫葛如麟於天啓元年（1621）上元日所作跋文。

此書間有朱筆圈點，偶見批語。（王俊雙）

游梁集一卷

明陳全之撰。明嘉靖刻本。一册。半葉十行，行二十字。白口，四周單邊。

陳全之（1512—1580），名朝鑒，字全之，又字粹仲，號津南，晚號夢宜居士，閩縣（今福建福州）人。閩縣義溪陳氏在明代係當地望族，纍世顯官，皆以愛國愛民爲人所稱道，後人傳爲佳話。尤其陳叔剛等九人宦迹卓著，品位可腰束金帶，有"義溪陳氏九條金帶"之稱。陳全之即陳叔剛曾孫，陳煒孫，陳璽子。幼承家學，勤勉明敏。明嘉靖十九年（1540）中舉，嘉靖二十三年（1544）進士。後授禮部主事，提督四夷館，升員外郎，出知荆州府。陳全之在荆州府間頗有宦聲，他曾取自己的俸禄築堤治水以利民，民間稱"陳公堤"。嘉靖四十一年（1562），陳全之調任山西布政使參政。後致仕歸鄉，耕讀於義溪。著述頗豐，有《蓬窗日録》《游雜集》《巴黔集》《晋陽稿》等傳世。

此本卷首有明嘉靖三十四年（1555）河南左參議前御史曹忭序、嘉靖三十三年（1554）陳全之自序。全集有文四篇，《一樓記》《齊壽篇》《水本清傳》《明宣義郎樂山孫公墓志銘》，有詩十二首。

書衣有《烟嶼樓藏書約》："勿捲腦，勿折角，勿唾揭，勿爪傷，勿夾別紙，勿作枕頭，勿巧式裝潢，勿率意塗抹，勿出視俗子，勿久假他人。"是書曾藏於清代藏書家徐時棟處。

此本稀見。（劉家平）

庸齋先生集二卷

明陶承學撰。清陶氏賢奕書樓鈔本。半葉十行，行二十字。黑口，左右雙邊。

陶承學（1518—1598），字子述，號泗橋，浙江會稽（今紹興）人。明嘉靖二十二年（1543）舉人，二十六年（1547）進士。授中書舍人，擢南京御史。因彈劾咸寧侯仇鸞誤國，出爲徽州知府，二年後遷河南布政使。外任期間，陶承學愛護百姓，清正廉潔。每離任時，僅携一筐，扇數柄，墨數錠而已。斷案清明果决，徽人號爲"半升太守"，言訟者食米半升即了官事，結案歸家。因政績斐然，頗得時人贊譽，目爲賢吏。明隆慶六年（1572）召爲太僕寺卿，旋改任應天府尹。明萬曆六年（1578）升任南京禮部尚書，因與內閣首輔張居正不合，辭官歸里，卒贈太子少保，謚"恭惠"。著有《字學集要》四卷。明過庭訓《本朝分省人物考》、明徐象梅《兩浙名賢録》等均有傳，述其生平甚詳。

是書間有蟲蛀。書口上題"愱愱齋集"，下題"賢奕書樓陶介亭氏鈔本"。爲陶介亭編《陶氏賢奕書樓叢書》二十六種之一。是書上卷有詩十八首，序文三十三篇。下卷有議、題跋、説、引、行狀、傳、尺牘、祭文等。其中議有《銓衡》《學政》《邊防》《倭患》《治獄》《諫法》《守令》七篇，闡述了其對執政、爲官、經商、戍邊、制獄等社會生活諸多方面的深刻見解。書後有《本宗祠規》九條。（劉家平）

一舫齋詩一卷

明張淵撰。明萬曆刻本。一册。半葉八行，行十六字。白口，四周單邊。

張淵，字惟本，號縹泉，浙江鄞縣（今寧波）人。少孤。明嘉靖二十六年（1547）進士。授興化府推官。以與時忤，平遷工部主事，出知武昌府。以考核特優遷按察副使，歷遷貴州布政使。以積忤時，遂投劾歸里。里居復十餘年，多盛德事。公少精象數，老而不釋。著有《革象新書》《萬物數注》《較六壬天文圖説》諸書。《甬上耆舊詩》録其詩十首。

本書前有序，後有跋和識記。序爲萬曆辛卯年（十九年，1591）武陵龍德孚所作《一舫齋詩序》。跋爲萬曆己丑年（十七年，1589）王萱所作《題一舫齋詩後》，跋中稱贊道："先生烟水情深，風塵氣少，郊居以萬竹成塢，家園以一舫顔齋，枕白石而漱紅泉，植青桐而欄紫藥，彩鷁駕月湖之上，籃輿躋雪竇之巔。"後刻識語爲天啓丙寅（六年，1626）張鳳墀所作，概述刊書經過："昔大父嘗將先方伯所遺詩草命鳳墀録之，則龍玄扈郡丞、王少廣太史兩先生之題辭儼然在，且命家嚴以館穀餘資付之剞劂，而未之逮也。荏苒年光，重闈見背，往來塵鞅，先志未承。至今日來守泗州，甫得壽諸梓，雖理奚囊之緒，祇增喬研之嗟云爾。"

全書不分卷,共計收詩七十六首,多爲出行郊游寄情山水之作。鈐"海寧曹清珍藏"等印。(張銘)

自由堂稿十一卷

明馬三才撰。明刻本。四册。半葉九行,行十八字。白口,左右雙邊,單魚尾。

馬三才(1516—?),字思參,浙江仁和人。明嘉靖二十六年(1547)進士。改庶吉士,授山東道監察御史。嘉靖三十八年(1559)任右通政,因疏救茅坤并劾嚴嵩被貶,嘉靖四十年(1561)罷歸。馬三才生卒年無載,據本書第十一卷《丁丑生日集舊友》詩題及首句"甲子重逢又二秋"可知,昳萬曆丁丑年(五年,1577)時,馬三才六十二歲。由此推算,其生年爲明正德十一年(1516)。

本書共十一卷,收録馬氏自嘉靖四十四年(1565)迄萬曆五年(1577),即五十一歲至六十二歲期間所作詩。此時馬氏罷宦,閑居在家,與官場諸人和師友的交游成爲詩作内容主體。或與同鄉沈淮、沈仕、金對峰、柴醴泉等往還酬唱,或爲長者賦慶壽詩等。部分詩作反映了當時的朝廷大事,如:卷一《贈桂將軍》反映了倭寇入侵浙江一帶對當地造成的破壞以及官兵的抵抗;卷二《送憲僉王尉臺公入賀册立東宮》,即爲明隆慶帝册立朱翊鈞爲太子之事。

本書鈐"蒼巖山人書屋記"印,應爲清末明初藏書家梁清標舊藏。

此書流傳不廣,僅國家圖書館有藏。(杜萌)

寄籬稿詩六卷存一卷寄籬稿文一卷寄籬雜稿一卷

明石璽撰。明萬曆刻本。二册。半葉十一行,行二十字,小字雙行同。白口,左右雙邊,單魚尾。

石璽(1520—1591),字惟信,號皆春,安徽滁州人。明嘉靖二十五年(1546)鄉薦授霑化令,繼守蘄州,後升開封同知。有史才,霑化無志,璽咨諏故老,搜據舊聞,著爲六篇。歸創統宗祠,以睦宗御諸子,教法甚嚴。燕會不修爵,不加豆,不喜作卜夜飲。引掖後進,孜孜如不及。生平喜吟咏,力學嗜古。所著有《食色紳言》《寄籬稿》。

　　此書卷前有其門生全椒江以東序，據江序言，曰：“夫稿詩六卷，五言七言律、絶句各一；文二卷，序類一，雜稿一。”此本爲殘本，存三卷，詩一卷，文一卷，雜稿一卷。卷末有汪道昆等爲石璽所撰墓志銘，述其生平。

　　《中國古籍善本書目》僅著録國家圖書館有藏。（安延霞）

鳳岩山房文草二十六卷 存二十四卷

　　明黄甲撰。明萬曆刻本。十册。半葉十行，行十七字。白口，四周雙邊，單魚尾。

　　黄甲，字首卿，號鳳岩，晚年自號蟄南，上元（今江蘇南京）人。明嘉靖二十二年（1543）舉人，嘉靖二十九年（1550）進士。吏部驗封司主事，左遷運判，後去官歸家。撰有《鳳岩山房文草》。

　　本書有多篇序跋，多爲友人所作，稱贊黄甲品行高潔、身負才氣。明萬曆元年（1573）夏六月朔日西蜀年友居來山人張佳胤序中寫到：“持論必發所自見，以抑揚千載，不循名而雷和，不隨塲而聲吠，裁其衷以抉其竅，斯首卿之所以自負矣。”明萬曆八年（1580）正月壬子賜進士資政大夫南京户部尚書前都察院右都御史年生樂亭王好問序中寫到：“至於博觀古今尚友聖賢，則六籍百家之言靡所不綜，意氣或違則拂衣動色望望然……見之文章亦惟率其所爲，而不屑屑於古人之所由然，而沉涵漸漬久而不厭，所得之多又有不規而圓、不繩而直者。存形之議論則閎肆激發，睥睨一世而自信不疑。”明萬曆七年（1579）黄甲（署“酒庵老人”）在序中介紹本書的分類情況：“凡二十四卷，并獨《鑒録》《銓古録》合二十六卷，簡牘幾贅，懼當亡逸，姑萃之，若分餘、視政、司封類爲甲字，若家食類爲乙字，若丁巳、戊午類爲丙字，若壬戌、癸亥類爲丁字，若甲子、乙丑類爲戊字，若丙寅、丁卯、戊辰、己巳類爲己字，若庚午、辛未、壬申、癸酉類爲庚字，若甲戌、獨鑒、乙亥類爲辛字，若丙子、丁丑、銓古類爲壬字，若戊寅、己卯類爲癸字。”明南京吏部右侍郎海虞瞿景淳序中贊道：“余受而讀之，清新俊逸，每竟一篇未嘗不爲擊節也。間與談時務，商可否上下古今人物，言多剴切,寧忤俗而不阿。"

全書二十六卷,現存二十四卷,缺癸字戊寅稿、己卯稿兩卷。

《中國古籍善本書目》僅著録國家圖書館有藏。(張銘)

藏甲岩稿六卷

明吴國倫撰。明萬曆二年(1574)唐汝禮刻本。二册。半葉九行,行十八字。白口,四周雙邊。

吴國倫(1524—1593),字明卿,號川樓、南岳山人,武昌府興國州(今湖北陽新)人。明嘉靖二十九年(1550)進士。授中書舍人,遷兵科給事中。楊繼盛死,倡衆購送,忤嚴嵩,謫爲江西按察司知事,量移南康推官,後調歸德。嚴嵩敗,歷任建寧同知,邵武、高州知府。明隆慶六年(1572)任貴州提學副使,萬曆元年(1573)任河南左參政,後罷歸。詩文均有時名,與李攀龍、王世貞、謝榛、宗臣、梁有譽、徐中行等并稱"後七子"。著有《甔甀洞稿》五十四卷、《續稿》二十七卷等。《明史》卷二百八十七有傳。

本書所收各詩,爲吴國倫自高州前往貴州赴任,至離開貴州前往河南赴任途經故鄉期間所作,前後歷時約三年。唐汝禮叙解釋本書命名緣由:"藏甲岩者,世傳爲孔明征南人藏甲之所,吴川樓公奉命督學貴州,其公署近焉,日恬息於岩中,以發其歌咏述作之趣,名曰《藏甲岩稿》云。"

卷四有《西征雜述》,自序曰:"予以校士取道水西九驛,渡赤虺河,畢事四衛,往返幾二千里,皆羅夷故墟……游燧人以前而與茹毛衣皮者伍。"全書前有孫應鰲(1527—1586)《西征雜述序》,謂:"《西征雜述》爲吾貴督學使明卿吴公行部羅施所得諸什。"可知,此書卷四所收爲巡行貴州中部畢節一帶時之作,又有別名《西征雜述》。

本書所收詩篇,多收入《甔甀洞稿》。但《甔甀洞稿》以詩體分類,本書則不分類,而按創作時間排序。吴國倫之赴黔前後所見所感、酬贈往來,都有記載,對瞭解明後期士大夫生活交往、粵黔湘鄂山川風土,均頗有參考價值。如《過白崖驛》有句云："崖間板屋依雲架，塞外芒山入雨空。"《過層臺驛》有句云："編籬半護卭王竹，築塢新移望帝花。荒徼萬山連蜀道，遠人重譯問京華。"《閬鴉行》有句云："歷歷重柵臨斷浦，塹壘木樵密如堵。刀耕餘力射獵還，磔雞賽鬼撾鞞鼓。蜀賈無時市枸醬，漢使不復問邛杖。櫪下驕嘶筰馬肥，圍中醉擁僰姬唱。"《阿落密歌》其一云："鼓子花開六月寒，烏丸稻熟且加餐。南人新解巴渝曲，荻管聲聲蜀道難。"其二曰："滇人未盡蜀人過，車馬如繩奈轆軻。莫以相逢非故舊，三杯同買聽夷歌。"皆別有情致，令人耳目一新。陳田《明詩紀事》謂"明卿入黔諸詩有新色"，可稱的評。

刊刻者唐汝禮，字大嘉，浙江蘭溪人。嘉靖四十三年（1564）舉人。曾任興國州知州。吳國倫卸任貴州提學副使，前往河南任左參政，途經故鄉興國，知州唐汝禮獲讀其入黔詩作，爲之刊刻行世。書前唐汝禮叙載刊刻緣起："公晋參中州過家，余得其稿而讀之，如面漢魏晋唐之人而不忍釋去，遂鳩工施之梓，以與同志者共。"（劉波）

邵北虞先生遺文不分卷

明邵圭潔撰。明芝蘭書室鈔本。半葉十行，行三十三字，藍格。白口，四周雙邊。

邵圭潔，生卒年不詳，字伯如，一字茂齊，江蘇常熟人。世居虞山北麓，學者稱"北虞先生"。明嘉靖二十八年（1549）舉人。五上公車不第，四十一年（1562）選德清教諭。時與瞿景淳、嚴訥等結社會文，乃爲十杰，以邵氏爲首。有《北虞集》。

邵圭潔子鋆編《北虞先生遺文》六卷，萬曆間刊行，爲《四庫全書存目叢書》采入。此遺稿共收北虞先生文三十三篇，其中十二篇爲未刻稿：《静庵繆先生配張孺人合葬行述》《祭陳中丞文》《祭錢大參文》《祭文》《祭瞿太史母太孺人文》《祭王雨湖文》《祭吳三吳文》《祭潘翁文》《秦婦傳》《義娟傳》《重修奚浦永福禪院疏》《禱雨疏》。另有三篇題名與刻本不同，内容相同。

是書前有清咸豐四年（1854）王振聲於鐵琴銅劍樓題識，云："卷首已破爛無序目題名，不知作者爲誰。蓋必尚有上册而已佚之耳。余讀之，見有邵子曰者，意其

爲北虞先生,乃以刻本核之。良是,且得多文十二首,因録其目於右,并識數識語,俾讀者知其爲先生文也。"(朱默迪)

海剛峰先生集六卷政事四卷

明海瑞撰。明萬曆二十二年(1594)阮尚賓刻本。十册。半葉九行,行二十字。白口,四周雙邊。

海瑞(1514—1587),字汝賢,瓊山(今海南)人。明嘉靖二十八年(1549)鄉試中舉。授福建南平教諭,後升浙江淳安、江西興國知縣,歷官任州判官、户部主事、兵部主事、尚寶丞、兩京左右通政、右僉都御史等職,卒贈太子太保,謚"忠介"。《明史》有傳。其爲官剛直不阿,有"海青天"美譽,爲學亦以剛爲主,因自號剛峰,天下稱之爲剛峰先生。有《海剛峰先生集》。

此本卷前有阮尚賓《刻海忠介公文集序》,言:"公存稿有《備忘集》,有淳安政事及會議夫差數事并封誅傳狀,共次爲十卷。"其中卷一爲奏議,卷二、三爲序,卷四爲書,卷五爲論,卷六爲誥命,卷七至十爲海剛峰先生政事。讀其文,根極理要,亦有正氣,不襲前人而自成一家言。

此本爲明萬曆刻本,版心鎸有刻工姓名,卷六有墨筆題識。(馬琳)

賜麟堂集六卷存四卷

明梁夢龍撰。明末鈔本。五册。半葉八行,行十八字,藍格。白口,四周單邊。

梁夢龍(1527—1602),字乾吉,號鳴泉,直隸真定(今屬河北)人。明嘉靖三十二年(1553)進士。改庶常三年,出爲兵科給事中,後副枲河南領河務,巡撫山東、河南,總督薊遼軍務,官至兵部尚書、吏部尚書、太子太保,明萬曆十年(1582)致仕。著有《海運新考》《史要編》《歷官表奏鈔》《效忠録要》《讀書日録》《賜麟堂集》。

此書内封有"恒山梁夢龍乾吉著""京山李維禎本寧、華庭馮時可元成、蒲坂楊俊民伯章、鄠上趙南星夢白定"字樣。目録後附《歷官表奏鈔目録嗣刻》《效忠録要目録嗣刻》。全書六卷,存四卷,卷一、卷二、卷五、卷六。

此書卷一收録梁夢龍所撰賦一篇、五言古詩十九首、七言古詩十五首、五言律詩四十五首；卷二收録六言律詩一首、七言律詩八十二首、五言長律十五首、七言長律四首、五言絶句一首、七言絶句二十三首；卷五收録墓志銘六篇、墓表一篇、行狀一篇、祭文二十篇；卷六收録祭文十四篇，論、議、説等雜文十餘篇。據《中國古籍善本書目》，僅國家圖書館有藏。（張銘）

渭上續稿十一卷

明南軒撰。明萬曆二十年（1592）刻本。四册。半葉十行，行十八字。白口，左右雙邊。

南軒（1518—1602），字叔後，號陽谷，陝西渭南人。明嘉靖癸丑（三十二年，1553）進士。歷仕翰林院庶吉士、吏部文選司郎中、山東參議。著《資治通鑑綱目前編》二十五卷，今存。《四庫全書總目提要・編年類存目》載曰："此書以金履祥《通鑑前編》、陳桱《通鑑前編外紀》合并删削其爲一編。"又著《渭上稿》十八卷（《千頃堂書目》著録爲二十五卷），今藏美國國會圖書館。明沈一貫撰《朝列大夫山東布政使司左參議陽谷南公墓碑》，收於沈氏《喙鳴文集》中。

此本舊多著録爲明萬曆二十年（壬辰，1592）刊本。書前有侄南企仲序，作於萬曆二十一年（癸巳，1593）。末有子南師仲、孫南居益書後兩通，皆作於萬曆壬辰（二十年，1592）。師仲書後云："方事殺青，乃侯君子建自晋中貽書謂上，且曰：'僕不佞……願効剞劂，以藉不朽。'"又云："仲嘉侯君之請，遂舉成書以應使者。"且云："今大人七十六春秋矣。"則似刻成於萬曆壬辰（二十年，1592）、癸巳（二十一年，1593）之際。然書中多有逾此時者。如卷四《八十初度》云："萬曆丙申上元，值余八十初度。"又如卷十《明德壽武翁墓志銘》"萬曆乙未"，皆作於癸巳年（1593）後。且卷二末又有《遠期篇寄兒師仲檢討》一詩，後附師仲識語云："於戲，《遠期篇》乃先大夫絶筆作也。往仲解館信至，先大夫篝燈伸紙，滾滾五百餘言，將馳以勖仲。詩成，漏二下，命先慈酌酒酣歌，就榻而逝。"又云："稿藏遺篋，數易歲華，緣手不忍披，目不忍睹，即嚴訓在念，而殺青未遑。倘就淪湮，則不孝之罪益莫贖矣。遂含痛謹録一過,編付稿中傳寫。"且文末署曰:"萬曆丙午中秋日不肖男師仲百拜謹識於從先堂。"則此文成於萬曆三十四年(1606),較萬曆癸巳(1593)已去時甚遠。細繹識語之意,南軒先生逝於該詩作成之夕;而子師仲於書稿殺青時未及收録此詩,乃之後補入。考察原本書葉,該詩與本葉前數行刻字明顯不類,與前後葉字體亦較不同,則是詩確應係後所增入者。如此《渭上續稿》成書恐晚於萬曆丙申(1596),且復經補刻,非如叙及書後所言。

該書據文體分爲十一卷,乃五言古詩、七言古詩、五言律詩、七言律詩、五言排律、五言絶句、七言絶句、記、序、書、墓志、祭文等。其詩醇厚爾雅,明白易曉,其文文理皆俱,華實相當。

《中國古籍善本書目》著録,僅國家圖書館有藏。(李林芳)

横槎集十卷

明吳時來撰。明萬曆十六年(1588)刻本。四册。半葉九行,行十八字。白口,四周單邊。

吳時來(?—1590),字惟修,號悟齋,浙江仙居人。明嘉靖癸丑(1553)進士。官左都御史,掌南京督察院事,御史大夫。吳時來仕途頗爲不平,明嘉靖三十三年(1554),理松江,倭寇來犯,親自率兵與之戰,斬寇數千,并妥善安置難民。吳時來聯合地方武裝一起抗倭,然土兵剽悍,竟逾於寇,吳竟安撫利用之。其抗倭可謂九死一生,據明何三畏著《雲間志略》中《司理悟齋吳公傳》記載,吳時來曾經藏周浦寺内,倭兵以此爲巢,圍寺三日,時來幾餓死,得僕人之力方脱。吳時來體恤民情,因倭亂之後,人情慘淡,久不聞鼓樂之聲,畿輔城南一小姓成婚偶用鼓吹,有司即命擒解,吳時來從容進言,留此一派笙歌,足以粧點太平盛世。小姓遂得免。後勝任刑部給事中,嘉靖三十六年(1557),劾宣大總督楊順請餉委兵。嘉靖三十七年(1558),任給事中的吳時來彈劾嚴嵩之子嚴世藩貪污,直接導致嚴嵩父子下獄,本人亦遭貶謫。《續文獻通考》記其在穆宗隆慶元年(1567)爲工部右侍郎,八月上疏言水利事。後推薦俞大猷、戚繼光靖邊,上議取兵糧書等,朝中有直諫名。後官雷州，與雷州同知陸舜臣交好。被劾濫舉親信，罷官閑居十餘年。萬曆十二年（1584），重回廟堂之上，任刑部、吏部二部侍郎。與高拱政見不和，爲其所恨。萬曆十八年（1590），接連被彈劾，旋逝。贈太子太保，謚號"忠恪"，不久被奪謚。奪謚之事，皆因于慎行、于景素等人銜恨吳時來，上書奪謚，禮部又無人爲之申辯，最終被奪謚。此事在《萬曆野獲編》中有詳細之描述。由於其政名顯著，素以直諫聞名，他的事迹被編寫進了文學作品中，如白話小說《今古奇觀》《古今小説》，傳奇集《鳴鳳記》等。

《千頃堂書目》記載，吳時來還有《悟齋摘稿》十五卷；《傳是樓書目》有記《横槎集》十卷，《梧齋摘稿》十四卷；《皇明兩朝疏鈔》中還記有其《保泰九札》等。《[雍正]浙江通志》有其傳記。

是書係吳時來寓横州時所作，據序中稱，吳時來在貶謫期間與諸生講明心性之旨，有一些手迹留在當地，後遇蔡御史至此地徵文考獻，當地人將珍藏的吳時來的詩作文字交與蔡御史，時人有感於吳公精忠正氣，最終編輯成帙，刊刻出版。書中所收詩歌爾雅雄渾，頗有唐音，應酬諸文根於義理，能成一家之言。是書包括韵文和散文兩種文體，韵文主要爲詩歌，體裁有五言古詩近四十首，七言古體詩近十首，五言律詩百餘首，七言律詩近二百首，絕句近百首。這些詩歌的題材多表現詩人正直的心胸，堅毅的品格，如"我思古之人，百死操不移。男有劉安世，女有姜詩妻"。時人評價其詩有唐音。《觀音廟老嫗持麥飯來嘗》一詩中描寫了當地百姓對吳時來的愛戴之情。散文主要包括序二十餘篇，記近二十篇，碑四篇，雜著、雜説等近四十篇。這些詩文、雜記正好與吳時來的經歷互相印證，比如《廣西太平府學宫重修碑》講述了其在廣西任職時修葺學宫圍牆坍塌的緣由。

是書不同卷次，編者不同，卷一題"門人施愨、施懋、王應斗、鄧維藩輯"，卷二題"王杰、施信、張章、陸應晋輯"，卷三題"横州楊材、陸紹中、楊光庭、錢應龍輯"，卷四題"吳崇義、顧應兖、顧應冕、李華顔輯"，卷五題"彭尚義、王一憲、鄧惟藩、甘元岳輯"，卷六題"陳元綮、陳禹卿、莫夢周、莫夢瑞輯"，卷七題"王杰、唐瓔、王之化、曹學魯輯"，卷八題"楊材、侯鵬、劉汝桂、劉汝松輯"，卷九題"王僑、管大成、李

華顏、楊光庭輯”，卷十題“葉陞、顏必澄、錢應龍、陳禹卿輯”。前有兩廣總督吳善序、都察院右都御史劉繼文序。（張偉麗）

絅齋先生文集□□卷存四卷

明葉春及撰。明刻本。二册。半葉九行，行十九字。白口，四周單邊。

葉春及（1532—1595），字化甫，號絅齋，歸善（今廣東惠陽）人。明嘉靖三十一年（1552）舉人。曾任福建閩清縣教諭、户部江西司郎中等職。著有《[萬曆]肇慶府志》《惠安政書》《[萬曆]順德縣志》《[萬曆]永安縣志》等。其中《[萬曆]順德縣志》和《[萬曆]永安縣志》學界評價很高，稱爲善本。還著有《石洞集》十八卷。

此書原卷數不詳，現僅存卷五至八。第五、六卷爲葉春及所作序二十一篇，其中有《惠安政書》自序和附録序。第七卷收録記、銘和碑文十五篇。第八卷收録傳及墓志銘六篇。

鈐“长乐鄭振鐸西諦藏書”等印，爲鄭振鐸西諦藏書。（提娜）

李裕州蕭然亭集四卷

明李尚實撰。明萬曆刻本。五册。半葉八行，行十六字。白口，左右雙邊。

李尚實，生卒年不詳，山西長治人。明嘉靖三十一年（1552）舉人。初任河南輝縣縣令，後調河南淇縣，秩滿，遷裕州知州。淇縣人因其政績卓著，奔赴京城請留李氏，仍升知州，人稱“李裕州”。後尚實被人以貪污罪彈劾而歸家。他甚是貧窮，嘗索妻子的釵飾換米而食。其妻曰：“御史以貪墨劾君，乃無米作炊耶？”尚實曰：“婦僅一釵，我猶索之，非貪而何？聞者啞然失笑。”其子孫皆有功名而任官，都以廉潔清白而聞名。

該書爲李尚實詩文集，按體例分爲賦三篇，四言古詩兩首，五言古詩五十二首，七言古詩三十二首，五言律詩一百七十五首，七言律詩一百八十三首，五言排律十七首，七言排律四首，五言絶句四首，七言絶句四十首。共録文三篇，詩五百零九首。書首有萬曆二十六年（1598）范應賓《李裕州集序》，明隆慶二年（1568）左熙憂叙和李尚實題辭。其詩多唱和及描寫山水之景，多標明年代，殊爲詳明，具有一定的史料價值。李氏之詩樸實平易，氣韵亦有大氣自然之感。然寫景、寫人直白平淡，無輕靈飄逸之韵，無清麗悠長之感。

據書首序言，是書爲隆慶二年（1568）李尚實任淇縣縣令時寫就完稿，至萬曆年間刻梓以行，此本爲是書最早版本。（賈大偉）

太虛軒稿一卷

明胡直撰。明萬曆二十一年（1593）曠騤刻本。一册。半葉十行，行二十字。白口，四周雙邊。

胡直（1517—1585），字正甫，號廬山，明吉安泰和螺溪創洲村人。明嘉靖三十五年（1556）進士。起初授官比部主事，後歷任湖廣僉事、四川參議、湖廣督學、廣西參政、廣東按察使、福建按察使。胡直從小喜好古文詞，二十六歲開始師從明代思想家王守仁的門生歐陽德，三十歲又師從理學和地圖學家羅洪先，主攻心學，爲江右王門學派的代表人物之一，他認爲“理在心，不在天地萬物”“吾心者，所以造日月與天地萬物者也”。這種觀點與佛教“三界惟心，山河大地妙明爲心中物”的思想相類，又認爲“真知則無不行，真行則無不知”。著有《胡子衡齊》等，因其家泰和縣東距衡山不到千里，北距廬山也不足千里，故取二山之名稱其書室爲衡廬精舍，後人又將其作品輯爲《衡廬精舍藏稿》三十卷及《衡廬精舍續稿》十一卷。

是書收録胡直詩及書信等。卷首爲胡直門人曠騤萬曆癸巳（二十一年，1593）序，稱此爲“胡廬山公近年手筆”。繼之爲目。正文卷端署“泰和胡直正甫撰”。間有缺葉和裝訂錯序等。《中國古籍善本書目》僅著録國家圖書館藏。（蔣毅）

温函野詩集二卷

明温如璋撰。明鈔本。一册。半葉九行，行十八字，藍格。白口，左右雙邊。

温如璋，生年不詳，明隆慶六年（1572）卒，字孚德，河南洛陽人。明嘉靖丙辰（三十五年，1556）進士。僉都御史，曾任山西、直隸等地巡按御史。

是書分上下卷。卷首題"温函野詩集"，署"洛陽温如璋著"。上卷集詩一百三十四首，下卷集詩一百二十六首。有田園詩，如《望桃源》《渡湘江》等，清新暢達。有以時節、節令，游玩等爲主題的詩作，如《冬日清玩亭二首》《春日登三井洞》《游許雙塘南園》《游許氏灕東山園》等，多記叙景致，抒情感懷。有以贈友送别爲主題的詩作，如《贈何户侯歸自雲中》《送劉明府歸衡陽》《送李子東歸泰安》，多描寫景物以寄托離别之情。另有於病中所作詩，如《病中口占送左鑑蘢如京二首》《冬夜聞雁時寢小疾》。

卷首鈐"唐栖朱氏結廬圖書記""烏程蔣祖詒讀書記"印。卷末鈐"東武劉氏味經書屋藏書印""毗陵董康鑒定金石書籍之印"。今藏國家圖書館。（孟月）

樾墩詩集□卷存七卷

明陶益撰。明嘉靖四十三年（1564）王子充等刻本。二册。半葉十一行，行二十二字。白口，四周單邊，單魚尾。

陶益（1520？—1600？），字允謙，號練江居士、江門迂客，其祖本爲鬱林（今屬廣西）人，附籍新會（今廣東）。博學强記，尤邃於《易》。嘗構樾墩書屋爲講學所，好學之士雲集，力務躬行，不事虚談名理。以明經授江西永新訓導，後以目疾辭歸里，年八十卒。

本書前有倫以諒序。倫以諒，廣東南海人。進士。曾任禮部主事、南京兵部侍郎。序後有練江先生像、周祉等人所撰《像贊》。之後爲附録，包括"廣西梧州府《鬱林州志》""江西吉安府《永新縣志》"中有關陶益的傳記，"練江陶仲子小影"以及倫以諒等人關於《樾墩集》的題詩等。

原書卷數不詳，現僅存七卷：卷一收詩七十首，卷二收詩六十三首，卷三收詩六十六首，卷四收詩七十四首，卷五收詩六十六首，卷六收詩六十八首，卷七收詩六十五首。

《中國古籍善本書目》著録，僅國家圖書館有藏。（田周玲）

泉湖山房稿三十卷 存十二卷

明曾同亨撰。明刻本。六册。半葉九行,行十九字。白口,單魚尾,四周雙邊。

曾同亨(1533—1607),字于野,江西吉水縣人。明嘉靖三十八年(1559)進士。授刑部主事,改禮部,遷吏部文選主事。歷仕文選郎中,太常少卿,以事去。萬曆初起爲大理少卿,順天府尹,以右副都御史巡撫貴州,以故調南京,移疾歸。起南京太常卿,大理卿,遷工部右侍郎,由左侍郎進尚書,加太子少保,力乞去。復起南京吏部尚書,加太子太保致仕。卒年七十五,贈少保,謚"恭端"。其爲官清正愛民,剛直奉公,多爲節省浮費、減汰閑冗之政,事迹詳《明史》本傳。卷首署"甘雨校閱""同邑門生王鉉編次"。甘雨,江西永新人。明萬曆五年(1577)進士。王鉉,生平事迹不詳,亦爲吉安府吉水縣人。

版心記每版刻字數目及刻工姓名。按《澹生堂藏書目》有《泉湖山房稿》八册三十卷,《千頃堂書目》亦三十卷。趙萬里先生曾撰該書提要,所見爲"泉湖山房稿三十卷",且"凡詩三卷,雜文二十七卷"(見《趙萬里文集》第三卷《續修四庫全書總目提要》)。檢核今本,卷一至三爲詩作,卷四至十二皆爲散文,是知此本已非完帙,卷十三及以下皆缺。而日本公文書館藏兩種《泉湖山房稿》,俱十六册三十卷,則屬全篇,與《澹生堂藏書目》所記之八册應爲合并拆分之別。此本無序跋牌記,亦無其他鈐印可供辨識,惟行文不避清諱,且以"國朝"指稱明代,應係明刻本無疑。趙萬里先生所見者爲明萬曆刻本,此本或同。

泉湖爲曾氏所居地名。明曾思孔校《南豐曾文昭公曲阜集》卷首有曾同亨《文昭公遺集叙》,末署"吉水泉湖里同亨謹撰",故知乃吉水縣之鄉里。該稿中多次提及此處,如卷一《壽族叔祖珂泉七十二首》"泉上吾廬在,風烟接馬塘",知曾氏家於泉湖,地近馬塘。又有《南豐諸宗人聯顧山居臨別賦贈》"湖上東西郡,風烟一徑通",意爲地處吉水,與撫州之南豐縣西東相望。又如《春晚泉湖別業獨坐》:"別業泉湖上,春深物色多。花開當户牗,風起振庭柯。落日山堪盡,閑門雀可羅。有懷誰共語,撫景一高歌。"知其地風景秀美,鳥語花香,頗具恬澹閑適之意。

此稿所收爲曾氏平生詩文,存十二卷,爲五律、七律、七絶、稿序、贈序、族譜序、上梁文、壽序諸作。趙萬里先生稱其詩"清婉典則,無叫噪亢厲之音,刻染烟雲,争長毫穎,不愧臺閣名作",稱其文"曾歐遺響,縱横曼衍,然乏警策語,贈序酬應之什居半,是其所短也"。今觀其詩品類豐富,或游宴,或懷人,或贈行,或抒臆,皆發己思憶感懷,清麗雅暢,洵爲佳作。其文雖多應酬之作,然中多叙時人時事,兼録己見,亦可有補於史傳考索。（李林芳）

西征集二卷 存一卷

明王世懋撰。明刻本。一册。半葉九行,行十八字。白口,左右雙邊。

王世懋(1536—1588),字敬美,別號麟州,時稱少美,江蘇太倉人。明代文學家、史學家王世貞之弟。嘉靖進士。纍官至太常少卿。好學善詩文,著述頗富,而才氣名聲亞於其兄。著有《王儀部集》《王奉常雜著十四種》《二酉委譚》《二酉委譚摘録》《名山游記》《奉常集詞》《窺天外乘》《藝圃擷餘》《經子臆解》等。

是書收作者七言律詩、五言排律、七言排律、五言絶句、七言絶句。存卷下第一葉至第四十六葉。卷端署"吴郡王世懋敬美甫著""西蜀王三錫用懷甫校",鈐"长乐鄭振鐸西諦藏書"印。（劉炳梅）

横戈集一卷附録一卷

明鄧子龍撰。清鈔本。二册。半葉八行,行二十字,無格。

鄧子龍(1531—1598),字武橋,號虎冠道人,江西豐城人。明朝一代儒將。據《明史》載,其人貌魁梧,驍捷絶倫,兼通翰墨。明嘉靖三十七年(1558)中式武舉,數次平定有功,官至副總兵。明萬曆二十六年(1598),鄧子龍率水師隨朝鮮名將李舜臣共同抗倭,於同年十一月戰死海上。追贈都督僉事,朝鮮亦立廟奉祭。著有《横戈集》《陣法直指》等。

《横戈集》乃鄧子龍所作詩文、題贈合集,約百篇。是書以時間爲序,自嘉靖三十五年(1556)起,至萬曆十九年(1591)止。鄧子龍早年曾拜羅念庵爲師,文集中又多感興之詩，文風懇切，感情真摯，王士禎《帶經堂詩話》評其詩"頗磊落"。附録一卷收萬曆十四年（1586）供狀一紙，萬曆十八年（1590）請戴罪立功狀一紙以及萬曆二十六年（1598）家僕旺八家書二封。供狀所述乃鄧子龍因瀆職縱容遭貶一事，而家書則關於其殁於朝鮮之後事。

《橫戈集》鮮有知者，存世除此鈔本，還見有清道光二十三年（1843）刻《橫戈存稿》。書前有萬曆十四年（1586）鄧子龍自題序一篇。鈐"吳興劉氏嘉業堂藏書印""張問陶印"等印。（朱默迪）

留餘堂集二卷

明陳儒撰。清鈔本。六冊。半葉八行，行二十字，無格。

陳儒（1505—1559），字宗道，號方溪，明南直隸常熟（今屬江蘇）人。明嘉靖三十七年（1558）國子監貢生。天性淳篤，潛德弗耀。善詩文，以文學篤行名於嘉靖間。選東陽訓導，不到半月而卒，與其夫人卜孺人合葬於常熟虞山西麓祖塋。著有詩文集《留餘堂集》二卷。

此本前有孫七政、孫朝讓、龔立本、魏浣初、永春、趙士春、孫永祚、周光顯、蔣棻、陳振藻、連朝貴、蔣伊等人序跋及瞿景淳撰文、邵圭潔篆額、孫樓書丹之《明東陽司訓方溪陳先生暨元配卜孺人墓志銘》。孫朝讓序言"卒今年丁亥，其後曾孫湖廣常寧縣令振藻以其遺集示予而屬之叙"，趙士春序言"先生之曾孫籛如傳其遺稿"，其後不少序跋都提及陳儒曾侄孫陳振藻和曾孫籛如請人撰序。魏浣初序曰："今之古人最好稱述里中往事，數爲余言方溪公。云公與嚴文靖、瞿文懿、邵文遠爲同學故人，名相上下。"可知其當時交游。陳振藻記述更爲詳細："方溪公天性淳篤，孝弟出於自然，規趨矩翔，嚬笑不苟，學者稟爲人師，一時名流如瞿文懿、宗人景言輩咸折節推之……爲詩若古文詞，洋洋灑灑，下筆輒數千言。"感慨其風骨及懷才不遇之可惜，并記述了籛如多方搜集陳儒遺文的過程。瞿景淳（1507—1569），與陳儒爲同期同鄉人，在墓志銘中詳細記載了陳儒"大器晚成""世以詩禮稱"等生平。

卷前有目録，録所有詩名。卷上收録五言古詩、七言古詩、五言絶句、七言絶句、五言律詩、七言律詩、五言排律、七言排律,是爲一至三册。卷下收録序、頌、銘、紀、跋、祭文、墓志銘、傳、行狀、贊、雜著,是爲四至六册。卷端署"古虞方溪陳儒宗道父著""曾孫男永春籛如父校"。陳儒所作詩文體例豐富,風格清雅細膩,擅長寓情於景。如《先秋聞絡緯有感》:"金風未動井梧陰,絡緯新聲過竹林。自笑愁人愁不盡,一年心是兩年心。"其詩朗朗上口,規整之中透露出秀麗與大氣。

卷前鈐"鐵琴銅劍樓""古里瞿氏"印,爲鐵琴銅劍樓舊藏。瞿熾邦、瞿耀邦、瞿鳳起於一九五四年將此舊鈔本連同其他共二百七十種家藏善本書捐贈給國家圖書館。（郭静）

學易齋集二十卷

明萬廷言撰。明萬曆刻本。四册。半葉九行,行十八字,小字雙行同。白口,左右雙邊,單魚尾。

萬廷言(1531—1610),字以忠,又作曰忠,號思默,江西南昌人。明嘉靖四十一年(1562)進士。歷禮部郎官,出爲提學僉事。後罷官歸,杜門三十餘年,尤精於《易》。廷言受業於王守仁,師事羅洪先,又蒙王幾點化,江右與浙中王門均有所承傳。《明儒學案》有傳。黄宗羲言:"先生深於《易》,三百八十四爻,無非心體之流行,不著爻象,而又不離爻象。自來説《易》者,程《傳》而外,未之或見也。蓋深見乾元至善之體,融結爲孩提之愛敬,若先生始可謂之知性矣。"著有《易原》《易説》《經世要略》《學易齋集》等。

此書計二十卷,卷一至四爲《易原》,卷五至七爲書,卷八至十爲序,卷十一爲記,卷十二爲《大學》私記,卷十三爲雜著,卷十四爲傳、祭文,卷十五至二十爲五言古詩、五言律詩、七言律詩、七言絶句。卷前有萬曆十六年(1588)沔陽陳文燭序,又萬曆十五年(1587)萬廷言自序。（安延霞）

玉介園存稿十八卷附録四卷

明王叔杲撰。明萬曆二十九年(1601)王光美刻本。十三册。半葉九行,行十八字。白口，左右雙邊。

王叔杲（1517—1600），字陽德，號暘谷，浙江永嘉（今温州）人。明嘉靖四十一年（1562）進士。歷任常州靖江令、兵部職方司員外郎、兵部武選協司郎中、大名知府、湖廣布政使司參政、福建布政使司參政等。萬曆五年（1577）辭歸。《［雍正］浙江通志》《［乾隆］温州府志》等有王氏傳。王光美，字季中，王叔杲獨子。官光禄丞。

《玉介園存稿》卷前有萬曆十四年（1586）王世貞序、魏允貞序，萬曆二十七年己亥（1599）李化龍序。其後爲"暘谷王先生玉介園存稿目録"，卷一卷端題"玉介園存稿卷之一"，署"永嘉王叔杲陽德著"。版心上題"玉介園存稿"，中鎸卷次、葉次，下鎸刻工及字數。卷十八後有萬曆二十四年丙申（1596）作者《書存稿後》，萬曆二十九年（1601）王光美《録玉介園存稿書後》。《玉介園存稿附録》卷前有洪啓睿序、萬曆二十八年（1600）林繼衡序。附録卷端題"玉介園存稿附録卷之一"，署"男光美集梓"。附録後有萬曆二十九年（1601）王光美《玉介園存稿附録贈言書後》。

根據作者自序和王光美、王世貞、李化龍等序跋，萬曆二十二年甲午（1594）以前，王光美已編成王氏文集，但王氏認爲"是予敝帚，無足當作者""恐貽笑大方"，故未刊刻。萬曆二十二年（1594）因失火而書稿燒毁。萬曆二十八年（1600）王光美根據家僕日常所留存書稿再次編輯，"得十之四五"。編成後曾寄王氏大名府門生魏戀忠、李化龍等校勘。關於《玉介園存稿附録》成書，王光美《録贈言書後》所言甚詳，曰："先君子歷宦已久，往往遺愛在蒼赤，藉是内交宇内鴻流碩彦，故詒贈寄答之什，大言雲霞，小言月露，渢渢乎極一時之盛。孤既輯《存稿》成，乃發篋中所藏名公詩若文類如干篇，詮次其篇章，厘爲卷帙，并授剞劂氏。"

《玉介園存稿》前七卷爲王氏詩集，以"干支年"爲次編排。前五卷所收詩起自明嘉靖十四年乙未（1535），迄萬曆五年丁丑（1577）；卷六注"以下林居"，即萬曆五年（1577）辭官歸鄉後所作；卷七注"以下八旬後作"，即八十歲（1596）以後所作。卷八至十八爲文集，包括序兩卷、記一卷、傳一卷、尺牘三卷、祭文一卷、行狀志銘誄辭一卷、雜著兩卷。《玉介園存稿附録》所收爲王氏家中所藏"詒贈寄答之什""名公詩若文類如干篇"，包括綸音（皇帝諭旨）、序記等。還有王光美撰《先參政公行狀》、焦竑撰《參岳王公傳》、李維楨撰《墓志銘》、馮時可撰《神道碑銘》、王穉等撰《墓表》《鄉賢呈勘稿》《祀鄉賢文》，述王氏生平履歷甚詳。

王世貞序評王氏詩文，認爲詩"類多調暢和適……間有籟發而精詣者"，文"又不規規於古，然本之蓄而財之識，剴切詳到，昭然出於天則者，固非鏤肝效顰之所敢望也"。魏允貞認爲王氏之詩飄逸高雅，之文切實簡要，序云："其詩興遠而逸，調古而雅。泉石花木居其大半，即懷鄉贈友諸篇亦渢渢乎招隱之高致、崇德之彝訓也。其爲文則尤根據體要。雖應酬移檄之作罔不真切正大，使人讀之忘倦，謂可比美歐、蘇。"李化龍序高度評價王詩，云："今觀其詩，長言短韵殊其體，行役林居殊其時，乃清曠閑適，脱然於埃壒之外，泄道要而抒性真，比於彭澤、蘇州，有過之無不及也……行年八十猶有嬰兒之色，具三立催五福，有古今詞人所不敢望者，何論陶、韋……公有文若干卷，淵源理學，高雅如其詩。"

此本卷六、卷七、卷八書口内側書葉殘損嚴重，部分内容缺失，書葉殘破處已修復。

書中鈐"田堅""玉英"印，印主未知。

《中國古籍總目》集部著録此本，國家圖書館、北京大學圖書館有藏，另著録清同治間孫鏗鳴鈔本。（趙愛學）

何震川先生集二十八卷

明何洛文撰。明天啓五年（1625）何奕家刻本。十册。半葉九行，行十八字。白口，四周單邊。

何洛文，生卒年不詳，字啓圖，號震川，河南信陽人。明嘉靖四十四年（1565）進士。改庶吉士。萬曆時擢修撰，充經筵日講官，歷中允諭德侍讀學士掌院事、詹事府少詹事、禮部左侍郎。事迹詳見《〔乾隆〕信陽州志·政事傳》。

本書前有明天啓五年（1625）河南按察司副使石維屏序。石維屏，生卒年不詳，字新周，山東陵縣人。明萬曆辛丑(二十九年，1601)進士。纍官至山西左布政。據石序，何洛文乃何景明之孫，其父官懷遠知縣，洛文承其家學，所學淵博精深。校梓者何奕家，生卒年不詳，爲何洛文次子。

本書共十册，首册爲序文及目録，其餘爲詩文，第十册末有《修學募緣疏》一篇。此編凡詩集八卷，文集二十卷，俱以體類編次。共收録四言詩一篇，五言詩九十六篇，六言詩兩篇，七言詩二百七十八篇。多爲朋友應酬唱和以及山水觴咏之作。還收録册文、敕、序、記、傳、墓志銘、墓表、碑、頌、贊、銘、祭文、疏、表、啓、論、議、策、書，共計一百八十篇，具有一定的史料價值。

據《四庫大辭典》所載：洛文卒後，其長子欲將其父遺文梓行，不果，捐於館舍。後其次子勉力編校刊行，即是此本。

本書首册鈐“大學士章”印，每册均鈐“樹箴所藏”印，末册尾葉鈐“觀其大略”等印。

《中國古籍善本書目》著録，僅國家圖書館有藏。（易曉輝）

起曹稿□卷 存一卷

明葉逢春撰。明刻本。一册。半葉九行，行十六字。白口，四周單邊，單魚尾。

葉逢春，生卒年不詳，字叔仁，浙江餘姚人。明嘉靖四十四年(1565)進士。官至鄖陽知府。明萬曆九年(1581)曾刊刻唐陸贄的《唐陸宣公集》二十二卷和宋孫覿的《孫尚書内簡尺牘編注》十卷。

本書原卷數不詳，現僅存第三卷，共四十二葉，第一葉有破損。本書含有《贈禮部左侍郎東岑王公考績序(代)》《壽内山張公六十序(代)》《贈御史大夫傅公掌南院事序(代)》《贈梁年伯母楊太夫人七十壽序》《贈汝則吳君令遂安序》《題余生繪百桃卷》《壽桂封君文》《贈楊君冠帶序》《贈西曹司獄毛子考績并生子言》《贈太學生程子言(代)》《贈王君之南太常博士序(代)》《題吳樹燕雲卷》《題都諫龍山吕公叙述》《題侯給諫母貞壽榮封》《題對南王太史册封蜀府覲母卷》《題顧氏兩朝恩贈序》《别太史張君圖序》《題岑生奕髓》《曹中月約會説》《賀王母楊太宜人重封序》

《贈會川翁李老父母卓异序》《贈崇野聶年丈兵備潁州序》《贈錢大夫守太平序》《劉節婦傳》等内容,從中可見其交游,也可反映當時的歷史文化風貌。

《中國古籍善本書目》僅著録國家圖書館有藏。(閆智培)

淮上詩四卷

明陳文燭撰。明隆慶刻本。二册。半葉九行,行十八字。白口,四周雙邊。有黄裳跋。

陳文燭(1525—?),字玉叔,號五岳山人,沔陽(今湖北仙桃)人。明嘉靖四十四年(1565)進士。除大理評事,出知淮安府,遷四川提學副使,歷漕儲參政、福建按察使右布政使、江西左布政使,升應天府尹,終南京大理寺卿。陳文燭弱冠修古,性和易,以文飾治仕,雅好泉石,構園亭爲楚中冠。著有《二酉園文集》十四卷、《陳文燭詩集》十二卷、《五岳山房集》等,編修《[萬曆]淮安府志》。

卷首有李先芳《淮上詩序》,署“萬曆二年甲戌夏日濮陽李先芳撰”。李先芳,字伯承,號北山。明嘉靖十六年(1537)進士。官少卿。性居傲,負詩名,解音律,構園亭,任俠好施。有《大學古本四書解》《毛詩考正》《春秋辨疑》《東岱山房稿》《清平閣集》等著作十餘種。次孫斯億《淮上詩序》,署“隆慶六年壬申冬日雲夢山人華容孫斯億兆孺撰”。孫斯億,字兆孺,號雲夢山峰人,華容(今湖南岳陽)人。少早慧,七歲能詩。廣交結,遍游海内。年六十卒。有《鳴鋏集》《浮湘稿》《中州北游稿》等。卷端題“淮上詩”,署“沔陽陳文燭著”“四明沈明臣校”。卷末有《淮上詩後序》,署“隆慶壬申嘉平月朔日明沈明臣嘉則撰”。沈明臣,字嘉則,號句章,鄞縣(今浙江寧波)人。性高朗洞達,富於吟咏,以文章居顯,晚年聲氣益廣,明屠隆爲其作傳。

據《四庫全書總目提要》,陳文燭詩集共八集,此爲其中之一,凡四卷,爲陳文燭守淮陽時所作詩,有五言古、七言古、五言律、七言律、五言排律、五言絶句諸體。明胡應麟評陳文燭:“玉叔詩清婉典飭,居然名家。”

此爲黄裳舊藏。據黄裳跋,此本分二次購得,始得完璧,并稱“是傳本絶稀”

"雕槧絶精"，鈐"來燕榭珍藏記""黄裳藏本"等印。今藏國家圖書館。（顔彦）

張中丞詩集二卷

明張焕撰。明萬曆刻本。二册。半葉八行，行十八字。白口，四周單邊。

張焕，生卒年不詳，字彦章，號新槐，豫章（今江西南昌）人，工書畫。

《張中丞詩集》爲作者詩歌集，前有萬曆四十四年（1616）秋吏科都給事中鍾羽正撰《張中丞詩集叙》，曰："公，省試第一人，學博才富，氣粹體冲，其詩不爲高張急節，而春容温麗，有鳴鸞清珮之響。境接而成合焉，不造境以爲情，情至而境會焉，不矯情以爲境。讀之，如坐朗日和風柳塘花塢中，令人神愉情恬而不自知，信盛世之音醇儒之度也。"描述作者詩歌温婉恬静之風。

詩集分上下二卷，分體編排，卷上爲七言古詩四首、五言律詩二十五首并賦一首、七言律詩四十九首，卷下爲七言律詩七十首、五言排律二首、七言絶句四首。卷端題名下署"北海張焕著""同社鍾羽正校"。詩文多記賞景感懷、會友對酌等場景。文中見有《天界寺白下名刹也中有僧號半峰者頗得道因搆室名曰半峰庵春日登此爲賦》《梔子盛開喜而有賦》等賦數首。開篇爲《四仙圖》，雖作七言詩，然計一百六十二字，七言不通，似爲遺字。全文末附鍾羽正《挽懷洲張公五言排律》一篇。鍾羽正（1561—1636），字叔濂，益都（今山東青州）人。萬曆八年（1580）進士。除滑縣令。時年甫弱冠，多惠政。纍官工部尚書。著有《崇雅堂集》十五卷。由其爲此集作序并擔任校核工作，見其與作者關係甚密，亦可斷定作者卒於鍾羽正之前。

全書鈐"思澄堂主""申公過目""何氏伸公"印。（薩仁高娃）

長嘯軒近稿一卷續草一卷

明陳純撰，明冒愈昌校，明錢良胤評。明萬曆四十一至四十二年（1613—1614）朱之蕃刻本。一册。半葉九行，行十八字，小字雙行同。白口，四周雙邊，單魚尾。

陳純（1533—1614後，生卒年據本書詩句及小引考），字抱一，號太樸，又號未

齋(據本書朱之蕃序),通州(今江蘇南通)人。明嘉靖四十三年(1564)舉人。曾官
山東鉅野知縣。《長嘯軒續草》胡拱極序云“太樸翁嘗宰鉅野,未幾解組歸”,説明
任鉅野知縣時間不長。

　　卷首有萬曆癸丑(四十一年,1613)朱之蕃序,序末鈐“朱印之蕃”“朱氏元介”
印。朱序後附刻冒愈昌題記:“社晚友冒愈昌僭爲評閲一過於北山僧舍。”鈐“冒印
愈昌”“伯麐”印。又錢良胤題記:“同社後學錢良胤僭爲丹鉛并評。”鈐“錢印良胤”
“字王孫”“無他技”印。卷端題“長嘯軒近稿”,署“廣陵陳純抱一著”“後學冒愈昌
伯麐校”“後學錢良胤王孫評”。版心題“長嘯軒近草”。

　　據朱之蕃序,《長嘯軒近稿》是朱氏拜訪陳純,獲讀其詩稿,“悦目賞心……爰
命梓人亟成合璧”。朱之蕃(1561—?),字元介,號蘭嵎,金陵人。萬曆二十三年
(1595)進士。官至吏部侍郎,曾出使朝鮮。卒贈尚書。工書畫。曾刻印古籍多部。
由“近稿”二字可知此集爲陳氏新近之作。卷中《丈人行》小引云:“歲辛亥,余正八
十,六月渡京口別彭侍御嵩螺”,《驟雨水溢田中行船過王氏悠然閣山雨復來夏時
紀事》詩前小引云:“時辛亥五月”,又《宋新昌汝雍社丈八十》詩有“新昌宋公年八
十……公生癸巳我壬辰”句,另根據朱序時間“萬曆四十一年癸丑”,可推知作者生
於明嘉靖十一年壬辰(1532)。《丈人行》《夏時紀事》二詩作於萬曆三十九年
(1611)辛亥,《宋新昌汝雍社丈八十》詩作於萬曆四十年(1612)。則此“近稿”當
爲該書刊刻前一二年間所作。

　　“長嘯軒”爲陳純齋號。朱序云“若蕃者,嘯旨難繼乎蘇門,緒業僅賡夫下里”,
道出了“長嘯軒”來歷。“長嘯”或稱“蘇門嘯”,典出《晉書·阮籍傳》:“籍嘗於蘇
門山遇孫登,與商略終古及栖神道氣之術。登皆不應,籍因長嘯而退。至半嶺,聞
有聲若鸞鳳之音,響乎岩谷,乃登之嘯也。”後人用來指高士的情趣。據朱序“囊懸
一編於國門”及《續草》朱序“客歲未齋年伯年八十有二,過石城梓其近作,合舊刻
以傳”,陳純此前另有詩集付梓,但今未見相關著録,或已亡佚。

　　《長嘯軒近稿》收詩百餘首,詩體多爲古體詩及五言、七言排律,内容多爲山茨
社社友唱和以及題贈、祝壽、紀事等。如《五日□□□招集山茨社同賦四支》《山茨

社移竹是爲五月十三日同賦得池字》《山茨社鶴去復來同賦》《題楊母盛孺人貞順卷》《丈人行》《山茨社性延設齋同盧子明湯慈明張鉅卿王夢覺潘仲和諸子賦分得鹽字》《九日招同社登北山》《題王母張孺人壽圖》《九日後雨霽簡同社諸子登狼山》等。各詩詩末或葉眉欄外有冒愈昌、錢良胤小字品評。除冒評、錢評外，另有"焦評""范評"等。如《山茨社移竹是爲五月十三日同賦得池字》詩首二句曰："兆日此君醉，移君君不知。托根仍故土，猶然向南枝。"詩末冒評："工於發端。"《丈人行》詩末焦評："絕佳，似衝口而無一字不工。"《江昌邑肖城八十》批注曰："范云：'叙事有趣甚。'"朱之蕃序亦有品評："年八十而神王情愉，每成一章，而色蒼調古，後進遵爲矩矱，騷壇望重圭璋……蓋緣閲歷久而世態物情收覽畢備，感慨深而交懽離索模寫逼真。即祝壽考、歌燕樂，易趨靡曼，盡歸雅馴。惟翁身有之宜其言之似耳。"道出八十老翁詩作因閲歷高而"色蒼調古"的風格。

《長嘯軒近稿》所收詩有關叙事者和紀事小引可以補充相關文學史事。除上考作者生年、任職鉅野知縣等事，也提供了不少有關"山茨社"的唱和活動、成員組成等方面的文學史資料。據考，山茨社爲萬曆三十九年（1611）由范鳳翼創於鄉里。范鳳翼（？—1655），字異羽，通州（今江蘇南通）人。萬曆二十六年（1598）進士。歷任順天教授，國子監助教，戶部、工部主事，稽勳司員外郎，尚寶少卿，光禄少卿等職。萬曆三十九年（1611）會鄉歸隱，結山茨社。著有《范勛卿詩文集》等。《五日□□□招集山茨社同賦四支》詩云"山茨仙吏初開社，盛會剛逢五日期"，或證山茨社開社時間爲萬曆辛亥（三十九年，1611）某月五日。上文已云，《長嘯軒近稿》所收詩應爲萬曆三十九年前後一兩年内，山茨社亦成立於萬曆三十九年（1611），則此集或多爲山茨社結社後所作。根據《山茨社性延設齋》等詩，可知山茨社成員有盧子明、湯有光（慈明）、張鉅卿、王夢覺、潘仲和等。

《長嘯軒續草》一卷，卷首爲作者萬曆四十一年（1613）行書"五言古詩三十首小引"，鈐"陳純之印""抱一□"印。次爲萬曆四十二年甲寅（1614）朱之蕃行書序，鈐"朱之蕃印""狀元侍郎"印。還有胡拱極行書序，鈐"胡印拱極""京儒"印。邵知默楷書（間行書）序，鈐"邵印知默""更生父"印。卷端題"上平"，版心題"長嘯軒續草”。

《續草》共收詩三十首，上平聲、下平聲各十五首，一韵一首。無篇題，以韵代題。卷内無冒、錢等品評。卷首作者“小引”述及此三十首詩内容：“或感懷，或即景，偶因事以次韵，或傷今，或追昔，間依韵以立言，自勉之詞實有八九，憤世之論不無二三。”朱序則曰：“寫其藴抱、寄托其玄覽，發抒其今昔感慨激切之懷。壯氣凌霄、解悟脱塵、禪宗玄旨、警世談心，種種具足。”陳氏自評云：“若曰并驅陶、謝，則吾豈敢？或云壓倒元、白，亦爲過情。”雖爲謙辭，却可見其自負。

該書書葉有水漬，書口殘破，已經修復。個别字劃模糊難辨，説明刷印時書版已部分磨泐。

據《中國古籍總目》著録，該書僅國家圖書館收藏。（趙愛學）

雲仙集□□卷存十七卷

明朱勋澈撰。明嘉靖十八年（1539）瀋藩刻本。六册。半葉十行，行十八字。白口，四周單邊。

朱勋澈，生卒年不詳，號雲仙散人。

卷首爲瀋藩朱胤杉（即明瀋憲王，明太祖朱元璋七世孫，自號南山道人）嘉靖十八年（1539）序，云：“雲仙亦學者爾，潛心妙年，克就晚歲，孜孜罔怠廿餘春，可謂之勤。乃嗣克紹厥獻尋弗墜，欲鋟諸梓以傳，永弗泯厥德。”繼爲何瑭嘉靖十九年（1540）序，云：“瑭不佞，觀雲仙詩文足仰其賢，而知瀋藩宗英尚有人也，因走書以謝。雲仙書以請序，瑭老不能文，姑以是爲言。世有子雲者，必愛玄書而重之矣。”繼之監察御史漳野李新芳叙、嘉靖二十九年（1550）章适序，又嘉靖二十年（1541）郡士栗應宏序云：“宗室雲仙以大雅敏傳之賢達，德不凡之藴，志存經世，言則古昔，撫景述事，歌咏太平，斯一時之盛也。”

是書殘，存十七卷：卷一至五、卷九至十四、卷十八至二十、卷二十六至二十八。各卷前有目録。卷一爲風雅類，卷二爲樂府歌行體，卷三、卷四爲五言古詩，卷五爲五言律詩，卷九爲七言律詩，卷十爲七言絕句，卷十一爲五言絕句，卷十二爲七言古詩,卷十三爲琴操體,卷十四爲賦類,卷十八、十九爲奏疏,卷二十爲恭題,卷二十六爲《禮記》雜議,卷二十七爲碑文、祭文、原、《通鑑》斷説,卷二十八爲雲窩新稿。（劉炳梅）

豫章既白詩稿四卷

明朱拱㮚撰。明嘉靖二十九年（1550）刻本。一册。半葉九行,行十八字。白口,四周雙邊。

此書未題撰者。書前蔡汝楠序云："僕入覲還衡,經江藩,藩府既白翁延僕暨郭太史於其府第,令譚藝焉。"可知,書之撰者爲明代江藩府宗室之人,江藩爲瑞昌國藩王別稱。清嘉慶年間刻本《天一閣書目》卷四著録此書有四卷,未題撰人,祇記録了編者爲"遂安吳世良",與此書相符合。明代朱睦㮮編《萬卷堂書目》（清光緒年間刊本）卷四集部之尾"宗室"小類下亦著録此書,題撰者爲朱拱㮚。推測此書爲朱拱㮚詩集。

朱拱㮚,生卒年不詳,明宗室,瑞昌王朱奠壎四世孫,封奉國將軍,大致生活在正德、嘉靖朝。朱奠壎爲寧惠王朱盤烒庶出二子,明景泰二年（1451）封爲瑞昌王。《明史・諸王列傳》云："（拱㮚）父宸㴲爲宸濠累,逮繫中都。兄拱柄請以身代,拱㮚佐之,卒得白。嘉靖九年上書請建宗學,令宗室設壇壝,行耕桑禮,謹祀典,加意恤刑,皆得旨俞允。捐田白鹿洞贍學者。"明毛伯温《毛襄懋文集》別集收録有拱㮚與毛氏的唱和詞一首以及一篇寫給毛氏的序文。

據蔡汝南序,此書刊行於嘉靖二十九年（1550）。卷一爲五言古詩,卷二爲五言律詩,卷三爲五言排律,卷四爲五言絶句。詩歌内容主要爲日常生活、交游酬唱以及咏誦景物。編輯者吳世良,字元良,浙江嚴州府遂安縣人。嘉靖十七年（1538）登進士第三甲第一百五十名。次年,授任長洲縣知縣。其性情通朗不拘小節,爲政受人稱道。校正者朱繼忠,生平不詳。根據《[光緒]江西通志》記載,爲嘉靖四年（1525）鄉試舉人。書前刊刻有王大用（樊谷）等五十四名文人的評語,極盡溢美之詞。（曹菁菁）

匡南先生詩集四卷

明朱拱樋撰。明嘉靖刻本。一册。半葉九行,行十八字。白口,左右雙邊。

朱拱樋,字匡南,江西豫章(今南昌)人。建安簡定王孫,寧獻王朱權五世孫。有《瑞鶴堂近稿》《爽臺稿》。

本書卷首有嘉靖戊申(二十七年,1548)長至日武寧余弼序。繼爲目録。卷一收録五言律詩七十五首、五言排律二首。卷二收録七言律詩六十一首。卷三收録五言古詩十八首、七言古詩五首。卷四收録七言絶句四十三首、五言絶句七首。卷端署"豫章朱拱樋子深著""柳溪余弼選"。(楊凡)

瑞鶴堂近稿三卷

明朱拱樋撰。明嘉靖刻本。每半葉八行,行十六字。白口,四周單邊。

是書以詩體劃分,收七言律詩七十六首、歌行十首、絶句三十五首,共三卷一百二十一首。明俞憲編《盛明百家詩》中有《宗室匡南詩集》,題識曰"宗室匡南,諱拱樋,乃寧獻王五世孫。予官江右,雅重其詩。近寄予《瑞鶴堂稿》一編,即此刻也"。據此可知,《匡南詩集》與《瑞鶴堂稿》乃一書二名。

書首鈐"四明張氏約園藏書之印""張印壽鏞"等印,爲約園舊藏,現藏國家圖書館。(朱默迪)

新樂王甲戌稿一卷

明朱載璽撰。稿本。

朱載璽(?—1593),字信父,號誠軒,青州衡藩明宗室,明嘉靖三十六年(1557)襲封新樂王。《明史·諸王傳》曰:"博雅善文辭,索諸藩所纂述,得數十種,梓而行之。"著有《洪武聖政頌》《皇明政要》《綺合繡楊集》等書。朱載璽不僅文采風流,亦善書,與徐渭、李開先、梁辰魚、馮惟訥等名士均有交游唱和。故宫博物院藏《大明二藩王書詩》存其墨迹。

　　是書爲朱載璽遺稿。明萬曆二十一年（1593），新樂王載璽薨，子翊鏛嗣，明亡後不知所踪。遺稿收詩二十餘首，主要爲感懷、交游之作。書前自署名"中山羽客"。其詩沖淡夷遠，有獨造之趣。另外，其書筆法俊秀，風格灑脱，有徽宗筆意，亦是書法佳作。

　　卷首鈐"召敕孝行""食邑古中山"等印。據序此稿本由古白禪訥托付序作者出版，但遍檢文獻，除此稿本外未見其他版本，故此稿最終未能付梓。（朱默迪）

江皋集六卷遺稿一卷

　　明馮淮撰。明刻本。一册。半葉十二行，行二十二字。白口，左右雙邊。

　　馮淮（約1485—1564），字會東，號雪竹，昆山安亭（今上海嘉定）人。明昆山地區著名詩人。歸有光曾爲其撰寫《馮會東墓志銘》，舊碑早佚，其文收入《震川先生集》卷十九。馮淮無功名，生平以客授謀生，清貧困頓。癡於吟詩，有詩名，士人多邀其游歷山水，遍游吴越。晚年得到當地鄉紳的禮遇。

　　馮氏性格灑脱，"其詩多自得之意，不蹈陳迹"。歸有光評價其詩"直逼唐人"。生前有詩稿千餘篇，上海唐世具、顧汝修、喬啓仁、朱邦憲删重整理後，得到在上海地區所著的詩稿六卷，出資刊刻，是爲此集。根據卷前徐獻忠的序，馮氏還有《武夷集》《荆溪集》刊刻出版，但存世尚未見此兩集。

　　本書共分六卷，大抵按照詩作的創作時間排序，較好地保留了馮氏詩歌的原貌。其詩多爲交游詩及咏景詩，詩歌清麗，用典自然，一改臺閣體的平正。馮淮所處的時代，正是昆山、太倉地區文學發展的高潮時期，鑒於馮氏與歸有光等人的交游關係，其詩作應當給予足夠的重視，以便討論明代昆山詩壇的創作特色。

　　本書卷端鈐"慎初堂"印，曾爲民國著名藏書家陳乃乾所藏，今藏國家圖書館。（曹菁菁）

素軒吟稿十一卷

　　明傅倫撰。明嘉靖五年（1526）朱肅齋刻本。四册。半葉十行，行十八字或十六字。白口,四周雙邊。

傅倫,生卒年不詳,字天序,號素軒,湖南靖州人。明代太監。傅倫明成化十三年(1477)選入内庭,進學司禮監,從翰林學士李東陽講習課試,通曉經史大義,工詞翰,同時又習武事,乃文武全才。後遷轉尚寶監,供染翰之職。明孝宗時,提督廣東珠池,自少監升太監,裁省賦役,禮待士大夫。明正德初年(1506),命督理淮安國儲。正德十一年(1516)被委任以廣西鎮守。傅倫在任期間,抑豪强,撫困苦,興學校,修武備,政績頗佳。

該書爲傅倫詩集,書首有嘉靖五年(1526)南京翰林院侍講學士郭維藩《素軒吟稿序》。按體例分爲七言律詩、五言律詩、歌行、七言排律、五言排律、五言古體、七言絶句、五言絶句和附録,共録詩五百二十八首。郭序云"雲南肅齋朱先生爲公門下士也,得公之作將梓以廣焉",知該本爲嘉靖五年(1526)朱肅齋刻本。朱肅齋,生平不詳,據郭序知其爲傅倫門人,杜信孚《全明分省分縣刻書考》將其列爲明代宗室,不知其確證。

傅倫之詩多因事而作,尤其是他治理廣西時期的詩作,更是録事詳明,史料價值很高。其詩語句平實、通達,文采有可觀之處。郭維藩《序》云其詩"冲澹和平,清潤幽婉,略無穠纖刻削之爲,堂堂乎大雅之音,足以擅作者之場,鳴國家之盛",亦爲平實之論。其中"坐憩園亭半畝春,檻花庭草不沾塵。偶聞墻外呻吟者,多是饑寒道路人"之句情思高遠,立意深沉,爲明詩佳作。該本鈐"張印壽鏞""四明張氏約園藏書""約園善本"諸印,爲張壽鏞舊藏。(賈大偉)

心逸道人吟稿二卷

明吳宗漢撰。清道光十年(1830)馬泰榮鈔本。四册。半葉十一行,行二十四字,無格。

心逸道人,吳宗漢别號,原號東匯,諱宗漢,字守忠,浙江海鹽人。好學不倦,所著若干卷。

《吟稿》正文前有明嘉靖庚申(三十九年,1560)同邑沂陽生王文禄序。王序先交代了與心逸先生交往的經過："吾邑心逸吳先生自少嗜吟，每得一詩，或路逢，輒吟示予。每聽每進，至老而彌工。予請托之，梓當爲序之。今年冬外孫海陽陳子……持稿示予請序，予得盡觀焉。率其性真不蹈塵轍，多山林逸懷，殆遠塵之格，'格'非特詩之有格，人亦有格……心逸先生者，倏然鶴立，清瘦而臞，談論侃毅，端拱徐趨，望之者皆欽其爲休休之士也。"又對比了心逸先生與其兄静淵先生二人詩文及詩格與人格、性格之關係，曰："蓋孝弟根於心，則心之和順而發之於詩，宜詩之靄如也。静淵出仕而不顯，心逸將仕而不出，皆以養母。故二先生者，性之格高，乃人之格高，静淵先文而後詩，心逸先詩而後文，文即無韵之詩，詩即有韵之文，一也，乃格之高也。夫格之極高者何也？自然也。自然之格，天格也。今人瑣瑣以論詩格，而不知人之格由性之格，蓋大謬矣。"

卷末有嘉靖辛酉（四十年，1561）心逸先生外孫陳所學跋，交代了《心逸道人吟稿》成稿經過，又述及外祖性情爲文："翁性度冲夷恬素，而瀟灑通脱，即至老不衰，每閑居讀書道古，竊慕陶五柳孟襄陽之爲人，而其人其作亦復似之……泊然無求，其見之聲律者清遠閑逸可想也。"後又有文林郎知湖廣漢陽縣事邑人董穀撰《明故東匯吳先生孺人褚氏墓誌銘》一篇，卷末題"大清道光十年十一月同邑後學馬泰榮秋潯氏手録"，題識下有鈐印一枚。

《吟稿》卷端鈐"芊石手鈔"。正文分上下兩卷。卷首卷中有鈐"劉承幹字貞一號翰怡""吳興劉氏嘉業堂藏書印"印，此稿經吳興劉承幹嘉業堂藏，現藏國家圖書館。（徐慧）

謝茂秦集二卷

明謝榛撰，明王世貞輯。明刻本。二册。半葉十行，行二十字。白口，四周單邊。

謝榛（1495—1575），字茂秦，號四溟山人、脱屣山人，山東臨清人。年十六作樂府商調，臨德間少年皆歌之。後折節讀書，刻意爲歌詩，遂以聲律有聞於時。西游彰德，得趙康王朱厚煜賓禮之。嘉靖間入京師，脱盧楠於獄，諸公多其誼，與李攀龍、王世貞等結詩社，以布衣執牛耳。後爲李攀龍排斥，削名"七子"之外，客游諸藩王間，以布衣終其身。著有《四溟集》二十四卷（一説十卷）、《四溟詩話》（亦題《詩家直説》）四卷。

此書卷首有明嘉靖丙辰（三十五年，1556）秋王世貞《謝茂秦集序》，叙述了輯録此集的緣由："茂秦故有《集》行於鄴，七言古多散緩可商者，又稱人間貴人甚著，吾厭之，爲去其十七，乃所存則咸颯颯然鴻爽比密，宫商恊度，意象衡當者。"此書收録謝榛各體詩歌，上卷計一百三十首，下卷計一百四十四首。以送别、寄贈、酬唱等交游詩爲主，亦多游歷山水之作。錢謙益評價其詩曰："茂秦今體，工力深厚，句響而字穩，七子、五子之流，皆不及也。茂秦詩有兩種，其聲律圓穩持擇矜慎者，弘、正之遺響也；其應酬牽率排比支綴者，嘉、隆之前茅也。余録嘉靖七子之咏，仍以茂秦爲首，使後之尚論者，得以區别其薰蕕，條分其涇渭。"謝榛所屬的七子派，以復古爲主張，崇尚"文必秦漢，詩必盛唐"，而謝榛的創作在師法漢唐的同時，并没有落入七子派末流的摹擬剽竊之窠臼，可謂後七子派中之异調。

書中鈐有"四明陳氏文則樓臧書記""閉門索句""李印書勳""南宫邢氏珍藏善本""邢印之襄"等印。（王俊雙）

梅谷蕭山稿一卷

明蕭敬德撰。明嘉靖刻本。一册。半葉九行，行十九字。白口，左右雙邊。

蕭子，生卒年不詳，字敬德，别號梅谷，陽明門人，學識淵博，弟子衆多。

本書一卷，爲蕭敬德詩詞集，由其門生支澤輯録百餘首。書前有楊撫《梅谷蕭山稿引》。

楊撫在序中談及此書稿乃友人支澤，即蕭敬德之門生輯録而成，楊撫讀之言："其音宏以肆、邃以嚴、宛以連，不作叔世佹語，乃嘆曰雍雍乎翕哉！太古之遺響也。"此書可謂是鄧林一枝，也是蕭敬德一生讀書治學心血所在，故而其門生支澤輯録，冀望傳之後人。（宋玥）

張弘山先生集四卷

明張後覺撰。清初刻本。一册。半葉九行，行二十字。白口，四周雙邊。

張後覺（1503—1578），字志仁，號弘山，一作宏山，山東荏平人。仕終華陰教諭。《[康熙]荏平縣志》載朱延禧撰《張宏山議謚事實》曰："早潛心理學，得姚江正脉……以心悟爲宗而尤敦實行。"《明史》卷二百八十三有傳。

此集爲清初刻本。卷之一爲教言，卷之二爲語録，卷三爲《明故先考府君墓志銘》及詩、書，卷四爲附諸名公撰文，收録《弘山先生墓志銘》《弘山張先生傳》《弘山張先生墓表》《弘山張先生祠記》及諸名公評。卷前有明萬曆二年（1574）冬孟秋撰《教言原序》、趙維新所撰《教言後序》及萬曆十六年（1588）孟秋《語録後序》。二人爲後覺弟子，三人另有《荏邑三先生合刻》行世。據序可知，卷之一教言爲孟秋於萬曆二年（1574）昌黎令任上刊刻；語録是孟秋於萬曆丙子（1576）整理刊刻的張弘山在"昌黎學道堂"的講論。在此二集的基礎上，又編入弘山先生部分文、詩、書、傳等最終成四卷本《張弘山集》，中國科學院文獻情報中心藏明萬曆二十七年（1599）張尚淳刻本。

《四庫全書總目提要・子部・雜家類存目》著録有《宏山集》四卷，載曰："教言、語録皆宵冥恍惚之談，動稱顔山農，其宗旨可見。詩文皆不入格，尤不諳體例。"可見對其思想及詩文成就評價不高。

卷端鈐有"秀水盛氏柚堂圖書""四明張氏約園藏書之印"等印，可知此集曾在盛百二、張壽鏞處。（馬琳）

閩中稿一卷

明李奎撰。明刻本。一册。半葉九行，行十八字。白口，左右雙邊。

李奎，字伯文，號珠山，又號龍珠山人，錢塘（今浙江杭州）人。明正德隆慶間人。雅善詩，跌宕自豪，從齊人謝榛游，傾動諸公卿。與沈鍊深相結納，後沈鍊因彈劾嚴嵩而下獄，李奎傾身庇之，招致嚴世蕃嫉恨。後脱身歸里中，與方九叙、沈仕等結社湖山之間,年八十餘卒,葬西湖之上。著有《珠山集》《龍珠山房集》《湖上篇》《閩中》《游燕》《金陵》等。

　　此書版心上鐫"龍珠山房",下鐫葉數。卷端題名"閩中稿",著者題爲"龍珠山人李奎"。此書收錄李奎詩歌三十四首,以五律七律爲主,多爲游歷福建各處名勝之時的吟咏山水之作。詩人或登名山,或入古刹,或溯清流,或望大海,將胸中情感寄寓於自然之景中,以自然之景抒發山水之志,朱彝尊《静志居詩話》稱:"伯文周旋沈青崖於獄中者,以氣義聞,詩特寄興也。"其語言細膩清新,流暢纖麗,朱彝尊引彭輅言贊李奎詩歌"以興象爲宗,篇多渾融,句多藻繢,讀之爽氣滿前"。正隆之間,文壇復古風潮甚囂塵上,而末流則淪爲莫擬剽竊,因此,這種自然流暢且兼具真情實感的詩風就格外可貴了。李奎早期與復古派異調謝榛的交往已體現出他不同流俗的創作傾向,而晚年歸隱湖山則使得他的這種詩歌主張得到了進一步發揮。

　　此書中有墨筆圈點。（王俊雙）

北轅集一卷

　　明歐大任撰。明隆慶六年（1572）趙用光家鈔本。一册。半葉十行,行十九字,藍格。白口,四周單邊。有眉欄。

　　歐大任（1516—1596）,字楨伯,號侖山,廣東順德人。嘉靖貢生。曾任南京工部虞衡郎中,別稱"歐虞部"。世代書香,家富藏書。大任"博涉經史,工古文辭詩賦",早年文運不佳,八次鄉試均落榜,直到明嘉靖四十二年（1563）,四十七歲纔一鳴驚人,以歲貢生資格,試於大廷,被考官嘆爲一代之才,由是聲名遠播。與後七子李攀龍、王世貞等人結詩社,酬唱亦多。參修《世宗實錄》。明萬曆三年（1575）,升國子監助教。萬曆十二年（1584）,致仕回鄉。著有《百越先賢志》《廣陵十先生傳》《平陽家乘》及文集,另有《思玄堂集》《旅燕集》《浮淮集》《韜中集》《游梁集》《南翥集》《北轅集》《西署集》《秣陵集》《詔歸集》《邃園集》等詩集,後人彙刻爲《歐虞部詩文全集》行世。

　　是爲歐大任詩集。卷首有萬曆丁丑（五年,1577）余曰德《北轅集序》,卷端署

"嶺南歐大任楨伯著"。書末有萬曆壬申(實爲隆慶六年,1572)五月十九日趙用光識語,稱其曰:"少慕歐楨伯名,稍長讀《廣陵十先生傳》,知楨伯良才,以不見其詩爲恨,今歲從同署郭水陽所見《北轅集》,遂録一帙,暇時縱觀之。總不得稱大家,亦翩翩乎一時之秀也。見賞於鱗、元美兩君子,豈偶然哉。"後鈐"用光""太史氏""家世龍門"印。唯萬曆并無壬申,壬申爲隆慶末年之年號,國家圖書館據此定爲隆慶六年(1572)鈔本。全書鈔寫工緻,惜葉面間有殘破。是書卷首鈐"振綺堂兵燹後收藏書""汪魚亭藏閱書"等印,曾爲汪氏振綺堂所藏,現藏國家圖書館。(陳紅彥)

秣陵集八卷

明歐大任撰。清鈔本。一册。半葉九行,行十九字,無格。

《秣陵集》爲歐大任明萬曆九年(1581)至萬曆十一年(1583)在南京任職期間所作。此本前有萬曆十一年(1583)余益麟序。序稱歐詩:"楨伯學務博綜而詩尤專詣,一時秉鉞,名家多所政附。今觀其集,睇景紓懷,即事導興,或於宮庭廬衛而登紀録,或與仙臺梵宇而述宴游,或以訪古而寄慨,或以停御而眷心,或占綴於酬知,或湛思於掩閱。清裁駿發,牘映篇流,所爲瑰其志而肆其端者,益得江山之勝非鮮矣。古今聞人有經游題品者,後咸引之爲重,即以楨伯詩貽諸將來,其不爲秣陵重哉?"較爲全面地總結了歐大任詩歌的藝術特色。又云:"又聞世之譚詩者類謂:吳下以色澤勝,中原以風骨勝,其沿習使然也。楨伯崛起百粵而詩業浸閎,蓋兼有其勝,能以粵之詩與吳之詩、中原之詩三分鼎立,斯亦豪哉!則非獨爲秣陵重,抑亦爲粵重也。夫秣陵重、粵重而楨伯之詩益重矣。"余序認爲歐氏詩歌創作能得中原與吳下詩歌之長,并能使粵詩與中原、吳下鼎足而立,可謂評價頗高。

是編八卷,收五言古詩、七言古詩、五言律詩、五言絶句、七言律詩、七言排律、七言絶句三百餘首。序前鈐"延古堂李氏珍藏"印,知其曾爲清末民初"天津八大家"之一的李氏家族收藏。李氏代有藏書,堂號"延古堂"來自祖上明末清初時人李京琦所著《延古齋詩存》,至清末民初李士銘、李士鉁時,李氏藏書最盛,奠定了延古堂在藏書史上的地位。民國時期，李氏藏書散出，李士鉁之子李典臣將部分藏書售與北平圖書館（國家圖書館前身），是書當爲此時同批入館。（宋凱）

鄭松庵漫稿七卷存五卷附錄一卷

明鄭明寶撰。明嘉靖刻本。一册。半葉十行，行二十字。黑口，四周單邊，單魚尾。

鄭明寶，字信之，號松庵，安徽歙縣人。生平不詳。

本書爲鄭明寶所作詩集。存五卷，卷三至七。其中，卷三爲五言律詩，卷四爲七言律詩，卷五爲五言絕句，卷六爲七言絕句，卷七爲六言。另有附錄一卷，收李士允、睦㭪、郭鳳儀、程誥、郭中等人贈言六篇以及王元《壽松庵鄭先生六十序》一篇。

書末有明嘉靖三十六年（1557）徐公霖撰《鄭松庵詩集後序》一篇，對鄭松庵詩評價甚高：“其詩引物比類，窮情盡變，謹嚴乎短章，舂容乎大篇，叙事述懷，質而不俚，婉而成章。”

鈐“鄞林氏藜照廬圖書”印。《中國古籍善本書目》著録，僅國家圖書館有藏。（龍堃）

白狼山人漫稿二卷

明盧楓撰。明嘉靖三十七年（1558）鄧霓等刻本。二册。半葉十行，行十八字。白口，四周雙邊，單魚尾。

盧楓，字拱宸，號蓋齋，南通州（今江蘇南通）人。明嘉靖二十七年（1548）貢生。授山東泰安訓導。歲飢，楓攝政務，民不受灾，後遷齊東縣教諭。部使疏薦之，稱其“文足以扶齊魯之衰，才足以任民社之寄”，遇疾歸，猝卒。爲人至孝，待异母兄如事父兄。平生清貧，歿之日，囊中無一錢，竟不能治喪。曾修《泰山志》，三長互用，自成一家言，至今仍稱爲“良史”。其詩多散見於各地方詩集中，清陳心穎輯《紫琅詩》卷一録其詩八首，清楊廷撰《五山耆舊集》卷六録其詩四十五首，清王藻《崇川各家詩鈔彙存·列朝詩選》卷上録其詩六首，清陳田《明詩紀事·己簽》卷十九録其詩一首。撰有《白狼山人集》二卷。

《白狼山人漫稿》二卷，現存明嘉靖三十七年（1558）刻本，前有嘉靖丁巳歲（三十六年，1557）國子監助教莆陽晉齋《白狼山人詩叙》，稱盧楓"每飲至半醺，則撰述哦吟，惟意所適，似易而難，似近而遠，似枯縴而豐腴，諷咏未終，飄然有塵"。又有裔孫寶薰手録《白狼山人傳》，收録《泰安州學正傳・儀傳》、四明沈明臣《郡志文學傳》中對盧楓記載。詩稿上卷爲《寓岱稿》，爲作者居泰山時所作，收《白龍池即事》等詩六十餘首，主題有懷鄉、賞花、觀景、送友等，閑静淡雅，偶有《聞南方倭寇之警二首》等反映時局之作，筆鋒瞬變，性情豪邁。下卷《寓京稿》，收《樓居》等詩十一首，《舊稿》收《寄餘姚邰元復》等詩二十八首，記生活瑣事。全書滿篇圈點句讀，偶有批注、修改。末有明嘉靖戊午（三十七年，1558）七月泰山門人鄧霓跋，謂："其觸景遇事感情隨筆成稿，其間句意悠然，自得性情之真趣，不假雕琢之功，駸駸高古，自成一家。"贊作者創作自然、不拘一格。書末有朱鼎照得書記。

鈐"蕭山朱鼎照收藏書籍""蕭山朱氏別宥齋藏書印""別宥""樂壽堂""別宥齋""鼎照"等印，爲朱鼎照（1885—1968）舊藏。（薩仁高娃）

筆峰詩草一卷醉鄉小稿一卷

明高應玘撰。明嘉靖刻本。二册。半葉八行，行十八字。白口，四周單邊。

高應玘，生卒年不詳，約生活於明嘉靖至萬曆間，字仲子，又字仲純，號筆峰子，山東章丘人。國子監貢生。明隆慶間任元城縣丞。工詩能詞，通音律。著有《筆峰詩草》《歸田稿》《醉鄉小稿》等。

本書前有嘉靖四十五年（1566）楊巍序，内稱："吕山人復携《筆峰詩稿》請余評之。觀其觸事抒懷、引物比類，率沉着簡易，不爲拗體險韵，與浮世較工拙，蓋博雅之流、篤恭之士也。聞游中麓先生之門，固知淵源有自，聲響迴別矣……筆峰年方强壯，將肆其才力，總萃古今而商榷之，當有以繼諸作者之後矣。"《筆峰詩草》收録其詩七十餘首，多游歷、感懷、交游之作。

《醉鄉小稿》是高應玘的散曲集，前有嘉靖三十二年（1553）自序，内言："余自蚤歲僻性散逸,酷嗜詞曲。既長而更耽游賞,時或寄興陶情於夫探奇問遠,得句狂歌,無是出於信口,誠以醉翁之意焉。"又云:"篋笥偶檢小令數闋,中多俗雅雜陳,蓋亦不知點閱,掇而彙之,庶幾便屬目以紓鬱抱。"全書包括折桂令、水仙子等二十一個曲牌,皆爲北小令。

此書較爲罕見,《中國古籍善本書目》有著錄。(提娜)

北游漫稿三卷附録一卷

明顧聖之撰。明鈔本,二册。半葉九行,行二十字,藍格。白口,四周雙邊。

顧聖之,生平不詳,爲活動於明嘉靖、隆慶時期詩人。

《北游漫稿》爲顧聖之詩集。前有高陽主人汪道昆於己未年(嘉靖三十八年,1559)書《顧聖少詩集序》,記作者與趙王、王郎、高陽生等明上流人物間的往來,序曰:"顧迪功名以弘治諸君子,王郎名以歷下生,聖少名以趙客,凡此皆北游者友也。聖少好游愈甚,吾安知其所稅駕乎,聖少勉矣。"由此可品"北游漫稿"之意。汪道昆(1525—1593),又名汪守昆,號高陽生,明代戲曲家,抗倭名將,文武兼通,爲新安詩派創始人,與王世貞率領的三吳、兩浙文士來往密切,内含顧聖之。

全書分三卷,不分體,收詩二百四十餘首。前存目,卷端題名下署"句吳顧聖之聖少甫""吳郡顧聖之季狂甫"。詩文内容以覽賞景爲主,符合作者好游之性。由詩篇《趙王賜宴西谷隱耕園同吕時行作》《送吕時行游嵩岳兼訊潁川黨中丞守衛》《檀溪歌留别汪太守》《趙王賜宴陳司理景章園同鄭伯誠張良玉鄭中伯方景孟作》等與同時期人物社交往來中可追尋作者生平行迹。末附《北游附録目録》及相應詩文,爲趙王、東郡謝茂秦等同時期人物爲作者所撰詩作三十八首,有《送句吳茂才顧聖少北上》《除夕同顧聖少宿漳河旅舍》等。全書鈔寫工整,行間時有塗改痕迹,上卷中間一葉上覆有浮簽,上書《娘子關鐵佛寺壁》等若干行,由《贈顧五二首》等内容斷爲《北游附録》中部分詩作,字體不同於正文,或爲後人所鈔。

全書鈐有"焦林藏書""梁印清標""秋碧"等印,爲清梁清標舊藏。

（薩仁高娃）

五瓠山人詩集四卷續附一卷

明宗訓撰。明嘉靖四十一年（1562）潘嘉刻本。二冊。半葉十行，行十八字。白口，左右雙邊。

宗訓（1489—約1563），字伯昭，號五瓠山人，安徽建平（今宣城郎溪）人。曾與鄒守益相交甚深，與陳淳、文徵明等人亦有交往。鄒氏稱其人英才博聞，功名可唾手取，但無意仕途，終日與吳中諸俊杰唱和詩文。

該書爲宗訓詩集，其中五言古詩二十五首，七言古詩十二首，五言律詩九十八首，五言排律兩首，七言律詩八十一首，七言排律一首，五言絕句二十六首，七言絕句二十三首，共錄詩二百六十九首。其書首有嘉靖四十年（1561）黎民表撰《五瓠山人詩集序》，卷末附黎民表《黎內翰瑤石先生書》、黎民衷《黎吏部雲野先生書》及《五瓠山人詩跋》和嘉靖四十一年（1562）跋語、潘嘉跋。據黎民表《五瓠山人詩集序》和潘嘉跋稱嘉靖四十年（1561）宗訓將所著詩稿交與其外甥潘嘉，潘嘉將其稿付與黎民表校閱之，後潘嘉出資刻梓其書。卷末附《黎內翰瑤石先生書》版心下鎸"新安洪氏刊"一行，應爲徽州刻書。

宗訓之詩淡然清素，語句平實蘊雅，頗有魏晋之風。其寫景論情多撫今追昔之感，與人唱和之詩亦情真意切之言，潘氏言其詩"仿魏晋，寧質無艷，寧泊無靡，稱其隱君之操者也"，亦平實之論。然其詩勝在平實質樸，缺靈性動人之句，無使人忘情之言，亦有平鋪直述、淡然無奇之感。（賈大偉）

鹿城詩集二十八卷

明梁辰魚撰。清鈔本。四冊。半葉十行，行十八字。

梁辰魚（1519—1591），字伯龍，號少白，別署仇池外史、昆山外史，江蘇昆山人。先世爲昆山望族，至其父家道中落。身長八尺有奇，好輕俠，精通音律，雅善度曲。不屑經生業，以例貢爲太學生，作《歸隱賦》以見志。昆山有魏良輔者，造曲律號昆腔,辰魚獨得其傳,所製唐令元劇及傳奇諸本多飛入内家,戚邸貴游不遠千里,爭爲購請,梨園子弟亦喜歌之,遂流播人間。辰魚儻蕩好游,盡覽天下名勝,足迹遍吳越荆楚齊魯等地,交游頗廣,文士曲家、劍俠僧侶,多有唱和。明萬曆十九年(1591)患急病卒,年七十三。著有《鹿城詩集》二十八卷,散曲集《江東白苧》二卷及《續江東白苧》二卷,《遠游稿》等及傳奇《浣紗記》,雜劇《紅線女》等。

此書前有明嘉靖三十七年(1558)文徵明《梁伯龍詩序》、明隆慶六年(1572)王世貞《梁伯龍古樂府序》、萬曆十年(1582)屠隆《梁伯龍鹿城集序》。

此書收梁辰魚所作詩歌,按體分卷,卷一至四爲《鼓吹曲》《相和歌辭》等,第四卷以後有五言古詩四卷、七言古詩四卷、五言律詩五卷、六言律詩一卷、七言律詩四卷、五言排律一卷、七言排律一卷、五言絶句一卷、六言絶句一卷、七言絶句二卷,共二十八卷。詩歌頗多傷今吊古、感嘆興亡之作,出入今古,或正言以明志,或婉語以引情,詩風和平爾雅,文徵明《梁伯龍詩序》曰:"觀覽天下之大形勝,與天下豪杰士上下其議論,馳騁其文辭,以一吐胸中奇耳。"梁辰魚精通音律,善度曲,其中不乏展現其創作與創新的作品,其作爲音律詞曲的創作與改革者的才華,由此可見一斑。

此書鈐有"曉峰鑑藏""桐軒主人""金星韜藏書印""古吳梁氏"等印。

(王俊雙)

南門仲子續集二卷

明陸之裘撰。明嘉靖四十年(1561)王道刻本。兩冊。半葉十一行,行二十字。白口,左右雙邊。

陸之裘,生卒年不詳,字象孫,號南門,江蘇太倉人,陸之箕之弟。貢生。官景寧縣教諭。工詩詞歌曲,以散曲知名,《曲品》云"陸氏子聞奇譽美"。有《南門仲子集》《南門續集一卷》《[嘉靖]太倉州志》等。

本集正文前有清嘉靖辛酉(四十年,1561)門人王道所作《刻南門先生續集序》。王序首先交待了此集付梓經過:"吾師南門先生以太倉豪隽,學端軌範,行格神明,承纍世家學淵源,分教吾嘉,其詳載在《南門仲子前集》。道也,領教有年,既與同門友李子輝捐金刻其《後集》矣，乃今秋闈獲捷歸拜於函丈下，再請他稿而讀之……謹再捐資以償鋟梓之值。"又對其師之文統及宗奉作了詳細梳理："吾師之爲文也，追逐先秦兩漢，殆幾於出入班、馬，而衙官建安以下者與而爲詩。則眇六朝、薄晚唐，直追盛唐……蓋其環醇雅正，爲一時文章冠冕，誠得諸體之全，而集文章家之大成。"對其師之文章予以了頗高的評價。

序文首葉葉眉鈐有陰文方印"鄉邦文獻"，序後有目錄，全集分上、下兩卷，卷上爲詩詞，有咏古詩二十四首及詞數篇，卷下爲文章，諸體皆備，具體如下：書、說、序、記、傳、祭文、行狀、志、雜著。卷端題"南門仲子續集""太倉陸之裘象孫著"。兩卷題名下均鈐"□辰之印"陰文方印。此集較爲稀見，國家圖書館藏。（潘菲）

豐村集三十六卷

明魏圻撰。明嘉靖刻本。六册。半葉九行，行十八字。白口，左右雙邊，單魚尾。

魏圻，生卒年不詳，字化先，自號豐村子，安徽壽州（今淮南）人。明嘉靖年間在世。魏圻少負异材，然屢試不第，後絕意仕進，四處游歷，遍及南北。爲人喜談天下大事，涉獵廣博，撫時感物之作常見諸詩文。

是書前有嘉靖四十五年（1566）吳道東、四十三年（1564）王丕顯序及四十一年（1562）魏圻自序。全書有古近體詩及表、記、書、序等各體文章，以文體分類編次，其中有詩十四卷、文二十二卷。末卷有墨筆修改卷次痕迹。

魏圻科場失意，詩作中時有士不遇之感慨，又游歷廣泛，故多寫各地風光景致，有羈旅之思。數篇哀悼亡親故友之詩文，真摯悲凉。亦多題畫詩，頗有蘊藉。卷十一《時事》等詩對明嘉靖丙寅（四十五年，1566）冬十二月的自然灾害及民生疾苦有所記錄。吳道東序稱："敘事法班、馬，議論法劉、楊，詞賦法楚平、相如，古詩雜擬法顏、謝，近體法盛唐。"

魏圻聲名不彰，然半生心迹、半生踪迹，於是書可見一斑，其詩文之中流露的文人心態及變化具有一定的典型意義。

鈐有"潘氏所藏""容家書庫""來燕榭珍藏記""黄裳百嘉""黄裳藏本"等印。
（賈雪迪）

齊雲山史集不分卷

明葉泓撰。明嘉靖四十四年（1565）殷復陽等刻本。一册。半葉九行，行十九字。白口，左右雙邊。

葉泓，字玄静，號介齋，嘉靖末齊雲山道士。

卷端題"洞翁降筆詩集""洞翁爲葉介齋道子寓吟"，版心魚尾下鐫"齊雲山史"，國家圖書館據此定名爲"齊雲山史集"。《明别集版本志》著録爲"海虞山史"。正文不分卷，有詩有文，按體編排，先詩後文。正文前有明嘉靖乙丑（四十四年，1565）海虞嚴恪（字心萱）《刻海虞山史叙》，叙稱："海虞山史者，新安齊雲山人之别號也。"嚴叙論及齊雲山人詩文特色："觀其寓吴所作詩文，浩簡繁什，勢若江河，據事尚理，撫景暢懷，味其所作，足以知山人之心。言爲心聲，心和氣和，發之詩文，則中和之聲應矣。雖曰從事方外，潔身之舉，而其望治憂民之心，未嘗一語忘也。"又叙及齊雲山人"海虞山史"名號來源及此集付梓事宜："因留山人寄寓海虞仙岩，與之達觀湖海之寬，徜徉山川之樂，山人得予爲之依歸，遂更號爲'海虞山史'。因命道紀澹如殷子復陽刻其所作以廣其傳，而喜爲同志道也，是爲序。"

嚴叙之後又有明嘉靖乙丑（四十四年，1565）長洲徐時行《刻海虞山史叙》，簡述了葉泓生平經歷："予聞新安介齋葉君玄静，别號'雲水道人'，幼攻舉業，壯廢疾羈，習鍊釋老，默坐關闈之術一十五年，恍若有得，謝别塵嚻，好遯齊雲，寄傲林泉，若將終身。"又論及徐氏與其交往及山人詩文創作情況："繼後適遇道人於太保心萱翁第，見其賦詩作文，援筆立就，詞若涌泉，對客揮毫，倚馬可待，此皆得之久坐關闈静極明生之效，太宇定而天光發也。"亦言及此集刊刻緣起事宜："又見萱翁命道紀澹如與刻海虞山史詩文之多，皆一時寓吴之作，總若千萬言，字字句句皆潜心聖賢之道，或爲二氏所作，因物賦物，以釋老之言發明二氏心迹，實外形骸，以理自勝者也。"

徐叙之後又有明嘉靖三十七年（1558）《御製齊雲山玄天太素宮之碑》、明嘉靖乙丑（四十四年，1565）四明袁煒《齊雲山史序》、明嘉靖甲子（四十三年，1564）《齊雲山史叙》等文數篇。（徐慧）

用拙集一卷丁艾集一卷

明沈明臣撰。明隆慶刻本。一冊。半葉九行，行十七字。白口，四周單邊。

沈明臣（1518—1696），字嘉則，號句章山人、蒼蒼閣，晚號欐社長，鄞縣（今浙江寧波）人。明臣屢試不第，爲人高朗洞達，有詩名。與山陰徐渭同入胡宗憲幕，爲書記。宗憲嘗宴將吏於爛柯山，酒酣樂作，明臣作《鐃歌》十章，中有云“狹巷短兵相接處，殺人如草不聞聲”。宗憲起，捋其須曰：“何物沈生，雄快乃爾！”即命刻於石，寵禮與徐渭埒。宗憲卒於獄，賓客星散，獨明臣持所作誄詞遍爲訟冤，其行誼爲世所重。著有《［萬曆］通州志》八卷、《越草》一卷、《豐對樓詩選》四十三卷。生平可見屠隆《由拳集》卷十九《沈嘉則先生傳》。

此書卷首有隆慶二年（1568）十二月朱察卿所作《用拙集叙》，《丁艾集》前有隆慶元年（1567）元日沈明臣自題小引，書後有朱家法於隆慶二年（1568）所撰跋語。此書爲沈明臣詩歌選集，其中《用拙集》收録四十六首，《丁艾集》收録五十首。沈明臣文才出衆，朱察卿在序言中稱他“才甚超异絶，似子長、太白；立就不屬草，又類子建”。猶擅詩歌，錢謙益稱他：“萬曆間山人布衣豪於詩者，吳門王百穀、松陵王承父及嘉則三人爲最。”生平所作詩凡七千篇，或病其雜而不精，如清陳田《明詩紀事》稱：“嘉則詩五七言近體七絶多有合作，古體長篇間傷龐雜，非出之太易之爲累乎？”（王俊雙）

游梁詩集六卷

明吳鑌撰。明萬曆綠雨樓刻本。二冊。半葉十行，行二十一字，小字雙行同。白口，四周單邊或雙邊。

吳鑌，生卒年不詳，字汝震，自號四明山人，浙江寧波人，主要活動於明嘉靖時期。幼習博士業,後學爲詩,詩工,繼而爲畫,畫亦工。清范邦甸《天一閣書目》卷四著録有《汝震詩集》六卷。

是書卷端題"四明山人吳鑌汝震甫著""建業胡汝嘉戀禮校正",書口題"緑雨樓"。

卷首有明萬曆二年(1574)湖廣布政使司右參議張九一序。卷一爲五言古詩、七言古詩、五言排律,卷二至三爲五言律詩,卷四爲七言律詩,卷五爲五言絶句,卷六爲七言絶句。卷一至六卷端均題"游梁詩集",惟卷二末題"吳汝震詩集"。另,卷二五言律詩三十六、三十七葉版框爲四周單邊,與其他葉不同。細觀刻工字體一致,用紙統一,著墨刷印也無區别,可以認爲應是刻工不經意間所爲。

鈐"真州吳氏有福讀書堂藏書""慈谿沈氏""授經樓收藏金石書畫之印"等印。當爲吳引孫、沈德壽舊藏。此本稀見。(劉家平)

趙梅峰先生遺稿四卷

明趙仲全撰。明萬曆二十四年(1596)趙健刻本。二册。半葉九行,行二十字。白口,四周單邊。

趙梅峰,字文質,號仲全,安徽涇縣人。少讀宋儒書嘗嘆曰"道在是矣",遂弃諸生業而隱居教授。撰有《道學正宗録》十八卷、《語録》二卷及《易學洪範朱陸异同辨》諸書,年八十八卒,學者稱梅峰先生。生平事迹參《[光緒]重修安徽通志》卷二百二十。

是書凡四卷,卷一至三爲語録,卷四爲詩集。《語録》卷端題"宛涇梅峰趙仲全筆記",署"不孝男健彙輯",而《詩集》卷端則署"孫婿鄭兆祥校"。知此書是趙梅峰之子趙健和孫婿鄭兆祥編定於趙梅峰逝後。該書頗受當時學者的重視和褒獎,卷首有萬曆丙申(二十四年,1596)蔡國珍《趙梅峰先生遺稿序》云:"兹得其遺稿,讀之,言言皆關至道。"又許孚遠序云:"蓋先生之學粹乎一,出於正,將踵濂洛關閩諸賢芳躅,而闖孔氏之門牆者也。録中所言克己慎獨功夫,最爲詳切有味。"而此書之刻,據卷首萬曆丙申郭應泰序云:"亦唯是一二手澤是存,則稍稍哀而授之殺青。"

又卷末萬曆二十四年(1596)趙健《刻趙梅峰先生遺稿跋》云："不肖即無能播搆,其敢忘先人之美。謹摭拾於殘篇斷簡,授之殺青,以示子孫,俾弗墮先君教。"是書由趙梅峰之子趙健刊刻,時在萬曆二十四年(1596)。

據《中國古籍善本書目》的著録,存世僅此本,彌爲珍貴,現藏國家圖書館。(劉明)

碧雞集一卷彈鋏集一卷金陵游稿一卷

明黄德水撰。明萬曆刻本。一册。半葉九行,行十九字。白口,左右雙邊。

黄德水,原名河水,字清甫,黄魯曾(1487—1561)第三子,江蘇蘇州人。諸生。明嘉靖四十年(1561)父卒後,家道中落,嗜學,好游,足迹遍及北京、湖廣、雲南等地。年四十三卒。著有《燕市集》《碧雞集》《國華集》《蘭芬集》《豹變集》等。

書前附黄德水傳記,其一爲陸明輔《黄生傳(并序)》,後有孫柚跋、安紹芳跋;其二爲顧冶《黄生外傳》。

《碧雞》爲黄德水游滇之作。陸明輔《黄生傳》述撰著緣起:"萬曆丁丑,復以劍裝北上,抵燕臺,遇中秘書顧從義,秘書君曰:'黄君以游客燕,余以詔使滇南,滇南山水奧府也,黄君樂游,能不遠萬里乎?'黄生曰:'幼伏桑弧之訓,奚萬里爲哉,當爲公執鞭耳。'秘書君曰:'唯唯。'於是出河洛,涉秦境,走黔巫而抵滇南,返而禮玄岳,南浮湘水,由大江以歸。其山川險阻、土俗歌謠、靈仙秘迹、珍奇鳥獸草木之類,亦皆韵之於詩,成若干首,曰《碧雞集》。"前有皇甫汸序,贊其詩"可爲詩史""可補滇乘"。

《彈鋏集》爲黄德水游京師之作,創作時間早於《碧雞集》。據陸明輔《黄生傳》載,嚴嵩爲投嘉靖皇帝所好,羅致有文才者代撰青詞,黄德水被招至京師,但因"不能曲阿人意,所爲文又不當相君旨,因謝去"。後因鄉人翟鍾玉之薦,獲知於成國公朱希忠。書名典出《戰國策・齊策》馮諼彈鋏事。

《金陵游稿》係黄德水游南京之作。内中有七絶《送方於魯》一首,其人或與萬曆年間製墨名家方於魯有往來。(劉波)

漪游草三卷

明潘之恒撰。明萬曆刻本。一册。半葉八行，行十八字。白口，四周單邊。

潘之恒(約1536—1621)，字景升，號鸞嘯生、冰華生、天都逸史，安徽歙縣岩寺人，後居於金陵青溪。明戲曲評論家、詩人。明嘉靖年間，官至中書舍人，得汪道昆保薦，入"白榆社"。兩試太學未中，從此研究古文、詩歌，恣情山水。與湯顯祖、沈璟等劇作家交好。曾從事《盛明雜劇》的編校工作。撰有《敘曲》《吴劇》《曲派》等劇評，收入《亘史》《鸞嘯小品》中，還撰有詩集《涉江集》。晚年，與黄山結下不解之緣，在黄山湯泉附近建"有芑堂"，廣邀賓朋、名人游黄山，使黄山知名度大大提高。又於萬曆年間重編黄山志，取名《黄海》，隨撰隨刻，至去世未完稿。

是書卷首有景陵社譚元春撰《潘景升戊己新集序》，曰"於戊己間復潔其體，深其思，振其衰，神明其用，是爲《漪游》《青溪》二集"，講述著者撰寫過程；又云"予皆歸其功於變，夫不變不化則又安有景升焉"，認爲著者思變方可成功。黄居中《潘髯翁戊己新集叙》簡述著者生平經歷，曰："乙巳再晤於玉峰，偕余入龍浦則《鸞嘯集》……戊子之春應湯宣城招，有《漪游草》，己未客白門，僦居青溪，有《青溪社草》，合之曰《戊己新集》。"

全書爲詩三卷，卷一宛陵湯賓尹校，卷二竟陵鍾惺校，卷三姑孰曹履吉校。卷一有多處朱墨兩色圈點，卷三第二十一葉起殘缺嚴重。(劉炳梅)

朱文懿文稿不分卷

明朱賡撰。稿本。一册。行字不等，無欄格。

朱賡(1535—1609)，字少欽，號金庭，浙江山陰(今紹興)人。父公節，任泰州知州。兄應，進士。任刑部主事。賡，明隆慶二年(1568)進士。改庶吉士，授編修。明萬曆六年(1578)以侍讀爲日講官。十一年(1583)進左庶子，兼侍讀學士，掌翰林院，歷禮部左、右侍郎，升禮部尚書。二十九年(1601)以禮部尚書兼東閣大學士，參與機務。卒謚"文懿"。撰有《文懿公集》十二卷。生平事迹參《明史》卷三百十一。

此稿本起"具官臣朱賡"句，屬奏章類的文稿。文稿中稱："臣臥病四月，不穀食者數日。於兹呼吸之間，且就鬼錄矣。忽聞家人來言，禮部主事鄭振先上本，直發古今第一權奸事。"鄭振先，字太初，號象齋，常州人。曾任嘉興縣令、禮部主事等職。又所稱的"直發古今第一權奸事"，指萬曆三十六年（1608）鄭振先奏上《直發古今第一權奸疏》，彈劾朱賡的十二條罪狀。事情緣於朱賡因年事已高，屢次稱病，內閣空無一人。於是任用李廷機、王錫爵等人，而朝議以爲此乃朱賡舉薦所致，便上奏詆毀李廷機，并觸及朱賡。萬曆帝痛責上奏者，亦不允准朱賡辭官。不久姜士昌和李燾遭到貶職，輿論以爲出自朱賡之意，愈加不滿，於是由鄭振先上彈劾疏。朱賡面對彈劾，在文稿中稱："誠不肖以臣爲庸爲懦，爲叢脞無當，臣不敢不承，以臣爲權爲奸，爲古今第一權奸，則皇天之鑒臨無私。"由此以下陳此疏乃誣稱，同時陳述時政，言辭懇切，多悲壯之語。藉此可窺知萬曆後期的朝政，處於政令衰敗、危機四伏的氛圍中，而朱賡憂慮國事，也不免有痛切悲觀的色彩。

文稿鈐"山陰沈氏鑒藏""石蓮過眼"兩印。稿中勾乙塗改頗多，可見作者撰稿時的心理起伏；且屬瞭解萬曆朝政治的重要史料，頗具文獻價值。（劉明）

尚友堂詩集十三卷

明龔勉撰。明萬曆十二年（1584）龔勉自刻本。四册。半葉八行，行十六字。白口，左右雙邊，單魚尾。

龔勉（1536—1607），字子勤，初號雲屋，後更爲毅所，江蘇無錫人。明嘉靖四十三年（1564）舉人，明隆慶二年（1568）進士。除嘉興知縣，以丁憂歸。後任吳橋知縣、嘉興知府、浙江按察使、浙江右布政使等職，得汪蒙泉、王仲山賞識。斷案果決，有政聲。講學處爲城南書院，講學廳堂爲"尚友堂"。亦善書法。

此書爲龔氏自刻本，前有沈思孝、王世貞、茅坤、錢鍾義序。沈思孝稱龔氏詩"彬彬有其文質，而貫穿唐調，當曠代之下存其遺聲"。卷一爲游學稿，卷二爲令嘉稿，卷三爲里居稿，卷四爲吳川稿，卷五爲金陵前稿，卷六爲金陵後稿，卷七爲守嘉稿,卷八爲守嘉後稿,卷九爲守嘉續稿,卷十爲東陽稿,卷十一爲南歸稿,卷十二爲北游稿,卷十三爲東魯稿。書後又有馮夢禎、曹胤儒二跋。龔氏另有《尚友堂文集》五卷,明萬曆十九年(1591)刊本,按序、記、傳等分體,今存日本尊經閣。

書中鈐"伯寅藏書"印,爲潘伯寅舊藏,即藏園老人在《藏園群書經眼録》卷十六中所謂"見於翰文齋"者。此本寫刻俱佳,保存完好,存世稀罕,頗具價值。(張曉天)

李侍御詩略一卷

明李尚默撰。明崇禎六年(1633)李埈刻本。一册。半葉九行,行十八字。白口,四周單邊,單魚尾。

李尚默,生卒年不詳,字子静,浙江鄞縣(今寧波)人。明隆慶二年(1568)進士。《[雍正]浙江通志》有記載。

本書前有林有麟《李侍御詩略序》,末有李埈《刻父集跋》。全書一卷,爲李尚默詩集,收録李尚默詩二十首。卷端署"四明李尚默子静著""皖城方大美思濟較""阮自華堅之選""阮以鼎太乙訂"。林有麟序中談及李埈六齡失怙,對其父孺慕之情未曾衰減,故收集其父李尚默遺稿付梓,幷言:"見公起追遠如生之念,益動我陟屺陟岵之思矣。"此書爲李尚默詩集,林序又曰:"忠君愛國與起敝扶衰之念盡於詩篇,見之故能令讀者可觀可興可群可怨,此一代正始之音也。"故而李埈在跋中稱其爲家族世代相傳的珍寶,冀望傳之後人。(宋玥)

巢鵲樓吟稿不分卷

明姚應龍撰。清道光十一年(1831)姚鳳翰鈔本。一册。半葉八行,行十九字。

姚應龍,生卒年不詳,字子翼,號升宇。舉於鄉。官蕭縣。

此本《巢鵲樓吟稿》爲姚應龍傳世文集。封面題"姚升宇先生詩稿""其子宗文尚書"。開篇有序一篇,署"道光十一年歲次辛卯春三月上巳後一日九世孫鳳翰謹識"。從序中可知,姚應龍爲姚鳳翰二十世祖,雖然"以學行聞"且"善政事",文學爲政都頗有建樹，但其“文藝詩稿及字迹至今鮮有存者”，但所幸“公之遺稿尚有存”，因此孫輩姚鳳翰“照錄一本珍藏之”以示對先人的尊重。此序道出了鈔録此作的原因。

正文題“巢鵑樓吟稿”，署“姚應龍升宇氏著”“九世孫鳳翰敬録”。正文有寫景的《高山流水亭》《苦雨》，咏物的《咏燕》《聞蟬》，人際交往的《送王總戎赴蜀》等。

較有特色的篇章一爲《西湖行》，描述了“粉黛千嬌、飛鳥翻空、游魚吹浪、細雨瀟瀟”的西湖水景及“孤峰六橋”等岸邊景點，頗有《岳陽樓記》風範。其《客懷》一篇，描述了作者身在青海，却思尋“千里家何在”的思鄉之情。《題葡萄四首》“肯將斗酒換凉州”之句，更彰顯了作者心懷家國的豪邁氣概。

由於歷史上對於作者記録頗少，此集對研究作者生平、交游情况、交往狀况都頗有價值。鈐“姚鳳翰印”印。（李燕暉）

管子憲章餘集二卷

明管志道撰。明萬曆刻本。二册。半葉九行，行十八字。白口，四周雙邊，單魚尾。

管志道（1536—1608），字登之，號東溟，江蘇太倉人。明學者、思想家、哲學家。明隆慶五年（1571）進士。除南京兵部主事，改刑部。明萬曆六年（1578）以上疏譏切時政忤張居正，出爲廣東僉事、分巡南韶道。遭御史彈劾，謫鹽課司提舉，次年致仕，終老於家。初受業於耿定向，後與羅汝芳、王襞相師友，提倡“三教合一”，主張“孔子與佛同道”，又喜談鬼神夢寐。爲學自成一家之言，時稱“管氏學”。著有《憲章餘集》《惕若齋集》《周易六龍解》《六龍剖疑》《孟義訂測》《論語訂釋》《中庸測義》《大學六書》《問辨牘》《從先維俗義》《覺迷蠡測》等。

本書爲管氏論說文集，書名源自《中庸》“仲尼祖述堯舜，憲章文武”，作者意在“祖述仲尼，憲章聖祖”，以推大道，故以此名。全書爲上下兩卷，第一册爲上卷，收文四十一篇，間有詩三題八首；第二册爲下卷，收文四十四篇，間詩一組四首。二卷皆經作者門人校對，上卷校者吳邦杰、陸振先，下卷爲王大亮、張浩。兩卷分別有目録,正文每篇題目下大多題作年干支,本書所收皆作於萬曆間,起於萬曆二年(1574),止於萬曆二十五年(1597),凡二十餘年所撰。卷首作者自序,作於萬曆二十五年(1597)丁酉四月,申言三教合一、儒釋殊途同歸之説。集中所收皆爲寺廟僧人而作,所論概爲佛學禪理,所謂關涉儒家之道,似以儒釋相通辯護佛教,故《四庫總目總目提要》評管氏"放蕩恣肆,顯唱禪宗……雖爲儒言,實則佛教"。文中又多幽冥鬼神之語,《明儒學案》論其"平生尤喜談鬼神夢寐",於此書亦可見之。(謝非)

片玉齋存稿二卷

明丁元復撰。明天啓刻本。二册。半葉八行,行十八字。白口,四周單邊。

丁元復(1525—1609),字見心,一説字仲心,號玉陽,長洲(今江蘇蘇州)人。祖籍太倉雙鳳(今江蘇)人,丁公著裔孫,父世熙。元復性穎,過目不忘,年十二補博士弟子,明嘉靖四十年(1561)舉於鄉。明隆慶五年(1571)中進士。授山東陽信知縣,擢南京山西道監察御史。明萬曆六年(1578)出任四川僉事,後裁革家居。萬曆十年(1582)改補福建僉事分巡道,次年遷浙江右參議,官至左參議分守溫處道。丁元復頗工詩文,天性沉静,不喜著作,耻以文章自炫,藏書三萬餘卷。萬曆三十七年(1609)孟秋卒,年八十五。此後十三年,其子肇亨哀集遺稿,刊爲《片玉齋存稿》二卷。

此書版心上鎸"片玉齋",中爲卷次,下鎸葉數。書前有申時行於萬曆四十年(1612)仲秋所作序,卷端署"吳郡玉陽丁元復纂"。書後有丁元復侄文蔚所作《讀片玉齋存稿》詩二首及跋文。并有丁元復子肇亨所撰後序,已殘。此書收録丁元復各體詩歌及文章,卷上詩部有古風四首、排律九首、五言律三十七首、七言律八十四首、絶句四首,內容多爲親朋交往及日常感時觸物之作;卷下文部有疏一篇、序七篇、記一篇、告文一篇、像贊五篇、墓志銘四篇、墓表一篇、祭文十篇。其文敦和平易,兼具氣韵,申時行稱贊曰:"碑版疏記之作,溫平簡直,不翅委佩,垂紳而至,弄月嘲風,課魚責鳥,忽意觸而生籟,或口到而成吟,則又矯如振衣,翩若迴袖,愈覺態有

餘妍,而貌無停趣也。"（王俊雙）

金閶稿二卷

明馮時可撰。明刻本。二冊。半葉八行,行十六字。白口,左右雙邊,

馮時可（約1546—1619?）,字敏卿,號元成,又號元敏、玄岳山人、定庵居士等,明名臣馮恩之子,松江府華亭縣（今屬上海）人。晚明學者、文學家。明隆慶五年（1571）進士。宦海浮沉四十餘年,曾任兵部主事、貴州提學副使、四川提學副使、廣西按察副使、湖廣按察副使、浙江按察副使、雲南布政司右參議、湖廣布政司右參政,晚年歸家後定居吳中。馮時可長於《春秋》經學、喜醫書、擅詩文,著作頗豐,有《文所易説》《詩臆》《左氏釋》《左氏討》《左氏論》等經學之書以及《黔中語錄》《續語錄》《金閶稿》《石湖稿》《上池雜識》《雨航雜錄》《超然樓集》《天池集》《皆可集》《繡霞集》《寶善編》《藝海洞酌》等著作傳世。

馮氏傳世詩歌甚夥,規模有千首之巨。馮時可出身名宦世家,又與董其昌、陳繼儒、陳子龍等人交游甚密,因而在松江詩人中很有名望。晚明文人,尤其是吳中及松江的文人,對其評價很高。但是清人對馮時可的評價則不高。朱彝尊認爲馮氏衹有五言詩尚有佳句,其他詩歌流於空洞。如何客觀評價馮氏詩文在江南地區的文壇影響,還是一個尚待深究的課題。

《金閶稿》二卷本爲馮氏晚年定居蘇州時所作,是行狀、序、墓志銘、像贊、書、跋等文章的合集。共收錄文章二十篇,反映了馮氏的交游情況及其關於詩文的諸多觀點。根據嚴紹璗《日藏漢籍善本書錄》的記載,日本蓬左文庫藏有《馮玄岳金閶稿》十卷,全八冊,明萬曆吳郡馮氏刻本,明正天皇寬永六年（1629）從中國購入。這個版本似乎比二卷本多出許多內容,然而原書收錄情況不詳,尚待考證。

本書爲明代刻本,鈐"四明張氏約園藏書之印""張壽鏞印""約園"等印,曾爲民國著名藏書家張壽鏞所藏,今藏國家圖書館。（曹菁菁）

石湖稿二卷

明馮時可撰。明刻本。二冊。半葉八行,行十六字。白口,左右雙邊,單魚尾。

馮時可爲嘉靖間御史馮恩第八子，《[嘉慶]松江府志》云：“時可父兄忠孝，己獨以文章名世，雖文人相輕，或議其詩文汗漫，要其著書滿家，不失爲一時之冠，居鄉亦以長厚稱。”《石湖稿》爲其里居及僑寄吴閶間所作。同時期的著作還有《天池》《皆可》《繡霞》《北征》諸集。此本《石湖稿》分爲上下兩卷，共收錄馮時可文章三十篇，含序、論、擬連珠、書信、傳、記、論等。其中卷上十四篇，卷下十六篇。前後無序或跋。另，上海圖書館和台北“國家圖書館”館藏有明萬曆間刻本《石湖稿》。

本書前後無序跋，分上下兩卷，卷上爲集序、論、傳、記、書等，卷下爲神道碑、序、書、論、贊等，共計三十篇。（提娜）

雨航吟稿三卷

明馮時可撰。明刻本。二册。半葉九行，行十八字。白口，左右雙邊。

本書收錄馮時可詩文一百三十餘篇，以詩爲主，有五言律詩、五言古詩、七言古詩、六言律詩，文有賦、贊、序等，體例多樣。除了記錄交游情況、所歷風景外，馮時可還十分關注社會生活。書中有閨怨詩數首，從搗衣女、宮人到王昭君，訴說哀怨，感染力强。馮時可也花費大量筆墨撰成《從軍行》，淒婉悲壯，筆力雄健，“好勒燕然石，萬古静烽烟”表露出他對國家和平安寧的渴望。（朱婷婷）

孟我疆先生集八卷 存四卷

明孟秋撰。明萬曆十四年（1586）孟化鯉、鄒元標刻藍印本。一册。半葉十行，行二十二字。白口，四周雙邊，單魚尾。

孟秋（1524—1589），字子成，號我疆，山東茌平人。明隆慶四年（1570）舉順天鄉薦，五年（1571）成進士。授昌黎知縣，歷任刑部主事、大理評事、職方郎中等職。孟化鯉《孟我疆先生傳》稱他“生而高朗清貞，專意聖學”“間覽古今，多所著述”“歷官十九年，蕭然若寒士”。生平事迹參《明儒學案》卷二十九、《[康熙]茌平縣志》卷二。

此書有六卷本、七卷本和八卷本之别，六卷本見於明黄虞稷《千頃堂書目》著録。七卷本存世有日本尊經閣藏本。國家圖書館所藏爲八卷本，惜僅存卷五至八，内容分别是《讀書管見》、詩、《政事》上下。是集的内容及旨意，據書末萬曆丙戌（十四年，1586）孟化鯉《孟我疆先生集後序》云："其曰《理學辨疑》，蓋懼鄒魯微言，寖解寖遠，而直指宗旨也。其曰《政事要略》，蓋憫蒼赤重困，因病立方而力救末流也。至答人諸柬及所爲曰詩曰文，皆發揮道要，寫吾真機，而匪以文也。"又云："先生以真醇高朗之資，專意聖人之學。"我疆先生撰寫的《理學辨疑》，精深微妙，直指宗旨。他撰寫的《政事要略》，爲民著想，針對民生問題對症下藥。無論是先生所寫的書信，還是所作的詩歌、文章，都發揮道要，絶非一般。

此集的編刻，孟序云："愚因爲訂次之，喟然曰：'兹不可傳乎?'適鄒君爾瞻氏謂先生一代醇儒，其言可傳，約愚共爲鋟梓。"知是書由孟化鯉編定，并與鄒爾瞻（即鄒元標）在明萬曆十四年（1586）共同刻梓行世。此書版本爲明萬曆十四年（1586）孟化鯉、鄒元標刻藍印本。所刻卷第有七卷本與八卷本之别，編次亦有差異，七卷本分别爲卷一書，卷二説，卷三辯、解、論、傳、序、記，卷四雜著，卷五語録，卷六詩和卷七附録。

書中鈐"长乐鄭振鐸西諦藏書""長樂鄭氏藏書之印"兩印，係鄭振鐸舊藏，鄭先生殉職後，家人將其藏書捐獻國家圖書館。又此本屬明刻藍印本，國内僅國家圖書館一家有藏，極具版本及文獻價值。（劉明）

醯雞鳴瓴□□卷存十一卷

明張子中撰。明刻本。二册。半葉八行，行二十字。白口，四周雙邊，雙魚尾。

張子中，生卒年不詳，浙江鄞縣（今寧波）人。父邦奇，曾官吏部尚書。以父蔭於明嘉靖十五年（1536）入國子監讀書，二十年（1541）、四十年（1561）分别任中軍都督府都事、左軍都督府都事。四十一年（1562）任右軍都督府屬經歷事都事，旋升宗人府屬經歷事都事。據《[乾隆]貴州通志》卷之十七，隆慶年間曾任貴州思州府知府。

全書總卷數不詳，存二册，第一册是卷十六至二十一，第二册是卷二十八至三十二卷。第一册分别爲序、記、書啓、題奏、奏疏、奏議等内容。第二册分别爲《經世豹斑》《芸房苴論》《癙几寱言》《朝著紀談》《檔輪雜識》，内容爲雜論、雜記。該書對當時政府行政、世情時事、家庭倫理的反映較有價值。

第一册卷中有粘簽墨批，卷末有墨筆書寫張子中生平。第二册卷首有近代著名出版家張元濟墨筆題記，卷中有墨筆夾批。

《中國古籍善本書目》僅著録國家圖書館有藏。（張杰）

觀槿續稿十九卷 存十卷

明吳敏道撰。明萬曆耿隨龍、曹大咸等刻本。四册。半葉十行，行十八字。白口，四周雙邊，單魚尾。

吳敏道，生卒年不詳，字曰南，號南荸，又號射陽畸人，南直隸寶應（今屬江蘇）人。詩人。萬曆三年（1575）充貢生。二十年（1592）在里修志。不樂仕進，布衣終生。作品有《曰南集》《水影堂集》《舫齋集》等數種，明隆慶元年（1567）自刻所著詩詞歌賦凡六卷，名《觀槿稿》，萬曆間作品又爲友人後學編爲《觀槿續稿》。王世貞亦評其詩“辭旨清麗，神采流暢”。

吳氏曾有集數種，本書爲萬曆末友人後學搜其近作而成，收録自萬曆七年（1579）以來的作品。作者曾自編《觀槿稿》，書名源其因“浮世榮艷，直朝槿耳”之語，築“觀槿草堂”而居，本書因名之爲其“續稿”。全收詩，無詞與文。册序爲“元亨利貞”，以詩題編次，卷一收五言古詩三十六首，卷二收七言古詩三十四首，卷三至四收五言律詩一百六十五首，卷五至八收七言律詩三百一十首，卷九收五言絕句六十三首，卷十收七言絕句七十首。集中主要爲作者晚年隱居所作，律詩爲主，古體較少，七律尤多。多吟誦田園草堂、歡聚宴飲、四季變化等，閑適冲淡、清麗灑脱，徵士之詩也。卷首有耿隨龍序、蕭如薫《吳徵君傳》，卷末有曹大咸跋。末册首葉鈐“王與玟印”“鐵崖”。（謝非）

宋布衣詩集二卷

明宋登春撰。明萬曆五年（1577）徐學謨刻本。一册。半葉九行，行十七字。

白口,左右雙邊。

宋登春(約 1515 — 1586),字應元,號海翁、鵝池,河北新河人。明代詩人、畫家。宋氏少時聰慧好學,能詩善畫,性情放達,喜豪俠。學畫於吴偉業之父,作詩輒自喜却不與外人道,世稱狂生。三十歲時,妻子等家中五人相繼去世,鬚髮皆白,自號海翁。此後弃家遠游,以書畫爲生。北出居庸關,南游揚子江,廣交詩畫文人,晚年定居江陵天鵝池,故號鵝池,後投錢塘江而死。登春一生不仕,然詩畫非凡,禮部尚書徐學謨對其詩文十分推崇,二人交往甚密。

該書爲宋登春詩文集,共録其詩二百六十五首。書首有萬曆五年(1577)周紹稷《跋宋布衣集》,次有萬曆五年(1577)徐學謨《刻宋布衣集序》,次有徐學謨《鵝池生傳》。據周紹稷《跋宋布衣集》言宋登春原著有《草堂集》《鵝池集》,後宋氏遠游,詩多散佚,徐學謨與其交好,命周氏校《鵝池集》并重新刻梓,更名爲《宋布衣集》。徐學謨(1521 — 1593),字叔明,號太室山人,蘇州府嘉定(今屬上海)人。明嘉靖二十九年(1550)進士。官至禮部尚書。徐氏與登春交於江陵,談詩論道,豁然開朗,乃捐俸刻其書,并撰《鵝池生傳》述其生平。

登春爲江夏畫派名家,雖無畫作傳世,但讀其詩,亦可觀其畫之氣韵。其詩語句平易淡雅,然意蘊深沉。周紹稷言:"其詩如其爲人,率奇崛悲壯,清激感慨,有魏晋風格,而不爲綺靡軟美之態。"《四庫全書總目提要》稱其詩:"簡質可匹盧楠《蠛蠓集》,而奇古之趣勝之。其論詩先性情而後文詞,故所作平易自然而頗乏深意,然五言頗淡遠可誦。"朱彝尊甚至將其詩與賈島、李洞等唐代名家之作相比擬。(賈大偉)

巢雲詩集八卷

明裴邦奇撰。明刻本。二册。半葉十行,行十八字。白口,四周雙邊。

裴邦奇,字庸甫,號巢雲,山西聞喜人。以詩名於世,與汾陽孔探花天胤、謝山人榛相唱和,爲所推重,有《巢雲集》。

《巢雲集》全稱應爲《巢雲詩集》,因其號巢雲,故詩集取名《巢雲詩集》。此前學界大都認爲此集已佚。當代裴氏研究專家楊西江先生從《[乾隆]臨汾縣志》《裴氏世譜》中鉤稽出七篇詩作,成爲研究裴邦奇詩文成就及其詩風的珍貴資料。國家圖書館所藏的這部《巢雲詩集》不僅完整保留了詩集内容,品相還很完好,極富文獻價值。

上册封面題"《巢雲詩集》明版一",後附目録,每卷爲一種文體,卷一五言古詩、卷二七言古詩、卷三五言律詩、卷四七言律詩、卷五五言排律詩、卷六七言排律詩、卷七五言絶句、卷八七言絶句,共計六百二十二首。卷首題"《巢雲詩集》",署"聞喜裴邦奇撰"。開篇五言古《擬李陵送蘇武歸漢兼寄司馬遷》即表達了作者"白頭當自愛"的氣概。《俠客行》一篇更是將作者心中的英雄主義情懷淋漓盡致地表現出來。縱觀作者的詩作,少有纏綿繾倦的詞句,多表現男人家國情懷的作品。從作品中還不難看出作者對李白的欣賞,其《將進酒》《行路難》等篇,就頗有詩仙的風範。此集的留存對於研究明代文學及裴邦奇的生平狀況均有價值。（李燕暉）

鏡心堂草十六卷

明陶允宜撰。明刻本。四册。半葉九行,行二十字。白口,四周單邊。

陶允宜,生卒年不詳,字懋中,號蘭亭,會稽(今浙江紹興)人,陶大臨之子。明萬曆二年(1574)進士。除刑部主事,官至黄州府同知。有《鏡心堂集》。

此集共十六卷。卷前有王世貞序、馮夢禎撰《送陶懋中年兄量移常州序》、耿定向撰《贈陶懋中先生》、吳國倫撰《陶長公寓黄集序》、郭正域《讀陶懋中集却寄》、陶崇政《鏡心堂選稿合刻小引》。卷一爲辭賦,卷二至九爲詩,卷十至十六爲文。《全浙詩話》引《菊坡詩話》云:"余宗蘭亭司馬聰穎絶倫,詩筆迥殊。凡近其《楚中諸咏》深得古人規諷之意,如《蘄簟》云:'皇都炎熱逾江湖,貴臣催簟如催租。民情誰語州大夫?'《麻城鵝》云:'近年黄州失耕耨,一鵝之肥幾人瘦。'《黄陂葛》云:'進之内宫傳相誇,雲綃霧穀無光華。價值减少尺幅加,織者十家逃九家。'當與白香山《繚綾》《宫中》等樂府頡頏千古,非李西崖所能及也。"(見《全浙詩話》卷三十四)可見對其詩作評價較高。（馬琳）

游參知藏山集十卷

明游朴撰。明萬曆四十五年（1617）游仲卿等刻本。五冊。半葉九行，行十八字，小字雙行同。白口，四周單邊。

游朴（1526—1599），字太初，號少澗，出生於柘洋（今福建柘榮）上黄柏村，自幼聰慧，刻苦向學，少時就能吟詩作賦，人稱"神童"。十四歲考取州庠生，旋補廩生。後父亡故，家境貧困，便在鄉塾教書自給，仍勤學不倦。明隆慶元年（1567）考中丁卯科舉人，萬曆二年（1574）考中甲戌科進士。歷任成都府推官、大理寺評事、大理寺右寺副、大理寺左寺正、刑部山西司郎中（任内奉敕擔任欽差恤刑浙江）、廣東按察司副使、湖廣布政司右參政等職。游朴爲官二十餘載，克己奉公，清正廉明，任期中三次受到萬曆皇帝頒旨嘉獎。《[乾隆]福建通志》稱其"三主法司，無一冤獄"。游朴愛民如子，爲百姓免受薪柴之苦，免受毒瘡之疫，引進抗旱、耐瘠的樹種，後人稱之"游朴柴"。著有《游參知藏山集》《游太初樂府》《浙江恤刑讞書》《諸夷考》等。其文學素養極高，尤以樂府詩最爲出色。李維楨在《大泌山房集》中評道："游朴……積三十年之功爲古樂府，不規法其調、襲其意，而調與意、時與古相得。國事民情，有所感慨，形諸咏嘆。率自創體裁，不復仿效。悲壯激烈，渾樸真致。"游朴晚年辭官返鄉，受聘《[萬曆]福寧州志》總裁。後被奉祀福寧州賢祠。

是書卷前有林材、張大光、陳鳴鶴、李維楨序。正文分十卷，卷一至二古樂府，卷三五言古，卷四七言古，卷五至六五言律詩，卷七至八七言律詩，卷九七言律詩和五言排律，卷十五言絕句、七言絕句。全集刊載游朴詩作一千一百多首，約二十萬字，爲游朴研究之重要文獻資料。

書衣有墨筆記游朴事迹四行。鈐"北平孫氏硯山齋圖書"印，爲孫承澤舊藏。
（劉家平）

沛園集五卷

明邢侗撰。明天啓四年（1624）賜緋堂刻本。五冊。半葉八行，行十九字。白口,左右雙邊,單魚尾。

邢侗(1551—1612),字子願,號知吾,自號啖面生、方山道民,山東臨邑人。明萬曆二年(1574)進士。三年(1575)任南宮知縣,十二年(1584)升湖廣參議,後官至太僕寺少卿。萬曆十四年(1586)五月辭官歸鄉,築"來禽館"等二十六景。工書,與董其昌、米萬鐘、張瑞圖并稱"晚明四大家"。

本書共五卷,以詩文體裁分卷:卷一五言絕句、七言絕句、五言律、七言律、五言排律、七言排律、五言古、七言古,卷二序二十一篇、碑文七篇、記四篇,卷三論一篇、書七篇、雜八篇九十六則,卷四傳四篇、墓志九篇、墓碑三篇、誄文一篇、狀二篇、祭文五篇,卷五書牘八十二篇。邢侗所作五七言律宗唐,古風追漢魏,如《平倭歌》等,頗有"建安風骨"。李攀龍之後,邢侗代興,堪爲一代詞宗。

此本正文前有萬曆四十五年(1617)陳祖皋小引一篇,每卷末分別有"甲子秋""甲子冬""乙丑春""乙丑夏""甲子夏賜緋堂刻"字樣。間有墨釘。

鈐"平江石氏圖書""江山劉履芬彦清父收得"等印。爲劉履芬舊藏,今藏國家圖書館。(劉家平)

三餘集□□卷存二十二卷

明蘇濬撰。明刻本。十册。半葉九行,行十八字。白口,四周雙邊。

蘇濬(1542—1599),字君禹,號紫溪,江蘇人。明萬曆元年(1573)鄉試中解元,萬曆五年(1577)成進士。歷官南京刑部主事、陝西參議、廣西按察使、廣西參政等。爲官公正廉潔,又"政尚簡易,興文化俗"。在廣西主持修撰《[嘉靖]廣西通志》,人稱信史。後因病乞歸,遷貴州按察使不赴,居家潛心鑽研理學,著有《易經兒説》《四書兒説》《韋編微言》等,成爲明代後期著名的理學家。

是書存二十二卷:卷二至五、卷十至十五、卷十七至二十四、卷二十九至三十二。卷十二至十五、卷十七至二十、卷二十九至三十二配清鈔本。書中多處有朱墨兩色圈點、校改。卷二至五爲詩部,内容爲秦吟、洛吟、楚吟、粵吟、續粵吟、里吟、續里吟、北道吟、續北道吟等,有幾葉鈔配。卷十至十五,内容分别爲序文、紀論、《廣西通志》中的序論、《安南志》。卷十七至二十爲文部，内容分別爲碑、記、傳、墓表。卷二十一至二十四爲文部，内容分別爲志銘、祭文、行狀、奏疏。卷二十九至三十二爲文部，内容分別爲表、策、啓、書牘。（劉炳梅）

屠長卿集十九卷存十三卷

明屠隆撰。明萬曆刻本。五册。半葉十行，行二十字。白口，四周雙邊，單魚尾。

屠隆（1543—1605），本名儱，更名龍，再更爲隆。字長卿，一字緯真，號赤水、鴻苞居士、娑羅主人等，浙江鄞縣（今寧波）人。生有异才，落筆數千言立就。萬曆五年（1577）進士。授潁上縣令，以才能調青浦縣令。時招名士飲酒賦詩，以仙令自許，然於吏事不廢，深得士民之愛戴。遷禮部主客司主事，歷儀制司郎中。後罷官，遨游吴越間，尋山訪道，縱情詩酒，與王世貞、湯顯祖、馮夢楨等人有交往。晚歲家貧，賣文爲活。《明史》卷二百八十八有傳。屠隆爲戲曲名家，精通音律。著有傳奇《曇花記》《彩毫記》《修文記》等三種。又有《由拳集》《白榆集》《鴻苞集》等著作。

本書前有萬曆六年（1578）屠隆自序。根據目録，該書應爲十九卷，其中詩賦十二卷、文七卷。現存十三卷，有賦、古體詩及碑記、墓志銘、傳、祭文、書等各體文章。其中文集卷七《文論》《與友人論詩文》等篇，可見其詩文主張。王世貞稱賞屠隆"詩語秀逸，有天造之致……文尤瑰奇橫逸"，於是書可見一斑。

據《中國古籍總目》，僅藏國家圖書館及紹興圖書館。（賈雪迪）

石羊生詩稿六卷

明胡應麟撰，清徐肇元輯。清初研露齋刻本。二册。半葉十行，行二十一字。白口，四周單邊，雙魚尾。

胡應麟（1551—1602），字元瑞，號少室山人，別號石羊生，浙江蘭溪人。明萬曆四年（1576）舉人。後放弃舉業，布衣終身。明代著名學者，著有《少室山房筆叢》《詩藪》等數十種。

本書前有蕭山毛奇齡序。毛序説：“《石羊山詩》，胡元瑞應麟所著也。卷八十，詩千餘篇，徐子掄三慮其久而失傳，復選刻行世而問序於余。”又引用了胡應麟有關詩歌的評語，曰：“古風之妙，專求意象；歌行之暢，必由才氣。”徐肇元憂慮胡應麟詩作失傳，選詩刊刻并請毛奇齡撰序。

全書分爲六卷，按詩體編排，卷一樂府，卷二五言古詩，卷三七言古詩，卷四五言律詩、五言排律，卷五七言律詩、七言排律，卷六五言絶句、七言絶句。

鈐“隱拙齋學人”等印。此書係沈廷芳舊藏。沈廷芳（1702—1772），清代著名學者、藏書家，藏書處名“隱拙齋”。（謝冬榮）

西巡草一卷

明吳禮嘉撰。明萬曆二十二年（1594）黄克纘、吳堯弼刻本。一册。半葉八行，行二十字。白口，四周單邊。

吳禮嘉，字會之，號瀛海，浙江鄞縣（今寧波）人。明萬曆八年（1580）進士。萬曆十九年（1591）任巡按宣大監察御史。曾與周應賓、全天叙等人交好，爲林泉雅集，結社賦詩，多有唱和，爲一時所宗之。工詩，善書。著有《太白樓稿》《西巡草》。卒贈光禄寺卿。

是書爲吳禮嘉赴四川巡按之任途中及在蜀地任職期間所作之詩，其所收詩作多寫蜀地風光、山水景色，即黄克纘所謂“行部有暇，輒登名山，覽大川，訪問古先哲人遺迹，悲歌慷慨，情見於詞”之作。亦有較多抒寫羈旅之思及懷念親友之作。是書前有黄克纘所作序，有缺損，然於黄克纘《數馬集》中可見完整序言，并可見黄對吳禮嘉詩文創作的完整評價。書末有跋，惜亦不完整。（賈雪迪）

刻庚辰進士少薇許先生窗稿一卷會試墨卷一卷

明許弘綱撰，明唐卿輯。明萬曆十年（1582）江志省刻本。一册。半葉九行，行二十二字。白口，四周雙邊。

許弘綱(1554—1637)，字張之，號少薇，浙江東陽人。萬曆進士。曾任績溪縣令、順天府尹。萬曆三十九年(1611)，以副都御史署督察院事。四十一年(1613)因主持京察被劾，遂致仕。著有《群玉山房文集》《臺儀輯略》等。

卷前有萬曆十年(1582)績溪縣儒學教諭江志省序。序中言許弘綱爲官頗有政績，曰："我浙婺少薇許公以文學起家進士，其甫下車而尹華陽也。持惇大以若民情，秉明察以燭民隱，紆籌練達，一如素官。"又評價其文説："見其構思清婉，匠詞藻麗若秋水芙蓉、若澄潭皎月；其平實而冲雅，則又若布帛菽粟之有資於世，而人無不悦且愛者也。"弘綱幹練通達，以文中進士，爲官能體察民情。其文構思清婉，辭藻清新華美。

此書包括《窗稿》一卷、《會試墨卷》一卷，都是與科舉有關的文章。（提娜）

石居士漫游紀事二卷

明石昆玉撰。明刻本。二册。半葉八行，行十六字。白口，左右雙邊。

石昆玉，字汝重，一字楚陽，湖北黃梅人。明萬曆庚辰(八年，1580)年進士。歷任户部主事、郎中，饒州、蘇州、紹興知府，山東副使，福建參政，官至大同巡撫僉都御史。

本書分上、下兩册，卷端題"楚黃梅無着居士楚陽石昆玉稿"。正文前有昆玉《漫游紀事自叙》，自叙成書過程："余性嗜吟而獻椎鑿，往往遇事率意成篇，每以示人，輒胡蘆不甚許可。蓋柳子厚行氣之喻，抱琴呶呶而取笑知音者也。自署爲'効油吟'，刻於大同，遇吾鄉張澤矑太史賞鑒叙之，而改名爲'大雅篇'改前名爲'漫游紀事'。"自嘲"一生坎壈"。又有董其昌《石居士詩選序》，董氏從"公一似披裘翁""一似柴葉翁""一似遼東皂帽"三方面釋其爲"居士"，人品高潔，稱其詩"以唐爲範，其論本朝詩以高楊張徐爲正，始雖與七子同世，未嘗有所附麗"，評其五七言諸什"氣骨蒼勁，格律沉雄，往往規摹少陵。即溢爲變體，亦在昌黎、樊川間"。昆玉詩文以唐爲典範，以明朝高季迪、楊維楨、徐賁等爲規範，其五七言詩蒼勁有力，格律沉雄有氣魄，多模仿杜甫。

第一册首葉鈐朱文"來燕榭珍臧記"印，卷上、卷下的卷端均鈐朱文"黃裳臧本”印,卷末有黄裳朱筆題記:“《千頃堂書目》卷廿五,萬曆庚辰科著鈔《石居士詩刪》二卷,下注方字‘汝重’,黄梅人巡撫、大同僉都御史與此題。‘徵异俞邰’,殆未嘗見,此原刻也。丙申春日檢書漫記,黄裳小燕書。”後鈐“小雁”。

此書第一册偶有朱筆圈點,存世孤罕,國家圖書館藏。（潘菲）

竹素園集九卷

明馮大受撰。明萬曆刻本。二册。半葉九行,行二十字。白口,四周單邊,單魚尾。

馮大受,生卒年不詳,字咸甫,松江（今屬上海）人。其祖馮恩拜明大理寺丞、號爲“四鐵御史”,其父行可,以篤孝名世。大受萬曆七年（1579）領鄉薦,知陽山縣、慶元縣。工詩詞,擅書法。

首有《馮咸甫詩草叙》三篇,首叙署“辛巳冬十一月長至日莫雲卿廷韓甫書於小雅堂中”,後有鈐“韓廷”“莫雲卿印”“雲中君”印。次叙署“萬曆辛巳冬日東海鞠陵山人屠隆撰”,鈐“屠隆”“長卿”“嘉樹軒”印。再次叙署“介山紫虛道人王逢年撰”,鈐“名山大川之人”“天子賓客”印。另有《馮咸甫詩序》,署“癸未夏日弇山人王世貞撰”,鈐“元美”“五湖長”印。

此集凡九卷,包括《燕臺游草》《北游續草》《公車別録》《金陵游草》《攄梧集》《端居集》《郊居集》《園居集》《閑居集》,各卷皆署“雲間馮大受咸甫著”,有五言、六言、七言諸體。

馮氏一族以文章節義鳴世,與王世貞、胡應麟、屠隆等人有深交,集中唱和之作可佐證其交往經歷及深切情誼。大受交友廣,多雅集、出游、題咏、贈別之作,既可見其行藏事略,又可與萬曆朝文士如徐兆曦、龔錫爵、姜士昌、傅光宅、余寅等人生平事功相參照。另外,是集還生動描述了他在京洛、嶺南宴集時“相逢必潘陸,握手皆班楊,亦有劍客徒,和歌燕市傍”的盛况以及知交之間“以茲要死生、死生終不忘”的理想。大受擅書畫,集中書畫題咏之作,既可見其書畫造詣,又可見明季畫壇孫克弘、宋旭等書畫家之間的交往活動。此外,集中尚有咏史詩、咏物詩、行旅詩、閨怨詩、悼亡詩等。

王世貞認爲馮大受詩高而不浮，卑而不弱，"和平暢爾，能酌於深淺濃淡之間，高不至浮，卑不至弱"。《國史經籍志》著錄此集，《明史》《千頃堂書目》皆著錄十卷。（顏彥）

徐孝廉遺稿二卷

明徐學質撰。明萬曆二十八年（1600）葉永盛刻本。一册。半葉八行，行十七字。白口，四周雙邊。

徐學質，字殷夫，徐用檢長子。萬曆己卯（七年，1579）舉人。神清才逸，經史涉目不忘，下筆千言立就。性好佳山水，結廬幽静，絕迹請謁，不染一塵。以父宦游他省，歷吳越齊楚燕秦，得友四方賢士，恭謹冲和，行誼益著。以孝聞，其母臥疾數載，學質寢食俱廢，以致困憊。著有《孝廉遺稿》《群書振玉》等集。

葉永盛，字玉成，號玉城，安徽涇縣人。萬曆己丑（十七年，1589）進士。卷首有殷夫兄徐學聚（字敬興）萬曆庚子（二十八年，1600）《刻孝廉殷夫弟遺稿叙》，叙述了殷夫短暫的生平、家學及創作，曰："今觀其遺稿，大抵文法班馬，詩近高岑，而《管窺原道》《藝物醒言》諸篇，已千自警，諸箴又依然濂洛宗旨，而攄理命藻，卓卓成一家言者。"學質之文效法班固、司馬相如，詩則效法高適、岑參。《管窺原道》《藝物醒言》諸篇用於自警，緒箴及各詩稿咸自超世凝神者出之，故言有獨到，理有獨深。叙題下鈐"金皇輅藏書記""夢選樓胡氏宗楙藏"印。胡宗楙，字季樵，浙江永康人。民國藏書家。此稿曾經胡宗楙遞藏。

正文上下兩卷，内容分詩類、箴類、文類、語類四類。卷末有萬曆庚子（二十八年，1600）葉永盛《刻徐孝廉遺稿叙》及《府縣崇祀呈文》數篇。葉序亦回顧了徐氏生平，交代了刻梓此稿的緣由、經過，曰："因憶其昔所遺文未有表章，故索其始所見，復括其所未見彙而讀之。其詩氣格希盛唐，而厥旨雋逸，其文兼取漢晋，而所入宏奧……此余所以行彙兹集，付之剞劂以傳也。"（徐慧）

王太史季孺詩草一卷

明王亹撰。明萬曆十七年(1589)屠本畯刻本。一册。半葉八行,行十六字。白口,左右雙邊。

王亹,字季孺,號少廣,慈溪人。萬曆癸未(二十一年,1583)進士。據《[天啓]慈溪縣志》,王亹家族爲三世進士,祖父王嵱爲明正德甲戌(九年,1514)進士,父王交爲明嘉靖辛丑(二十年,1541)進士,由翰林庶吉士爲給事中,亹爲其季子。王亹萬曆癸未(十一年,1583)舉南宫,改庶吉士授編修。因博學工詩與古文,兼善書法,一時求詩文及書者相屬於户,酬應爲疲,與同郡屠隆論文相得,遂交相引重。萬曆丙戌(十四年,1586)持節册封晋藩報命,至潞河卒。所著有《雲山日記》《采真編》《季儒詩選》《喬雲館全集》并行於世。亹尤好劇飲,未幾得疾卒。

屠本畯爲王亹同郡友,字田叔,又字豳叟,號漢陂,晚年自稱憨先生、乖龍丈人等,鄞縣(今浙江寧波)人。萬曆間轉運同知。商饋例金一切謝絶,公暇則與名士結社,風雅爲一時所重,後擢辰州太守。

本詩草前有萬曆己丑(十七年,1589)屠本畯序,叙及季孺五七言詩風格特征:"余裒集遺詩,都爲一卷,五言温夷,頗稱警策,七字開朗,亦既冠冕,語其才情,大略可見。"卷首鈐朱文長印"右仲"一枚,卷端有朱文方印。正文前無目録,正文有五七言古今體詩數篇,才情恣肆。正文末附王太史哀輓詩數首。(徐慧)

鐫黄離草十卷

明郭正域撰。明萬曆刻本。十四册。半葉九行,行二十字。白口,四周單邊,單魚尾。

郭正域(1554—1612),字美命,號明龍,江夏(今湖北武漢)人。萬曆十一年(1583)進士。選庶吉士,授編修,爲皇長子講官,後出京爲南京祭酒,不久被罷職。三十年徵拜詹事,升禮部右侍郎,掌翰林院事。又坐事入獄,獲歸後家居十年卒,贈禮部尚書、太子太保,謚"文毅"。生平博覽經史,學識豐富。校訂《韵經》五卷,傳於世。著有《批點考工記》《明典祀志》《韓文杜律》等。

本書前有萬曆二十八年（1600）葉向高序。葉向高（1559—1627），字進卿，號臺山、紫雲黃蘗山人，晚號福廬山人，福建福清人。萬曆十一年（1583）進士。選庶吉士，三十五年（1607）官禮部尚書兼東閣大學士，四十二年（1614）辭職歸。明泰昌元年（1620）光宗立，召爲首輔。明天啓四年（1624）辭歸，加太傅銜。天啓七年（1727）病逝。明崇禎初年，追贈太師，謚“文忠”。工書法、詩文。著有《說類》《福廬靈岩志》《蒼霞餘草》等。

本書共收録樂府、詩二卷，序三卷，記一卷，論、表、策一卷，傳一卷，墓表、墓志一卷，行述、祭文一卷。是作者一生所著文章的彙集。詩作功力不深，清朱彝尊稱其“蓋有志而未造詣者”。散文較詩歌出色，黃宗羲曾評論説：“明龍之文，亦學歐陽而加以辭藻，與臺山相伯仲。”部分序文和傳記亦可和其他典籍相對照，有一定的文獻史料價值，是研究明末歷史文化生活的重要資料。

目録、卷一配鈔本，卷二部分配鈔本，其他卷亦有少數首尾葉鈔配。配鈔本所用紙張與修補用紙相似，當爲後人修復時配鈔。鈔寫的小楷端莊工整，精美秀麗。

（易曉輝）

白蓮汸文選九卷詩選六卷

明程德良撰。明刻本。五册。半葉八行，行十六字。白口，四周單邊。

程德良，字凝之，號雲連，湖北雲夢人。明萬曆十一年（1583）進士。萬曆年間，從督察院謫遷，任崇信知縣。著作甚多，撰有《不波館正續集》《白蓮汸集》《明文覽》《三一子》等，多散佚。現存《白蓮汸集》《三一子》。

《白蓮汸集》爲程德良詩文集，現存明萬曆四十四年（1616）和四十六年（1618）金陵書林徐松野刻《新刻程凝之先生白蓮汸集》十五卷《續集》五卷本、明刻《白蓮汸文選》九卷《詩選》六卷本，本書爲後者，前三册爲文選，後二册爲詩選。

文選前有年弟福唐葉向高序，鈐“葉向高印”“大學士章”印。文選每卷均由不同人選編、評校。卷一序，由太常卿門人倪斯蕙選，同社生邑人左獻臣評；卷二序，由御史門人龔文選訂，進士門人仝梧校；卷三志銘、行狀，由浮光生門人陳九鼎選，舉人澴陽萬言揚評；卷四碑記，由吏部郎門人陳顯道選，侄孫程遵堯評；卷五述，由翰林門人汪輝選，孫程遵聖校；卷六雜著，由進士門人吳之甲選，舉人同邑胡登亮校；卷七書牘，由戶部郎門人方應明選，子程式厚校；卷八啓，由給事中門人伍文煥選，侄孫程際綦校；卷九祭文，由吏部郎門人劉應奇選，舉人門人羅元德校。以上選編和評校人多與序跋者一同爲明朝部衙公職名臣。卷二中，《三一子自序》和《刻明文玄覽自序》爲作者述成文緣由。卷六雜著收作者任官期間所審的十四件案例。每個案件皆無標題，文長約兩百字，案件性質不一，多爲輕罪，無命盜重案。内容書寫格式并非公文書格式，類似審案後的筆記，記録了他對案件内容的理解和判決的思考過程。

詩選六卷，前有郡人何宗彦君美《不波館詩草序》，鈐“何印宗彦”“君美”印。何宗彦（1559—1624），字君美，一字若善，號昆柱，江西金溪東漕人，客居隨州。萬曆朝進士。萬曆、泰昌、天啓三朝元老。著有《何文毅公集》《春曹疏草》。詩選亦多由朝廷名臣選定、評校，并以體排序：卷一爲五言古詩，由進士門人王所用選，舉人門人趙之璋評；卷二爲七言古詩，按察使門人靳于中選，子程式仁評；卷三爲五言律，由進士門人謝廷讚選，舉人門人潘元勛校；卷四爲七言律，由進士邑人楊紹中選，進士門人羅文寶評；卷五爲五言絕句，由舉人門人謝繼程選，同社生邑人萬光校；卷六爲七言絕句，由刑部郎門人傅偕選，同社生邑人景曰壁評。詩歌體例多樣、主題鮮明、内容豐富，有觀景送友、贊頌貞烈、慶賀得官等，甚者還涉宫廷帝王，如《皇太孫生恭逢太皇太后六十辰詔上徽號肆赦恭紀》《皇太孫再見恭紀》等。部分語句後有小字注解，詩篇後的評語多介紹詩歌所述背景，使詩文更加通俗易懂。

鈐“石榮暲蓉城仙館藏書”“寒中”印，石榮暲（1880—1962）舊藏。（薩仁高娃）

烟鬟子集十四卷

明李茂春撰。明刻本。四册。半葉九行，行十九字。白口，四周雙邊。

　　李茂春，生卒年不詳，字蔚元，號槐墅，晚號花田主人，河南杞縣人。明萬曆八年（1580）進士。以進士知扶風，萬曆三十年（1602）任山西雁平道兵備副使，升右參政。風骨嶄然，清操如水，爲上官陳地方利病，侃侃無所忌。歷升至山西按察使。著有《鹽梅志》二十卷，采取歷代賢相嘉言善行，錄成一編，乃其爲諸生時所裒輯。另有《花田紀事》六卷，《花田續紀》二十四卷，爲晚年歸田居家時所作。

　　此書卷首有李士登序。卷一收錄賦十五篇。卷二至七收錄各體詩歌，其中包括五言古詩九首、七言古詩二十二首，五言律詩七十三首，七言律詩九十二首，五言絕句四十首，七言絕句四十首。李茂春詩歌創作各體兼備，詩歌內容有送別和寄贈的交游詩以及借古諷今的議論詩，頗多感慨時事、心繫民生之作，是其多年官宦生涯的真實體悟。卷八至十四分別收錄叙二十七篇，記八篇，傳兩篇，行狀一篇，志銘五篇，祭文二十篇，雜著十七篇，多爲應用之文。（王俊雙）

西園存稿四十三卷附錄二卷

　　明張萱撰。明刻清康熙四年（1665）重修本。二十一冊。半葉九行，行十九字，小字雙行同。白口，左右雙邊，單魚尾。

　　張萱（約1553—1636），一作（1557—1641），字孟奇，號九岳，別號西園，明代博羅縣（今廣東惠州）人。明萬曆十年（1582）得中舉人，後屢試不第。歷任中書舍人、戶部郎中。後升任貴州平越知府，未任告歸。在博羅縣城郊築園，人稱“西園公”。其在內庭參修國史、侍經筵、整理內閣藏書，頗受皇帝賞識。外任潙墅關，割除弊端，興建義倉，爲惠地方。張萱好學博識，經史百家靡不淹通，平生著述千餘卷。其刻行者有《西園存稿》《彙雅》《彙雅後編》《古韵》《疑曜》《西園彙史》《西園聞見錄》等，尚未刊行者有《西園類林》《五經一貫》《古文奇字》《西園類記》等。其中《疑耀》收入《四庫全書》，《彙雅》入《四庫全書總目提要》。張萱還是一位藏書家和書畫鑒賞家，他本人在書法、繪畫方面頗有造詣，爲後人所稱道。

　　《西園存稿》爲張萱的詩文總集。正文前有康熙四年（1665）陳殿桂撰《西園先生文集序》及王世貞、汪道昆、趙用賢等人所撰詩集序。集無總目，於每卷前列分卷目録。卷一至十四爲詩詞，以詩體分編，收詩一千餘篇，詞五首。其詩内容豐富，凡題咏山水古迹、風俗習尚、應酬唱和，甚而居家生活等都有涉及。王世貞稱其詩"麗而婉"，趙用賢稱贊"絶塵軒冕，轥轢宇宙，其胸中蓋吞雲夢者八九，故能騁意於優逸，抒藻於俛仰"，以爲他的詩有太白之風。卷十五至四十三爲文編，收序、跋、墓志、尺牘等七百餘篇。附録補史傳二卷，爲太昊母、神農母、黄帝母、后羿等傳。文中有題跋一百三十五篇，爲其作書畫、碑拓題跋，其中所涉多名家名作，是研究古代藝術史的珍貴資料。又尺牘二百七十九通，不僅反映了張萱的交游情况和生活經歷，還反映了他對時政的看法和主張以及其著述成果等等，這些無論是對張萱個體的研究，還是對明末歷史的研究，都具有重要的價值。

《西園存稿》流傳不廣，《中國古籍總目》記載僅國家圖書館和湖北省圖書館有藏，另日本内閣文庫收藏有一部。（董馥榮）

藏徵館集十五卷

明劉黄裳撰。明萬曆刻本。半葉九行，行十八字。白口，四周單邊。

劉黄裳（1529—1595），字玄子，光州（今河南潢川）人，渝州知府劉繪之子。萬曆十四年（1586）進士。授刑部主事，遷兵部員外郎。黄裳熟知兵事，時倭犯朝鮮，輔佐宋應昌軍務，以碧蹄館之戰確立威名，進兵部郎中。因其父劉繪諫言彈劾夏言，受夏黨排擠，仕途不順，晚年歸光州。善書法，七歲能摹王羲之，草書法二王，兼仿張旭、黄庭堅。黄裳博學多聞，經史、天文、輿地、音律諸書無不精，尤善詩文，與其父劉繪齊名，其弟黄鼎亦有逸才，一門三才，時爲美談。黄裳有《藏徵館集》《東征雜記》《元符圖》《海上編》等著作問行於世。

集前有萬曆十四年（1586）西蜀張佳胤（肖甫）序，鈐"張氏肖甫"及"肖甫保書"印。序中贊其詩曰："樂府古詩有陳思伯玉之格，五七言大都似摩詰，七言古即嘉州可當，稍出入義山長吉之間。"書有目録，卷一爲樂府詩，卷二至四爲五言古詩，卷五至七爲七言歌行，卷八至九爲五言律詩，卷十至十二爲七言律詩，卷十三爲五言排律、七言排律，卷十四爲五言絶句，卷十五爲七言絶句，共收詩作六百餘。其少作《河賦并叙》冠於卷首。書分六册，以"禮""樂""射""御""書""數"分册，第一册題爲"禮 樂府"，樂府詩有《塞下曲》《俠客行》《短歌行》等，多爲軍事主題；第二册題爲"樂 五言古"，有《寓懷詩》組詩、《山居雜詩》組詩等；第三册題爲"射 七言古"，有歌行、曲、謡等；第四册題爲"御 五言律"，游記、訪古居多；第五册題爲"書 七言律"，有應和詩、贈别詩等；第六册題爲"數 五七言排律 六言 五七言絶"，有題贈詩、咏景詩等。黄裳詩有古意，亦頗具氣勢，因其兵戎生涯，其詩作亦多豪邁。

錢謙益認爲劉黄裳博學有才氣，《列朝詩集》評其詩："玄子博學多聞，其爲詩才氣横溢，苦無裁制，亦重慶（劉繪）之餘波也。"（戴季）

薊丘集四十七卷

明王嘉謨撰。明刻本。二十四册。半葉九行，行十八字。白口，四周雙邊。

王嘉謨（1559—1606），字伯俞，號弘岳，順天人。其世祖因軍功封豹韜衛副千户，移家京師，歷七世至王嘉謨。父應祥，以武舉官至署都督僉事。嘉謨，明萬曆十四年（1586）進士。授行人。奉使列藩，饋遺無所受，以才望選禮科給事中，參權璫田義入罪，聲震一時，升陝西參議，調四川參政，以終養告歸，卒於家。

卷首有《薊丘集序》，署"門人關中盛以弘子寬甫頓首謹撰"。盛以弘，字子寬，潼關衛人。萬曆二十六年（1598）進士。由庶吉士纍官禮部尚書。明天啓三年（1623）謝病歸。據序可知，此集之成，是其季弟奉孺"搜其遺稿，曰《薊丘集》者，繡梓以傳"。序後爲目録。卷端題"薊丘集"，署"薊丘王嘉謨伯俞著""門人關中盛以弘子寬、友人濱州王文運子相、弟嘉詔奉孺校"。卷末有《中大夫四川按察司按察使弘岳王先生洎配李淑人馬淑人行狀》，惜有缺葉，細述其家乘世系。

是集四十七卷，詩文諸體兼備，詩有賦、樂府、古詩、律詩、絶句等，文有族譜、疏、碑、論、序、題跋、書、祭文、行狀、墓表、志銘等。王嘉謨積年於京畿地區搜奇訪勝，所經之處，必有記載，述及碑刻、禽鳥、地形、山地、水利等諸多方面，是瞭解北京地區原生地理環境和人文景觀的珍貴史料。特别是很多詩文從記實角度詳細記録和考察某地的地理面貌和生態環境，如《北山游記》一文，起自西直門，途徑白石橋、昆明湖、百望山，至筆架山及鎮邊城一帶，其間描繪山川水道、動植物種群、名勝古迹、村落橋梁等地理要素，顯示出科學實測性，對解析京畿地區地理環境的生成、特色及發展具有重要文獻價值，該文爲明蔣一葵《長安客話》、清顧祖禹《讀史方輿紀要》、清于敏中《日下舊聞考》、清繆荃孫《［光緒］順天府志》等諸多地方史志文獻摘引轉録。

王嘉謨寫詩善於用韵，清朱彝尊《静志居詩話》評曰："伯俞五言頗熟選理，第北人用韵，恒以入聲雜上去讀，故不多存。"此本鈐"慕齋監定""宛平王氏家藏"印，知舊爲王熙藏。王熙，字子雍，號慕齋，王崇簡之子，宛平人。清順治四年（1647）進士。選庶吉士，授檢討，充日講官，纍擢弘文院學士。謚"文靖"。（顔彦）

客乘二十八卷

明張懋忠撰。明崇禎刻本。六册。半葉九行，行十八字。白口，四周雙邊。

張懋忠，明萬曆至崇禎年間人，字聖標，張學顔孫，以蔭襲錦衣千户。明萬曆己丑（十七年，1589）武探花及第。加指揮同知、鎮撫、僉書。魏忠賢禍起，爲同官田爾耕所構，謂爲東林羽翼，繫詔獄。崇禎初，釋補原官。進宫保、上柱國。年七十六卒，有詩文集行於世。

本書全書共二十八卷。第一册前有崇禎皇帝誥敕經筵講官孟津王鐸所撰序，太師前軍都督府博平侯郭振明手書。另有張懋忠作自序，并若干品評。第一册中卷一爲騷賦，卷二至四爲詩作。第二册前有萬曆癸己（1593）三月嚴澂道序及作者自序，卷五至七均爲詩作。第三册卷八至十五前有唐世濟所撰序，卷八至十五均爲詩作。第四册卷十六至十九，爲詩作。第五册卷二十至二十四，爲詩作。第六册卷二十五至二十八，爲詩作，其中卷二十六前有明崇禎甲戌（七年，1634）嘉平月朔日明州友弟沈鳳舉作《楚音自序》，卷二十七前有崇禎庚午（三年，1630）九日永城陳國章作《皇仁考小引》。（楊凡）

李長卿集二十八卷

明李鼎撰。明萬曆四十年（1612）李頤宗刻本。十二册。半葉九行，行十九字。

白口,左右雙邊,單魚尾。

李鼎,生卒年不詳,字長卿,江西新建人。天資瑰异,萬曆十六年(1588)舉人。十八年(1590)入鄭洛幕府,參與平定韃靼之亂。治《春秋》宗服虔,治《詩》宗鄭玄,所著《經詁》"簡而確,質而古奧,博士弟子員皆心師而傳誦之"。《[同治]新建縣志》卷四十八、《[光緒]江西通志》卷一百三十七有傳。

本書卷前有序兩篇,其一爲大泌山人李維楨撰,序末有"天都門人程百二幼輿氏書"字樣;其二爲萬曆四十年(1612)安徽歙縣謝陛撰,序末有"齊安門人孟淑孔敬書"字樣。書末有萬曆四十年(1612)孫汝澄所作序,末有"武林門人錢權書"字樣。

全書共二十八卷,包括各體詩二卷、各體文十七卷、《松霞館偶譚》二卷、《松霞館贅言》一卷、《净明忠孝全傳正訛》二卷、《經詁》四卷。

序首葉版心下鐫"廬陵劉云刻"。據《中國古籍善本書目》著録,僅國家圖書館和四川省圖書館有藏。(提娜)

雞肋删三卷

明李叔元撰。明崇禎李雲寧等刻本。三册。半葉八行,行十八字。白口,四周單邊。

李叔元(1561—1635),字端和,一字贊宇,號鹿巢,後號馴鹿。福建晉江人。明萬曆二十年(1592)進士。授刑部主事,歷官禮部儀制員外郎、山東學政、浙江温處道糧漕參政、湖廣左布政使。後因力爭冤案,罷歸。崇禎初,起光禄寺卿兼太僕卿,卒贈刑部侍郎。著有《四書説》《春秋傳稿》等。生平見《[道光]晉江縣志》。

此爲李叔元文集,共分忠部、質部、文部三卷,包括疏、記、傳、碑、行狀、墓志銘、奠文等,由其門人張四知、張潑、范復粹等輯,子正培、正高、正樞、正綸、正丹同輯,孫李雲寧、曾孫等督梓。李叔元歸田後,編訂《雞肋删》四十八條,以"忠""質""文"爲序帙,卷前《自序》言:"既歸田,念吾宗三百餘年不可無譜,勉成孝慈忠三小帙,而諸雛從飽蠹中出余敝帚,聊删存其關繫於君師及友者,屈指四十八條,以忠質

文序帙而字之曰'雞肋',咀嚼無味,翻慚楊德祖小兒。"（馬琳）

尊生館稿不分卷

明沈㴶撰。清初鈔本。四册。各册行款不一。

沈㴶（？—1624），字銘縝，烏程（今浙江湖州）人。明萬曆二十年（1592）進士。改庶吉士，授官檢討，纍官南京禮部侍郎，掌管部事。神宗末年方從哲任首輔，召沈㴶爲禮部尚書兼東閣大學士，明天啓元年（1621）入朝輔政，後加太子太保，進文淵閣、武英殿大學士。天啓四年（1624）卒，贈少保，謚"文定"。《明史》有傳。《［同治］湖州府志》載其著作有《文定集》二十卷、《南宮署牘》四卷。

本書第一册爲政論、召對之文，如《無政事則財用不足》篇。第二册爲墓志銘、行狀、行略、鄉賢小傳、告文、祭文。第三册爲奏議、碑記、傳記、墓志銘。第四册爲召對與政論文。沈氏密結魏忠賢、劉朝、客氏等人，奏請招募材官勇士隸屬錦衣衛，以備邊患，爲魏忠賢輩所擁戴，以至聲譽不佳，屢遭彈劾。觀其文，則多職守相關，對治國理政亦頗有主見。

此鈔本爲多人鈔寫而成，字體多樣，然皆工整有致，且行格疏朗，覽之悦人眼目。本書鈐"退庵""有閒居士""吳興劉氏嘉業堂藏書記"等印，可知曾收藏於劉承幹處。（杜萌）

大司馬張海虹先生文集十七卷

明張五典撰。明刻本。六册。半葉八行，行十八字。白口，四周雙邊。

張五典（1555—1626），字和衷，號海虹，山西沁水人。明萬曆二十年（1592）進士。授行人，升户部江西司主事、員外郎，後任山東布政司參議，官至南京大理寺正卿。其性嚴，居朝廷中立無所倚附。在平定叛亂以及賑災方面有所作爲。在山東任職時，曾主持對泰山的勘察，著有《泰山道里記》。諸子多以科目見長。其中張銓爲明萬曆甲辰（三十二年，1604）進士，先後任浙江、江西道御史。後清兵入侵遼東，張銓帶兵討伐，爲國盡忠。明天啓三年（1623），張五典告老還鄉，加升兵部尚書。卒，贈太子太保。

是書名據卷端題名"大司馬張海虹先生文集"。徐光啓爲之撰叙，認爲"先生（張五典）之文具在，其志、其行、其文學、其政事，先生所自得與嗣君（張銓）之所得於先生者可考而知"。

書中前十六卷依次收録疏、議、論、詩、啓、書、叙、記、説（附募緣疏）、言、檄、墓表、墓志銘、行狀、祭文以及張五典自撰的年譜，卷十七爲外集收録了卹典志表。前十六卷均署"沁水張五典著""門人上海徐光啓較"。最後一卷爲"徐光啓較"。（孟化）

王考功鸚適軒詩集十卷存六卷文集四卷附録一卷

明王樂善撰。明萬曆刻本。六册。半葉九行，行十九字。白口，左右雙邊，單魚尾。

王樂善（1553—1596），字存初，一字存甫，別號西里，益津（今河北霸縣）人。萬曆二十年（1592）進士。初授行人，遷吏部主事，尋改考功。著有《扣角集》《王考功鸚適軒詩集》。

《王考功鸚適軒詩集》在《八千卷樓書目》《傳是樓書目》中均有著録，作十卷。據目録，此書内容爲樂善所作詩賦，含賦四首、雜題樂府五十九首、五言古詩四十六首、七言歌行二十三首、五言律詩一百二十七首、五言排律七首、七言律詩二百七十一首、五言絶句八十六首、六言絶句五首、七言絶句二百三十四首、詩餘九首。此本現存卷一至六，其中卷六爲"七言律詩"，應缺卷七至十。書前有萬曆二十四年（1596）王緘序。

《王考功文集》含樂善所作碑、序、跋、文、詞、解、傳、誄、贊、銘、墓志銘、祭文等。書末附一卷，内容爲與樂善相關之疏、行狀、墓志銘、墓表及鄉賢緣由。

據《中國古籍善本書目》著録，除國家圖書館外，僅南京圖書館有藏。（安延霞）

小草齋集十一卷烏衣集一卷

明謝肇淛撰。明謝氏小草齋鈔本。四册。半葉九行,行十八字。白口,左右雙邊。

謝肇淛(1567—1624),字在杭,福建長樂人,號武林、小草齋主人,晚號山水勞人,小草齋爲其堂號。明代學者、詩人、藏書家。明萬曆二十年(1592)進士。官至廣西右布政使。性嗜藏書,所收宋人文集頗富,秘本較多,與徐爈、曹學佺并稱福建藏書三家。謝肇淛博學能文,著作豐富,著有《小草齋詩集》《小草齋文集》《小草齋詩話》《史觿》《史考》《北河紀》《鼓山志》《滇略》《五雜俎》《文海披沙》等二十餘種。《北河紀》《滇略》等收入《四庫全書》。《五雜俎》在清乾隆年間被列爲禁書。謝肇淛去世後,他的很多著作流傳到日本,《五雜俎》《文海披沙》等書在日本都有刻本流傳,産生了很大的影響。

此書末有清楊用霖、陳祖謙跋文兩篇,楊用霖跋文稱此書爲稿本,得自謝氏後人,僅得兩册;陳祖謙跋文稱其訂爲四册,據此可知此本非原裝。此鈔本收序、跋、記、疏、贊、志銘等七十六篇。《烏衣集》收序四篇。黄虞稷《千頃堂書目》記載肇淛有《文集》二十八卷,《續集》二卷,則此本爲《選集》也。是本雖非全帙,然出自本家,流傳有序,亦屬可貴。

書衣墨筆題"聞香小舍楊用霖珍藏",鈐"聞香小舍臧""用霖讀本"印。

(董馥榮)

木天遺草二十八卷附録一卷

明高克正撰。清康熙十年(1671)高維檜寶安公署刻本。六册。半葉十行,行二十字。白口,四周雙邊,單魚尾。

高克正(1564—1609),字朝憲,號蓼庵,福建海澄人。明萬曆二十年(1592)進士。選庶吉士,授翰林院檢討,纂修國史。三十一年(1603)典試浙江,後因事上疏乞休,南返故里,年四十六卒。著有《玉堂初稿》《木天遺草》等。

　　本書爲高克正的詩文集。卷前有葉向高、姚文蔚、萬曆四十四年（1616）張爕序。全書按照體裁分卷：卷一至七序，卷八至九記，卷十碑，卷十一論，卷十二疏、表、箋、銘、頌、贊，卷十三議，卷十四議、評，卷十五策，卷十六志銘，卷十七志銘、墓表，卷十八行狀、行述，卷十九至二十一祭文，卷二十二至二十六尺牘，卷二十七雜著，卷二十八賦、詩。書末有附録一卷，收録高克正的傳記、行狀、祭文、家譜等。

　　此本係高克正之孫高維檜所刻。書名葉版框外鐫"寶安公署重刻"，目録和卷末有"康熙辛亥歲重刻於東莞"字樣，卷端署"孫維檜重刻"。高維檜，字西崖。清順治八年（1651）爲東莞縣令，後又任博羅縣令。《［乾隆］海澄縣志》卷十三有傳。（謝冬榮）

曹門學則四卷 存二卷

　　明曹于汴撰。明馬之騄刻本。一册。半葉八行，行二十字。白口，四周雙邊，單魚尾。

　　曹于汴（1558—1634），字自梁，安邑（今山西運城）人。明萬曆十九年（1591）舉鄉試第一，萬曆二十年（1592）進士。授淮安府推官，以治行高第授吏科給事中，官至左都御史，卒贈太子太保。《明史・列傳》載曰："篤志正學，操履粹白，立朝正色不阿，崇獎名教，有古大臣風。"除是書外，尚撰有《共發編》四卷、《仰節堂集》十四卷等。《明史》卷二百五十四有傳。

　　此書凡四卷，據版心上題或又名"學則篇"。于汴做人做事力求透徹，書末有朱鼎鍇跋稱："吾師之學，即以透徹本源爲宗，故作事，事事透徹；立言，言言透徹；敷教，人人透徹。"關於其編刻，據卷端署"安邑曹于汴自梁父著""男曰良較正""門人丹陽馬之騄授梓""古絳辛全編次"。知該書由辛全輯編，且經曹于汴之子曹曰良校訂，由門人馬之騄刻梓。書末李瀛杰跋即稱："師門《學則》一編，杰輩學之而不厭。復元誠一欲刻而未能，馬父母囊投而鋟梓之。""復元"乃辛全之字，號天齋，山西絳州人。萬曆末貢生。以特薦授知府。爲曹于汴門人，撰有《衡門芹》一卷。"馬父母"即指馬之騄。惜今本僅存兩卷，即卷三至四，文和詩各一卷。卷三爲奏疏,卷四爲詩,包括五言古詩、五言絶句、七言律詩和七言絶句。李攀龍評價曹于汴"足以定群嚚,明學術;詩足以暢天機,流性藴"。

書中鈐"长乐鄭振鐸西諦藏書""長樂鄭氏臧書之印"兩印,係鄭振鐸舊藏,後捐獻國家圖書館。此書《明儒學案》有著録,傳世孤罕,極具版本及文獻價值。(劉明)

石隱園文稿不分卷

明畢自嚴撰。清初鈔本。三册。半葉九行,行十八字,無格。

畢自嚴(1569—1638),字景曾,號白陽,山東淄川人。明萬曆二十年(1592)進士。授松江推官,有才幹。泰昌時仕爲太僕卿。明天啓元年(1621),以右僉都御史巡撫天津,專飭海防,後升右都御史兼户部左侍郎。五年(1625),改任南京户部尚書,忤魏忠賢,遂引疾歸。六年(1626),忤帝意下獄,旋罷職歸。一年後官復原職。崇禎元年(1628),召任户部尚書。生平見《明史》卷二百五十六、《明詩紀事・庚簽》卷十七。自嚴爲官數十年,以政事爲重,詩文非所留意。然酷愛墳籍,家有萬卷樓、振衣閣。著有《石隱園藏稿》《撫津疏草》等。其詩頗有臺閣之氣,偏於典重,文多爲實用文體。《四庫全書總目提要》云:"以經濟兼文章,則自嚴要不愧也。"

此《石隱園文稿》收萬曆三十年(1602)至明崇禎十年(1637)畢自嚴撰祭文七十餘篇,皆其詩文集《石隱園藏稿》未收。其因親朋友人而作,駢體文占大半。書末有其孫畢盛鑑手跋四行,云:"原稿七册,歲久蟲傷,於康熙五十八年十二月廿七日訂爲三册。刺史公與先君書可當小叙,故載在簡端。又中白高公墓志銘在七册外,今亦編入。"此本無小叙,即刺史公與先君所書等書中未見。(劉悦)

溪南清墅集草六卷

明張應泰撰。明萬曆刻本。一册。半葉九行,行二十一字。白口,四周單邊。

張應泰,生卒年不詳,字大來,號東山,安徽涇縣人。萬曆二十年(1592)進士。初授泰和縣令,後官至泉州守。政績頗佳,後被任命爲吉安守,未到任而卒。著有

《越游草》《藝葵園草》《白門草》《孤村遺鈔》《晚香亭稿》《史疑》諸書。

　　該書爲張泰應文集，共收録二百九十七篇。該集所録之文爲詩引、詞引、賀詞、謝表及往來信函等文章。據其文可知張應泰交往當時官員、學者之經歷，亦具有一定的史料價值。張氏之文俱爲四六駢文，該書目録題名爲"溪南清墅集四六啓稿"，是書爲張氏所寫之四六駢文集。蓋《越游草》《藝葵園草》《白門草》《孤村遺鈔》諸書收張應泰詩文，此書專收其駢文而成。該書首有王訥諫《東山先生文集序》，次有葉永盛《刻張東山四六引》，言其人生平及文章造詣之事。

　　張應泰作駢文對仗工整，詞藻清麗樸拙，然所録之文多答應唱和之詞，缺乏六朝及唐人高遠曠達之深意。葉永盛在序中稱其文與唐初王勃、駱賓王等人"在伯仲間"頗有過譽之嫌。據葉永盛《刻張東山四六引》，該本應爲張應泰寫就其文之初刻本，是該書最早版本。（賈大偉）

蘆花湄集二十九卷

　　明張鶴鳴撰。明萬曆刻本。九册。半葉九或十行，行十八字。白口，四周單邊。

　　張鶴鳴（1551—1635），字元平，號鳳皋，潁州（今安徽阜陽）人。明萬曆十四年（1586）會試，父病，馳歸，萬曆二十年（1592）始成進士。除歷城知縣，移南京兵部主事。纍官陝西右參政，分巡臨鞏，以才略聞。遷右僉都御史，巡撫貴州。再遷兵部右侍郎，總督陝西三邊軍務。轉左侍郎，佐理部事。明天啓元年（1621），升兵部尚書，督師遼東。明崇禎八年（1635），流賊陷潁州，執鶴鳴，倒懸於樹，罵賊死，年八十五。傳見《明史》卷二百五十七。

　　此書首有葉向高序、萬曆四十七年（1619）秋謝肇淛序、萬曆四十八年（1620）秋沈珣序、萬曆四十四年（1616）仲夏楊鶴及戴燿亨序、萬曆四十六年（1618）春楊嗣昌序。卷端署"潁人張鶴鳴著""弟鶴騰較""男大同訂正""吉州劉昌寫、羅桂梓"。此書共二十九卷，收録張鶴鳴各體詩文，包括序四十五篇、傳七篇、記五篇、賦一篇、碑十一篇、墓志銘十二篇、墓表二篇、祭文四十一篇、書十二篇、贊五篇、引七篇、跋五篇、文三篇、五言古詩三十五首、五言律詩四十八首、五言排律四首、五言絶句八首、七言古詩二十六首、七言律詩一百二十首、七言排律二首、七言絶句四十六首、題卷詩十七首。葉向高稱贊張鶴鳴之文擅長叙事不浮誇，之詩工整婉麗，曰："其文善叙事，有體裁，不爲浮靡；詩亦工麗婉至，能發其衷之所欲言，與近世格調迥异。"（王俊雙）

學半齋集不分卷

明陳禹謨撰。明挹爽樓鈔本。五册。半葉十一行，行字不等，藍格。

陳禹謨（1548—1618），字錫玄，號抱冲，陳瓚的長子，江蘇常熟人，一作湖北彝陵人。明萬曆間舉人。授獲嘉教諭，萬曆三十二年（1604）官至兵部郎中。陳禹謨博識强記，飽讀史籍，文才武略兼備，除此書外，還著有《左氏兵略》《［萬曆］獲嘉縣志》等。生平刻印唐虞世南《北堂書鈔》一百六十卷、徐廣《談治録》十二卷、羅倫《周易説旨》四卷、穆文熙《七雄策纂》八卷；撰《經言枝指》《説儲》八卷；又輯《廣滑稽》三十六卷、《駢志》二十卷等。挹爽樓爲陳禹謨的室名。

此書五册内封葉均有"學半齋集"及册序，版心處鎸藍字"挹爽樓"。第一册前有本書目録，目録以文章類别劃分，包括奏疏、表、序、記、疏、志銘、行狀、文、傳、題跋、説、引、贊、頌、檄、啓、柬、詩等十八個類别。第一册目録後爲奏疏、表、序三個部分，奏疏包括《進左氏兵略疏》《工部條陳疏》等，表包括《進左氏兵略表》，序包括《昭代明良録叙》《資治通鑑綱目序》等。第二册均爲序，包括《續刻文徵仲太史詩集序》《海虞十一子會業序》等。第三册也均爲序，包括《賀群守何公覃恩加封序》《贈張公祖奏最序》等。第四册爲記、疏，包括《重修白雀寺碑記》《重修東塔崇教興福寺疏》等。第五册爲志銘、行狀、文、傳、題跋、説，包括《明承德郎湖廣襄陽府通判少湖瞿公墓志銘》《先考兩亭府君行狀》《誓師文》等。此書僅存至《祭曹方伯文》，目録中記載的傳、題跋、説、引、贊、頌、檄、啓、柬、詩皆未見。

此書每册卷端皆鈐"鐵琴銅劍樓藏"印，爲鐵琴銅劍樓舊藏。書中内容多處有朱筆批校。（張晨）

睡庵詩稿一卷文稿二卷

明湯賓尹撰。明萬曆刻本。一册。半葉九行，行十九字。白口，四周單邊，單魚尾。

湯賓尹，字嘉賓，號睡庵，別號霍林，安徽宣城人。萬曆二十三年（1595）進士。授翰林院編修，詔令制書多出其手，得神宗賞識。時朝廷結黨之風極重，以東林黨、宣黨、昆黨爲最盛，宣黨首領即爲湯賓尹，世號之“湯宣城”。後與方植黨爭，敗歸。崇禎初年復起，未及而卒。著有《睡庵文集》《宣城右集》《一左集》《湯睡庵先生歷朝綱鑑全史》等。

本書卷首有萬曆壬寅（三十年，1602）梅守箕序。全書有詩稿一卷，文稿二卷。湯氏詩作内容以游覽、贈答、感懷爲主，詩句多錘煉，工整有秩。亦往往有出其不意之作，如《忽忽》《行行》二首，如神來之筆。《忽忽》曰：“黑夜跑，黑夜跑，又不知利西利北利南利東。一出城門，等命飛蓬。是非付知己，利害禍福付天公。”抒發自己惶惑不知所措的絶望感，如在眼前。

湯氏文集以祝壽與墓志銘爲主，傳主多爲宣城人。文章言辭懇切，情感真摯，記述他人生平頗詳，可資參考。

本書鈐“霽陽山人”“子真”“长乐鄭振鐸西諦藏書”“長樂鄭氏藏書之印”等印，可知曾爲鄭振鐸舊藏。流傳不廣，據著録僅國家圖書館有藏。（杜萌）

蘇門山房詩草二卷文草四卷家乘一卷東事書一卷

明郭淐撰。明天啓刻本。八册。半葉九行，行十八字。白口，左右雙邊。

郭淐（1563—1623），字原仲，號蘇門，河南新鄉人。明萬曆二十三年（1595）進士。翰林院編修，官至禮部左侍郎。平生居官不慕富貴，爲東林黨的重要成員之一。先後爲會試同考官，主持江西、順天府鄉試。關心遼東戰局，明天啓二年（1622），聞廣寧爲後金攻占，立即請往遼東禦敵，即行，患痢疾腹瀉身亡。卒贈禮部尚書，諡“忠節”。郭淐曾在百泉蘇門山閑居十年，創作大量詩篇，其中以《菉竹園詩文集》最爲知名。《［乾隆］新鄉縣志·人物志》有傳。

《詩草》二卷，書衣題“菉竹園草·詩”，首有趙標《蘇門山房集序》（鈔配），天啓六年（1626）陳仁錫《蘇門山房集序》（鈔配），後爲上卷目録。卷端題“蘇門山房詩草上卷”，署“蘇門山人郭湄原仲甫著”。

《文草》四卷，書衣題“菉竹園草·文”，卷端題“蘇門山房文草一卷”，署“蘇門山人郭湄原仲甫著”。收録記、序、跋、傳、問、引、誥命、祭文、墓志銘等八十七篇。

《家乘》一卷，書衣題“菉竹園草·家乘”，卷端題“蘇門山房文草家乘”，收録行略、紀略、行實、行述六篇。

《東事書》一卷，書衣題“菉竹園草·東事書”，首有天啓元年（1621）郭湄《東事書叙》，《東事書》彙集作者從明萬曆四十七年（1619）至天啓二年（1622）與其弟郭浣的家書以及上書薊遼總督文球、遼東經略熊廷弼、遼東督餉侍郎李長庚等文和上政府之書，討論自開鐵、撫順失守至廣寧失陷之遼東兵事及解決之道。反映出他關心遼東戰局，爲國分憂的思想。

《［乾隆］新鄉縣志·人物》記載，郭湄著述有《菉竹園文集》二卷、《菉竹園詩集》一卷等。吕友仁主編《中州文獻總録·明代四》亦有著録，其中《菉竹園文集》《菉竹園詩集》已佚。

據本書情況看，疑《蘇門山房詩草》《文草》即是所謂已佚的《菉竹園詩集》《菉竹園文集》。

據《中國古籍善本書目》，該本僅國家圖書館和河南省圖書館有藏。（李堅）

望雲樓稿十八卷

明徐如珂撰。清鈔本。十六册。半葉九行，行二十一字，無格。

徐如珂（1562—1626），字季鳴，號念陽，吳縣（今江蘇蘇州）人。明萬曆二十三年（1595）進士。任刑部主事，歷郎中。明天啓元年（1621），遷川東兵備副使。擊殺奢崇明黨樊籠，收復重慶，并攻克蘭州土城，乃召爲太僕少卿，遷左通政。魏忠賢逐楊漣，徐如珂設宴爲楊漣餞行，惹怒魏忠賢，後被削級歸里。歸里三月，卒。

書中目録前和每卷卷端皆署"古吳念陽徐如珂季鳴父著"，目録前還署"男廷柱、廷棟、廷楨謹輯"。是書并按文章類型分類，包含奏疏、公牘、碑記、題贈、序文、小傳、論説、祭言、志狀、四六、書札。目録末葉有王大隆跋文一篇，跋曰："辛巳夏日從嘉業堂借此屬平湖屈君彈山選鈔九十六篇，他日當刊行以存吳中先哲遺書。王大隆記於學禮齋。"卷一處附有信紙一葉，告知此書爲徐如珂原稿，未有刊本，還概括介紹了徐如珂的生平及經歷。卷一爲奏疏，包括《題請宥罪緩刑疏》《題請太子講學疏》等。卷二爲公牘，包括《清察齊庶人口糧説帖》《移銓部咨》等。第三卷爲碑記，包括《重建黃山東重建揚威侯廟碑》《重建朝天宮道録司碑記》等。卷四爲題贈，包括《題馬節婦記後》《贈儒士周世丈序》等。卷五爲序文，包括《壽葛母朱夫人七十序》《壽外母史夫人六十序》《壽南維上人七十序》等。卷六爲小傳，包括《按君命撰河南分守道小傳》《河南知府顧頤》。卷七爲論説，包括《六官之長皆民譽》《竹林七賢》等。卷八爲祭言，包括《祭徐警所先生文》《祭巨源周夫子文》等。卷九爲志狀，包括《處士貢麓惠君墓志銘》《先妣劉太安人行狀》等。卷十爲四六，包括《復別駕程對溪鄉丈》《謝洛中孝廉》等。卷十一至十六均爲書札，包括《致漕運理刑張公》《公上漕院孫公祖》等其於多人的書信往來。

此書每卷卷端皆鈐"吳興劉氏嘉業堂藏書印"，王大隆跋文處印有其印章一枚。書中多處硃批。（張晨）

浮山堂集一卷石倉文稿一卷

明曹學佺撰。明刻本。半葉九行，行十八字。白口，左右雙邊。

曹學佺（1575—1646），字能始，又字尊生，號雁澤，又號雁峰，晚號西峰，自署石倉居士，福建福州人。萬曆二十三年（1595）進士。萬曆二十五年（1597）授户部主事，旋調南京，添注大理寺左寺正，進南户部郎中。萬曆三十七年（1609）調四川右參政。後升按察使，坐事削官，遣送回鄉。天啓間起爲廣西右參議，後因私撰野史，削籍歸。家居近二十年，著書立説。明亡後，唐王朱聿鍵稱帝閩中，授其爲太常卿，又進禮部右侍郎兼侍講學士，遷禮部尚書加太子太保。隆武二年（1646）清兵入福州城,自經,年七十三。聰穎好學,結交南北名士,結社唱和,頗有聲名。歸里後,擴建石倉園,觀劇弈棋,以文會友,史稱"閩中文風頗盛,自學佺倡之"。《明史》卷二百八十八有傳。

是書分詩文兩個部分。其中《浮山堂集》卷端即題此名,收詩百餘首。《石倉文稿》題名取自版心,另魚尾下鎸"浮山"二字,表明其爲《石倉文稿》之一種。據曹氏生平,此兩種詩文集當作於家居石倉園期間。石倉園有二十景,"浮山"爲其中之一。萬曆四十三年(1615),曹氏舉石倉社,四方詞客聚會石倉園,成爲閩中詩壇的盛事。《石倉文稿》大致爲應用文和解《論語》之文。

曹氏一生熱心著述,且富藏書。曾輯《石倉十二代詩選》,有功文獻。詩文傳世者有《曹大理集》八卷、《石倉文稿》四卷等十餘種。曾倡修《儒藏》,采擷十餘年,惜未能卒業。經學著作有《五經困學》《周易可説》等,地志類著作有《大明一統名勝志》《蜀中廣記》《燕都名勝志稿》等。(張曉天)

春別篇一卷

明曹學佺撰。明刻本。一册。半葉九行,行十八字。白口,左右雙邊。

此爲曹學佺詩集,收詩五十餘首。卷端書名下鎸"甲辰"二字,説明所收詩作於明萬曆三十二年(1604)。書末有南州社弟朱謀㙔作《豫章游稿序》,序中説:"乃若以奇文而當勝境,與佳山水共爲久遠者,唯謝康樂爲然。曹能始廷尉,今之康樂也。清仕餘閑,逍遥人外,所至佳山水莫不淹駕纍旬,窮覽幽深陵躐峻絶,即事成賦。"(提娜)

金陵集三卷存二卷

明曹學佺撰。明刻本。一册。半葉九行,行十八字。白口,左右雙邊。

此集收録曹學佺在南京任職時期所做之詩。分上、中、下三卷,上卷已殘缺,僅存《金陵集丙午下》(萬曆三十四年,1606)《金陵集丁未上》(萬曆三十五年,1607)及《金陵集丁未下》(萬曆三十五年,1607)。集中包括山水紀游詩、酬唱贈答詩、閑適抒懷詩、懷古咏史詩等多種題材，錢謙益在《列朝詩集》中評其詩"清麗爲宗"，温婉清麗是其詩歌的主要風格。除此之外，《金陵懷古六首》沉鬱悲凉，是咏史詩中的佳作，而《江上送亡内歸鄉五十韵》，爲亡妻而作，凄婉哀痛，真切感人。

據《明史》記載，曹學佺詩文集《石倉集》有百餘卷，因明末戰亂和清廷禁毁，散失嚴重。清乾隆十九年（1754）曹岱華刻本《石倉詩稿》三十三卷，按集編年，基本與舊刻卷帙符合，收録詩作最爲詳盡。（馬琳）

遥連堂訂王損仲先生詩乙稿一卷

明王惟儉撰。明刻本。一册。半葉八行，行二十字。白口，四周單邊，單魚尾。

王惟儉，字損仲，明末河南祥符縣（今開封）人。明萬曆二十三年（1595）進士。授濰縣知縣，遷兵部職方主事。明天啓五年（1625）任工部右侍郎。魏忠賢黨御史田景新劾之，落職閑住。著有《王損仲詩甲稿》《王損仲詩乙稿》《王損仲集》《宋史記》《王損仲史鈔》《文心雕龍訓故》《史通削繁》及《史通訓故》等。明清鼎革之際，周亮工遥連堂重刻《遥連堂訂王損仲先生詩乙稿》。

卷首有王惟儉序。本書詩歌以五言律詩爲主，其内容多關於國事民生。上自昏君，下至庸官儒將，皆加鞭撻。寫遼事的很多，如《聞警》，對昏君庸帥極盡諷刺，如云："昨夜遼陽報羽書，虜師十萬壓無間。元戎此日應相賀，知是凌烟寫像初。"又云："極目烽烟沸海虹，無勞羽檄去匆匆。應須司馬門前待，聖主齊居向桂宫。"還有兩首寫遼事的五律，題爲《送胡隆宇備兵遼左》。

是書内容詳實且多關乎國事民生，是研究明代歷史文化的重要資料。鈐"路工"等印。（閆智培）

詹炎集三十四卷 存十八卷

明葉維榮撰。明萬曆二十八年（1600）林中梧等刻藍印本。十册。半葉九行，行十九字。白口，四周雙邊，單魚尾。

葉維榮（1543—1603），字春卿，號四明，浙江慈溪人。維榮幼好學，負异才，登萬曆二十三年（1595）進士。授海豐令，後因語言失當，左遷祁州判官。其生平見湯賓尹所作《海豐知縣補祁州判官四明葉公行狀》。湯言其“平生博極群書，爲文操筆布紙，數百言立就”。

《詹炎集》内容爲葉維榮所作詩文，全書共三十四卷，此爲殘本，存卷一至十八。版心題“詹炎集”，目録題“海日樓初稿”。卷前有萬曆二十七年（1599）周光鎬序和楊起元序，萬曆二十八年（1600）林中梧序。卷一爲文部之賦。卷二至十爲詩部，其中卷二爲古樂府和擬古；卷三爲古歌行；卷四爲五言古風；卷五爲五言絕句；卷六爲五言排律；卷七爲五言律詩；卷八爲六言絕句、七言古風和七言排律；卷九爲七言律；卷十爲七言絕句。卷十一至十八爲文部，其中卷十一至十三爲序，卷十四至十七爲書牘，卷十八爲啓。書中有朱筆翦點。

《中國古籍善本書目》著録，僅國家圖書館有藏。（安延霞）

漱玉齋類詩三卷初吟草一卷解弢集一卷

明鄧雲霄撰。明刻本。五册。半葉九行，行十八字。白口，左右雙邊。

鄧雲霄，生卒年不詳，字元度，廣東東莞人。明萬曆二十六年（1598）進士。爲人端正慷慨，讀書過目成誦，文章淵浩宏碩，尤工聲律。初以進士授蘇州府長洲縣知縣。在任期間，雲霄實心明察，行事高效，執法嚴毅，毫無假借，點審差役，厘然允當，修塘築圩，不辭僻遠。時吳中詞訟多無情而人命尤甚，雲霄創新法，令凡毆期、死期，爲何人下手，凶器何物，皆一一列明。後因政績卓著擢南户科給事中，官至廣西參議。

此書爲鄧雲霄詩集，其中《漱玉齋類詩》按賦、律詩、絕句體例編排，共録各類詩、賦三百餘首。《初吟草》載詩人北游中原之作，《解弢集》載萬曆三十三年（1605）至三十四年（1606）鄧雲霄北游燕趙之作。

據書首《漱玉齋問答》言“刻此以質大方儻謂不謬於正始，徐當傾篋耳”，知此書應爲鄧雲霄自刻本。鄧詩多爲其游歷及爲官時期所作，有景物吟咏及人物唱和。其中描寫蘇州、廣東之詩句具備一定的史料價值。（賈大偉）

西游續稿六卷

明蘇惟霖撰。明刻本。六册。半葉九行,行十八字。白口,四周雙邊。

蘇惟霖,字雲浦,號潛夫,湖北江陵人。明萬曆戊戌年(二十六年,1598)進士。官監察御史巡視兩淮漕儲,按山西,終河南按察副使,五十卒。曾與公安袁宏道、京山李維楨、同里吳道昌諸人相唱和。著有《兩淮游集》五卷,今藏美國國會圖書館。有《兩淮游草》《西游日記》《西游草》等。

該書原殘損,經修復,尚缺第二册首葉及第三册、第五册、第六册末葉,又第三册末數葉有殘損,餘皆完好。

是書内容分爲詩草、日紀、札子、雜著等。詩草主爲詩作,兼收詞作,内容涉及抒懷、咏物、迎送、出游等,詩題下及詩内多記撰作日期。日紀爲短文,且多無日期,所記内容豐富,除見聞及隨感外,多有記時事、人文、地理、歷史、政論者。札子乃往來信札,共計二十二封,其中與汪可受(靜峰)三封,涂宗浚(鏡源)三封,焦竑(弱侯)兩封,餘皆一封。雜著共計六篇,爲《游龍門記》《游汾陰后土祠記》《敕建永祚寺宣文寶塔舍利碑記》《平陽府創建宗田記》《松國記》《真來佛子傳贊》等。

是書詩文應係作者官山西時所作,故名"西游"。其中多涉山西風土民情、景觀名勝、山川地形,或可爲史地考索之補益。

據《中國古籍善本書目》著録,僅國家圖書館有藏。(李林芳)

率道人素草七卷

明吳玄撰。明刻本。八册。半葉九行,行十九字。白口,四周單邊,單魚尾。

吳玄,生卒年不詳,字又于,號天然居士,江蘇武進人,主要活動時間爲萬曆、天啓間。明萬曆二十六年(1598)進士。歷河南南陽府儒學教授、嚴州知府,萬曆四十三年(1615)升任廣東按察司副使,天啓元年(1621)升湖廣布政司右參政、靖州兵備。明天啓六年(1626),升浙江按察司按察使。

本書卷首有吳玄萬曆三十八年(1610)自序。卷七首有天啓三年(1623)自序,尾有天啓四年（1624）朱明跋。版心題"衆妙齋"。卷目以文體爲類,有奏議、書論、贊序、詩文、評論、規約等。其類相近者集爲一卷。卷一之奏疏既有對法律制度見解的陳述,也有對地方法律案件的處理意見;卷二收録其生平重要書信,多爲與各地官吏關於政務的溝通意見,兼有與親友、士紳的人情往來;卷三之序則多爲士林交游贈答之作;卷四之詩作主要以其生平經行感懷爲主要内容,文章則主要爲官府或個人所作的祭文,駢語類中較爲少見地收録了其生平得意的對聯作品,質量皆佳;卷五爲人物臧否及司法論争之文,吳玄爲地方大員,舉薦人才及問責司法爲其必然職責;卷六的規條、示約爲其任官期間所編制的各項規章條款,對詮釋律法、完善制度、維護鄉里安和多有建設性,體現了作者數十年爲官的主要政績;卷七問辨主要收録四書五經中涉及科舉問題的辨答,是對作者學業水準的基本總結。

本書爲寫刻本,各卷字體時有變化。流傳不廣,僅國家圖書館有藏。（杜萌）

葛司農遺集不分卷

明葛寅亮撰。清吳允嘉鈔本。一册。半葉十行,行二十至二十四字,無欄格。

葛寅亮,字冰鑒,號屺瞻,錢塘人。明萬曆庚子（二十八年,1600）浙江鄉試第一,辛丑（二十九年,1601）進士。授禮部儀制司主事,遷祠祭司郎中。又歷官福建學政、尚寶卿、通政使、大理寺卿,官至户部侍郎。生秉异質,少精經義。撰有《四書湖南講》《金陵梵刹志》《大藏經目號數》《治安策》《造適集》《莞爾集》等。生平事迹參《［乾隆］杭州府志》卷八十一。

是書見於《［乾隆］杭州府志》《［民國］杭州府志》著録,均不題卷數。此乃清吳允嘉鈔本,書中卷端題"葛司農遺集",次行低一格署"明錢唐葛寅亮屺瞻著""後學吳之淇菉瞻、王允元治九同輯"。知此《遺集》出自吳之淇和王允元輯録而成,題名既稱以"遺集",當編在葛寅亮逝後。據卷首《葛司農遺集目録》,内容爲記十五篇、碑記五篇、序四篇和雜文一篇,總爲四種文體二十五篇。另卷末附有張右民撰《司農葛先生傳》一篇,屬刻印,與全書鈔本不類,當係自别本附入。又附録有王嗣槐撰《復湖南父子書》、柴世埏撰《葛屺瞻先生祠記》兩篇。

據《中國古籍善本書目》著録,傳世僅此帙吳允嘉鈔本,極具版本及文獻價值。吳允嘉,字志上,又字石倉,錢塘人。《[雍正]浙江通志》載曰:"生平愛藏書,丹鉛點勘。晨書暝寫,凡山經地志墓碣家乘,下逮百家小説叢殘之書,搜討不遺餘力,晚年嗜好尤篤。"可想見吳氏鈔此本情景。又鈐"振綺堂兵燹後收藏書""汪子用藏"兩印,知又入振綺堂主人汪憲之手。(劉明)

止園集二十四卷續集一卷

明吳亮撰。明天啓元年(1621)吳亮刻本。六册。半葉十行,行二十字。白口,左右雙邊。

吳亮,字采于,江蘇武進人,吳中行長子。明萬曆辛丑(二十九年,1601)進士。授中書,遷湖廣道御史,官至大理寺少卿,明天啓四年(1624)卒。所輯有《萬曆疏鈔》《毗陵人品記》《名世編》和《遯世編》等,撰有《止園集》。生平事迹參《[乾隆]武進縣志》卷九。

此書的編撰,卷首有天啓元年(1621)《止園集自叙》云:"《止園集》者,集余通籍以來,歸田以後所著作,及備員柱下所條奏,觀風塞上所陳畫,合爲一函以備家乘。"集之名稱"止園",《自叙》稱:"余營菟裘曰'止園',故稱《止園集》。"又稱:"既蒙恩選,擇爲臺官。朝拜夕奏,無所孫阿,於是有草曰《西臺》。"又有《西陲》《七觀》《出塞》《園居》諸編。其中《西臺》即《西清草》,"乃侍御吳公在中書時所作也"。又《出塞》編,吳宗達序稱:"隨取《出塞》篇什而讀之,乃見公善陳時事,克諧古律,新情捘起,逸態橫生,挾豪邁於俊潔之中,寓冲淡於藻麗之外。"今全集凡二十四卷,另附《續集》一卷,內容分別是卷一至七詩,卷八至十一奏疏,卷十二制義,卷十三論、表,卷十四策,卷十五至十六序,卷十七記、傳、碑,卷十八墓表、志銘、碣銘,卷十九至二十行狀,卷二十一贊、祭文、誄、啓,卷二十二啓,卷二十三書,卷二十四憲約。按文體而分,未按自叙所稱各編而分,吳宗達《止園詩序》,評吳亮詩曰:"蘊少陵之忠愛,而融屈子之惻悽……長歌短什,雅意妍詞,詩之妙亦無所不備。"《傳是樓書目》著録此書,凡二十四卷,不含《續集》一卷在內。

此爲天啓元年（1621）吳亮刻本，屬明人自刻其集者，頗具文獻價值，且流傳稀見。書中鈐"萬卷樓藏""韓氏藏書"兩印。（劉明）

薄游小草一卷

明李標撰。明刻本。一册。半葉七行，行十六字。白口，左右雙邊。

李標，字長孺，浙江鄞縣（今寧波）人。明萬曆二十九年（1601）進士。歷官行人、御史、廣東鹽法僉事、山東參議、陝西提學使及山東參政。萬曆四十七年（1619）擢升右都僉御史，巡撫貴州，是年九月到任，視事貴陽，值清軍攻陷貴陽，圍城十月，李標飽經憂患，歷盡艱辛，以其頑强意志，帶領貴陽軍民殊死奮戰，使這座歷史名城得以幸存。《明史》卷二百四十九有傳。

《薄游小草》爲李標詩集，卷端署"甬上李標長孺父著"，詩文不分體，每詩前小序和詩文題名中可見該詩文的寫作背景，多爲作者抵孟縣、行沔池、過閿鄉、入洛陽、過華州及黔陽的途中見聞和元月、春節的見友紀事。一路所記，地名、人物清晰可見，應爲作者赴貴陽執事，并戰後返回途中所作，如《渡孟河》曰："冀北天爲壍，周南此問津。河山王會古，吊伐戰功塵。"《渡江望金山寺有序》一篇，即渡揚子江望金山寺，尚在赴貴陽途中。詩中"貝葉迢參龍藏隱，蓮花直射海門紅"，令人瞬間忘記戰事，十分愉悦。此篇後則無暇作詩，直至最後一篇《黔陽回途中感懷二律步陽明先生韻》，感慨"行行又復過山塘，兵火餘生出貴陽。短鬢星星戎馬上，初衣冉冉水雲鄉"，描繪了"賊中辛苦留孤劍，驛路蕭條飯小村。芹曝有懷天路邈，風塵回首夜郎昏。荒成枯骨無涯恨，時有烽烟入夢魂"的景象。語句悽悽慘慘，戰後萬物荒凉蕭條，心中不免黯然神傷。整篇記録作者赴貴陽途中心路歷程，直至戰後自貴陽北上的經過。

此爲明刻本，天頭毛筆手書"十四""十五""十六""十七""十八""十九""三十""卅一""卅七""卅八"等字樣，部分葉上亦有畫圈修改痕迹。（薩仁高娃）

答問草一卷

明郭尚友撰。明萬曆四十五年（1617）郭尚友自刻本。一册。半葉九行，行十六字。白口,四周單邊。

郭尚友,生卒年不詳,字善孺,山東濰縣人。萬曆二十九年(1601)進士。歷任咸寧令、兵部右侍郎、河南布政使、山西巡撫、總督尚書。自撰并刻印《答問草》。

書封題"愛勞軒答問草","愛勞軒"爲郭尚友齋名。卷首有萬曆四十五年(1617)郭尚友自序一篇,自叙著述原委及軒名之由來。"愛勞",取自《論語·憲問篇》"愛之,能勿勞乎",郭氏之子厭薄舉業,爲敦促其爲學仕進,故取此名,以伸拳拳愛子之心。序尾墨刻鈐印二方,陰文"辛丑進士"印,陽文"郭印尚友"印。

全書不分卷,共收郭氏自作時藝二十二篇,以爲課子之用。明朝中期以後,科舉純用八股,試題題目囿於《四書》,難出花樣,故截搭題大行其道。所謂"截搭",即截取不同章節的詞句,强行搭配,以增加考題難度。《答問草》中,"與其媚於奧不然""巧言亂德""保民而王 王矣"等十八篇,語出《論語》。"是謀非吾所能及也""彌子謂 以告"等四篇,語出《孟子》。

此書流傳不廣,僅國家圖書館有藏。(杜萌)

秀野堂集十卷

明楊師孔撰。明萬曆天啓間刻本。十册。半葉八行,行十八字。白口,四周單邊。

楊師孔(1570—1630),字冷然,一字願之,號霞標,貴州衛(今貴州貴陽)人。萬曆二十五年(1597)舉人,萬曆二十九年(1601)進士。除山陰知縣,遷户部主事,改順天教授,降昌平學正,遷國子學正,進工部主事,歷員外郎,中出爲雲南僉事,進參議,纍官雲南提學副使。遷浙江左參政,卒於官。師孔性峻,整工詩文,黃汝亨《秀野堂集序》稱其人"瀟灑卓朗,烟霧俱豁",贊其詩"靈機爽氣,有如其人"。又善楷隸章草,能爲方丈大字,所至有留題,人皆弆藏。

此書收詩《問梅草》《避暑録》《塵香集》《聽泉吟》《竹韵篇》《澤畔吟》《索笑集》《石林草》《射虎齋小草》《古香亭官梅唱和集》十種。各集前有友人題序,《問梅草》前爲王思任序;《避暑録》前有鄭以偉序、謝肇淛序、茅瑞徵序、張以誠序;《塵香集》前有戴澳序；《聽泉吟》前有張汝霖序；《竹韵篇》前有劉元瀚序；《澤畔吟》前有黃汝亨序；《索笑集》前有鄧渼序、方尚恂序；《石林草》前有戴燝亨序；《射虎齋小草》前有薛岡序。另有《古香亭官梅唱和集》，集前有楊師孔小引，爲楊師孔與李嗣善、徐象梅、周光祚、黃九鼎、薛岡、徐如翰等人的唱和。

楊師孔詩歌尤擅五言，風格清新、自然，主張"朝嵐夕霏，鳥聲雲影，出入胸次，見於嘯歌，然皆其自來者也"（鄭以偉《楊泠然詩序》），"清真婉逸，托懷幽遠，絶無浮曼抗浪之態"（戴燝亨《石林近草叙》）。也有如《塵香集》所收交游詩以及《索笑集》中記録萬曆天啓時局變化的紀事詩。其詩清新有韵，情感自然流暢。王思任稱其詩"大抵清貴，落字高古，決格華亮，取響岑、孟、錢、劉之倫也"，陳田《明詩紀事》贊其詩"瀟灑出塵，不染當時氣習"。（王俊雙）

密娱齋詩集九卷後集一卷

明王嗣奭撰。清鈔本。五册。半葉十四行，行二十四字，無格。

王嗣奭（1566—1648），字右仲，號於越，別署遥集居士、鄞塘田叟、拙修老人、偶翁、艱貞居士等，浙江鄞縣（今寧波）人。世居甲村，有時自署甲村里人。明詩人、理學家，與曹學佺、徐𤊹、董應舉等人唱和交游。明萬曆二十八年（1600）舉人。歷任宣平教諭、宿遷知縣、永福知縣，癸酉（明崇禎六年，1633）官至涪州知州，甲戌（崇禎七年，1634）因與上官齟齬被劾。後至會稽，師事劉宗周，自謂"吾以罪失官，却以罪得學，可謂失魚而得熊掌者也"。其存世詩不多，但詩中多可見此倔强不屈的性格和强烈的民族氣節。王嗣奭還是晚明時期重要的杜詩研究學者。其四十三歲起始學習研究杜甫之詩，八十歲寫成杜詩注本《杜臆》十卷。此外還著有《密娱齋詩集》《夷困文編》《管天筆記外編》等。

顧廷龍《杜臆》前言指出，《密娱齋詩集》原爲十五種，《學游草》《九懷》《最適草》《雁山游記》《藥籠存草》《慚陶集》《泠然草》《腹留草》《喜詞》《證習篇》《遠志篇》《桂石軒詩》《夷困篇》《密娱齋初集》《密娱齋剩集》，收録作者從明萬曆二十三年（1595）至崇禎十年（1637）間所作，崇禎十三年庚辰（1640）正月始成付印。鄞縣藏書家張之銘藏有刻本，後不知流落何處。此本原爲鄞縣教育家、藏書家張壽鏞所收鈔本，分體編次成九卷，第一册爲五古，第二册爲七古、五長排、七長排、六言、三言、詩餘、詞，第三册爲五律，第四册爲七律，第五册爲後集。卷端署"古董王嗣奭右仲甫著"。有的在詩名下標注原所屬詩集，如《贈向葵庵封君》下注"《夷困篇》卷首之卷二"。王嗣奭詩作豐富，體裁多樣，其詩往往有感而發，直抒胸臆，具有寫實精神。如七古詩《素位吟》"我生本無富貴想，入官不殊貧賤時……我今所遭盡逆境，天乎人乎烏敢知"，又如七律《京師寒食》"每逢佳節思吾土，況插新楊儼故扉……浮生作客長過半，又是窮途萬事非"，充滿對自身經歷的感慨及對家國命運的憂心。卷前鈐"四明張氏約園藏書"印。（郭静）

澶淵雜著二卷

明王臣直撰。明崇禎六年（1633）刻本。二册。半葉九行，行二十字。白口，四周雙邊。

王臣直（1570—1635），原名聯科，王之屏之子。明萬曆三十四年（1606）丙午科舉人。官至泗州知州，後改開州知州。據《[光緒]直隸絳州志》，"開州知州王臣直"爲"之屏子"。

卷首有"崇禎癸酉仲冬州民王如默撰"序及"州民吉贊撰"叙一篇，可知王臣直爲開州長官期間，因政績突出備受州民擁戴，遂將其所撰之文結集成册，刻印出版。叙後爲目次，署"晋東雍王臣直聖隣著""衛瑯耶王如默子潛、馮翊吉贊幼興、京兆韋秦少游閲"。正文分爲上下兩卷，上卷收録作者爲知州期間擬定的公務文書及相關規定，如《開州守城事宜》《存恤良民以輯流寇議》《開州練鄉兵條約》等。下卷除了公務文書，如《鄉試録序》《鄉試程論》《祭陣亡鄉兵文》之外，還有作者的一些政論、策論性文章，如《西施貂蟬優劣》《上徐玄扈先生書》等。此集較全面地展現了作者當時的生活、思想和工作狀況。

此書開篇即爲《開州爲守城事宜》，可見作者爲"直隸大名府開州"（今河南濮陽）地方官。從文中可知，當地"流寇猖獗""所過村落，子女擄盡，金帛擄盡"，因此王臣直爲保本州百姓身家性命,制定了詳細的規章制度,此規定也從側面反映了明末開州地區的安全狀況以及軍民的處理方式。

此書分上下册,上册保存情况較好,下册有水漬,且有殘缺。但此書較爲詳細地收録了王臣直所著文章,對瞭解明末開州地區的政治、經濟、教育情况很有幫助。并且從側面反映了明末時期京畿地區的政治狀况。現存史料對王臣直的記載較少,此集對研究王氏一族的家族傳承等頗有借鑒。(李燕暉)

郭汝承集□卷 存四卷

明郭應寵撰。清鈔本。二册。半葉九行,行二十四字,無格。

郭應寵,生卒年不詳,字汝承,郭萬程之子。少承家學,早負奇姿,後師從于慎行,於六籍九流、百家諸子多所淹貫。明萬曆三十一年(1604)順天舉人。任巴東知縣,撰有《吾兼齋集》,編定《讀史漫録》和《筆塵》等,生平事迹參《[乾隆]福清縣志》卷十四。

此本卷端題"郭氏一家言",署"閩玉融郭應寵汝承著""侄文祥孟履輯""孫祚新君銘校"。版心上題"汝承集",下題"吾兼齋"。郭文祥,字孟履,號蓮峰。明崇禎庚辰(十三年,1640)進士。任膠州知州。郭應寵之孫郭祚新校訂。郭祚新,字君銘。崇禎壬午(十五年,1642)副榜。任石城知縣。書中卷首有《郭氏一家言汝承集總目》,前七卷内容分别是卷一詩,卷二和三序文,卷四題詞等,卷五論、表、策、議等,卷六墓表等,卷七尺牘。因鈔本《總目》有殘缺,未知是否即爲七卷本,抑或尚有其它卷第,故著録爲"□卷"。又據該本卷端所題,是集或又名"汝承集""郭氏一家言"。

惜此清鈔本僅存四卷,即卷一至四。卷一詩部收各體詩作,計五言古風五篇、七言古風一篇、五言排律一篇、五言近體三篇、七言近體十九篇和七言絶句七篇,總爲三十六篇,詩風沉鬱,自成一家。卷二至四爲文部,其中卷二收序文十三篇,其中賀序六篇,贈序六篇,多屬代他人所撰。卷三收序文十五篇,其中九篇爲祝壽序文,另六篇爲小序。卷四收題詞九篇,記五篇,説一篇,解一篇。

檢書中遇“玄”字基本不缺筆，疑鈔在清初康熙朝之前。鈐“长乐鄭振鐸西諦藏書”“長樂鄭氏臧書之印”兩印，係鄭振鐸舊藏，後捐獻北京圖書館（今國家圖書館）。存世《郭應寵集》僅此帙鈔本，彌足珍貴。（劉明）

雪堂文集十卷附録一卷

明沈守正撰。明崇禎三年（1630）沈尤含、沈美含刻本。六冊。半葉九行，行十九字。白口，四周單邊。

沈守正（1572—1623），字允中，一字無回，錢塘人。明萬曆三十一年（1603）中舉。時其父馬鬣未封，無回不忍，大治窀穸，謝公車不上，可謂至孝。萬曆四十四年（1616）以乙榜領黃岩教諭，精吏治縣，有“經濟真才，宏文實學”。明天啓二年（1622）升國子監助教，轉都察院司務，以病卒於官。與卓爾康、胡胤嘉、黃汝亨等人交好，錢謙益爲其寫《都察院司務無回沈君墓志銘》。

無回喜古文詞，《[乾隆]杭州府志》贊其“高才博學，詩文隽爽，喜爲蘇白體”。其本人也極其推崇蘇軾，“其平生最所欽企者，亦惟蘇文忠”。無回亦精通經學，所著《詩經説通》以文學視角評析《詩經》，在明代經學史上頗具特色。除了學術上的造詣，無回亦有經世之才，所上濬河、積米、防倭等議，多采而見諸施行。

此《雪堂文集》，卷首有江西吉水李邦華序、吳興韓敬序、慈溪劉憲寵序，刻書凡例，校訂門人姓氏。全書共十卷，附録一卷，卷一至三爲詩，卷四起有序、題、跋、疏、記、傳、贊、碑、狀述、祭文、尺牘、啓、表、策、呈、條議、紀事、文移等。卷末附録爲親友、後學爲沈守正撰寫的墓志銘、行狀、傳、祭文等。本書體裁十分豐富，在沈無回著述多有焚毀的背景下顯得更爲珍貴。

鈐“李邦華印”“韓敬之印”“精嘯樓”等印。（宋宇馨）

藿議不分卷

明劉士龍撰。明刻本。半葉七行，行二十字。白口，四周單邊。

劉士龍，字雨化，號餐雪居士，關中穎陽（今陝西富平）人。明萬曆癸卯（三十一年，1603）解元。嗜古博學，工詩，古文詞名噪海内。晚年因避明末戰亂，隱居盤龍寺（今富平縣西盤龍灣），著書講學。所居自名"醉溪齋"，其園名"烏有園"，有《烏有園記》流傳。當地有"闖王求賢"之説，相傳李自成曾親臨盤龍寺訪劉雨化爲謀士被拒。

富平縣淡村盤龍灣今存一碑，中書陰刻隸書"明劉雨化先生醉溪齋遺址"，據國家圖書館藏《醉溪齋遺址碑》拓本，碑石上刻"先生諱士龍，字雨化……著有《霍議狂言》《辟壺集》《落花詩》《池陽大會草》諸書"。有《游渼陂記》《游釣台記》等篇流傳後世。

卷端有渤海張凤抱（九許）《關中劉雨化先生霍議序》一篇，雨化之弟文龍（鱗伯）《霍議小引》一篇。據序，雨化於明末避戰禍，隱居盤龍寺，亦不忘對李自成以筆討伐，更言"賊不畏十萬師而畏雨化一管筆"。其弟文龍斂其遺稿，以期世人得見雨化草茅之士的濟世之略。張凤抱應文龍之請，將遺稿付梓刊行。卷前落款署"頻陽劉士龍雨化甫著"，此書由王象天（文石）篆，李維世（執中）閲，劉文龍校。書不分卷，依内容分兩部分，上冊主要爲政議論述、上書等，如《上楊制臺書》《上宋明府書》《善後疏稿》等，多爲戰亂形勢之分析、軍政策略之探討及討賊言論及檄文；下冊主要爲雨化所作的序、贈題、題辭等，如《壽長安張侯序》《落手吟題辭》《雁草題辭》等。（戴季）

紫薇堂集八卷附録一卷

明陸明揚撰。清鈔本。四册。半葉八行，行二十二字，無框格。

陸明揚，字伯師，別號襟玄，上海人。幼而穎敏，勤苦好學，有文名，爲諸生。經歷坎坷，因遭同鄉報復陷害入獄，得釋後翠鄉薦爲靖江教諭，明萬曆乙卯（四十三年，1615）秋忽卒於官。所著有《紫薇堂稿》八卷，《五經輯要》《周易繫辭正義》等書，俱已散佚。

是書收録詩文一百一十篇，分別爲詩四十五首，書、啓、記、議三十篇，志銘、行述、序跋十三篇，祭文、雜著二十二篇。詩的體裁有四言古、五言古、七言古、五言律、七言律等多種形式。從内容上看，多有爲舊故所作書文，如《與古鄞屠仲椒》《與徐玄扈太史》等；亦有懷人贈酬詩，如《贈吳二尹》《客邸懷親》《贈項封公伉儷壽》等；亦有包補修河諸記，如《包補法覆議上鹽臺》；還有賦稅改革防禦諸議之作，如《上海縣改折上撫按兩臺》《移鎮防禦議》，反映詩人以國家生民爲念，尤篤摯深切。

是書係其孫陸鳴虞重録遺稿而成，僅以鈔本存世，流傳不廣。是書前有姚永濟序、程玠序及康熙九年（1670）陸蓂序。後有范彤弧、李世裕傳，陸起龍謹識。書上鈐“方家書庫”“巴陵方氏功惠柳橋甫印”“方功惠藏書印”“四明張氏約園藏書之印”“張印壽鏞”印，曾經方功惠、張壽鏞遞藏。（董静）

槎庵詩集八卷

明來斯行撰。明末百順堂刻本。二册。半葉九行，行十八字。白口，四周雙邊。

來斯行（1567—1634），字道之，號馬湖，一號槎庵，浙江蕭山人。自幼聰明過人，五歲時，其叔祖來兩嵩出上聯“馬尾千條線”，囑其對下聯。斯行略一思索，隨口答“雞冠一朵花”。兩嵩贊其才思敏捷，志存高遠。果如所言，來斯行明萬曆三十四年（1606）中舉，次年中進士。授刑曹。一度宦海風順，明熹宗天啓二年（1622），以司馬郎監軍遼海，整飭津門（今天津）。此時，逢白蓮教起義，斯行與其次子來燕禧發兵鎮壓，攻克山東鄒、滕兩縣，生擒白教首領徐鴻儒，獻俘於闕下。由於軍功卓著，升少參，移貴陽總憲，後晉福建右布政使。來斯行與明代著名書畫家陳洪綬爲翁婿。來斯行著作頗豐，有《經史典奥》六十七卷、《槎庵小乘》四十一卷，另有《四書問答》《五經音詁》《經史淵珠》等，還曾主修《來氏家乘》。其中《經史典奥》是一部供人引用經史文句的工具書，《槎庵小乘》係史料筆記，可見作者不僅爲官有道，學術上也頗有建樹。《槎庵詩集》是其少有的流傳至今的作品集，我們從詩集中可見作者人生軌迹。

卷首封面題“來槎庵先生詩集”“本衙百順堂藏板”。百順堂爲明戴瓊室名。

百順即一切順利如意之意,出自《禮記·祭統》"備者,百順之名也,無所不順者之謂備"。下鈐"百順堂"印。

正文題"槎庵詩集",下鈐"长乐鄭振鐸西諦藏書"印,爲鄭振鐸先生舊藏,正文內容分爲八卷。分別爲卷一五言古,三十六首;卷二五言律,五十六首;卷三五言律,五十九首;卷四七言古詩,二十六首;卷五七言律,七十五首;卷六七言律,七十二首;卷七七言律,七十一首;卷八七言絶,一百一十四首。詩集内容有寫景者,如《冷泉亭晚步》《春雨》;有反映作者心路歷程者,如《感事》《自嘲》;有記録作者交游往來者,如《燕行別塔影軒諸友》《寄許同生年丈金陵》;亦有作者爲官之路點滴的《滕縣途中即事》《濠梁驛》等。

從集中可窺見作者社會關係。如,來斯行與陶奭齡交往甚篤,因此在其《槎庵詩集》中有多首寫給陶奭齡之詩,其中《懷陶君奭》曰:"一自長安別,經年不見書。道心真羨爾,世路孰憐予。香積伊蒲饌,雲門蘭若居。歸時應雪夜,相訪樂何如?"此詩是來斯行從北京回鄉後所作,表達了他期待與好友陶奭齡再次相聚的迫切心情。

書中鈐有"长乐鄭振鐸西諦藏書""長樂鄭氏藏書之印"印,現藏國家圖書館。

(李燕暉)

樂中集一卷近集七卷前集七卷

明胡繼先撰。明萬曆刻本。五册。半葉九行,行十九字。白口,四周單邊。

胡繼先,生卒年不詳,字繩武,別號肖山,漢州(今四川廣漢)人。明萬曆三十五年(1607)進士。任鄒縣知縣。他體恤民情,勤政愛民,做了許多興利除弊的事情,主持編纂了《[康熙]鄒縣志》和《孟氏家譜》,頗有美名,民爲之建祠立碑。後升南京户部主事。

是書卷前有明天啓元年(1621)朱之蕃的《胡繩武樂中集序》、萬曆庚申(四十八年,1620)俞彦的《讀胡繩武詩集叙》、周宇孟所題《題胡繩武樂中集小引》以及萬曆己末(四十七年,1619)胡繼先所書《樂中集引》。

胡繼先在引文中解釋了書名由來，"《樂中集》者，何集？余隨在所得韵語也，集名'樂中'者何？即孔子所爲樂亦在其中也。余自幼憤發孔氏，力不能逮，心竊悟焉。悟失人心一種真趣，洋溢於家國天下，貫徹於少壯華顛，不以升沉隔，不以顯晦阻，不以順逆殊，不以得失改，即爲封閉之而不得，即爲矯揉之而不得者。"并進一步解題，"是集也，句不驚人，字不悦目，言余之所言，而樂余之所樂，則可謂云爾已矣！憐而政之，是有俟於有道之君子。"

《樂中集》一卷，爲雜文，收録有序、記、疏、行狀、墓志銘、祭文等。《樂中近集》分别爲南游韵語、南都韵語、使蜀韵語、雁江韵語、南旋韵語、玄湖韵語（辛酉夏起）、玄湖韵語（壬戌春起）。《樂中前集》則收録宦初韵語、行吟韵語、幽懷韵語、思先韵語、京幕韵語、京府韵語等七卷。

各集卷次基本以時間爲序，内容以胡繼先"所遇一切應酬景物"爲主，多爲組詩。鈐"黄裳臧本""木雁齋""黄裳百嘉"等印。（孟化）

西征稿八卷

明傅振商撰。明萬曆刻本。八册。半葉九行，行十九字。白口，四周單邊。

傅振商（1573—1640），字君雨，河南汝陽人。明萬曆三十一年（1603）參加鄉試中舉，萬曆三十五年（1607）會試、殿試連捷，高中第九名進士。授江西道監察御史，遷右都御史。按察山西的詔令剛下，未及赴往，父親去世，依例丁憂辭官。三年服滿，朝廷即命巡視茶馬。萬曆四十六年（1618），典監陝西戊午科鄉試，閱卷校士，得人稱最盛。遭母喪丁憂，起復後，補大理寺丞，轉右少卿，遷太常寺卿，巡撫南贛，討平諸豪叛亂，以"知兵善謀"聞名朝野。後引疾乞休還鄉，自號"養拙叟"，依然保持寒素風尚。明崇禎十三年（1640）病故，謚號"莊毅"。

卷首姚宗文做小引，曰"君雨爲直指使未所至案牘"，知其在得到巡查山西時，因故未能赴任，故而"隨方流矚，緣景賦情，以暢今古之懷……居息交游，敕斷家事"，後"去秦隴蜀道間，華清長樂可問宮槐"。繼之同里彭鯤化題詞"秦地西敦煌間號小梁州，曲名因之謂之西音，詩譜又以秦風爲秋聲朝氣"，評價"購君雨詩即東事告急,西戎生心而賦詩可退,莫謂詞人無膽氣也,按秦有人矣"。萬曆四十七年(1619)黄袞序,評價其"縱横清越,後逸奇麗,忠憤慷忱,詩之義備矣"。

是書卷一至五多爲詩詞歌賦,卷六爲雜著,文體多爲記、啓、答、祭文、引等,卷七至八爲奏疏。(劉炳梅)

頌帚居士戒草一卷

明劉錫玄撰。明萬曆四十五年(1617)劉錫玄刻本。一册。半葉八行,行二十字。白口,四周雙邊。

劉錫玄,字玉受,號心城,蘇州人。萬曆庚戌(1610)進士。初爲廬陵教授,後應滇聘,任提學僉事,管理該省學政。除此書外,平生著作有《圍城日録》《黔牘偶存》等。信奉佛教,著有《頌帚三集》《頌帚居士戒草》等。

全書收文十六篇。卷首有萬曆四十五年(1617)瀟湘門人張燧小引,記録作者編寫此書,是以綺語、妄言爲戒。繼之爲作者自叙,自叙中稱,其於萬曆三十八年(1610)秋,師從古心律師受五戒(邪媱全戒,餘四各半戒)成爲居士。古心(1540—1615),諱如馨,賜號慧雲律師,俗姓楊,江蘇溧水人。在家時即篤信佛教,父母去世後,赴南京棲霞寺剃度出家,師承真節法師,精研佛法。萬曆四十年(1612),作者認爲自己有過孟浪之語,毁掉了綺語(無意義之浮言靡語)一戒;又萬曆四十五年(1617),在爲家中長輩祝壽時,作壽觴十六觀,還將文字供於親朋宗黨所用,深覺語言不可輕薄。於是決心受綺語全戒,遂作此書。(崔志賓)

頌帚三集二卷

明劉錫玄撰。明萬曆刻本。一册。半葉八行,行二十字。白口,四周雙邊,單魚尾。

本書前有萬曆四十五年(1617)曹履吉、崔湄序。全書分上、下兩卷。卷上篇目分序、説、尺牘一、尺牘二,共四部分。序部主要收録其爲他人所撰序文;説部爲觀劇目及日常所見之感悟評論;尺牘部分爲其所寫信件。卷下篇目分尺牘三、雜傳兩部分,分别爲精選信件和日常所撰雜説。

作者信奉佛教,并深受影響,序言中評價其博聞强識,故看問題之視角及所作文章亦别具一格,不流於俗。（崔志賓）

紫庭草一卷

明文翔鳳撰。明刻《三子小草》本。一册。半葉九行,行二十字。白口,左右雙邊,單魚尾。

文翔鳳,生卒年不詳,主要活動於明萬曆、天啓朝。字天瑞,號太青,西安三水人。萬曆三十八年(1610)進士。除萊陽知縣,後遷南京吏部主事,以副使提學山西,入爲光禄寺少卿,不赴,卒於家。文翔鳳詩文俱佳,著作有《太微經》《東極篇》《文太青文集》等。清朱彝尊《静志居詩話》謂其"學有异端,詩亦有异端"。

本書卷首有大泌山人李維楨序,題爲《刻三子小草序》。所謂"三子",分别是文翔鳳、王象春、高出。王象春,字季木,與文翔鳳同年進士。高出,字孩之。明萬曆二十六年(1598)進士。三人先後活躍於詩壇,詩文往來多,故輯《三子小草》以存其詩。李維楨序中指出三人詩作可追迹杜甫,極盡恭維。據序可知《紫庭草》爲《三子小草》之一種,惜未見《三子小草》全書面目。

《紫庭草》收文翔鳳賦一首,詩一百首。内容以贈答、行旅、官宦生活爲主。觀文氏詩,可知其交游廣泛,足迹遍布多地。與王象春、高出交,有《與季木論文》《讀孩之先生集》;游覽山東地界,有《棲霞縣》《登州飲東岳祠》等。文翔鳳詩之"异端",在其不拘章法,自成一格。如《十月十日太青子發松山行風隊中作十月十日之七章》一詩,以四言爲主體,間雜七言、五言,讀來有奇絶之感。

本書鈐有"长乐鄭振鐸西諦藏書",曾經鄭振鐸先生收藏。流傳不廣,僅國家圖書館有藏。（杜萌）

竹聖齋吟草一卷

明文翔鳳撰。明鈔本。一册。

首有韓敬《竹聖齋詩序》，末署"庚戌孟夏韓敬頓首書"。韓敬，字簡與，一字求仲，歸安（今浙江湖州）人。明萬曆三十八年（1610）會試第一。爲浮議所抑，解職歸里。卷端題"竹聖齋吟草"，署"西極文翔鳳天瑞著"。

此鈔本無行格，收詩三十六首，詩前有作者自序，總題名"次家夫子與同志論學三十六首"。集中篇什皆爲他本所未見，有重要文獻價值。又詩中有雙行小字夾注，闡明詩作背景，有補作者生平事迹及其論學旨趣。據韓敬序云，此集之作"蓋以詩翼經傳者……不外理學二字矣"。文氏以理爲詩，其詩雖"多奇崛艱奧，一字須作些時解"，却"不能不謂之异人，不能不謂之才子也"。

文翔鳳有异才，其詩有格調，不同流俗，《列朝詩集》評文翔鳳詩："天瑞詩離奇巇兀，不經繩削，馳騁其才力，可與唐之劉叉馬异角奇鬭險。"《静志居詩話》評："學有异端，詩亦有异端，文太青、王季重是已。"《四庫全書總目提要》稱其"詩文率多怪僻"。（顏彦）

太古堂遺編十四卷

明高弘圖撰。清鈔本。四册。半葉八行，行二十字，緑格。白口，左右雙邊。

高弘圖（1583—1645），字研文，一字子猶，號硯齋，山東膠州人。明萬曆三十八年（1610）考中進士。授中書舍人。因上書觸犯熹宗，奪俸兩年。天啓初年任陝西道監察御史，明天啓六年（1626）因忤魏忠賢而被罷官。明崇禎三年（1630）春復官，任左僉都御史，後升任左都御史，崇禎五年（1632）改任工部右侍郎，因反對宦官專權，再次被削職罷官。崇禎十六年（1643）復官，補南京兵部侍郎，繼而升户部尚書。李自成攻破北京，福王在南京被擁爲新主，高弘圖任禮部尚書兼東閣大學士。後南京失守，逃野寺中，絶食而亡。著有《太古堂集》《太古堂遺編》等。

《太古堂遺編》有奏疏二卷二十四篇，載有《指陳八患疏》《耻與内臣張彝憲共坐堂皇疏》《七上乞休書》等疏，多爲其理政期間所上奏疏，可見其爲官清正，疾惡如仇，且聲震朝野。另有《讀道德經》《讀文始》兩卷，共四十一篇。雜著卷載有《序吾堂》《族譜序》《嶗山游記》等六篇，詳細記述了"太古堂"的由來以及高氏家族的興盛，文中可知高氏家族在膠州乃書香門第，自五世祖高迪弘治年間高中舉人起，中試之人連綿不斷，可謂是科舉科甲蟬聯之族。後有古近體詩、尺牘等六卷三百餘首。論史有四卷，十七篇，載有《五帝本紀》及《吳太伯世家》《齊太公世家》《魯周公世家》等十六世家的史事詳情。（謝德智）

勺水庵詩集一卷

明張言撰。明末刻本。二冊。半葉七行，行十八字。白口，四周單邊。

張言，字慎言，號金銘，陽城（今山西晉城）人。明萬曆三十八年（1610）進士。除壽張縣知縣，改曹縣，徵授御史，被誣盜庫銀，編戍肅州。崇禎起復，歷太僕少卿、太常卿，遷刑部侍郎，以事落職，召拜工部侍郎，遷南京吏部尚書，掌右都御史事。明崇禎十七年（1644）京師陷落，五月，福王自立於南京，命慎言理部事務，加太子太保致仕，流寓蕪湖、宣城間，國亡後病卒，年六十有九。著有《泊水齋集》。

本書卷首有浮籤，叙張言生平。卷端署"禹型張克儉輯""開士郭新訂"。共一卷，應是落職前後所作，郊游詩絕少而省世、狀景詩多，張氏身逢王朝風雨飄搖之際，詩歌風格自然偏向暗淡與悲壯。其詩有拔直孤峭者，如《秋仲晦前菌閣》曰："終年無客到，辜負此林丘。所以扶筇者，常爲竟日游。雲將心共遠，天與水爭秋。政爾沉吟處，斜陽不可留。"又有沉鬱頓挫者，如《北征即事六十二韵》。書中有清王鐸朱墨筆圈點，書後有民國二十年王獻唐跋并題詩。本書鈐印有"曾爲陳介錫藏""介田珍藏""晉卿珍祕""獻唐珍祕""王獻唐讀書記"等，可知曾經陳介祺、王晉卿、王獻唐收藏。

本書流傳不廣，僅國家圖書館有藏。（杜萌）

瑶草園初集□□卷存十一卷

明吳之鯨撰。明刻本。十冊。半葉八行，行十八字。白口，左右雙邊，單魚尾。

吳之鯨，生卒年不詳，字伯裔，浙江武林（今杭州）人。明萬曆三十七年（1609）舉人。曾官江西浮梁知縣。有善政。每月課士，分俸贍貧，一時學者宗之。文才俊爽,高自標置,與吳大山并稱江皋二俊,詩文甚富。性耽佛學,未仕時遍游杭州梵刹,編有《武林梵志》十二卷,《西湖雙忠傳》《閬閣詩》等。事迹見《[雍正]浙江通志》卷一百七十八、《四庫全書總目提要》卷七十。

《傳是樓書目》著録此書十三卷,現存十一卷。内容包括書序、引言、叙、傳、墓志、行狀、啓、碑記、祭文、讀書、讀史等。讀書包括讀《離騷》《莊子》等,讀史包括讀《吳越世家》《西漢書》《五代史》等。諸體俱備,頗能反映明末江南士人的生活面貌和觀念意識。

鈐"慈谿畊餘樓藏""愛日館藏書印"等印,書内有粘簽題識。

《中國古籍善本書目》僅著録國家圖書館有藏。(張杰)

素雯齋集三十八卷

明吳伯與撰。明天啓刻本。二十册。半葉九行,行十八字。白口,左右雙邊。

吳伯與,字福生,安徽宣城人。明萬曆四十一年(1613)進士。授户部主事。歷員外郎中,督餉雲中,司餉大同。典試東魯,出爲浙江參議兼廣東副使。輯有《宰相守令合宙》《名臣奏疏》《國朝内閣名臣事略》等。

董其昌在序中指出,伯與對各文體都得心應手,其文既華麗,又悲壯,載曰:"考經驗傳,援古證今,察夷落九塞之情,抒帝王萬全之策……故騷賦古律之什,箴銘記序之文,莫不得心應手,伏境生情,體齊梁之綺靡,兼燕趙之悲壯,東南之美盡在是矣。聞公之試宏詞科也,偶以魯魚之故,缺然金馬之酬。"

是書三十八卷,卷一至十是賦部和詩部,文體有賦、風雅、擬古樂府、四言古體、五言古體、七言古體、三五七言歌行雜體、七言雜體、五言律詩、七言律詩、五言排律、七言排律、五言絕句、六言絕句、七言絕句。卷十一至三十八爲文部,文體爲記、贊銘、偈、説、跋、疏、雜文、傳、志銘、行狀、誄、語録、史餘、雲事評略、序、祭文、奏疏、咨議揭、表、策、啓、尺牘。

明天啓癸亥(三年,1623)中秋黄汝亨評價曰:"今誦其詩賦、樂府、五七言古及歌行律若干首,蒼幹曠懷,亮聲雄藻,高岑韋柳,惟所汲取而激越獨邁,時有樊川之烈；其序記志狀疏議哀誄啓牘若干首，瞻而裁練，達而婉勁，史漢百家無所不追，琢必不作宋人繁弱，語而通脫自喜，間出眉山之致。"是書還有張師繹、米萬鍾、李日華（1623 年冬至）、張維樞（1621 年仲夏）、徐如翰（1624 年）、徐文龍（1624 年）所作序。吳伯與（1621 年六月立秋日手書於雲中之今有亭）作自序一則，李維禎、湯賓尹、葉燦、姜逢元、白正蒙、楊夢袞、梅鼎祚、太阿金勵等人作小序、題詞或書評。（劉炳梅）

范文忠公文稿不分卷

明范景文撰。明稿本。

范景文（1587—1644），字夢章，一字質公，號思仁，又號范佛子，河北吳橋人。明萬曆四十一年（1613）進士。明天啓五年（1625）任文選郎中，避黨爭乞歸。明崇禎中復職，崇禎七年（1634）任南京兵部尚書，十二年（1639）因疏救黃道周被削籍，十五年（1642）復召爲工部尚書，十七年（1644）兼東閣大學士，預機務。李自成軍克北京，投井死。清朝謐"文忠"。著有《范文忠集》《昭代武功録》等。事迹見《明史》卷二百六十五。

范氏殉節後，平生所著詩文、奏疏等由其子毓秀及其甥王孫錫等合編爲《范文忠集》。部分遺稿由子孫世代保存，至清末時，張之洞請劉恩溥從范家求得一册，將其中兩通文稿藏於畿輔先哲祠，兩通張氏自藏，其餘文稿裱爲此册。是書有清張之洞題簽，還有張之洞、張佩綸、張之萬、陸潤庠、王懿榮、劉恩溥、傅增湘跋，黃國瑾、錫縝、吳溥源題詩。今存手書凡牘稿一、札稿九、雜録一、祝文祭文二，共十三通，所書大都急遽率意，有見於文集者可以互相參照。范氏爲官持正不阿，有經世之才，於都城淪破時能從容蹈義，大節炳然，極爲舊時士大夫稱道，故此册題跋、觀款纍纍，稱頌備至。（樊長遠）

傳是堂合編五卷河東文告四卷奏議一卷

明李日宣撰。明天啓刻本。八册。半葉九行，行十八字。白口，四周雙邊。

李日宣,生卒年不詳,字晦伯,號緝敬,江西吉水人。明萬曆四十一年(1613)進士。歷任大理寺丞、太常卿、兵部尚書、吏部尚書。其師爲東林黨領袖之一鄒元標,明天啓五年(1625),李日宣因東林黨人的身份獲罪削職。著有《敬修堂文集》《太常寺續紀》等傳世。

卷首有鄒元標撰《李本晦侍御三省會紀引》,繼爲王紀序,馮從吾題辭和曹于汴、史記事、吕維祺、王以悟等序。明天啓三年(1623),李日宣出任河東鹽政,在山西運城創建講堂,講堂名爲"傳是",取"堯舜以是相傳"之意。天啓三年(1623)至五年(1625),李日宣在山西等地舉辦了十餘次講會活動,在當地產生了很大的影響。卷一至三所收録的即爲李日宣的講會語録。卷四收《關中書院會記》等,卷五爲書信集。"會"是明代形成的一種聯友共學、隨緣結會的講學形式,其目的是接引同志,啓迪後學。李日宣師從於陽明學派傳人鄒元標,其思想亦屬王氏一脉,《傳是堂合編》即其心學思想的具體體現。王紀認爲日宣語録能闡發前人所未發,語言簡約、質樸,序曰:"言約而道大,文質而義精,往往發前人所未發,究其歸實,不外於日用飲食之常。"《河東文告》四卷爲其任山西等處監察御史時所下發的各類文告,包括要約、儉約、巡約,檄、諭、移、讞等,反映了李日宣注重實際,反對虚文,重視文教的執政理念。

此書流傳不廣,《中國古籍總目》著録國家圖書館和北京大學圖書館有藏。

(董馥榮)

來復齋稿十卷

明劉鐸撰。明崇禎劉淑刻永曆重修本。六册。半葉八行,行十八字。白口,左右雙邊。

劉鐸(1573—1626),字我以,號洞初,明廬陵(今江西吉安)人。工詩文、草書,善繪畫,學識淵博,膽識超人。明萬曆四十四年(1616)進士。初授刑部主事,後升爲郎中,遷揚州知府。任職期間,執法不阿,光明磊落,爲人誠實,爲民解憂,深得百姓擁護。後因不滿忠賢亂政,作詩書僧扇,有"陰霾國事非"句,而入獄被殺。明崇禎元年（1628），劉鐸冤案得以平反昭雪，授太僕寺少卿，封爲忠烈，賜諭祭葬。

劉淑（1620—?），字淑英，一字静婉，號個山，同邑王藹之妻，劉鐸之女。秉承家教，自幼攻讀經史，不僅善攻詩詞，精於文筆，且通曉司馬兵法、公孫劍術，文武雙全。幼年喪父，成年早寡。明亡，曾散盡家産，組織兵勇抗清，失敗後，削髮入庵，迎母歸養，爲尼而終。

劉鐸、劉淑父女以詩文名於時，劉鐸遺著經劉淑收集整理成《來復齋稿》。劉淑所作大量詩文經其子整理成《個山遺集》七卷。

是書卷端有崇禎五年（1632）蕭琦序，後有劉淑做小引，簡述劉鐸生平，詳述成書過程，曰：“昔先兄謝岬北上，嘗摘奏疏策議若干卷，將先付梓以傳，舟泊大湖乃爲馮夷所奪，未幾，先兄蚤世，家難紛披，老母簡尋餘帙，付不肖携歸王門，計論序傳志不下千紙，而詩歌銘贊等過之，亡婿清夜捫香校理，稍稍成緒……一業未就，而婿竟溘然矣……近復括之敗篋塵案，廣求親友所藏，千伯什一僅乃得之，且步涉天王，殘舛實甚，殆不可成紀，而猶勉付剞劂者，誠弗忍以片簡隻語同盡於寒浪冷灰，而若存若眢之間，尚足以棲先人浩浩之魄耳。”

書中依次收録劉鐸所著賦、四言古、五言古、七言古、五言絶、七言絶、七言律、五言律、詞、歌行、論、説、疏、序、祭文、書等，卷十爲補遺，有記、啓、絶筆等。後附有祭祖文、祭文、祭外祖、祭文等四首及祝文三首。卷末爲瞿式耜撰《劉公墓志銘》。

每册書卷端均鈐“杭州王氏九峰舊廬藏書之章”赤印。（孟化）

恒游草一卷燕游草一卷

明王琨撰。明刻本。一册。半葉八行，行十八字。白口，四周單邊。

王琨（1587—1632），字友玉，號十城，商河縣（今山東濟南）人。商河王氏以忠厚詩書昌其家，百年來舉明經列宦牒已十餘人，至琨而益顯。琨少孤，從叔父授學，穎異篤超。明萬曆四十四年（1616）進士。授真定知縣。鋤強扶弱，勇幹有聲，擢禮科給事中。崇禎改元轉河南參議，兵備汝南，後擢湖廣參政，鎮守襄陽江防道，以病乞休。葛如麟爲其撰墓志銘。著有《循職言略》《詩草十刻》。

此集凡二卷,收《恒游草》《燕游草》各一卷,《恒游草》前有王琨自序。《恒游草》卷端署"濟隰王琨",《燕游草》署"濟隰王琨友玉甫著"。所收詩有五言古、五言律、七言律、七言絕、歌行諸體,集中遇帝王稱號提行頂格。

王琨通籍十七年,在位不滿七年,仕雖未永,但政績斐然。此集所收詩起萬曆四十四年(1616),訖明天啓二年(1622),是其爲官事迹、旅次行藏之真實寫照,詩集按時間次第輯録,記述其入京謁選、之任真定、繼任恒陽、乞休還郡、初上公車、試政比部等宦途經歷。其中很多詩作印證其從政事略及感觸,如《搭滹沱橋有感》描寫"窮民歲歲搭橋梁,括柴愁斷千家爨"的艱辛,《東征行》頌贊戚家兵東征壯舉,《漱玉館新竹》描寫居官日常閑暇時光,亦抒發"病多自信腰難折"的清政廉潔志趣。

按葛如麟所記,王琨"博學卓識,早工爲詩,從政之暇,恒山有文會之創,申陽有觀風之録,兩地人文遂各鵲起,養疴家園,從藥石中結社登壇,直追正始,斯真經術經濟備美一人"。王琨詩文辭質樸,感情真摯,觀其詩,知其人,正如其在自序中所云"吾心山情水韵出而與人與境遇",既能存其"本來面目",亦可"與世相視而嘆"。
(顏彦)

踽庵集不分卷

明魏浣初撰。明鈔本。二册。半葉八行,行二十字。黑口,四周雙邊。

魏浣初(1580—1638),字仲雪,常熟人。明萬曆四十四年(1616)進士。歷官嘉興府教諭、南京户部主事、吏部郎中、廣東僉事分巡嶺南、廣東提學參政。一生醉心於文,工詩嗜曲,與同邑名士戈汕、錢謙益、瞿純仁、毛晋等交往密切,後又與陳子龍、張溥等人訂交。有《四留堂雜著》《四如山樓集》《踽庵集》等。

此集爲魏浣初文集,收録序、記、疏、墓志銘、誄、傳、題跋等一百八十餘篇。其中包括諸多同時期人物的詩文集序、小傳、墓志銘等,不但有文學價值,還有一定的史料價值。如《荷葉山房稿序》和《公祭袁小修文》均爲"公安三袁"之袁中道(小修)而作,《李仲達年兄詩序》則是爲明末東林黨代表人物李應昇而作。集中另有多篇傳記、墓志銘，爲我們保存了同時代諸多名人文士、鄉賢節婦的珍貴生平資料。

此集爲明代鈔本，有兩種不同的鈔寫字迹并有朱筆圈點批注，查各家書目，未見刊本行世。（馬琳）

四留堂雜著不分卷

明魏浣初撰。清鈔本。二册。半葉九行，行二十一字，無框格。

是書收録魏浣初各體詩文九十餘篇，包含詩集序跋、文稿、傳記、墓志、游記等。行文中有朱筆圈點校注，經清光緒七年（1881）張南陔重裝，加裝封面。書前有光緒九年（1883）張南陔題籤，曰："魏浣初文二册，無刻本，其文高古遒勁，异於庸俗，後生讀之，可知文章中有此一境，雖不易學，亦不可不知也。隆上寶之。癸未秋陔叟記於故都。"

書中鈐"誦芬堂""蘭思珍秘"印，卷端鈐"南陔張氏丁丑劫餘物"印，著者落款後鈐"大塊文章"等印。張南陔，字蘭思，翁同龢門生。（崔志賓）

青來閣二集十卷

明方應祥撰。明天啓四年（1624）易道暹等刻本。四册。半葉九行，行十八字。白口，左右雙邊。

方應祥（1561—1628），字孟旋，號青嶠，浙江西安（今衢州）人。明萬曆四十四年（1616）進士。歷任南京兵部職方司主事，轉祠部郎中，繼任山東布政司參政兼按察司僉事，後提督學政。方應祥學識淵博，年未立而授徒講學。晚年與徐日新、葉秉敬等人在大考山青嶠書院創倚雲社，於爛柯山辦青霞社。母喪歸居，不久病逝。刻印過自輯《青來閣初集》十卷，明崇禎元年（1628）刻印茅坤選評《唐宋八大家文鈔》一百四十四卷附《五代史鈔》二十卷，《新唐書鈔》一卷。《[康熙]衢州府志》中稱方應祥"爲文自辟阡陌，非六經語不道"。

書中收録了方應祥萬曆四十六年（1618）至明天啓四年（1624）間文章。卷首有艾南英、李維楨序，其中李維楨在序中評價"其言多發明五經孔曾思孟之旨"。

序後爲刊刻此書的姓氏。書中目録詳細列出了收録的文章，并按文章類型分類，包含序文、尺牘、雜著三類。卷一爲序文，包括《巳未房稿拔序》《易曦侯制義序》等；卷二爲序文，包括《送鍾伯敬督學閩中序》《錢密緯石經堂草序》等；卷三爲尺牘，包括《奉曾棠苪座師》《奉若翁韓師》等；卷四爲尺牘，包括《與錢受之年兄》《與徐觀我》等；卷五爲尺牘，包括《與徐子卿》《柬吳伯霖》等；卷六爲尺牘，包括《同門公侯韓老師》等；卷七爲尺牘，包括《與葉敬輿》等；卷八爲尺牘，包括《與蕭伯玉》等；卷九爲尺牘，包括《與林鶴胎年兄》等；卷十爲雜著，包括《重建萬田玄通庵碑記》等。

　　書中每卷卷端均署“西安方應祥孟旋甫著”。首序鈐“杭州王氏九峰舊廬藏書之章”“九峰舊廬珍藏書画之記”等。（張晨）

存笥詩草五卷

　　明吴桂森撰。明崇禎吴陞之刻本。一册。半葉九行，行二十一字。白口，左右雙邊。

　　吴桂森（1565—1632），字叔美，無錫人。明經學家。明萬曆四十四年（1616）貢生。與顧憲成、高攀龍講學東林書院，又從同郡錢一本學《易》。天啓中東林書院被毀，建麗澤堂，構小軒，題曰“來復”，以示伸張正義。著有《周易像象述》《息齋筆記》《真儒一脉》《存笥詩草》等。

　　此本書名據卷端題，目録題“吴覲華先生存笥詩草目”，下署“同邑友弟鄒期楨公寧甫編”“武塘友弟卞洪載子厚甫訂”，正文卷端著者下又署“孫男陞之録梓”。卷前存崇禎丙子（九年，1636）東林同學友弟鄒期楨所作序言，述及吴氏東林講學和治學之事等，序云：“崛起東林，與端文、忠憲相頡頑，其著作獨深於《易》而兼總諸經聲律。”并贊其詩曰：“抒寫性靈而有神於學者，此非騷客詞人風流跌宕之詩，而先生獨成一家之詩也；亦非先生獨成一家之詩，而先生遠追三百篇之詩也。”鄒期楨，字公寧，無錫人。明代經學家，曾從高攀龍學。

　　此本詩集收有七言古三篇，五言古十二篇，七言律四十篇，五言律六篇，七言絶二十篇，凡八十一篇，并以五種體裁依次分卷，故該詩集爲五卷。詩文内容有祝壽、感懷等，多友朋間的唱和答贈之作，其中以"麗澤堂"和"來復齋"爲題，詩中有"方寸能開不夜天""千秋樞紐生生脉，莫把行藏判聖賢"以及"洗到退藏方識密，潛於不顯號知微"等數句，可窺吳氏復興之力和當時東林盛況，旁及吳氏易學志趣。

此書流傳不廣，《中國古籍總目》僅著錄國家圖書館有藏。（李慧）

陳庶常遺集四卷附錄一卷

明陳萬言撰。明崇禎三年（1630）王起隆等刻本。二册。半葉九行，行十九字。白口，四周單邊。

陳萬言（約1620年前後在世），字孟諤，後字居一，號弘景，又號鈃山，陳繼儒長子，秀水（今浙江嘉興）人。生而聰慧，爲文精思，明萬曆四十七年（1619）進士。知山東益都縣，授編修，改翰林院庶吉士（庶常），未及授官而卒。《[雍正]浙江通志》有傳。萬言善詩，亦工書法，尤通篆籀。有《鈃園集》十四卷傳世，另著有《文在堂集》《謙九堂續集》等，《千頃堂書目》均有著錄。

卷前有崇禎辛未（四年，1631）邑人李日華《陳居一太史遺集序》一篇，鈐"李日華"印。後有崇禎庚午（三年，1630）岳元聲序一篇。此集爲萬言摯友王起隆遵其遺囑搜羅編輯而成。卷前依次爲起隆《讀陳庶常遺集序》《刻陳庶常遺集緣起》《陳庶常傳》各一篇。據起隆所言，此集所收詩文三卷，館課一卷，均爲萬言入仕後所作，其彌留之際，囑其友洪慶之與起隆共同搜其詩文館課校訂成書。二人遵其囑托，與陳良卿、吳謐生等人共同完成此書的編纂與刊刻。是集凡四卷，詩一卷，文三卷，附一卷。卷一爲各體詩，有古體、近體詩等，主題多樣，有贈別、咏景、游記、感時、懷古等。詩句時而針對時事而抒發感慨，意氣縱橫，格調頗高。如"未能忘涕泪，邊塞滿兵戈""王師六月猶歌戍，遼卒三年未偃戈"等句。時而懷古寄思，如"金臺已千古，駿骨何奇哉"等句。卷二爲序引跋文，有送別贈文、壽序、制義序、書序、書跋等。卷三爲傳記行狀，亦有碑文、祭文等。其文多屬雜體應用之文。卷四爲館課論議，分爲館課論、部試論、館課箴、館課表、館課敕、館課議、館課賦等幾類，議題涉及君臣、天命、民生、治世、修身等，文章立論頗高遠有見地。附一卷爲敕命、乞恩疏、鄉賢呈、祭文等。

卷前鈐"石蓮閣藏書"印,曾藏山東無棣吳重熹處。(戴季)

青錦園文集選五卷 存一卷

明葉憲祖撰,明許運鵬輯。明天啓刻本。一册。半葉九行,行十八字。白口,四周單邊。

葉憲祖(1566—1641),字美度,一字相攸,號六桐,別署檞園居士等,浙江餘姚人。明萬曆四十七年(1619)進士。除新會知縣。任上勤於課士,爲治有聲。遷大理評事,轉工部主事。因不肯督工魏忠賢生祠之事而被削籍。崇禎初起爲南京刑部郎中,出守順慶,擢湖廣按察副使。轉四川參政、廣西按察使,未赴任。有《青錦園集》《入蜀稿》等。其生平事迹詳黃宗羲《外舅廣西按察使六桐葉公改葬墓志銘》。

葉憲祖工詩善文,與孫鑛(月峰)以古文詞相期許,并爲一時之名家。尤善填詞度曲。著有多種傳奇及雜劇,如《鸞鎞記》《灌將軍使酒罵座記》《金翠寒衣記》《北邙説法》《易水寒》《四艷記》等,爲明代戲曲"吳江派"重要成員。

憲祖以戲曲成就名於世,此書爲其文集,收録其所作各體文章,較爲稀見。惜僅存天啓四年(1624)何熊祥序及卷一,存卷内容爲賀序及贈序等,文辭雅正。

是書鈐有"長樂鄭氏臧書之印""长乐鄭振鐸西諦藏書"等印,爲鄭振鐸舊藏。據《中國古籍總目》,僅國家圖書館有藏。(賈雪迪)

學言一卷

明李芳撰。明萬曆刻本。一册。半葉八行,行二十字。白口,四周單邊。

李芳,字子實,號培吾。據正文卷端署名及卷首洪垣、祝世禄等序文可知,李芳籍里爲安徽黟縣人。祝世禄序文爲明萬曆乙巳(三十三年,1605)所撰,序云:"李子實先生以今年六月捐館舍,越三月,中天講院成……先生年八十一,自在而來自在而去。"卷首萬曆間陳履祥序文有記"甲辰二君(李子實、韓鳴起)創建中天書院,

垂成,子實化去",大致可推李芳生卒之年,約生於明嘉靖初年,即公元 1523 或 1524
年,卒於萬曆三十二年之後,約 1604 或 1605 年。

撰序者洪垣(1507—1593),字峻之,號覺山,江西婺源人。祝世禄,字世功,號
無功,江西德興人。陳履祥(1540—1610),字光庭,號文泰,江西景德鎮人。卷末
有吳周翰撰《芳公傳》,孫時新撰《芳公志》,汪宗訊撰《行言》。

全書收録詩文共六十六首,另有兩幅對聯,《題碧紗厨》一篇。所撰詩文以理
學感悟爲主,亦有同陳文臺等友人的唱和之作。

文末有鈐"長樂鄭氏臧書之印"印,收於《西諦書目》。此書流傳不廣,《中國古
籍總目》僅著録國家圖書館有藏。（易曉輝）

游燕雜紀二卷

明盛時泰撰。明萬曆三年(1575)盛時泰自刻本。半葉十一行,行二十字。白
口,左右雙邊,單魚尾。

盛時泰,字仲交,號雲浦,上元(今江蘇南京)人。以諸生貢太學。任明經。善
水墨,山水竹石效雲林。天才敏捷,爲古文、詩,下筆輒數千言,聲名士振。顧璘主
詞壇,時泰亦與之游。小楷學倪,行書學蘇米。撰有《牛首山志》二卷、《游吳雜記》
《游燕雜紀》《棲霞小志》《品題古今名帖》等。生平事迹參《歷代畫史彙傳》卷五
十七。

據《千頃堂書目》和《明史・藝文志》著録,此書均題三卷本,與所傳此二卷本
卷第不同。書中所收均爲詩作,乃作於居京師及往返京師期間。卷首有萬曆三年
(1575)駱問禮《游燕雜紀序》,云:"以《游燕雜紀》屬爲序,蓋仲交應薦至京師及其
途往返所作,將以付之梓者也。仲交詩文甚富,其梓行與韞藏者相半,此特玄豹之
一斑爾。"又萬曆甲戌(二年,1574)葉之芳《筑音集序》稱:"客燕六月而所爲歌詩,
帙盈把矣。遂伏案披讀,五言七字,長篇短章,燦爛照耀,汪洋滂渤,蝕虹翳電,霙霙
精精,莫知仲交之所爲詩也。"而該書之刻,萬曆甲戌(二年,1574)《刻游燕雜紀序》
云:"仲交將去京師,涿郡凌判請出其游燕諸作,刊爲一書。"實際該書并未在萬曆

二年(1574)刊刻,據駱問禮序,應由盛時泰本人刻於萬曆三年(1575)。盛時泰詩作的詩風,葉之芳《筑音集序》稱之爲曰:"其言多不煩苦思,隨心出口,而性機葩發,詞華藻麗,合裁風雅,中情比興,無剽竊模擬雕鏤文飾之詞,是爲卓然成一家言,煥乎美矣。"

據《中國古籍善本書目》著録,僅存此部,流傳孤罕,彌足珍貴。書中鈐"溫陵黃俞邰氏藏書印""蕉林果氏書畫之印"等印,現藏國家圖書館。(劉明)

小雅堂詩稿不分卷

明莫雲卿撰。明稿本。一册。半葉十行,行字不等,無框格。

莫是龍(1537—1587),字雲卿,更字廷韓,號秋水,又號後明、玉關山人、虛舟子等,南直隸松江府華亭(今屬上海)人。十四歲補諸生,有"神童"之稱。皇甫汸、王世貞輩亟稱之。不喜科舉,以貢生終。精通古文辭,擅長書法和繪畫。喜藏書,爲明代著名藏書家楊儀之外甥。楊儀過世後,其"七檜山房"所藏古籍善本,多歸莫是龍"城南精舍"收藏。黃丕烈作詩有"七檜山房萬卷樓,楊家書籍莫家收"之句。莫是龍著有《畫説》《石秀齋集》等,輯有《南北宮調集》。

這部《小雅堂詩稿》是莫是龍的詩稿手迹,共九開,十八葉。有塗改痕迹。《小雅堂詩稿》中存詩數十首,其中不少爲贈詩和題畫詩,贈詩如《贈蘇西陵》《詩贈印潭上人》等;題畫詩如《題梅花》《題景峰上人畫》《題雪泉上人畫》等。正文後鈐"雲卿""莫氏廷韓"白文朱印二方,爲莫是龍印鑒。卷末有姚際恒手書識語三行,時間爲"己酉正月",當爲清康熙八年(1669)正月。

姚際恒(1647—1715),字立方,一字首源,清仁和(今浙江杭州)人。祖籍安徽桐城。諸生。折節讀書,涉獵百家,初汜濫詞章,後盡弃之,改專治經學,歷經十四年著成《九經通論》。姚際恒曾著《庸言録》,其書末附《古今僞書考》,考經、史、子之僞書數十種。

姚際恒作《好古堂書目》,著録書籍一千五百餘種,書目末附有《好古堂收藏宋元版書目》,是一部辨僞目録,開清代書目辨僞之風。

此書卷首鈐"安儀周家珍藏"，知其曾爲清康乾時期著名書畫鑒藏家安岐所有；卷末鈐"王氏寶研齋祕笈之印"，知清末民國時期爲著名藏書家王祖詢插架之物。（趙前）

客越集一卷

明王巽撰。明萬曆二十一年（1593）談修刻本。一冊。半葉七行，行十六字。白口，四周雙邊，單魚尾。

王巽，明萬曆年間山東淄川人，字德稱。

本書爲王巽詩集，共收録其詩八十一首。本書前有萬曆癸巳（1593）太原王穉登序，後有萬曆癸巳（1593）談修跋。據談脩跋，其將本書名爲《客越集》，刻書於吳中。

此本卷前有王獻唐手跋二則，第一則稱："往歲爲奎虛書藏搜藏山左藝文甚夥，此明槧《客越集》其一也。雕版既佳，詩什亦美。以余寡陋數十年來尚未見第二本，殆近於孤帙矣。"評價甚高。跋中還簡述書之流傳。鈐"王獻唐"印。再一則稱："集中王穉登序、談修跋，爲王、談之手書，版刻於吳中。書體不出劃厥氏，所謂寫刻本也。頗疑爲王德稱自書，俟再印證。"繼之爲調甫題跋，稱王詩"既無齊魯激烈之氣，又寡吳越淫靡之習"。（楊凡）

楚游稿二卷

明李多見撰。明刻本。一冊。半葉九行，行十七字，小字雙行同。白口，四周雙邊，單魚尾。

李多見，字子行，號思弦，福建仙游人。明萬曆二年（1574）進士。曾任户部郎中、松江知府、瓊州知府。萬曆二十七年（1599）在瓊州平定黎族馬矢之亂。李多見爲政重學校、嚴吏胥、平訟息争，纍有善舉，頗受百姓擁戴。瓊人曾爲其建生祠，扁曰"忠孝清高"。其事迹被清人牛天宿輯入《百僚金鑑》中。據《[道光]廣東通志》載，李多見著有《周禮紀略》《楚游稿》《學源》等。

明萬曆二十二年(1594)，李多見由松江知府左遷茶陵州，藏書家徐㷿《幔亭詩集》中有《送李子行太守謫茶陵》詩四首記其事。《楚游稿》爲其在茶陵時所作詩文集。該集篇幅有限，内容以文爲主，間有詩、賦。《書屈賈二先生祠壁》《黄鶴樓詩》等篇是關於當地名勝古迹的題咏，《雜説》《讀大學》等篇則是其治學及處世的思想主張。李多見以能吏聞名，詩文非其所長，故歷史上鮮有提及。該集列有參校人員名單，多爲武昌、茶陵等湖北當地人士，以李多見的門生爲主，由此推斷該集成書於其在茶陵任職期間。

《楚游稿》爲李多見著作中所僅存者，該集流傳不廣，現只有明刻本見存，《中國古籍總目》著録僅國家圖書館有藏。卷首及卷末有缺葉。鈐“仲采藏書”印。
（董馥榮）

湖海長吟八卷操瑟迂譚二卷

明王文禎撰。清鈔本。二册。半葉十一行，行二十四字，無格。

王文禎，生卒年不詳，字世蔭，海鹽（今浙江嘉興）人。據清代倪濤撰寫《六藝之一録》中記載：“王文禎，海鹽人。善行草，挾詩卷游齊魯間，老爲衡府記室。”文禎多與賢豪長者交往，喜游歷，足迹半天下，凡异域名區，探奇攬勝，半生奔走南北。他自己耽於詩歌創作，每每興至，自斟自飲，狂不自禁，經常情觸境生，文如泉涌，縱筆一揮，不暇雕飾，隨年深月久，終成詩歌一編。詩集名之曰《湖海長吟》，蓋其半生漂流，多處名山湖海之中。其生平亦見於《佩文齋書畫譜》《海鹽圖經》等書。

《湖海長吟》八卷，包括五言古，七言歌行，五言律，七言排律，七言絶句及賦、傳等。其中，五言古體詩整體質量較高，如《王四山觀察齋中賦答》“星文七襄劍，風韵五弦琴”勾畫出一位文采風流，瀟灑無雙的文人形象。《俠客》一首題材新穎，“然諾豈杯酒，肝膽相綢繆”描繪出俠客的義氣。還有一些詩歌介紹了北方藩國流行的歌舞，係作者在北方游歷所作，爲他書所少見，有一定的史料價值。《海賦》一文描寫了作者生活中最爲熟悉的大海，全文化用《莊子·秋水》篇，以人物對話構思全篇，描述了“激雷霆之雄長”的海潮與海浪，用語奇特，描寫細緻。

《湖海長吟》與《操瑟迂譚》合編爲一種。《操瑟迂譚》分上下卷，卷下云此書乃取"操瑟之暇閑，取赫號而序述之"，故名爲《操瑟迂譚》。《操瑟迂譚》上卷有王文禎自畫像一幅，并題詩一首，該詩爲作者自己與自己對話，帶有調侃意味，筆法奇特。詩云："王生王生，吾與汝評，汝既吾有，吾藉汝形。另而好學，老而無成，骯髒盃酒，狂如步□。逍遥關枅，幡然侯嬴，問汝何物，猷曰文禎。曾曳裾而羞稱上客，□結襪以僭屈名卿。"

上卷記明嘉靖甲寅（1554）胡宗憲延請明中期的大儒唐順之先生，王文禎年甫十歲，短褐椎髻入公署拜見唐順之。見面時，唐順之正在舞劍，王文禎的兄長也佩戴寶劍，與之切磋。唐順之十分高興，在軍中設宴招待兄弟倆，看到王文禎后覺得他非常奇特，并預言他日後將穀食四方，并出對聯試之，唐順之出上聯"舞劍魚腸麗"，王文禎應對下聯"揮毫兔穎長"。唐順之聽後，稱羨不已。此事給王文禎留下了深刻的印象，年老時回憶起來，仿佛就在昨日，其時王氏正寓居稷下，"擁被高臥……遐思往迹"，便將所熟悉的名公巨卿行事次第編之，"非敢云傳，亦藉此以見知己耳"。

上卷主要記載齊魯間的人物事迹，包括淄川王君賞觀察等二十餘人事迹。涉及人物除居官者，還有品德行爲成鄉里表率者，如《豐孝子傳》，記載豐夢繡在父母去世後，哀慟過度，哭得昏死過去，良久乃蘇，茹素守孝三年。孝心產生了奇异效應，竟然連老虎等猛獸都不來襲擊。下卷記載自己的故鄉——海鹽，作爲臨海之邦，懸於海外，諸多人物、風俗、奇事等與内地不盡相同，作者特將這些記載下來，以備流傳。人物主要包括張靖之、武進士等十餘人，其中記載錢良琦著《國朝名臣録》，還有記載鄭簡三歲能言頓悟前生因果等。另涉及一些海鹽獨有的風俗。此外，王文禎游走於官宦之家，往來應酬之文數篇，書後也選取了二十餘篇文章，有《請新進士啓》《回聘啓》等。

是書前有鈐"劉承幹字貞一號翰怡""吳興劉氏嘉業堂藏書印"印，間有朱筆批校。（張偉麗）

東游草一卷

明陸應陽撰。明刻本。一册。半葉八行，行十八字。白口，四周單邊。

陸應陽，字化伯，宣城西隅人。明梅鼎祚《鹿裘石室集》卷四十六有陸傳（《醉吟散人傳》），稱其："嘗治經術，游太學，凡三就都試，遂弃去。壹意治古而喜爲詩，且能酒，酒可盡一斗許，因謝太學生不稱，稱醉吟散人。酒人詞客若山陰陳鶴、新昌吕光升、武林姚一貫、吳興李華輩咸從散人相酬暢流咏……形崖落穆，而中實卓朗，内行淳備，居雅不握籌算，乃先人之廬産不少挫，與人交率易洞達，無城府。"陸爲太學生，喜爲詩，能飲酒，故自稱醉吟散人，與諸酒人詞客暢游酬咏，除此稿外，尚著有《洛草》《白門稿》《江行稿》等。

本詩草無目録、題跋，正文有朱墨筆圈點。末有《游南湖記》一篇。詩篇多爲五七言近體，主題則多爲寫景、抒懷、寄贈、酬應等，與大夫和答之詩亦收入其中。詩風淺易通俗，不顯於雕鏤藻繪，而有超曠之致。詩人尤喜白香山，作詩狀態多爲"香山之所謂醉復醒，醒復吟，吟復飲，飲復醉，醉吟相仍若循環，然似正爲散人名狀耳"，賦醉吟詩，屬和成集，故詩歌亦本白氏長慶者爲多。（徐慧）

擊轅草一卷

明錢薫撰。清道光六年（1826）錢泰吉家鈔本。一册。半葉十行，行二十二字，無格。

錢薫，字戀穀，錢琦第五子，浙江海鹽人。孝廉，性恬淡，無其他嗜好，惟愛吟咏詩歌，時人稱其詩"淡宕而多奇"，與兄錢㡭及父錢琦俱有文名。其父爲明正德戊辰（三年，1508）進士。知盱眙縣，後來授南京刑部郎中。有《東畬集》傳世。沈季友《橂李詩繫》言錢琦幼讀書山中，一榻十年，燈帳如墨。錢琦於政事頗盡力，有巡游疏入《明經世文編》，另有《臨河集》十四卷。其寫作風格直追唐人。錢琦痛惜反對靖難之役而死的沈鍊，爲之寫詩云："天意別有主，人心獨在公。"與正勉、智舷等僧人交好，多有唱和。《古今禪藻集》中有《答錢戀穀》《春雲篇寄錢戀穀》等詩。

　　錢薖讀書好客，與屠長卿、沈嘉則、陳眉公等人交好，《陳眉公集》中有《答錢懋穀》一信，稱自己與錢薖自束髮之時便已認識，言兩人曾約定一起觀海，各言胸臆，可見兩者深厚的感情。當時名士多在錢家留宿，如明中期的文化名人屠隆在《棲真館集》中有《宿錢懋穀先生園居》“高館情因下榻深，故人蕭散朱雲林”，《檇李詩繫》中有《別錢懋穀》“幾月爲歡在，君家花滿溪……徘徊江上棹，疑是武陵西”。又與金華吳孺子交好，吳孺子與吳郡王伯稠、姚士粦曾至錢懋穀家住，飲酒賦詩。吳孺子有贈詩《呂家曲水寄別錢懋穀》，云：“借居方避地，言別又沾襟……把君書在手，侵曉到如今。”是詩見録於《明詩綜》，可見錢薖交往之勝。吳孺子去世後，諸奇物俱散失，獨遺稿若干首，錢爲之刻而存之。丁斯學也有《曇華稿》一書，亦賴錢薖爲之作序，得以刊行，事見《兩浙明賢録》《全浙詩話》及清沈季友所著《檇李詩繫》。可見錢薖爲人頗有幾分俠氣。

　　沈明臣指出《擊轅草》之名“謂門外有檞櫟數株，日得婆娑，其下少有吟咏，托以自記”。這些詩作大都觸於目，感於心，直抒胸臆而成章成韵，包括七十餘首詩歌作品，以五言絶句和五言律詩爲多。題材多爲與朋友贈别、游玩紀行、生活感悟等。比較重要的詩作有《雨中過慈會寺逢屠長卿》《聞王元美先生入朝》。王元美，即明代大文學家王世貞，字元美。“縹緲峰前吟落月，垂楊樹底聽啼猿”，描述了與王世貞交往的深厚情誼。王世貞與沈嘉則交好，有《壯歌行贈沈嘉則游閩》。錢薖與沈嘉則亦交好，有七言絶句《聞沈嘉則將至》，“忽聞欲枉嵇康駕，望盡青山幾夕暉”描寫出將要見到故人的殷切心情。有《贈卓光禄徵父》一首，詩云：“任俠黄金盡，論詩白雪流。相逢餘意氣，握手看吳鈎。”不僅勾畫出卓光禄瀟灑任俠的氣概，也描繪出兩人的深厚情誼。還有七言絶句《長相思》，中有“夜來夢到遼西路，斷却相逢恨曉雞”頗有唐人風采。

　　是書經過整理、删改後，由錢薖第三子錢應旨刊行，經沈嘉則、慈會寺僧月支編次，成書於明萬曆乙未（二十三年，1595），後又經過重孫錢敦讓、錢叔銛等重訂。書中所收并非錢薖全部稿件，乃是精選出十分之一彙集成册，伺機再繼續編輯餘稿。封面題“丙戌秋日從湘帆族叔處鈔”，有沈明臣序、太原王穉登序，後有錢薖之子錢應旨所作之跋。書前鈐"來燕榭珍藏記",卷端鈐"黄裳藏本",書末鈐"黄裳小雁"
"來燕榭珍藏圖籍"。有黄裳手迹一行:"乙未小雪日收此錢警石録家集二種,黄裳
記。"錢警石,即錢泰吉,清代著名文學家,號警石,浙江嘉興甘泉鄉人。是書曾藏黄
裳處,今藏國家圖書館。（張偉麗）

筆花樓新聲一卷

明顧正誼撰。明萬曆二十四年(1596)顧正誼自刻本。一册。

顧正誼,生卒年不詳,字仲方,號亭林,華亭（今屬上海）人。萬曆間以國子生
仕爲中書舍人。工畫,山水畫家,華亭畫派創始人。早年即以詩畫馳名江南,後游
長安,名聲大噪。董其昌稱:"吾郡畫家,顧仲方中舍最著。其游長安,四方士大夫
求者填委,幾欲作鐵門限以却之,得者如獲拱璧。"著有《詩史》《百咏圖譜》《筆花樓
新聲》等。

此本卷首爲陳繼儒《題筆花樓新聲》,目録有缺。正文共收詩四十一首,畫三
十九幅,一圖配一詩。所咏之物有"露珠""新月""圍棋"等,亦有"悼鸚鵡""渡海
僧""從軍俠"等。版畫鎸刻精細,構圖唯美。卷末有顧正誼題於"萬曆丙申如月"
跋文。目録所存留的半葉内容及正文與明萬曆刻顧正誼《百咏圖譜》幾近吻合。
《百咏圖譜》收詩百首,繪圖百幅,國家圖書館藏本殘損嚴重,但從《百咏圖譜》所存
葉對照,現著録爲《筆花樓新聲》之書或爲《百咏圖譜》上卷。

此書版畫、寫繪俱精。鄭振鐸稱此書版畫"一洗過去的簡陋,爲蘇州版的木刻
畫開啓了光明燦爛的先路"。此本鈐"廷瑞""延齡"等印,印主待考。（陳紅彦）

蘭陔堂稿十四卷

明杜開美撰。明萬曆刻本。十四册。半葉八行,行十六字。白口,四周單邊。

杜開美,生卒年不詳,字袞度,上海人。明末士人。開美生有異才,下筆數千言
立就,尤其長於尺牘,明神宗時授中書舍人,後以母老乞歸。明代上海縣杜氏家族
爲書香望族,杜開美之祖杜時登、父杜獻璋俱有功名。杜開美亦與江南名士多有交

往，其妻爲上海名士朱察卿之長孫女。杜開美本人亦與明末士人交往甚密，曾協助徐光啓校勘《唐詩類苑》，與孫奇逢交游於江南。《明詩紀事》收其詩三首。

該書爲杜開美詩文集，按內容不同分爲扣舷草、遠游篇、貂裘草、秋水篇、潤州草、敝帚草、白門草、行樂草、蜩甲草、尺牘十部分，共録詩八百首、尺牘一百七十一篇。書首有明萬曆二十六年（1598）陳所藴《杜袁度蘭陔堂稿序》，萬曆二十六年（1598）劉鳳《蘭陔堂稿序》，駱日升《杜袁度蘭陔堂諸草序》，王穉登《蘭陔堂稿叙》，陳繼儒《蘭陔堂稿序》。其書在每卷之前亦有叙言，以論其收集詩文之經過。杜開美之詩多與人交游唱和及應酬、送別之作，亦兼有描寫山水景物之言。觀其詩可知明末江南士人交往之故實。

杜氏之詩情感真切，平淡自然，無矯揉造作之句，無過甚誇大之言，讀之清爽暢目。其文多寫與江南士人交往之事，具有一定的史料價值。（賈大偉）

停雲館詩選二卷

明文從龍撰。明萬曆刻本。二冊。半葉九行，行十八字。白口，左右雙邊。

文從龍，字夢珠，號三楚，江蘇蘇州人。擅長山水，文徵明四世曾孫。

此書爲文氏詩稿選編，卷首有辛丑（萬曆二十九年，1601）冬華亭友弟馮大受《停雲館詩序》，叙從龍延請其撰寫序文經過。馮大受，生卒年不詳，字咸甫，松江（今屬上海）人。萬曆七年（1579）領鄉薦。知陽山縣、慶元縣。工詩詞，亦擅書法。叙之後爲《停雲館詩選》上卷，卷端署「長洲文從龍夢珠甫著」。書末有曰：「甲午秋，文起弟南畿報捷，憶先叔祖文水翁有吾家二祖舊爲郎之句，輒賦志喜。」

鈐「陳氏西畇草堂藏書印」「西畇草堂」「復初氏」「徐堅藏本」「鄧尉徐氏藏書」「敕堳印」等印。（陳紅彦）

行藥吟一卷

明聞龍撰。明萬曆二十八年（1600）聞龍自刻本。一冊。半葉九行，行十八字。白口，四周單邊。

聞龍，生卒年不詳，字隱鱗，自號飛遁子，因慕魯仲連之爲人，亦字魯連，鄞縣（今浙江寧波）人。隱士。其祖爲尚書聞淵之。聞龍少時美風儀，年老時方頤秀髯，望之若神仙。《明詩紀事》中記載其生而有至性，五歲喪母，哭聲感路人，爲了懷念自己的母親，畢生長齋。每到忌日，必衰絰，痛哭哀盡。侍奉父親也盡心盡力，爲垂垂老矣的父親延年益壽，自己研究草藥、醫理并精於此道。如父稍感不適，即衣不解帶。父親去世後對後母極孝。兄弟間遵循孝悌之則。人們把他比作是南朝宋時的郭世道，性貞潔，不好名譽。一生致力於經學，信佛教。明中期文化名人屠隆曾經評價聞龍爲“天際真人”。聞龍友薛岡言其文章根乎忠孝，與瑾瑜比潔，與日月爭光，足以培四明士氣而達諸天下，可謂天下士人代表。

聞隆近體詩頗閑整，特少警拔之語。時人認爲其“隱鱗以孝友篤行掩其文章”。《明詩綜》載屠隆評價聞龍詩作“如溪上人家，曲几疏窗，長與水雲弄色”，王右仲云“隱鱗詩清和穩暢，卓然成家”。《山居即事》云：“積雨朝來歇，諸溪盡急流。隔河看飲犢，倚檻有浮鷗。雲冷松根石，風微竹外樓。蕭然無一事，開徑遲羊求。”《聞吳少君病而阿霽死悵然懷之》：“來往家無定，饑荒病未蘇。路危僮僕盡，身老子孫無。何日忘機事，全生付酒壚。榮期自有樂，不用哭窮途。”《行藥吟》一卷，較早見錄於明代祁承爗所著《澹生堂藏書目》“《行藥吟》一卷，一册，聞龍”。《千頃堂書目》《［雍正］浙江通志》亦記載其《行藥吟》一卷。其自序中寫到，此書草稿聞龍早已有之，係其“挾奚奴，操葉艇，滅没於渚烟山靄之間”的會心之語，皆以韵文寫出，弃篋中十餘年，後來田叔行看到這些詩，助其結集出版。卷前有周應賓序、薛岡序。序云“十年行藥，僅成此吟”，故該集取名爲“行藥吟”。聞龍之行藥可以濟衆，聞龍之詩者，法其詩兼法其行，或能治療千古不瘉之沉疴。《行藥吟》收詩百餘首，體裁包括五言古詩、七言古詩、五言絕句、五言律詩、七言絕句、七言律詩等。其風格以平淡出清新俊逸，幽人之極思，空谷之絶響，頗有山水之風，比起那些講究句模字範的詩句來，獨樹一幟。由於聞龍長期隱居不墮塵網，故能肆力於山水風雅，最終自成一派。是卷中收有數十首與僧人交游詩作，比較有特色，如《送抱石上人從雪浪老人之金陵》等。由於聞龍經常生病，沙門友人也經常送給他偏方，如《慧公以海上方見遺賦謝》。這些詩作意超高遠，出塵脫俗。《屏菊二首》中又透露出詩人清高又有些孤寂的心境："不藉春光艷，能扶暮景斜。無人共欣賞，寂寞傲霜華。"

是書前有周應賓序、薛岡序、作者自序。（張偉麗）

桃葉編一卷

明錢希言撰。明萬曆二十八年（1600）吳趨客傲齋刻本。一册。半葉八行，行十六字。白口，四周雙邊。

錢希言（1573—1638），字簡栖，蘇州吳縣人。明代文學家、小說家。錢希言出身名門，是錢謙益從叔，然少時家道中落，爲避仇四次移家，一生不仕，交游於權貴之門，以備書賣文爲生。錢氏經歷坎坷，中年三度喪子，爲生計數次遠游，與江南名士多有交往，其才名亦爲人所稱道，與王穉登、宋懋澄、袁宏道、江盈科等人交往頗深。希言一生鬱不得志，性情狷狂，晚年個性愈發古怪，人皆爭避之，至游道益困，卒以窮死。著有《劍筴》《獪園》《戲瑕》《桐薪》《遼邸記聞》等書。

該書爲錢希言詩集，書首有錢希言《桃葉編自序》，目録末有牌記"萬里庚子秋七月吳趨客傲齋雕本"，知該本爲明萬曆二十八年（1600）吳趨客傲齋刻本。吳趨客其人，史籍不載，其字號名姓、生平事迹亦無可考，應爲明代江南一帶刻書之人。據錢希言自序云，該書是他在萬曆二十四年（1596）游秦淮至茱萸灣時所作之詩，"桃葉"乃是秦淮河古渡口之名，取其名以思秦淮烏絲翠袖之昵，懷暢游忘情之感，亦一時豪情之作。

錢希言之詩多作與友人暢達抒懷之言，寫風花雪月之景，懷撫今追昔之感，訴悠然沉鬱之情。其詩靈性通達，文采斐然，觀其詩則秦淮旖旎之景，江南文史之盛，才子風流之情躍然紙上，撲面而來，爲明詩佳作。其詩亦被王穉登稱爲"後來第一流也"。該本書葉有殘，字迹間有不清，爲該書最早版本。鈐"鐵琴銅劍樓"諸印，爲瞿氏舊藏。（賈大偉）

臥雲稿一卷

明許自昌撰。明萬曆三十年（1602）許自昌自刻本。半葉八行，行十八字。白口,四周單邊。

許自昌(1578—1623),字玄祐,號霖寰,又號去緣,别署梅花主人,别業名梅花墅,蘇州人。明崇禎四年(1631)舉人。許自昌著述頗豐,著有《樗齋漫録》《樗齋詩鈔》《捧腹談》,傳奇有《水滸記》《橘浦記》《靈犀佩》《弄珠樓》《報主記》《臨潼會》《百花亭》等七種,改訂汪廷訥《種玉記》、許三階《節俠記》。許自昌好藏書,藏書處命爲"霏玉軒",自號"千卷生"。許自昌喜刻書,刻有《唐甫里先生集》《分類補注李太白詩》《唐翰林李太白年譜》《集千家注杜工部詩集》《唐皮日休文藪》《唐皮從事倡酬詩》《新刻前唐十二家詩》《太平廣記》等。

《卧雲稿》是許自昌詩集。此書卷首有萬曆壬寅(三十年,1602)張士驥書、屠隆撰《卧雲稿序》,萬曆壬寅陳繼儒撰《許玄祐詩序》,卷末有萬曆壬寅錢允治所撰跋文一篇。許自昌刊刻《卧雲稿》時,只有二十六歲。屠隆在《卧雲稿序》中,對許自昌給予很高的評價,云:"玄祐進而尋餐霞吸露,一段光景,則詩當與雲林小有并傳名山云乎哉!"《卧雲稿》内容豐富,不僅有許自昌與友人唱和之作,還有其游歷名勝古迹,哀悼親朋故友的詩作。

此書鈐"許蚪竹隱"陽文朱印一方,知其爲許自昌之孫許蚪收藏。許蚪,字竹隱,亦喜藏書。由此推知,該書或爲許自昌自藏本。另外這部《卧雲稿》還鈐"长乐鄭振鐸西諦藏書""長樂鄭氏藏書之印",可知曾爲鄭振鐸舊藏。(趙前)

鷇音集一卷

明于承祖撰。明萬曆芙蓉社刻本。一册。半葉八行,行十八字。白口,四周單邊。

于承祖,生卒年不詳,字孟武,約生活於隆慶至萬曆年間,廣陵(今江蘇揚州)人。于氏善詩,"開芙蓉之社,延迎合志,操觚摘藻,期以盛唐爲門户,漢魏爲堂皇,風雅爲壺奥,務成鼓吹,毋墮鏤冰"。明萬曆三十一年(1603)入爲中秘書,第二年奉命出使西秦。著有《鷇音集》一卷,《長征吟》二卷。

《鷇音集》書前有于承祖萬曆三十年(1602)自序、黄一正萬曆三十年(1602)

序。是書收録了于氏入仕之前所作之詩,共一百九十五題,不分卷,排列不分題材,所録詩歌大多爲酬唱之作。于氏爲詩,主張音律協美、用辭雅雋,在揚州地區頗有盛名。

本書版心鐫刻有"芙蓉社""于伯子草"字樣。于氏自序首葉鈐"佐伯文庫"印,曾爲日本佐伯藩主毛利家族所藏,蓋爲日本文政七年(1842)毛利高翰獻書後迴流中國。卷首鈐有"亨壽臧書画印"。于承祖另外一本詩集《長征吟》今僅存一部,亦出於佐伯文庫,今藏日本內閣文庫。于氏《觳音集》國內見於著録者,僅此一部,藏國家圖書館。(曹菁菁)

在原咏一卷題贈一卷

明吳大經撰。明萬曆刻本。一冊。半葉七行,行十五字。白口,四周單邊。

吳大經,生卒年不詳,約明神宗萬曆中前後在世,字元常,常熟人。弃舉子業,隱居山林。工詩,袁宏道以之配徐渭。生平事迹不詳。大經詩學陸放翁,圓熟有餘,深微不足。室名叢桂軒。有《叢桂軒集》二卷,於《四庫全書總目提要》傳世。

此書首爲賜進士長蘆運司同知前任兵部尚書郎以邊功升俸一級欽差督理屯田鹽法水利廣東布政司參議兼按察司僉事臨川劉一瀾序、萬曆辛亥(三十九年,1611)冬日吳郡石鼓山堂八十三翁魯川曹胤儒序、萬曆辛亥(三十九年,1611)冬日太原王穉登《在原咏引》。《在原咏引》稱《在原咏》爲祁元善、吳大經酬和感懷之作,繼之爲織里錢希言萬曆甲寅(四十二年,1614)十月第五日立冬翠幄草堂對雨書《祁氏在原咏叙》、長洲文震孟《題在原咏》、金定樂《在原稿題辭》、陸枝序、兄吳大武序和萬曆丁未(1607)中秋大經元常甫於叢桂軒題序,其後正文。卷端署"海虞吳大經元常甫著""吳門王穉登百穀甫選""同邑錢希言蘭栖甫閱""社弟金定樂雅少甫校"。收有五言律詩、七言律詩、五言絶句、七言絶句等。卷末署"同邑馮大榮刻"。之後爲題贈詩一卷,收友人題贈之詩句。題贈後有萬曆壬子(四十年,1612)小春十三日吳郡錢允紹題跋、天池山樵嚴徵跋。"在原"出自詩經,後一般以指兄弟。此書爲元常、元善之咏,故以"在原"名之。

鈐"鐵琴銅劍樓""琴川衛氏見魯家藏"二印,曾藏鐵琴銅劍樓。(陳紅彦)

礜園詩稿二卷

明王濣撰。明末刻本。一冊。半葉六行,行十六字。白口,四周單邊。有圈點。

王濣,生卒年不詳,字清之,主要活動於明末清初,會稽(今浙江紹興)人。

此集首有王思任所作《礜園詩稿序》,署"避園友弟王思任題",後有陰文木記"王思任印""季重氏"。王思任(1575—1646),字季重,號謔庵,又號遂東,山陰(今浙江紹興)人。明萬曆四十七年(1619)進士。明末文人、書法家。次爲《礜園詩稿目録》。卷端題"礜園詩稿",署"會稽王濣清之父著"。卷末有王濣子毓芝跋,署"不肖毓芝等泣血記"。據跋可知,王濣所做詩"篇章不下數百",然不幸爲人所竊,故其子收其所存詩篇刻成此稿。

是書凡二卷,卷上《酒聲》,卷下《東游雜咏》。王濣屢舉不第,故將一腔塊壘消磨於酒盃、於文字、於名山大川之中。其詩内容主要集中在四個方面,一是酬贈之作,主要記述作者與商明廉、祝華封、范與蘭、沈澄寰、張霄宇、沈春渠等人之間的交往,可補人物生平事迹,在一定程度上反映了明末吳地文人生存圖景。特別是《贈范與瀾》,不僅論及琴音樂理,且可與張岱《陶庵夢憶·范與蘭》相佐證,具有珍貴的文獻史料價值。二是抒情言志之作,如《小園偶成》《題小像》等詩,抒發了科場失意之餘的辛酸孤獨。三是咏物詩,如《咏尊》《咏馬》等,爲王思任稱作"如矢破的,鮮雋之中不乏蒼辣",其《庭前牡丹止開三花偶賦》爲病中絶筆,吟咏樸實無華,艷景之中亦見淡淡哀情。四是山水游歷之作,作者縱情山水,途經勝地,多登臨懷古,感懷抒志。卷二《東游雜咏》主要收録江浙地區勝游之作,生動描摹了諸如天姥山、天台山、雁蕩山、天柱峰的秀麗景象,亦具有一定地理文獻價值。

此本鈐"長樂鄭氏藏書之印",爲鄭振鐸舊藏。(顔彦)

紫霞閣文集十三卷存十二卷

明周如錦撰。清鈔本。十三冊。半葉九行,行十九字,無格。

周如錦，字叔文，號大東，山東即墨人。以選貢任通判。讀書過目不忘，爲文汪洋恣肆，千言立就，撰有《紫霞閣文集》。生平事迹參《[同治]即墨縣志》卷九。

此書惟見《[同治]即墨縣志》卷十著録，題八卷本，與該清鈔十三卷本不同。其編刻，據卷首萬曆己丑（十七年，1589）馮舜世《紫霞閣游歷集序》稱：“《游歷集》者，齊山水間人周叔文著也。叔文好博古，喜爲詩。戊子游歷下，間有贈答題寓輒記之。”推斷是集初編在萬曆十六年（1588），且集子似稱“游歷集”，尚未稱“紫霞閣文集”。又據周叔音《書游歷集後》云：“戊子冬，以老慈命召侍養襄陽官舍，抵郊外得識荆馮生……嗣是往來尺牘，間出是詩正生，生心爲許可，不謀而遽以屬梓。既成帙，乃以授余。”推測此年之後不久便刻梓行世，疑即《[同治]即墨縣志》著録的八卷本。此後該集當續有所編，按高出《題紫霞閣紀夢詩草引》云“歲己未春……出所爲《紀夢詩草》者示我”，則明萬曆四十七年（1619）又編入部分詩作，即《紀夢詩草》，而最終形成今所見的十三卷本。周叔文的詩作風格，楊懋科《紀夢詩草跋語》云：“獨吾墨周叔文近以詩鳴，叔文爲詩於世間，所稱風檣陣馬、鯨呿鼇擲者。一切抹殺，化古匠心，索真味於酸鹹之外。其高風遠韵，皆由直尋，并非補假。置之唐李杜集中，當不辨其爲叔文作耳！”詩作在當時比較有影響。

此清鈔本僅存十二卷，即卷一至十二，内容分別是卷一至五爲詩，卷六爲祭文，卷七爲序，卷八至十爲書，卷十一爲書、啓，卷十二爲啓，卷十三爲志銘、考、題跋、題咏、箴銘、引、疏文、説、參語、薦語、策和對聯等。但流傳孤罕，僅國家圖書館有藏，極具版本及文獻價值。（劉明）

携劍集四卷恒西游草一卷

明俞景寅撰。明萬曆刻本。二册。半葉九行，行十八字。白口，四周雙邊。

俞景寅，生卒年不詳，字人伯，浙江餘杭人。據《[嘉慶]餘杭縣志》，俞氏無所不讀，好籌策天下事。選任常州府通判。署權關，有循吏風。後以執法忤權要罷歸。年六十六而卒。

《携劍集》卷前有明萬曆三十二年（1604）劉毅楷書序。序後爲《携劍集目録》。

卷一卷端題“携劍集卷之一”，署“禹杭俞景寅人伯父著”“閩劍黄安國君甫父校”。版心題“携劍集”。《恒西游草》卷前有明萬曆三十一年（1603）張懋忠行書序。卷端題“恒西游草”，署“禹杭俞景寅人伯父著”。版心題“恒西游草”。

據《携劍集》劉毅萬曆三十二年（1604）序，俞氏曾館其家，詩才爲其所賞識，後劉氏“分藩建州，人伯偶以道經見訪，復出其笈内新句若干首”，則《携劍集》所收諸詩作於萬曆三十二年（1604）之前。《中國古籍版刻辭典》“劉毅”條：“明萬曆間山陰人，字建甫。刻印過孫繼皋《孫宗伯集》十卷，其舅季本《龍惕書》一卷。”未知此《携劍集》是否亦劉氏刊刻。《恒西游草》張懋忠萬曆三十一年（1603）序述及“恒西之役”。卷内《秋樸行贈張使君》詩有“恒陽之西秋樸山”句，所謂“恒西”應即“恒陽之西”。序又云“有俞人伯氏來自抵憩兹山百有餘日，而詩草盈把”，《留别張聖標》詩小引云“余與聖標爲文字交舊矣。壬寅冬訪之秋樸山中”，“壬寅”爲萬曆三十年（1602）。可見《恒西游草》集中所收，作於此一二年間。據詩題，景寅與張懋忠多唱和。張懋忠，字聖標，一字念堂，肥鄉（今河北邯鄲）人。以蔭叙錦衣衛官。萬曆十七年（1589）武進士，纍官都督。儒雅好文，爲明代武將中一位少見的較有功力的詩人。

該書二册皆殘缺，《恒西游草》版刻字體有别。上册（卷一）之末《寄寄園歌醉贈姚四》詩殘，下册《携劍集》卷二以《上少宰劉老師三十二韵》始，前有上首詩殘句。下册《恒西游草》卷末之《席上口占送袁叔因文學》詩殘。《携劍集》現存詩近三百首，《恒西游草》存詩十餘首，多題贈友朋之作。卷内有硃、墨筆圈點，行間、葉眉處間有佚名批注，多品評語。如開篇《淑女篇》之“發語淹昔典、吐音成今詩”句旁硃筆批“今詩俗”；《張太學自天目歸訪予横溪館小集見宿得横字二首》“晴湖路轉小溪横，乘興西風不計程”句葉眉墨筆批“極妥”；《中秋偕王舍人俞轉運章孝廉集劉比部宅》“高秋落日驟風雷，粉署邀賓共舉杯”，葉眉墨筆批“起句極好”。據卷端所鈐“潘愚之印”，批注者或爲潘愚，潘氏生平未考出。劉毅序評俞詩云：“泠泠作金石聲逼人，而意閑神淡，又絶不作經生餕餡氣……體加莊語加遒峭，駸駸乎幾於騷雅矣。”（趙愛學）

蜀都賦不分卷

明范櫛撰,明江鎏注。明萬曆刻本。二册。半葉九行,行二十字,小字雙行同。白口,四周單邊,單魚尾。

范櫛(1567—?),字惟蕃,范淶次子,安徽休寧人。邑生。范淶(1538—1614),一字原易,號晞陽。明嘉靖四十三年(1564)舉人,萬曆二年(1574)進士。官至浙江布政司右布政使。萬曆十九年(1591)開始纂修《休寧范氏族譜》,范櫛參與修訂并以顏體字寫版。除外,還參與修訂《典籍便覽》《[萬曆]休寧縣志》等。

此賦前有余寅、程涓序和范櫛引(即自序)。據程氏序中"越壬寅,乃出《蜀都賦》投餘,踰數萬言,則省覲先生明州,踰月而就者"可知,此賦的創作時間當爲壬寅年即萬曆三十年(1602)。此賦篇幅極長,余寅撰《蜀都賦序》末云:"賦凡一萬二千六十三言,并引注又溢其數。余讀之彌晝一百七十七刻乃竟。"除詳述山川形勢、物産風俗、掌故傳説外,對明代萬曆年間蜀中虐政、民衆反抗土官、楊應龍暴亂等情形亦進行了詳細的描寫,可以證史。除部分范櫛自注外,還有江鎏注。

此本爲明萬曆刻本,亦爲范櫛顏體字寫版,文獻價值極高。《中國古籍善本書目》《北京圖書館古籍善本書目》均有著録,但錯將著者録爲"范櫛"。《千頃堂書目》爲區別前人所撰《蜀都賦》而將此賦寫作"范櫛明蜀都賦",中華書局標點本《明史・藝文志》則誤將"范櫛明"標點爲著者,亦誤。(馬琳)

胡伯良集六卷游廬山詩一卷詩説紀事三卷

明胡之驥撰。明萬曆刻本。二册。半葉九行,行十九字,小字雙行同。白口,四周單邊。

胡之驥(1547—?),字伯良,吳郡(今江蘇蘇州)人。父載道,萬曆初因避寇從父徙居楚三十年,與故河內太守朱子得結社稱詩相友善,朱卒後曾校刻其遺草《王屋山人稿》。另刊父遺詩《胡山人詩》,注《江文通詩集》。

卷首有孫羽侯《胡伯良詩集序》,署"萬曆丙辰秋八月友弟華容孫羽侯撰",後有陰文木記“孫羽侯印”“富春山人”，又署“通家後學齊安王封東書”，後有陰文木記“封東”。孫羽侯，字鵬初。萬曆己丑（十七年，1589）進士。選庶吉士，歷禮刑二科給事中。次爲郭士望《胡伯良詩集序》，署“四避畸人郭士望應璜父題”，後有陰文木記“癸卯解元”，陽文木記“甲辰進士”。郭士望，字應璜，蘄水人。萬曆甲辰（三十二年，1604）進士。歷任浙江副使。復次南師仲《之燕稿叙》，署“萬曆癸未仲夏西都南師仲子興甫書”，後有陽文木記“南氏子興”，陰文木記“玄象山長”。南師仲，字子興，渭南人。萬曆乙未進士。官至南京禮部尚書。著有《玄麓堂集》《玄象山館詩草》等。次王同軌《胡伯良詩序》，末署“萬曆辛卯五月五日新安詹濂書”，後有陰文木記“詹氏淑正”。王同軌，字行甫，黃岡人。官江寧縣知縣。著有《耳談》《王行父集》等。次《胡伯良集目録》。卷端題“胡伯良集”，署“明吳郡胡之驥著”。

《胡伯良集》凡六卷，所收詩有四言古、五言古、七言古、五言律、五言排律、七言律、五言絶、七言絶諸體。伯良嘗與諸鉅公游大江南北，多唱和之作，涉及當世知名文人如王同軌、吳國倫、趙南星、余夢麟等。又多悼亡詩，懷朱子得、丘謙、瞿甲等人，讀之涕泣泪下，絶不勝悲，可見明末文壇一衆文人之文學交游活動。

《游廬山詩》一卷，卷首有作者自序《廬山詩記序》，署“萬曆甲寅中秋日吳郡胡之驥伯良甫撰”，後鈐陰文木記“伯良父”“胡之驥印”。次《匡廬游稿目録》。卷端題“游廬山詩”，署“吳郡胡之驥伯良著”。

《游廬山詩》一卷，遇帝王稱號空一字。收五言古詩、五言律詩、五言絶句、七言絶句諸體。據作者自序，可知萬曆癸丑（四十一年，1613）夏秋之季，胡伯良同朱子得同游廬山，此集所作，蓋“爲記以紀其事，賦詩以暢其情”。二人足迹所至，懸崖絶壁、斷碣殘碑，無奇不觀，凡飛雲洞、太平宮、天池寺、五老峰等各處景致多有吟咏，且詩多附小序，即如游記小品，記勝景夾歷、方位、典故、游覽歲時等，具有重要地理文獻價值。詩作中又述及白石上人、恭乾法師、果清禪師等方外之人，感時懷昔，參禪禮佛，即可補其人生平事迹，亦可見作者僧道之交和出世之思。詩集末附王一鳴所作《明處士太形先生墓志銘》，末署“萬曆辛卯八月望日賜同進士出身都察院辦事進士黃岡王一鳴撰”。王一鳴，字子聲，一字伯固，黃岡人。萬曆丙戌（十四年,1586)進士。知太湖、臨漳二縣。善恤民,歲饑,自鬻己産,著有《王一鳴自訂稿》一卷。又有作者所撰《先考太形府君行狀》,詳考其家乘世系,細述其父生平事迹。

《詩説紀事》卷首有叙,署"萬曆丁巳秋八月友弟齊興朱期昌辰翁父序",後鈐陰文木記"朱期昌字辰翁"。朱期昌,字辰翁,浙江上虞人。官户部浙江司主事。善書。後爲《詩説紀事凡例》《詩説紀事目録》。卷端題"詩説紀事",署"吳郡胡之驥伯良著""西都南師仲子興校"。南師仲,字子興,陝西渭南人。萬曆乙未(二十三年,1595)進士。官至南京禮部尚書。著有《玄麓堂集》《玄象山館詩草》等。

《詩説紀事》凡上中下三卷,卷下末葉殘損。此集因詩以紀事,故名曰"詩説紀事",紀事起自嘉靖甲子(四十三年,1564),止於萬曆丙辰(四十四年,1616)。紀事主要有四,一爲古人之事,如《匡衡説詩》《蘇武李陵》等。二爲今人之事,如以畫梅名世之沈小霞、俠士朱期頤、蘄州名士李時珍等,皆有補其人生平事迹。三爲交游,據《[同治]蘇州府志》所記:"(胡之驥)嘗客燕趙,南浮江淮,北出雲中上谷,與諸鉅公游,而瀟湘雲夢猶同堂也。"集中所記即可爲證,述及朱子得、劉介卿、汪南溟、王一鳴、趙南星等當世名公,或情之所感,或詩詞之酬答,或歌咏之慷慨。特别是與朱子得交厚,二人交往多有記録,如同游泰山、廬山等。四爲説詩,自《三百篇》《古詩十九首》至漢魏六朝、盛唐詩章,尤多引《楊升庵集》所載,又論三言、絶句、詩法。

南師仲稱胡伯良詩"刻意古哲,力脱近習"。吳國倫《甔甀洞稿》有《與伯良》詩概括其生平和創作,曰:"年少胡家驥,聞詩自若翁。一寒殊不厭,諸體漸能工。辟地哀王粲,忘年交孔融。游揚總未適,所志在冥鴻。"

此本鈐"濰水陳慕文收藏"印。(顔彦)

我有軒集四卷哀挽詩一卷

明范之默撰。明萬曆四十四年(1616)范之熊刻本。二册。半葉十行,行十八字。白口,左右雙邊。

范之默,字仲宣,號蘭室。幼穎慧,事親孝友,愛諸弟出於至性,十試南闈,弗見録，遂不作用世想。日於別墅中，拈毫選韵，或隨意畫枯木竹石以自娛，客至，輒設酒饌相娛樂。邑中有興除，其大夫必造廬請謁，人以爲文獻所在焉，年六十餘卒。卒後歲餘，南中有李之實者，素無半面交，忽投詩泣吊而去。

之默弟之熊，字仲祥，性淳厚，遇饑寒鰥寡輒振濟之，必得其所。值淮水泛濫，之熊倡議決西堤，使水入湖，東堤獲保，邑中蒙其福。而之熊爲仇家所訐，幾罹重罪僅而得免。

正文前有序兩篇，第一篇未見署名，然篇尾鈐“李氏本寧”“雲中君”等印。據考，李維楨（1547—1626），字本寧，湖廣京山人。又卷端署名有“大泌山人李維楨本寧甫同校”，可知第一篇序爲李維楨所撰。李序交代了集名“我有軒”之義及風格，“仲宣之以軒爲我有，亦寄也……其於詩也亦然……仲宣詩，不拾人餘唾，不依人門户，不徇人嗜好，不羶人評目，内取諸性情，外取諸景物者，無禁出者，無盡藏，天鈞自轉，天籟自鳴，而人不與焉。詩也可名曰‘我有’何以故，非人之有也；可名曰‘非我有’何以故，是天之有也。老子以有無同出異名同謂之……仲宣得是詩而有之，且不自有也。”後又有仲宣友劉繼善序文一篇，劉序撰於萬曆丙辰（四十四年，1616）。

本集爲詩集，按體編排，内容分五七言古近體。詩集前有目録，卷一爲五言律詩、五言古詩、五言絶句，卷二爲七言律詩，卷三爲七言律詩，卷四爲七言絶句、七言古詩。此四卷後有《哀挽詩》一卷，卷前有劉繼善《刻仲宣哀挽詩跋》一篇。（徐慧）

韞璞齋稿一卷燕臺草一卷

明馮珣撰。明鈔本。一册。半葉九行，行十六字。白口，四周雙邊，藍格。

馮珣，字季韞，又字疾庵，馮惟訥之孫。貢生。授長武知縣，升漢中府同知。治吏威嚴，頗有政聲。且愛民如子，民立生祠以祀之。幼綜群籍，以著述自娛，撰有《韞璞齋稿》等。生平事迹參見《［咸豐］青州府志》卷四十五。

此《韞璞齋稿》不見於公私書目著録，惟見方志，如《［咸豐］青州府志》著録。卷端題“韞璞齋稿”，署“齊郡馮珣季韞甫著”。《韞璞齋稿》中有塗改，主要包括兩種情况：其一改字，即將詩作原用字修改爲新的用字，如《孤雁》"孤聲衝落木，隻影帶斜陽"中的"衝"字改爲"來"字；《登沂山二首》"名山一入竟忘歸，薄暮晴嵐覆翠微"中的"入"字改爲"到"字；《山居》"蓬門終日撓，坐久意凄清"中的"撓"字改爲"掩"字；《昭君怨》"漢庭諸將滿，獨事一娥眉"中的"獨"字改爲"何"字等。其二删詩，即在詩題下小注以"删"字，如《秋日山居》《夏日村居》。以上當屬作者自改，可見其修訂痕迹。《燕臺草》也有改字和删詩兩種情况，改字者如《冬夜閨情四首》"羅帳寒生玉漏遲，始知冬夜重相思"句中的"始"字改爲"誰"字等。删詩者如《清明》《即事》《秋夜》《秋雨》《九日》等。此外有的詩篇有題注，交待詩作的事由、涉及的人物等。如《韞璞齋稿》中的《登沂山二首》詩小注稱："時同諸叔送仰芹三叔之任和州，以憲副左遷此官。"又《燕臺草》中的《題袁公鄉賢名宦卷》小注稱："袁，濱州守，維陽人。"

根據《中國古籍善本書目》的著録，國内僅存此部，流傳孤罕，頗具版本及文物價值。（劉明）

青藜齋集二卷洛書樓社草一卷祀岳集一卷孝行始末文稿一卷學行始末文稿一卷

明朱朝瑉撰。明萬曆刻本。六册。半葉六行，行十五字。白口，四周單邊。

朱朝瑉，生卒年不詳，字養明，周定王朱橚七世孫。明成化三年（1467）橚曾孫同鑅始分封上洛。明萬曆三十二年（1604）朝瑉襲封。著有《好我編》二卷、《青藜齋集》二卷、《節宣輯》四卷。

《青藜齋集》乃朝瑉所撰詩集。全書共二卷，上卷爲五言古詩、七言古詩、五言排律、七言排律、五言律詩；下卷爲七言律詩、五言絕句、七言絕句。丁丙《善本書室藏書志》中認爲"其詩頗清麗"。卷前有萬曆三十三年（1605）豐城徐即登序、涿州馮盛明序和滄西張季彦序。此外，此本還合刻有《洛書樓社草》一卷、《祀岳集》一卷、《孝行始末文稿》一卷、《學行始末文稿》一卷，均爲朝瑉所撰。

《中國古籍善本書目》著録，除國家圖書館外，僅南京圖書館有藏。（安延霞）

市隱堂詩草五卷

明朱頤媌撰。明崇禎十四年(1641)朱用溧刻本。六册。半葉九行,行二十字。白口,四周單邊。

朱頤媌,字江亭,明太祖朱元璋第十子魯荒王魯檀之八世孫。著有《市隱堂詩草》五卷、《市隱堂集》六卷等。明王應昌《市隱堂詩草跋》云:"東魯宗侯江亭先生生於世廟末年,越歷凡五朝。當其少壯,正值神宗全盛之時。維時世網正闊,藩禁獨嚴,亂離既未經於其目,名利亦不入於其胸,故得悠游墳典。無論經史子集、神仙佛道諸鴻章,即瑣談雜志、方言小説、詞曲傳奇,無不薈聚而掇拾之。"清陳田《明詩紀事》甲籤卷二下云:"江亭詩音節高亮,史稱鉅野。"

《市隱堂詩草》收朱頤媌詩詞八百多首。首有崇禎十三年(1640)范淑泰叙、繼顏則孔叙。末有崇禎十四年(1641)王應昌跋。目録六卷,卷一爲古樂府,卷二爲五六七言絶句,卷三爲五七言古詩,卷四爲五言律詩、五言排律,卷五、卷六爲七言律詩。正文各卷内容及分卷與目録不合,卷一即目録卷一後半及卷二,卷二即目録卷一前半及卷三,卷三即目録卷四及七言排律,卷四即目録卷五及卷六前半,卷五即目録卷六後半,又目録未收詩、詩餘若干首。版本據目録末鐫"崇禎十四年孟秋吉日皇明九代魯藩知柘城縣事孫朱用溧梓"。《中國古籍善本書目》著録僅國家圖書館收藏。(劉悦)

大業堂詩草十一卷

明朱誼㵐撰。明刻本。四册。半葉八行,行十六字。白口,四周雙邊。

祁承爜《澹生堂藏書目》《明史·藝文志》著録《大業堂詩草》爲五卷。此本十一卷,每卷各有一目。全書卷前有李維楨、鄒迪光、臧懋循和張汝霖所作序言四篇,末有《七子詩叙》一篇。

朱誼㵐,生卒年不詳,字伯聞,《澹生堂藏書目》載其爲王孫。據序言,朱氏當爲朱元璋次子秦愍王朱樉裔孫。明藩王朱樉,封地西安,明洪武三年(1370)封,十一年就藩。傳至十世孫存樞，明崇禎十六年（1643）農民軍攻克西安，降。另，臧懋循序文有言"我明用宗正法困諸藩子弟……今禁少弛……伯聞有子元峻習經生言，屢試高等矣，而伯聞力辭"。

此書收絕句律詩等各體詩歌，共七百三十餘首。詩文內容有送別、游歷、寫景、節令、感懷和祝壽等，多友朋間寄贈之作，如楊修齡、李維文、高正孺諸人。

此書流傳不廣，《中國古籍善本書目》著録，僅國家圖書館有藏。（李慧）

落花詩一卷

明薛岡撰。明崇禎刻本。一册。半葉八行，行十八字。白口，左右雙邊。

薛岡（1561—1641），初字伯起，更字千仞，自號天爵翁，浙江鄞縣（今寧波）人。九歲失怙，依倚外家陸氏，少習舉子業，能詩工文。游迹幾半天下，長期客居北京。雖終身布衣，但爲當時士林所重。

本書前有楊德周《薛千仞先生落花詩序》、陳朝輔《薛千仞先生落花詩序》，末有陸寶、徐之垣、潘訪岳《落花詩評語》及陳勵跋。全書共一卷，收薛岡詩三十首。

楊德周在序中談及千仞先生雖年耄却精力不減當年，并言："陸郡公《落花詩》三十首如園林得春、萬彙昭蘇，爛若雲錦而絕無黏枝剪彩之迹。"千仞先生學識淵博，故楊德周言"余惟世人侈言談，詩如先生之口吻者比比矣，然瞳神如先生者什不三四，腕力如先生者什不一二。此余因先生之口與眼而益服先生之手也，此余因先生之手而益信先生之眼與口也，故爲詳序，先生之咏落花，并造就余之咏落花。"陳勵視薛岡爲六十年太平詞客，此詩集爲薛岡於八十歲集平生自萬曆庚辰年（1580）至崇禎庚辰年（1640）的元旦除夕詩。此集可讓人誦，亦可讓人學，是薛岡畢生學問之體現。

此書曾經陳勵收藏，開篇及跋後鈐"陳勵之印"，末鈐"子相之印""詠橋"印。（宋玥）

二楞庵詩卷一卷

明釋通潤撰。清初刻本。一册。半葉九行，行十九字。白口，左右雙邊，雙魚尾。

通潤（1565—1624），字一雨，俗姓鄭，江蘇洞庭西山人。十四歲入蘇州長壽寺爲僧。後在南京報恩寺雪浪大師座下聽講執侍十餘年。大師圓寂後，通潤移居無錫虞山秋水庵。明萬曆乙卯（四十三年，1615）居鐵山，注疏《楞嚴》《楞伽》二經，并將鐵山改爲“二楞庵”，自稱“二楞主人”。明泰昌壬申（元年，1620）起住華山，天啓甲子住中峰，是年圓寂。通潤注疏了多部佛教著作，如《楞嚴經合輒》《大乘起信論續疏》《成唯識論集解》《妙法蓮華經大竅》《大方廣圓覺修多羅了義經近釋》等。通潤交游廣泛，與鍾惺、文震孟、錢謙益等均有往來。

詩集共收詩二百七十三首詩，古體近體均有，前有其弟子讀徹（字蒼雪）序。潤通之詩有三個顯著的特點：一是生活氣息濃厚，生活所歷皆入詩，有寫景、咏物、送別、酬贈、題畫等。詩人爲僧，其詩作記錄了較多的與僧人朋友的交往，如巢松法師、汰如法師、蓮池戒師等；二是對世事的關注與悲憫，這也與其出家人身份相合，如《南山鹿》以鹿的口吻感慨命運，聲討殺戮，反映了佛教之戒殺生的思想；三是寫景多，詩人所居，多是山川勝景之地，於是詩句也遍是美景，如《夏日山中》《聽泉》等。

書後附有《林侍者》和《佛奴》兩種組詩。《林侍者》共有五十首四言四句詩，每首詩以一種植物爲題，如松、柏、竹、梧，以簡潔精煉的語言勾勒出其特徵。《佛奴》由四十三首四言四句詩組成，描寫“鉢、杖、笠、净瓶”等四十三種佛教法器的特徵。

（彭文芳）

玄對樓巳集七卷

明穆光胤撰。明刻本。四册。半葉九行，行十八字。白口，左右雙邊。

穆光胤（1564—？），字仲裕，穆文熙子，山東東明人。萬曆舉人。官中書舍人。齋名玄對樓。穆文熙（1528—1591），字敬甫，號少春。明嘉靖四十一年（1562）進士。官至廣東副使。

卷前有“焦竑爲仲裕丈題”題字，前當殘缺題名“玄對樓巳集”。次爲董其昌所繪"江南游圖"及題詩并記,後有陳繼儒、鄒迪光、李維楨、朱之蕃、顧起元等題詩。其後有作者穆光胤小像,上有作者自題"時萬曆四十五年,余年五十有四"及吳晃題記,後附張爾葆、董其昌、陳繼儒、李維楨、黃汝亨、嚴澂、汪聖敔像贊。據本書作者小像自題,考其生年爲 1564 年。其後爲《玄對樓巳集目錄》(小字注:丁巳歲)。卷一卷端題"玄對樓巳集卷一(小字注:丁巳歲)",卷一至三卷端署"漆園穆光胤仲裕著""關西許光祚靈長校",卷四至七卷端署"漆園穆光胤仲裕著""濟陽何應瑞聖符校"。

根據卷一卷端題"玄對樓巳集卷一(小字注:丁巳歲)",可知此集爲丁巳年所作。根據卷中作者小像自題及《江南游記》篇題下所注游歷軌迹等,可知明萬曆四十五年丁巳(1617)正月初四,穆氏"以憂居無事,遂決意南游",自東明至無錫,再到諸暨,回紹興,再到杭州、蘇州、松江,返蘇州,再到南京,歷時半年,於六月十七回到東明。吳晃題記云:"仲裕内史來游越中,丰神奕奕,杖履所到,人争覩之容。"江南文壇人物也紛紛題贈,可見穆氏在當時文壇的地位。本集所收即此次游歷江南名勝感而吟咏之作,包括游記十篇,詩二百九十七首。另"附詩二十二首",爲游歷中江南友朋題贈之作。

此本天頭及書口殘破,已經修復。卷一末有缺葉。各卷卷中有個别書葉爲鈔補。

卷内有硃、墨筆圈點。卷四《燕子樓》詩"不見雙雙燕子來"句上葉眉處有全書僅見藍筆批"孤燕何曾有雙"。另,卷一卷端鈐"□可父"印,卷二、四、六卷端鈐"趙鳴廌印"。卷中之批點或出自印主趙鳴廌。(趙愛學)

遠游集十二卷

明汪聖敔撰。明萬曆刻本。二册。半葉九行,行十八字。白口,四周單邊,單魚尾。

汪聖敔,生平不詳,字敬仲,安徽海陽人。生平事迹參于慎行《汪敬仲遠游集序》。

此書未見公私書目及史志等著録，流傳罕見。存世者即此明萬曆刻本，卷端署“海陽汪聖敦敬仲著”“河北張銓平仲選”，知是集經張銓選編。張銓，字平仲，大名人，參政張孔修之子。明萬曆三十二年（1604）進士。授平陽府推官，擢户部主事。嘗集合吳下名士立社課藝，辟齋曰“水雲居”。撰有《五鹿山房集》等，自稱五鹿居士。張銓還出俸禄刊刻此集，卷首有所撰《汪敬仲遠游集引》，云：“蓋殺青之計半銷……余不忍敬仲一片壯心……乃捐三月俸，成此一段因果。”是集之所以名“遠游集”，李維楨序稱“敬仲久游齊魯，而所爲詩遂與齊魯人説詩之旨聲應氣求”。且此集頗受贊譽，于慎行《汪敬仲遠游集序》云：“所爲歌詩數種，清逸渾雅，飄然欲凌雲氣……所自名《遠游集》者……爲古樂府，自郊祀鐃歌下逮吳歈西曲，無不化裁擬議，合變成文，而辭則有所不蹈。”又李維楨序也稱以“各體并工”。

據《中國古籍善本書目》著録，國内僅存此部，屬孤本，極具版本及文獻價值。又書中鈐“博陵彭氏”“彭氏紫筱”“安平彭氏收藏金石書畫印”“詩正而葩”“漁樵滄海歸”諸印，彭紫筱舊藏。（劉明）

一葦集二卷附録一卷

明釋圓復撰。明刻本。一册。半葉八行，行十七字。白口，左右雙邊。

圓復，生卒年不詳，萬曆人，字休遠，鄞縣（今浙江寧波）人。圓復爲鄞縣延慶寺僧人，出身名門，少負聲譽，於佛學頗有所悟，語多機鋒，曾師從萬曆間著名布衣詩人沈明臣。後數十年間尋訪名山古刹，東至普陀，南至天台，足迹遍五岳，游歷頗廣。著有《一葦集》《延壽寺紀略》等。

是書署“病癯圓復休遠著”。卷首有詩社友人汪其俊《刻一葦集小引》，簡述圓復生平及此集付梓始末；又有友人徐乾孝《重刻一葦集序》，叙述重刊增訂此集的過程。此書收録内容多爲圓復在數年間游歷山川五岳之所見、所感。其詩歌風格清新自然，澹遠脱俗，頗有禪意。汪其俊序曰：“非如世之藉筆墨爲津梁者也……意不必律古，無一語不律古。嘻，進乎道矣！意樹發空花，心蓮吐輕馥。”相較於萬曆間已淪爲字剽句竊的復古末流，圓復詩歌所體現的對意境的追求尤爲可貴。徐乾孝序曰："無一似盛唐，無一不似盛唐，清新俊逸，如晴霞臨澗，秀色可餐，明月在松，清光堪掬，其入詩之三昧者乎。"另收有《清旭樓賦》一篇，書後附友人聞龍、社弟陳鏌跋語，圓復《寄何無咎先生書》及明末布衣詩人何白《答休遠上人書》以及圓復與何白的唱和之作《和霞中吟》。

鈐"汪魚亭藏閱書""振綺堂兵燹後收藏書"二印。（王俊雙）

假庵詩草不分卷

明歸昌世撰。明稿本。一冊。半葉十行，行字不等，無格。

歸昌世（1573—1644），字文休，號假庵，江蘇昆山人。明代詩人、書畫家、篆刻家。善草書，兼工印篆，與李柳芳、王志堅合稱昆山三才子。傳世作品有《渭水清風圖》《風竹圖》《竹石圖》《墨竹圖》等，著有自訂詩十卷、雜文百篇，存《假庵詩草》。

《假庵詩草》木質函帙上題"明歸假庵親筆詩稿""錢氏數青草堂珍藏""石園居士題簽"，末有醉升居士郭鳴之清光緒戊子（1888）八月撰跋，謂於清同治三年（1864）秋得此詩稿，定爲自萬曆二十九年辛丑（1601）至天啟四年甲子（1624），即作者二十七歲至五十歲，二十四年中所作詩。此書原爲董其昌（1555—1636）舊物，由清郭鳴之獲得，後歸張石園（1898—1959）藏，并由其製作木質函帙，并題簽。護葉題名"假庵詩草"，下書"昆山歸昌世，字文休，號假庵。此係假庵先生親筆，宜藏之"。詩作始於"丁巳"，止於"壬子"，多記會友賞景、集社敘事，每篇題下均注寫作年，可尋作者行迹。全文素紙草書，滿篇朱墨圈點，多有劃改。

書中鈐"飲翠""金衡""席鳳""董霖印""逸民""郭鳴之"等印。現藏國家圖書館，《中國古籍善本書目》集部 10155 條著錄。（薩仁高娃）

居易子鏗鏗齋外稿續集一卷雜卷一卷

明朱篁撰。明刻本。一冊。半葉九行，行二十二字。白口，四周單邊。

朱篁，字仲修，號振崖，室名鏗鏗齋，長洲（今江蘇蘇州）人。抗倭名將朱紈（1494—1549）之孫。著有《居易齋讀易雜言》《鏗鏗齋易郵》《四書講義》等。

此集所收均爲詩，不以詩體分類，或以創作時間爲次。卷前有小題"淮上吟"，可知爲游歷江淮之作，多記所歷所聞。如《舟過揚州》曰："不是腰纏跨鶴游，揭來書劍向揚州。片帆一路天風起，極目黄河萬里流。"泛舟揚州所見雖非黄河，但此詩氣象仍可稱闊大。又如《長江遇風》曰："片帆東下水如油，驀地風生夜半舟。不是盧敖耽汗漫，直須祖逖誓中流。龍鱗噴薄三千浪，羊角扶摇九萬秋。人世畏途俱若此，馮夷或恐是沙丘。"以江上風浪喻人世浮沉，可略見其胸中丘壑。

朱篁久困科場，此書自序謂"六上公車而蹭蹬尚不一收"。此集所收諸詩，不乏自序所謂"自喻適志"之作。自序又稱："時而感慨，時而咄嚕，時而忻懣，偶觸之而偶發之，我也。即旋發之而旋忘之，我也。意之長短，句之工拙，景况之甘苦，我不得而知也。天乎，我有何怨？人乎，我有何尤？言我所知，不言我所不知。"其人對於詩歌之抒寫自我，頗有獨到見解。但此集所收，酬應篇什爲數不少，蓋游走世間，未能免俗耳。

此書名爲"外稿續集""雜卷"，似另有"正集"；自序題爲"居易稿詩部"，似另有其他部類。然檢《中國古籍總目》等書目，均未見著録，恐已亡佚。（劉波）

緒言四卷

明董斯張撰。明末刻本。二册。半葉十行，行十六字。白口，四周單邊。

董斯張（1587—1628），原名嗣章，字然明，號遐周，又號借庵，明末浙江湖州詩人。監生。耽溺書海，手鈔書達百部。因體弱多病，自稱"瘦居士"。撰有《吹景集》十四卷。

本書前有太原王穉登序。序稱贊道："語纖弱則新柳縈烟矣，語駿逸則朱汗碧蹄矣，語特達則璠璵珪璋矣，語高標則嶧陽孤桐矣，語葩艷則一朵千金矣，語鋒鍔則芙蓉鸊鵜矣，語高華則扶風豪士矣，語凄清則翠袖天寒矣，語悲憤則江潭憔悴矣，語激烈慷慨則三河弋獵五陵裘馬矣。"

全書分爲四卷：卷一《賦騷》收詩四首；卷二《童牙稿》收詩二十五首，《春日雜咏》收詩七首；卷三《客閩稿》收詩一首，《江上雜咏》收詩二十九首；卷四《未焚稿》

收詩五十九首。共計收詩一百二十五首。（張銘）

句曲游稿一卷

明陳魁文撰。明萬曆刻本。一冊。半葉八行，行十八字。白口，四周單邊。

陳魁文，生平不詳，約活動於萬曆至崇禎間，字公車，東海（今江蘇連雲港）人。統觀詩作，陳魁文似未入仕途，久居鄉間，生活較安逸。其著作除《西渼草》外，另有《千頃堂書目》所載《五山小史》。

本書前有萬曆四十二年（1614）著者友弟雄皋章承明序、江東丘義民手書。書有萬曆四十二年（1614）友人楚齊安、秦繼宗序，大泌山人李維楨《陳公車句曲游引》。全書一卷，收錄著者所撰詩四十七篇。卷端署"松寗生陳魁文公車著"。（楊凡）

西渼草一卷

明陳魁文撰。明崇禎刻本。一冊。半葉八行，行十八字。白口，四周單邊，單魚尾。

本書卷首有曹一夔詩集叙，崇禎十年（1637）范鳳翼序以及通家社弟薛寀序。卷端署"東海陳魁文公車著""如皋李士伯彥長閱"。李彥長爲陳魁文好友，二人詩作往還甚多。題名所謂"西渼"爲陳氏家中所築小園。

全書不分卷，范鳳翼序謂其詩曰："所爲詩三百篇體十之三，古樂府體十之五，五七言古詩體十之八，而於近體僅十之一二……尚羊棲遲之作，出之以性情，規之以法度，興趣爲之發端，而理致得之深造。"可見陳魁文仍然崇尚由明中期"前後七子"所提倡的"文必秦漢，詩必盛唐"的文學復古思想。

本書前鈐"貝丘畢際有載積氏之印"，可知此書曾收藏於清初畢際有處。

此書流傳不廣，僅國家圖書館有藏。（杜萌）

瑞雲樓稿□□卷存三卷

明王承勛撰。明刻本。一冊。半葉九行，行十六字。白口，四周雙邊。

王承勛,字叔元,號瑞樓,浙江餘姚人。明王守仁之孫,因祖蔭世襲新建伯爵位。明萬曆二十年(1592)任漕運總兵,總督漕運長達二十年,是明朝最後一任和任職時間最長的漕運總兵。

此本存三卷:卷七至九,皆爲七言律詩。卷七首題"瑞雲樓稿",署"於越王承勛世叔著""赤城黃惟楫説仲校""黃惟棟上仲閲"。黃維楫,字説仲,台州人。明代戲曲家。文有奇思,晚年客游燕趙,名噪公卿。著有《黃説仲詩草》十八卷,傳奇《龍綃記》已佚,僅《月露音》卷三收録《歸夢》一出。黃惟棟,字上仲,黃維楫之兄。博極群書,耻習舉子業。隱居大有山房,焦竑、顧起元、胡應麟等俱有贈詩,與屠隆交尤密,所居多竹,署曰"綠雪齋"。屠隆《鴻苞集》中收録有《綠雪齋》《大有山房》等篇。

王承勛總督漕運二十餘載,詩歌多爲其在巡漕任上的交往酬贈之作,涉及督府劉晉翁、陳寰宇將軍、李肖城將軍、光禄杜繼山、楊廷筠侍御等,從一個側面反映了明末官吏的生存和交往。或記漕運一帶風景名勝,如天妃宫、普應寺等。

胡應麟《少室山房集》評王承勛:"每臨江而横槊,出塞而據鞍,分閫而運籌,登壇而仗鉞,以至留賓西第,乘興南樓,坐嘯霜空,輕裘雪夜,興會所觸,一發於詩歌……揮灑性靈,淘浣風骨……以鴻篇鉅藻驚弇州之座。"(顔彦)

夏叔夏貧居日出言二卷仍園日出言二卷

明夏大疇撰。明刻本。四册。半葉七行,行十八字。白口,四周雙邊,無魚尾。

夏大疇,生卒年不詳,字叔夏,休寧人。天姿豪邁,髫年即負笈游楚,師從江夏賀相國,勵志下帷,岸然以千秋自命。繼而師從張西銘,專研性命之旨。授徒沅澧,廣搜山水奇遇,凡有會心處即浮白揮毫,終日忘返。王季重曾作銘,稱譽夏大疇云:"眼界縱横,氣節宏毅。有樂在中,不求不忮。"生平事迹參《[道光]休寧縣志》卷十四。

此書凡四卷,包括《貧居日出言》《仍園日出言》各兩卷。《貧居日出言》内容有詩、序文、記、書、行述、墓志和祭文等,《仍園日出言》内容則有詩、祭文、壽文、序文和啓等。卷端署"南都夏大寤叔夏父著"。所作詩偶有小序,可藉以窺見作者心態,如《貧居日出言》卷一《秋思十六首》小序曰:"己酉(1609)之秋,予自武林來歸,落落如轅下駒……皆增我抑鬱之懷,縱筆書之,一日成十六首。成之速,故語多不檢。道其真,故意多重複。總之無聊之情,借此以消遣焉耳。"《[道光]休寧縣志》評其詩風云:"所爲詩若文,洋洋灑灑,一抒其胸臆。"此詩小序及詩作可爲此評注脚。此書罕見,流傳稀見,頗具文獻價值。

書中鈐"长乐鄭振鐸西諦藏書""長樂鄭氏藏書之印"兩印,係鄭振鐸舊藏。(劉明)

印可編一卷續編一卷

明詹紹治撰。明崇禎四年(1631)、十七年(1644)詹日昌刻本。半葉九行,行二十字,小字雙行同。白口,四周單邊。

詹紹治,字本修,明末慶源(今江西婺源)人。問石先生侄。問石先生即詹軫光,字君衡,別號問石,慶源人。明萬曆七年(1579)舉人。擢饒州丞,補授寶慶郡守,再知廣西平樂府。軫光著有《陽春別墅錄》《會講百八箴》《自講百八箴》《浮海寓言》《請隱山書》《狂夫言》《白門草》《幾門草》等書。

此本卷首有崇禎辛未(四年,1631)問石先生序以及詹紹治自序,卷末有崇禎甲申(十七年,1644)詹日昌跋。

"印"意爲決定,"印可"即認可、許可的意思。蘇軾《次韵王定國南遷回見寄》"印可聊須答如是",南朝梁簡文帝《答湘東王書》"皇情印可,今便奉行"。

據《印可編》中《序清隱山書後復得二詩呈問石先生印可》《高貴山七咏爲問石先生識》可知,紹治詩得到問石先生肯定。是書有多篇詩文與問石先生相關,如《簡問問石先生》《哭問石先生》等,另附問石先生的詩文《春日喜聞阿治壽母五百字遂爲賦此》一首。《印可編》末有"從孫日昌書於橋西草堂"兩行。

鈐"臣詹淦印""柳源漁者"等印。此本稀見。(劉家平)

素蘭集一卷

明翁孺安撰。清鈔本。一册。半葉八行,行二十字。白口,四周雙邊。

首有馮舒《翁孺安傳》《素蘭集序》《素蘭集目録》。卷端題"素蘭集",署"翁孺安静和著"。末有清嘉慶十四年(1809)陸文標跋,嘉慶二十五年(1820)慧伽生跋。

翁孺安(？—1627),女,字静如,號素蘭,江蘇常熟人。太常少卿翁憲祥之女,顧象泰之妻。翁憲祥,字兆隆,常熟人。萬曆二十年(1592)進士。翁孺安解音律,推律得羽聲。能書,善畫蘭,古詩多學李賀。因嫁不遂志,以蒔蘭種蒲、讀書咏歌、易裝夜游自遣,常令女侍爲胡奴裝,跨駿馬游行。春秋佳日,扁舟自放,遍游吳越山川。其放蕩不羈的事迹在明末流傳甚廣,還被傳奇戲曲搬演。工詩詞。有《素蘭集》《浣花居遺稿》及《漚子》十六篇行世。明天啓七年(1627),因翁氏家族内訌被殺,愛其文者輯其詩文成《素蘭集》。

清徐樹敏等輯《衆香詞》、清周銘輯《林下詞選》、清王昶等輯《明詞綜》均收録其作品。《衆香詞》評《素蘭集》曰:"句效長吉,則牛鬼蛇神,穿天出月,雕戈讒鼎,不足爲其色也。晚則形神俱瘁,荒烟野草,不足爲其悲;雁斷雲迷,不足爲其恨。"

《素蘭集》今僅存鈔本。欄上有批注。

此本鈐"永清朱樫之玖聘藏書之印""宗唐黄氏小松珍藏嘉記"等印。　(李堅)

龍潭集□□卷存十七卷

明龔黄撰。明刻本。八册。半葉八行,行十八字。白口,四周單邊。

龔黄,生卒年不詳,字南華,湖北荆門人。其《神功記》文末落款:"崇禎七年冬十有一月二十有三日塵土下士龔黄稽首三熏而爲之記",則明崇禎七年(1634)龔黄尚在世。其主要活動時間大約在明萬曆至崇禎年間。在祭母文《祖載文》中,龔黄自述:"方總角時,便喜讀先秦兩漢文及三唐有韵之語。一見禹穴汲冢周鼓秦碑奇异奥渺之書,不惜解衣以貿。擁書至萬卷。"雖科舉蹭蹬,"屢奏伎有司,抱璞空悲,不鱗不羽,長爲庶民",但因長於古文詞,頗爲時人稱許,"王公大人,賢能長者,或走幣相迎，或過門憑軾，或禮爲樽前之客，或邀爲幕裏之賓"。從其詩文內容來看，龔黃曾四處游歷，足迹遍及黃淮、湖廣、吳門等地，閱歷非常豐富。

此本收錄龔黃各體詩文。原卷數不詳，存十七卷，即卷四至二十。卷一至三佚失。第一册爲卷四，目錄葉殘缺，正文收五言律詩二百四十九首；第二、三册爲卷五至六，其中卷五收五言排律十七首，卷六收七言律二百零三首；第四册爲卷七至九，其中卷七收七言排律五首，卷八收五言絕句一百二十首，卷九收六言絕句四十首；第五册爲卷十，收七言絕句一百六十四首；第六册爲卷十一、十二，其中卷十一收書序十五篇，卷十二收賀文七篇；第七册爲卷十三至十五，其中卷十三收賑詞七篇，卷十四收記四篇，卷十五收募疏三十篇；第八册爲卷十六至二十，其中卷十六收祭文七篇，卷十七收墓志六篇，卷十八收贊四篇，卷十九收跋七篇，卷二十收雜著五篇。

龔黃詩文不僅體例多樣，而且內容非常豐富，包括寫景狀物、題咏贈別、感時懷古等各類題材。尤其是，龔黃詩文中有不少關於明末史實特別是戰亂的描寫，可補史料之不足。如《西洋國天主像贊》，提及拜訪意大利人利瑪竇一事，可爲史實考證之資；再如《石砫秦夫人提兵重過荆門再賦》《寇去城頭望舊宅》《巴渝兵警四首》等等，真實地反映了明末戰火四起，危機四伏的狀況，可與相關史籍互爲參考，有較高的文獻價值。（尤海燕）

西園續稿二十卷 存十八卷

明彭堯諭撰。明末刻本。八册。半葉八行，行十八字。白口，四周單邊。

彭堯諭，字君宣，一字幼隣，號西園，人稱西園公子，河南人。官南康府通判，又稱別駕。頗擅詩名，著述頗豐。晚年歸家，隱居西園。著有《滄州集》二十卷，《委邱集》二十卷，《西園公子集》二十卷，《韵事綠净》四卷，《詩餘子詞》四卷，《西園經濟綠》十卷，《出山詩文》四卷，《歸田集》四卷，《經書口義》十卷，《廬山詩》十卷，《書牘雜文》二十卷，《小幾司命》二十卷等。

存十八卷，即卷二至十四，卷十六至二十。《西園續稿》卷二卷端署"宗伯董玄宰先生、徵君陳眉公先生審定""東夏棗丘彭堯諭君宣父著"。全書收彭堯諭五言古詩、七言古詩、五言律詩、七言律詩、五言排律、五言絕句、六言絕句、七言絕句，卷二十末還附七首詩餘。其詩詞内容豐富，從唱和贈答、感時傷世、咏史懷古、懷才不遇到紀事、歸隱，題材廣泛，清新綺麗。（陳紅彦）

蔣氏敬日草十二卷外集十二卷

明蔣德璟撰。明崇禎刻隆武元年（1645）續刻本。十二册。半葉九行，行十九字。白口，四周雙邊，單魚尾。

蔣德璟（？—1646），字申葆，一字若椰，號八公，福建晋江人。明天啓二年（1622）進士。選庶吉士，授翰林院編修。崇禎十五年（1642），由禮部右侍郎進禮部尚書兼東閣大學士。十六年（1643），晋太子少保、户部尚書兼文淵閣大學士。參預機務，進《御覽備邊册》《諸邊撫賞册》及《御覽簡明册》等。因屢言鈔法及練餉之弊忤帝意，十七年（1644）罷官歸里。清順治二年（1645），南明隆武帝即位，被召。次年以足疾辭歸，旋卒。著有《愨書》《蘀經》等。

全書正集十二卷，卷一至九爲文章，文體包括奏疏、論説、策問、序記、志銘等，卷十至十二爲古今體詩，包括花磚詩、使淮詩、使還詩、使益詩、還朝詩。外集十二卷，均爲文章，文體包括奏疏、恭紀、揭貼、擬諭等。作者位高權重，深度參與明末重大事件，其詩文起於崇禎初年，終於明隆慶元年（1567），對研究明末清初的社會歷史面貌頗有助益。書前有龍大雲所作引文，認爲“文而不慚之人，非以文重人，以人重文也”。認爲蔣氏人品清華，故其文章自然應被看重。

鈐“慎初堂”等印。（張杰）

黄子録六十六卷存三十七卷

明黄道周撰，清洪思考正，清柯蔭集解。清鈔本。八册。半葉九行，行十八字，小字雙行同。白口，左右雙邊。

黄道周（1585—1646），字幼平，一作幼元，號石齋，福建漳浦人。謚“忠烈”。明思想家、哲學家。明天啓二年（1622）進士。四年（1624）授翰林院編修，爲經筵展書官。明崇禎十年（1637）任少詹事，充經筵日講官。因彈劾權臣、犯顏諫争，貶江西布政司都事，未任返鄉，後爲崇禎帝疑結黨下獄。十四年（1641）謫戍廣西，越年秋復原官，以病歸，居家著述。南明弘光間爲禮部尚書，協理詹事府事。唐王隆武間，任武英殿大學士，堅持抗清，兵敗被俘就義。黄氏學貫古今，尤精易學，從之問業者數千。著述宏富，約四十種、百萬言，主要有《石齋先生經傳九種》《黄漳浦集》等。生平事迹見《明史》卷二百五十五。

本書爲黄氏詩文集，由其門人洪思考正、後學柯蔭集解。卷首洪思序和總目録。卷一至四十五收散文，以文體編次，分類甚繁，有疏、表、箋、揭、策、對、議、狀、論、考、説、詔、制、誥、檄、約、書、帖、序、題詞、書後、記、書事、傳、行狀、碑、碣、墓表、墓志、文，凡三十類，共四百餘篇；卷四十六至五十七收詩，凡五百餘首；卷五十八、五十九、六十收韵文，含騷、賦、頌、贊、箴、銘、祝等；卷六十一至六十六爲雜著。卷六十一爲《解遼環》，卷六十二爲《易象正序例》與《易本象序例》，末三卷爲《懿畜編》。此爲殘本，存三十七卷，爲卷一、卷九、卷十至卷二十二、卷三十四至四十五、卷五十八至六十六，其中常有缺葉，亦不甚完整。卷首洪思序亦缺前若干葉，有尾無首。（謝非）

珵美堂集一卷沙上集一卷

明水佳胤撰。明崇禎刻本。一册。半葉八行，行二十字。白口，四周雙邊。

水佳胤（？—1651），字啓明，號向若，水鄉漠之子，鄞縣（今浙江寧波）人。明天啓壬戌（二年，1622）中進士。歷官監察御史，謫行人，轉儀部郎，督學湖廣。精通典故，熟諳兵法，升任建寧兵備參議。曾奉令平靖白蓮教之亂，活捉了教主王森。又奉令平靖粵寇，以鋭不可擋之勢，肅清六十餘股賊寇。後以左遷歸隱句章，清順治八年（1651）卒於家中。後人爲了紀念他的功德，在薊州建造了水督廟。

本書前半部分爲《珵美堂集》，是水佳胤爲督楚學時所作的雜文，首篇爲自序，後有文十三篇，包括《刻武漢考卷序》《刻黄州考卷序》《珵美堂文》等，内容多與督學事宜相關。後半部分爲《沙上集》，是水佳胤任川粵兵備職時之作，因懷念屈原，故以"沙上"命集名。首篇爲自序,後有文四篇,《逢除夕告司書鬼文》《原蠹魚文》《廣中流一壺》《香醉庵記》。

此書似以公文紙印,鈐"一字尅珊"等印。（成二麗）

雲隱堂文集三十卷詩集十卷附録四卷

明張鏡心撰。清康熙十一年(1672)奉思堂張潛刻本。十二册。半葉十二行,行二十五字。白口,四周雙邊,單魚尾。

張鏡心,字湛虚,又字孝仲,磁州(今河北邯鄲)人。明天啓進士。歷官兵部尚書、左副都御史等職。博極群書,治理多有實績,頗有政聲。生平事迹參見《[雍正]畿輔通志》卷七十五。

此書見於《千頃堂書目》和《傳是樓書目》著録,題"雲隱堂集",均爲三十卷,即文集三十卷。書中卷首有康熙癸丑(1673)魏裔介《大司馬張公雲隱堂集序》,稱:"《雲隱堂集》者,相州張湛虚先生之所著也……先生人品學問最高,文章經濟俱裕,膽識兼長。"集子稱爲"雲隱"的緣由,康熙九年(1670)成克鞏序解釋云:"以'雲隱'稱,庶常之言曰此先君晚年志也。"集子的編與刻,成克鞏序稱:"湛虚先生舊有《孝友堂集奏議》三十卷、書牘十八卷、公移十四卷,詩及序記傳志諸公文不與焉。今庶常君慮卷帙繁重,而後世之失傳也,爲彙而約之,重授之梓,名曰《雲隱堂集》。"推知康熙九年(1670)曾有刻本,且頗受稱譽,如康熙辛亥(1671)堵景濂序稱:"此誠大司馬湛翁先生千古立言之準也……著作可岸然鼎峙千古矣。"此爲康熙十一年(1672)張潛刻本,書首有内扉葉題"奉思堂藏書",故著録爲"奉思堂張潛刻本"。張潛乃張鏡心之子,字尚若。清順治九年(1652)進士。官翰林院庶吉士。卷端即題有"子潛編校"字樣。

據《中國古籍善本書目著録》,國内僅兩三家公藏單位藏有該本,流傳不多,具有重要的版本及文獻價值。（劉明）

香國樓精選夔蠹草□□卷存三卷

明孫徵蘭撰。明天啓崇禎孫隆孫、孫啓賢刻本。三册。半葉八行,行十八字。

白口，四周單邊，單魚尾。

孫徵蘭(1586—1653)，字睡足，又字九畹，自稱睡仙，淇縣(今河南鶴壁)人。補縣儒學弟子員，明萬曆四十三年(1615)考取舉人，明天啓二年(1622)中進士。歷官監察御史、四川布政司參政等職。爲官正直，好直言彈權貴，外調少參。生平事迹參《[雍正]四川通志》卷七。

此書卷首有沈際飛《叙草》云"猶識夫先生之五言矣"，所評孫徵蘭五言詩作風格有"悟語""致語"和"慧語"三種。又云："猶識夫先生之七言矣"，所評七言詩作風格有"了語""麗語""快語""韵語""清語""景語""冷語""壯語""警語""雋語"和"情語"，總爲十一種。又總評云："此皆不盡於選，而皆堪色飛魂絶，卓爍一時，睥睨千古。"又《書孫睡足半日閑草》稱"余讀睡足詩，奇險越异"，也是對其詩作風格的一種評價。卷端署"閩海黃道周石齋父删定"，又署"泰和鄉蕭士偉三峨父勘定"，則是書經黃道周編選，并由蕭士偉校訂。黃道周，字幼平，號石齋，漳浦(今福建漳州)人。天啓二年(1622)進士。改庶吉士，授編修。蕭士瑋，字伯玉，江西泰和人。而此書之刻，沈際飛序云："先生故人劉劍翁以文飾吏，更爲殺青。"知有劉劍翁刻本。而此本爲天啓崇禎間孫隆孫、孫啓賢刻本，卷端署"族侄孫啓賢淡庵父訂梓""男孫隆孫石者父閱梓"。又書中題有"癸亥刊於金臺""庚午梓於凌雲幽刹"諸字樣。

此本罕見書目有著録，流傳稀見，極具版本及文獻價值。(劉明)

半日閑一卷

明孫徵蘭撰。明末刻本。一册。半葉八行，行十六字。白口，四周單邊，無欄。

《半日閑》爲作者天啓甲子年間(1624)在京時詩作，以體排序，含五言律、七言律、七言絶、七言排律，多以觀光賞景、接人待物爲主題，詩風飄逸豪放，意境幽遠，話語間透露"半日閑"之意，如五言律《憩黃華寺》中提："清政我司權，情纏善自牽。鋪筵石備褥，蓋頂樹爭天。心作降塵刹，口爲瀨韵泉。肯將此半日，換世幾千年。"表達亂世中獲得清静的不易與渴望。

本詩集尚存明末刻本、清嘉慶十五年(1810)刻本。明天啓崇禎孫隆孫、孫啓賢刻《香國樓精選草》收録此書,但兩者内容、排序不盡相同。是書前有年弟蕭士瑋跋,與正文字體不同,摹刻"蕭印士瑋"。蕭士瑋,生卒年不詳,字伯玉,江西泰和人。明萬曆四十四年(1616)進士。官行人司行人,因故謫河南布政司知事、光禄寺典簿,後遷評事、禮部主事、吏部主事、南京戸部考功司郎中。明亡後,回到故里,專心著述,著有《春浮園集》十卷、《起信論解》一卷等。扉頁題"睡足子緘餘長物""半日閑",卷端題"淇園睡足幽人孫徵蘭甲子歲老春出都及小春而言旋顛末注身韵史計七七章"。(薩仁高娃)

唧唧吟一卷

明楊承誨撰。明崇禎刻本。一册。半葉八行,行二十字。白口,四周單邊。

楊承誨,生卒年不詳,字起鳳,滏陽(今河北磁縣)人。明天啓元年(1621)進士。素以經史爲人稱道,與李明宇、郭爾照、王耐園、李琢甫、徐省弦、薛廣文、王莽城、李際明等交好。從作者詩作内容來看,人生經歷頗苦,大量詩作充滿辛酸之情,如《苦雨》《感懷》《秋思》等詩歌。感情真摯,時人評價其詩作"逸響清思"。

書名《唧唧吟》,係楊承誨自定,"唧唧'擬蚤蟲之音,以四壁蚤蟲聲"志其夜分之苦也",又以蚤聲唧唧嘆其遭時之艱也。"唧唧"在中國古典文學中有比較特殊的意藴,宋楊誠齋有"不知何怒泄不平凡,不知何喜唧唧吟"。宋代王邁詩中有曰:"促織牆陰唧唧吟,早催衣褐上寒砧。砧聲似助蚤聲切,勾引征夫萬里心。""唧唧"一般帶有寒冷、凄苦之意象。

是書爲楊承誨詩歌作品集,體裁包括五言律詩、五言絶句、七言律詩、七言絶句,約百二十首詩,以七言絶句爲最多。題材主要爲游記感悟、與友人別離、懷古憑吊、風景景物等。其中比較有特色的是《吊馬》一篇,講述作者道經林廬山中,突然遇到河水暴漲,所騎的馬匹隨水而逝,作者十分痛心,連寫《吊馬》《慰馬》兩首詩以吊慰之。詩人安慰自己,説這匹不幸淹死的馬是"龍種原非塵世游",發出"一腔孤墳衝風浪,驚起蛟龍水倒流"的感慨,名爲吊馬,却帶有些許自傷的味道。還有與友人送別的詩作,用句頗爲新穎,如《別李際明》詩云:"今宵清夢知何處,半在君邊半在家"。有些甚至有些乞求的味道,如《都中別李晉明》有"不知射策丹墀後,記得同胞共事麼?"李晉明疑爲李際明之誤。除此以外,還有描繪殿試的詩,他書較少見。詩爲《四月望日廷試》,云:"金堦拜舞千官後,歸極門前翰墨香。"勾畫出作者廷試後興奮不已的神態。

詩集中有《蘇石水太尊生祠》七言絕句一首,詩云:"蘇公德政臨洹渚,七邑塗歌巷更舞。誰昔覆庇擬泰雲,年來濡沐同時雨。喬遷人去思悠悠,蔽芾棠蔭幾度秋。願言開府旌旄建,遍沐天中膏液流。"詩中所提的蘇石水即是蘇茂相。蘇茂相,字宏家,號石水,泉州晉江人。明萬曆辛卯十九年(1591)聯第進士。主政山東,後官至太僕、少傅。楊承誨在詩中體現了百姓對於蘇茂相的崇敬之情。

是書非一時一地完成,陸續收集詩作,最後成書在崇禎以前,前有郭爾照作序,楊俊校定,郭爾照整理刊行。(張偉麗)

餘廉堂集八卷

明吳履中撰。清康熙元年(1662)王元晋刻本。四册。半葉九行,行二十一字。黑口,左右雙邊,單魚尾。

吳履中,字元訥,江蘇金壇人。明天啓五年(1625)進士。授行人,擢監察御史,終户部右侍郎署尚書事。《[康熙]金壇縣志》卷八有傳。

王元晋,字康侯,號雪麓,河北寧晉人。清順治十二年(1655)進士。官至户部山西司郎中。年五十五卒。《[民國]寧晉縣志》卷十有傳。

本書前有清順治十八年(1661)門下士柏鄉魏裔介、康熙元年(1662)寧昌後學王元晋、同邑後學李喬等人序以及吳初所撰《輯言》。王元晋在序中提到編輯此書的原則:"爰采其詩文有裨家國者爲一書,綜其注疏有補經傳者爲一書,特未有以劂剞也。"吳初《輯言》談及此書的出版者曰:"繼藉王雪麓先生捐俸付梓,庶幾不朽。"

此爲吳履中詩文集。全書分爲八卷,按體裁編排:卷一雜言古詩、五言古詩、七言古詩、五言排律、七言排律,卷二五言律詩、七言律詩、五言絕句、七言絕句,卷三賦、序、記、論、策,卷四疏,卷五疏、議,卷六啓、尺牘,卷七雜著,卷八引、傳、跋、狀。
(謝冬榮)

浪吟集二卷疏草一卷方城公尺牘一卷

明曹履泰撰。清康熙刻本。三册。半葉九行,行二十四字。白口,左右雙邊。

曹履泰,字大來,浙江海鹽人。明萬曆三十四年(1606)舉人,明天啓五年
(1625)進士。官同安知縣,擢吏科給事中。因誣下獄,戍嶺南十年,明亡後入閩,南
明唐王時官至兵部右侍郎。兵敗回里,尋卒。《[光緒]海鹽縣志》卷十五有傳。

本書前有明崇禎八年乙亥(1635)梁士濟、魏浣初、魯化龍、陳熙韶、姜一洪等人
序以及曹履泰自序。曹履泰在自序中説明了書名的緣由"世境皆浪也,人生汩汩,
俱在浪中也",又説"閲歷所至,偶有咏歌,聊以托於浪士,而謂之浪吟"。書末有清
康熙四十三年甲申(1704)曹履泰之孫三才跋,詳細叙述刊刻此書的經過,并認爲:
"是集爲中讒被謫時,志其山川游歷及友朋贈答,觸境抒情,無一不本和平温厚之意
而出之文章也。"

《疏草》和《方城公尺牘》都是鈔本。前者收録曹履泰所撰奏疏,主要是其任吏
科給事中時所上;後者收録曹履泰所撰尺牘,收信人多爲曹履泰友朋。書中夾有簽
條,於文字間有校改。(謝冬榮)

迦陵集一卷

明黎遂球撰。明崇禎十七年(1644)四知堂居士鈔本。一册。半葉十一行,行
二十一字,無格。

黎遂球(1602—1646),字美周,廣東番禺人。明天啓七年(1627)舉人。明末
抗清官員,廣東著名詩人。明崇禎十二年(1639),黎遂球赴京會試落榜,遂漫游吴
越之地。翌年到達揚州,恰逢四方名士雲集"影園",以牡丹爲題徵詩,黎即席咏
詩,力壓群英奪魁,被推爲"牡丹狀元"。其後黎遂球回鄉與陳子壯等人重建文學
團體"南園詩社"。明朝傾覆後,黎遂球任南明隆武朝兵部職方司主事,提督廣東

支援贛州，城破殉難，謚"忠愍"。遂球善詩文，工畫山水，繪有《送區啓圖北上山水圖》傳世。

該書爲黎遂球詩文集，其中按格律分賦六首、頌一首、五言古詩十七首、七言古詩十七首、五言律詩四十四首、五言排律四首、七言律詩五十七首、七言排律一首、五言絕句二十六首、六言詩兩首、七言絕句六十九首。此書首有張萱《題辭》、鄧雲霄撰跋，次有崇禎五年（1632）謝長文《序》，卷端署"番禺黎遂球美周著""同社謝長文伯子訂"。卷末有"崇禎歲在閼逢涒灘清和穀旦荻渚四知堂居士録"一行。知此書爲崇禎五年（1632）南園詩社謝長文校訂，崇禎十七年（1644）四知堂居士鈔本。四知堂居士不知其人名氏，此書收黎氏早年間詩文，後皆收入黎氏《蓮鬚閣集》之中。

黎氏之詩多寫與人唱和及山水佳境之景。其詩寫景清麗自然，品論時事則深沉慷慨，俱爲明詩佳作。該本爲是書現存最早版本，鈐"海豐吳氏""四明盧氏抱經樓藏書印"諸印。（賈大偉）

松寥詩一卷

明程嘉燧撰。明天啓冷風臺刻本。一册。半葉八行，行十五字。白口，左右雙邊。

程嘉燧（1565—1643），字孟陽，號松園老人，安徽休寧人。明代畫家、詩人。嘉燧少學科舉未成，遂不仕。他初寓杭州，後僑嘉定，工詩善畫，精通音律，與顧養謙爲友。崇禎年間錢謙益罷免歸鄉，建耦耕堂，嘉燧寓於其中十年。錢謙益尤重其詩，《列朝詩集》載曰："合轍古人，而迥別於近代之俗學者。於是乎王李之雲霧盡掃，後生之心眼一開，其功於斯道甚大，而世或未之知也。"程嘉燧善畫山水兼功寫生，其畫宗元代王蒙、倪瓚之風，人稱"格韵并勝"。著有《松圓浪淘集》十八卷、《松圓偈庵集》二卷、《浙行偶記》一卷、《耦耕堂存稿詩》三卷、《文》二卷。

該書爲程嘉燧詩集，共録其詩一百一十六首。程詩清麗自然，語句沉鬱，詩情頗高。其詩句寫景頗佳,景中寓情,詩詞如畫。其中如"偏知霄漢鴛鸞客,心與江湖白鳥親"之句,曠遠放達,格調清高,爲明詩佳作。程氏之詩多交游唱和之作,其唱和之詩多注明時間、地點,頗具史料價值。該書首有明天啓元年(1621)程嘉燧《松寥詩引》,版心下題"冷風臺",知該本爲天啓冷風臺刻本,亦是該書現存唯一版本。(賈大偉)

太霞集選二十八卷

明杜文焕撰。明天啓刻本。四册。半葉九行,行十八字。白口,左右雙邊。

杜文焕(1560—?),字弢武,或字日章。明萬曆四十三年(1615)擢都督僉事、寧夏總兵官,鎮守延綏,克敵河套,以疾歸。明天啓元年(1621)再鎮延綏,中間領兵赴成都,解奢崇明成都之圍。天啓七年(1627),起鎮寧夏。不久告病歸家。崇禎、弘光年間,杜文焕多得任用,南京失陷後,退往金山衛,不久去世。

杜文焕生卒本無載,本書卷十一有《庚申元旦試筆》一首,言"花甲於今已四旬,壯心銷盡逸情新",可知其生於明嘉靖三十九年(1560)。

本書卷首有大泌山人李維楨撰《太霞集選叙》,又有萬曆四十五年(1617)馮時可叙。卷末有天啓二年(1622)錢希言叙。言杜文焕軍旅生涯,著述不斷,先後將其所著《五岳小隱集》《玉舉十草》《太霞藏草》函寄於錢氏,冀其裁剪成集。錢氏汰去十之四,成《太霞集選》。書共二十八卷,詩詞文書各類兼備。杜文焕身爲武將,征戰四方,能創作詩文已屬難得,而詩以紀事,則可爲史。如《遼警》記努爾哈赤攻遼事,亦是史實寫照。

杜文焕詩集傳世無多,此本爲目前僅見。(杜萌)

玩世齋集十二卷

明華師召撰。明天啓二年(1622)華師召自刻本。二册。半葉八行,行十六字。白口,左右雙邊,單魚尾。

華師召,生卒年不詳,字公保,號忍辱居士,梁溪(今江蘇無錫)人。主要活動時間爲萬曆、天啓間。

本書卷首有天啓二年（1622）華師召自序，指出其作詩不以模擬漢魏盛唐爲準繩，只爲抒發己意。全書共十二卷，按詩歌體裁分卷。卷一爲五言古詩，卷二爲七言古詩，卷三、四爲五言律詩，卷五、六、七爲七言律詩，卷八爲六言律詩，卷九爲五言排律，卷十爲七言排律，卷十一爲五言絕句，卷十二爲七言絕句。古體極少，以五七言近體爲主。内容涉及送別、酬贈、行旅、抒懷、賀壽等，皆是平日生活的寫照。其抒懷詩作情感真摯，可見其心意。如《有感時事信筆漫成一歌》"少年天子坐未央，日月久晦今復光。舉朝拭目望中興，曠官盡補氣發揚"，《辱體鬱鬱不樂而死》"拮據稼穡總堪憐，業爲紅顏半弃捐。知撇田盧惟一死，悔將丘隴至三遷"。

鈐"留薦所寶""長樂鄭氏藏書之印"等印，鄭振鐸西諦舊藏。（杜萌）

釋義美人染甲詩二卷

明孫繼統撰注。明天啓刻本。四冊。半葉十行，行二十字。白口，左右雙邊。

孫繼統，生平肆力於詩作，不樂仕進，原居江東高橋鎮（今上海浦東），後遷居嘉定（今屬上海）。其父孫抬起是明給事中孫浚的後裔，其子孫元化爲一代儒將，曾隨徐光啓和利瑪竇合譯、編寫古希臘數學著作《幾何原本》（前六卷）、協助徐光啓編寫《勾股義》，亦獨立撰有多部科學著作。

本書卷首有孫繼統天啓元年（1621）《染甲律絕叙故》和天啓壬戌（二年，1622）《釋義美人染甲詩小引》，後有沈宏祖序，卷末爲春泓蕭然子《好佞解》和毛仲初跋。全書分上下兩卷，上卷爲律詩，前後共計七十七首；下卷絕句，共計一百五十二首。

毛仲初叙其詩作之由來，序云："友人時聖昭忽爲美人染指甲詩，一時群俊唱和若狂，辱不鄙夷，竟以見示，皆絕句，數亦不甚廣，間有似於賦婦人紅指者，然最後得孫先生續之作，凡七十有七首，皆七言律，更出餘力以和諸君，又一百五十二首，描情畫景，追索無遺，翻空剔奇，搜摹欲盡。"孫繼統強調詩詞的教化作用，《釋義美人染甲詩小引》自謂："詩之貴勸懲也……史以青蓮爲不失頌咏諷刺之道，以白氏爲廣德大教化主，豈取其詞之麗哉，重其意之嚴耳……若'染甲'則色既媚矣，情又柔矣,事復關於香閣矣,尤足當韵士之摹擬,而其言易放,亦全賴通人之斷制,而其法易寬者也。倘徒誇艷冶而爲導淫之詞乎,即詩也,亦兼律絶之罪供耳。倘止借情形而伏龜鑑之案乎,即俚也,亦分唱和之董筆耳。倘剖破疑關而效彤管之箴乎,即注也,亦經講解之内則耳。"此書詩作關於美人染甲,爲閨閣之事,容易流於艷冶導淫之詞,怎樣讓其隱有箴鑒之意,意含教化之功,且看詩作及釋義。既爲"釋義",需博聞强識,正如沈宏祖所贊:"(先生)志氣遒遠,無一事肯猶人,博聞强記,足以達其志而充其氣,故砥行礪名,卓然自樹。"

此書流傳不廣,《中國古籍善本書目》著録僅國家圖書館藏。（田婷婷）

釋義雁字詩二卷

明孫繼統撰注。明天啓刻本。二册。半葉十行,行二十字。白口,四周單邊,單魚尾。

本書前有萬曆四十八年,(1620)孫繼統自叙、明天啓二年(1622)孫繼統復叙、孫繼統《不免求叙箋》、晋昌唐時升《釋義雁字詩序》,末有作者世交沈懷祖《雁字詩注後序》。全書由作者友人毛仲初校并書。

古來詩者多借物抒情,"風騷寓言、莊列比興,每寄之禽蟲,故關鳩鵲巢化以之爲權輿鯤鴻蜩鷽,道以之爲梯筏,雁詩所庄作也"。并且,如撰書者所言,古來詩詞創作多爲作者"興之所至",可貴之處即在於其性情的展露,但這也是爲其詩釋義的難度所在。

此詩集分上、下兩卷,編寫體例以數字排序,一改通常詩集以韵排序的方式。非以好古之名而避俗字,以免弄巧成拙,嚴格避御諱。注釋詳,重複處不予繁述。（崔志賓）

采藍集四卷

明周應辰撰。明天啓三年(1623)李子啓刻本。一册。半葉九行,行十八字。白口,四周單邊。

周應辰(1571—1650)，字斗文，號墨莊、綠莊、農半，浙江鄞縣(今寧波)人。縣學附生，終身未仕。喜漫游，足迹甚廣。著有《兩京集》《六觴》《吉辭》《采藍集》《綠莊詩采》等，多已佚。

書前有鄒元標序、周應辰自叙。自叙解釋書名命名緣由：“命之采藍，以示不盈，并以示不詹，猶有聞道未能之意乎。”可知書名典出《詩經·小雅·采綠》：“終朝采藍，不盈一襜。五日爲期，六日不詹。”

本書以體裁分類：卷一爲四言古詩、古樂府、五言古詩、七言古詩；卷二爲五言律詩、五言排律；卷三爲七言律詩、七言排律；卷四爲五言絶句、六言絶句、七言絶句。詩作多記游抒懷之作，自序謂：“其或分炊桂之餘，興轉蓬之感，□雞情動脉脉然存，鐵馬風聞錚錚焉響，亦略已見於斯。”

内封有紫色戳記：“鄞縣志局收到陳樹珊家《采藍集》一部，計一本四卷，同治七年五月十日自來，書字第百八號。”鈐“鄞縣誌局”白文方印。可知此本原係鄞縣志局徵集所得。（劉波）

亦頹集八卷

明倪大纘撰。明刻本。二册。半葉九行，行二十字。白口，四周單邊，單魚尾。

倪大纘(1556—?)，字嗣成，山陰(今浙江紹興)人。一生科舉不順，籍籍無名，生卒亦無可查，惟據卷二《送大參王公入賀聖旦序》“今天子在宥，凡四十載，於春秋適當五十”，知此時皇帝已登基四十年，年五十歲，明代皇帝中只有萬曆帝符合，因此倪大纘主要活動在萬曆年間。又卷一《乙卯生辰次日吳川同亮倩馬上觀海》一詩，有“花甲忽焉滿，飄零殊可羞”一句，知萬曆乙卯(1615)年，倪大纘年有六十，可推算其生於明嘉靖三十五年(1556)。

倪大纘中年以前以科舉爲目標，然久試不第，遂轉作幕僚。卷一有《萬死一生行》小序言：“朱生亮倩之同游粵中也，凡四年，余既返而生乃以閱歲來……賦此記之。”文曰“戊午孟夏我先驅”，據此詩可知，倪大纘於萬曆四十三年(1615)至四十六年(1618)在廣東游幕。

本書共八卷：卷一爲賦、詩；卷二爲序；卷三引、記、説；卷四論；卷五雜著；卷六啓；卷七書；卷八傳、祭文。卷六、卷七全爲代筆，應是游幕時所作。

書中或於浮簽上、或於文章後增補文字若干，不知是否爲作者本人手筆？間或有朱、墨筆批點。此書刻印字體清朗，葉面整潔，爲明末刻書典型風格。

本書卷端鈐有"长乐鄭振鐸西諦藏書""長樂鄭氏臧書之印"，可知此書曾收藏於鄭振鐸處。此書流傳不廣，僅國家圖書館有藏。（杜萌）

墨華集不分卷

明安舒撰。清稿本。八册。半葉六行，行十四字，無格。

安舒，生平資料極少，明末濟南人。據序言、卷端署名及鈐印，其字號名號頗多，有"静生先生""墨華居士""又安""于仙""隨緣主人"等。

正文前有序四篇，分別是：天啓乙丑（五年，1625）吕成樂題辭一篇，應爲静生《擬古二十首詩》所作題辭，簡要述及静生生平："静生風流，年少工舉子業，初試即冠軍，大有以起人之畏開人之忌，復工韵語。"又對比其擬古詩與三百篇："静生二十首擬古也，逼古也，自我作古也，概未可知。然以三百篇印之，未始不隱，又有合也。觀其思休懿於往古，慨澆薄於當今，内寫紆幽難顯之情，外摹恍惚難狀之景。至於節俠語、曠達語、經濟語、性命語，不憚漏泄，三百篇亦如是而已矣。"題辭篇首鈐"澹寧齋"（當爲吕成樂書齋）"黄直亭藏書記"，篇末鈐"由中""吕成樂印"。第二篇爲大野李整世（字體嚴）《讀擬古詩序》，亦爲静生擬古詩所作，篇末鈐"墨華居士"等印。第三篇爲清康熙三十三年（1694）新城王士禛《讀墨華集書後》，爲王氏爲《墨華集》所作序，曰："静生先生《墨華詩集》燁然爲世珍，余在玉堂時，麟川葛給諫出以相示，莊誦之下，不覺鼓掌擊節，風生兩腋，咽喉中有香積氣，始知静生真静者也。胸藏五庫，腹司百斛，探謫仙之奥，登少陵之堂，璧合珠聯，照映千古。"第四篇爲天啓乙丑（五年，1625）安舒所作《擬古自序》，談及對擬古詩之理解及創作擬古詩之緣由："嗟乎！古詩僅二十首耳，而君臣之義、夫婦之誼、朋友之禮畢具於是，更有讒佞之可嫉，君子之可思，捐弃之可悼，行役之可傷，或宴集、或饋贈、或鍾麗情、或托音訊、或出身行義、或知幾高飛，或當世而立名，或及時而行樂，其間雖興體、比體、賦體之不同，大約皆樂而不至於淫，怨而不至於怒，余乃恍然悟，所以繼三百之響、所以爲制詩之祖者在此也。心有所會，欲形之言，援筆擬之，聊以識吾一段嗜古深心耳，至於所擬之淺陋，正如癡兒摹畫，欲得之皮相而失之神理轉多也。"篇末署名"安舒私識"，鈐"安舒""于仙"印。

正文不分卷，包括八個相對獨立的部分，暫列如下：

《擬古二十首》卷端署名"濟湄安舒又安父著"，鈐"掃塵齋積書記""又安""禮培私印"等印。

《墨華集》卷端署名"濟湄安舒又安父著"，鈐"安舒""又安"印。

《雜體合編》卷端署名"濟水安舒又安父著"，鈐"安舒""于仙"印。

《之齊紀事》卷端署名"濟水安舒著"，鈐"安舒""于仙"印。

《西湖社詩稿》卷端署名"墨華居士安舒著"，鈐"安舒之印"等印，卷末亦有印。

《永言草》卷端署名"墨華居士安舒著"，鈐"安舒""于仙"印。

《風稚補》卷端署名"墨華居士安舒著"，又一册卷端署名"濟水安舒于仙父著"，鈐"安舒""于仙"印。

《删後詩》卷端署名"濟水安舒于仙父著"，鈐"安舒之印""于仙"印。正文前有隨緣主人（安舒）自識《删後詩小引》，篇末鈐"安舒"印。（徐慧）

黎縝之游稿一卷椒花初頌贈言一卷

明黎密撰。明天啓五年（1625）刻本。一册。半葉九行，行十八字。白口，四周單邊。

黎密（1567—？），字縝之，番禺人。天啓舉人。黎密之子爲黎遂球。崇禎舉人。工詩古文，善畫山水。

本書前有天啓五年（1625）歐必元所作序。歐必元（1573—1642），字子建，順德人。明崇禎貢生。能詩文，與陳子壯、黎遂球等修南園舊社，稱"南園十二子"。著有《勾漏草》《羅浮稿》《溪上草》《璩玉齋稿》等。

　　黎縝之所作之詩,以在福建、江西兩地爲主。時間多爲癸亥,即天啓三年(1623)。據《癸亥除日生日寄懷子建伯喬伯子》詩可知其生日,而《甲子元日》詩開篇即言"五十八年今始度",據此可推知其生於明隆慶元年(1567)。《臨汀客舍寄二兄三兄》詩談及其家庭情況。

　　另有黄紹繩訂《椒花初頌贈言》一卷,内容主要爲《奉壽黎縝之六十又一初度叙》。(提娜)

蒹葭什一卷

　　明李桐撰。明天啓六年(1626)李桐自刻本。一册。半葉八行,行十六字。白口,四周單邊。

　　李桐(1598—1646),字封若,號侗庵,浙江鄞縣(今寧波)人。諸生。少孤,以孝稱。甲申之變,抗言當道,請發義旅勤王。次年五月,南京降清,大慟得疾。六月,錢肅樂(1606—1648)於寧波舉義兵抗清,李氏遣二子文昶、文昱從軍。1646年6月,監國魯王兵敗,紹興失守,大哭疾作,遂卒,年方四十九。門人私謚"貞潛"先生。著有《寒香閣戊寅集》《侗庵集》等。

　　前有社友莊學曾《蒹葭什引》謂:"封若稱詩,清真澹宕,有川雲嶺月之姿;蕭疏自然,得魚泳鳥飛之致。同社中分題刻燭,得句成篇,封若其最捷者。李青蓮稱小謝清發,頗近之……封若生平嗜古耽詩,年少翩翩,志輕軒冕,有高人之致。即其於詩,可知蓋其從三百篇楚騷漢風下逮六朝而沿及於開元大曆,諷咏涵濡,故品與詩俱勝時人百倍。"如莊學曾所言,此集取名"蒹葭什",意在"志遠"。

　　卷端書名"蒹葭什"之下注"丙寅"二字,可知此集所收爲李桐天啓六年(1626)詩作。不以體裁分類,所吟咏者,自春夏至秋冬,可知係以創作時間排序。一年間李桐之交游、行旅、感懷,一一見諸筆端。(劉波)

横山草堂詩集十一卷

　　明崔培元撰。明末刻本。二册。半葉九行,行二十字,小字雙行同。白口,四周單邊。

崔培元，生卒年不詳，字辰長，浙江海寧人。明萬曆四十三年（1615）舉人。任安徽青陽縣知縣。史書無傳，生平不詳。

該書爲崔培元詩集，共録其詩三百五十九首。其中五言古詩三十二首，七言古詩五十首，五言律詩一百二十首，五言排律八首，五言絶句五十五首，七言絶句六十九首，雜體古詩三首，四言雜詩十五首，六言詩兩首。崔培元之詩内容豐富，涉及山水、人物、史事等諸多方面。其詩尤長於寫景寓情，其詩寫景高遠磅礴，氣韵生動自然，人、物、景自成一體，渾然天成，頗有大家氣象。其詩《初過五溪登望亭望》："萬叠山中水一灣，孤亭高見九華山。遥知截路難尋處，只在通雲窈窕間。□古有人逃歲月，於今無術許躋攀。勞勞束帶驅官路，不及雙鳧輕往還。"氣韵不凡，情、景、物、事相映，言語樸雅悠遠，爲明詩佳作。

該本無序跋，不知其具體刻印年代，據卷端題著者署"古吳崔培元辰長父著""同社沈藩伯翰父評""男長録嗣長較正"，則該本似爲崔培元父子所刻。從版刻風格看，爲明末刻本。鈐"景韓"諸印。（賈大偉）

綴閑集二卷公孫龍子達辭一卷

明徐濟忠撰。明末刻本。一册。半葉九行，行十九字。白口，左右雙邊。

徐濟忠（1580—1634），字良夫，一字子公，世爲常熟人。自幼喪母，貧苦勤儉，却誦讀不輟，無妄求，無弱志，善古文詞，於書無不窺。少習李何王李之説，長而論歷代之作者。後得疾，幾不治。爲邑諸生，屢試不第，不得志。卒年五十有四。

前有門人馮舒（1593—1645）撰《先師良夫徐先生詩集序》，謂："崇禎七年甲戌二月，良夫徐先生卒。明年乙亥，子守噩、守質撰先生遺詩一百篇、賦兩篇、《公孫龍子達辭》一卷。示其門人上黨馮舒，曰：'先人之生平，惟予知之。其著述，惟子是非之。子盍爲我叙，抑亦先人之志。'舒曰：'昔，孔子做《春秋》，游夏不贊。舒不敏，何敢序先生？'二子固請，鄙不敢辭，僭而序之。"述此詩文集產生及撰序經過。又有飛清居士顧纘詒撰《徐良夫先生〈綴閑集〉小引》。《公孫龍子達辭》前有作者自序,言:"癸酉,放廢屏居鹿城之霞莊,無以寄思生平,無以寄思則病,借《公孫龍子》之艱澀,正如讀書思誤字,亦是一樂。既又爲達其辭,其辭已達者,不復達也。"又附宋謝希深撰《公孫龍子序》。

《綴閑集》二卷,爲作者詩賦集,不分體。卷端署"虞山徐濟忠著""茂苑顧繢詒閱""鹿城門人張敬明、張敬孚,男顧震孫、顧静侯同較"。賦凡二篇,分別爲《揆初賦》《麠賦》。詩作凡七十餘篇,内容多與作者曲折、黯淡的人生有關,如《消魂》曰:"奈何春氣惱王孫,良久開門便掩門。引泪詩文澆白墮,斷腸楊柳對黄昏。"《旅泊》載:"霾重白漫漫,孤舟住急灘。風驕月色苦,夜静水聲寒。"滿腔的凄凉、孤寂。《送子》曰:"臨岐何必問行踪,從古勞薪像轉蓬。不恨相憐少同病,所憐同病獨衰翁。"映射作者疾病纏身、疲憊不堪的心情。《公孫龍子達辭》一卷,全文收録《公孫龍子》"迹府第一""白馬論第二""指物論第三""通變第四""堅白篇第五""名實篇第六",并述作者見解。

現藏國家圖書館,《中國古籍善本書目》集部 10423 條著録。（薩仁高娃）

石民甲戌集□卷 存五卷

明茅元儀撰。明崇禎刻本。一册。半葉八行,行十八字。白口,四周單邊。

茅元儀（1594—1640）,字止生,號石民,又署東海波臣、夢閣主人,歸安（今浙江湖州）人,文學家茅坤之孫。曾任兵部右侍郎楊鎬幕僚,後爲兵部尚書孫承宗重用。崇禎二年（1629）任副總兵,治舟師駐守覺華島,因罪遣戍漳浦,憂憤國事,鬱鬱而終。茅元儀歷時十五年輯成《武備志》,收録歷代兵家、術數之書二千餘種,對後世影響較爲深遠。

《石民甲戌集》爲其於崇禎七年（甲戌,1634）在江浙所作,内容以友朋酬唱爲主。原書卷數不詳,現存卷一至五,書前有著者自序,共計收録一百三十餘首詩。

茅元儀是仕宦後代,性格豪放且好交游,加之豐富人生經歷,故結交朋友衆多。如,與王思任（字季重）有《送王季重備兵九江》（卷一）,與余大成（字集生）有《送余集生中丞成粤》（卷二）等等。（孫恒）

鍾山獻續一卷再續二卷三續二卷

明楊宛撰。明崇禎四至八年（1631—1635）茅氏玄稺居刻本。二册。半葉七行，行十六字。白口，四周雙邊。

楊宛（？—1644），字宛叔、又字宛若，金陵名妓，能詩有麗句，善草書，寫蘭石頗具清妍饒韵。嫁與茅元儀，後卒於明末亂世，撰有《鍾山獻》等。《列朝詩集·閏集》卷四有小傳。

此書凡五卷。《鍾山獻續》一卷，首有辛未（1631）茅元儀《鍾山獻續序》，稱："歲在丁卯，瑙禍方沸，余殆有隱心焉，乃爲叙内子詩刻之。"次《鍾山獻續目》。《鍾山獻續》卷端題"鍾山獻續"，次行低六格署"鍾山女子楊宛宛叔著"。《再續》二卷，有茅元儀序，云："《鍾山獻再續》者，余自閩戍歸，簡内子篋中詩而付諸木者也。"并稱詩作之言："倍離索幽切，然鮮潤流利似亦倍之。"《三續》二卷，首亦有茅元儀序，云："余爲内子叙《鍾山獻》，一而續，續而再，再而三。今歲在乙亥，三續其刻，復爲叙之。"知該書均由楊宛之夫茅元儀編刻。書中版心下鐫"玄稺居"字樣，"玄稺居"乃茅元儀齋號，且自號玄稺居士。編刻自崇禎四年（1631）起，至崇禎八年（1635）止，凡歷五年之久。而之所以將此書稱爲"鍾山獻"，《［同治］湖州府志》云："鍾山有女，獻今之刻亦鍾山女子，獻之天下以及後世者也，因名'鍾山獻'。"該書流傳較爲罕見，《八千卷樓書目》著録《鍾山獻》四卷，又《［同治］湖州府志》著録《楊宛鍾山獻》四卷《續》《再續》八卷，皆與此本不同。

書中鈐"計曦伯家珍藏""曦伯珍賞""守璧齋藏書"諸印，清計光炘舊藏。《三續》卷下末有"癸亥雙星渡河日竹生讀一過"朱筆題記，"竹生"即計光炘。（劉明）

黄夫人卧月軒稿六卷續刻一卷

明顧若璞撰。清順治八年（1651）黄燦、黄煒卧月軒刻本。半葉九行，行十九字。白口，左右雙邊。

顧若璞（1592—1681），字和知，浙江錢塘人。晚明上林署丞顧友白之女，同邑貢生黄東生茂梧妻。其夫早亡,寡居六十載,以賢孝聞。生性聰慧,幼承家學。好讀書,自經史百家及本朝典故,無不貫通。爲明清之際杭州女性詩人之冠,并推動清初杭州地區女性文學團體"蕉園詩社"的形成。賴其教導,其兩子及孫均彬彬有文,黄氏四世,皆有文明,乃顧氏之能。著有《卧月軒稿》,又名《嘯餘吟稿》。

　　版心上刻"黄夫人集",下刻"卧月軒",卷端署"武林士人黄茂梧内子顧若璞著"。卷首序跋依次爲:海昌吴本泰(藥師)《刻集紀言》《黄夫人卧月軒合集序》,鈐"吴本泰印";寓林門生馬調元序;顧氏之弟顧若群題跋、序;顧若璞自序,鈐"若璞""黄顧""卧月軒"印。另録《五快堂香閨秀句集》中力墨子包鴻嘉所題小序。自序載曰:"題曰'卧月軒稿',卧月軒者,夫子所嘗憩息,志思也。"

　　此集定稿前,顧氏屢有所作,隨之集綴,并未刊行。據吴本泰《刻集紀言》曰:"黄夫人所著《卧月軒稿》,余既以燦、煒二子請,手加删選評次而弁其端矣。今年夏六月,夫人六十帨旦,二子圖所以壽母者。"可知逢顧氏六十大壽,二子黄燦、黄煒爲賀母親壽辰,將顧氏詩文集呈吴本泰,請爲删定并作序。

　　卷一至四爲詩集,卷五、卷六爲文。有些詩作題名下有釋題,墨筆句讀,行文間亦有旁注。所録作品以時間爲序,卷一萬曆辛亥(三十九年,1611)至戊午(四十六年,1618),卷二萬曆己未(四十七年,1619)至天啓丁卯(七年,1627),卷三崇禎戊辰(元年,1628)至甲戌(七年,1634),卷四崇禎乙亥(八年,1635)至魯監國庚寅(五年,1650),卷五卷六未標明年代。顧氏詩詞主題以感時傷懷、深閨愁緒、游記等爲主題,凸顯了女性詩人的情致,文辭別致清婉。體裁有律詩、絶句、詞、古體詩等,以絶句爲多。顧氏於萬曆四十八年(1619)喪夫,孀居六十載,其情感變化亦體現在詩作中,喪夫前多爲傳統主題的閨思詩,行文閑適淡然。身份轉變爲孀婦後,詩詞主題多涉及喪夫之痛、空閨獨守等,加之其晚年家庭之變,親眷亡故,其文辭凄迷哀婉,多爲悼亡、追憶詩作,并含多帙頌佛經作品,可見其心境之變化。所録顧氏之文,包含傳記、行狀、題贈文、游記、示子文、壽辭、墓表、墓志銘等。續刻一卷分别録顧氏文若干及吴本泰《黄女童真現化記》、顧若群《武林黄氏童女智生髮塔記》、陸鈁《紀异》各一篇,後有顧氏宗侄家舒跋文一篇。

王漁洋《池北偶談》云："武林黃夫人顧氏,名若璞,所著《臥月軒》文集,多經濟大篇,有西京氣格。常與婦女宴坐,則講究河槽、屯田、馬政、邊備諸大計。"對顧氏評價甚高,視其"巾幗奇人"。

胡文楷《歷代婦女著作考》記曰："順治八年辛卯刊本……其原本在清初已罕流通,陳其年、劉雲份、王啓淑均未見。"(戴季)

文几山人集四卷附錄一卷

清曹臣撰。清康熙三十五年(1696)曹度帶存堂刻本。一冊。半葉十行,行二十一字。黑口,左右雙邊。

曹臣(1583—1647),字野臣,又字蓋之,安徽歙縣人。以其歸隱之地高似文案自稱"文几山人",隱世獨立,生平不詳。所撰《舌華錄》存目于《清史稿》,著錄於《四庫全書總目提要》;另有《蛙音稿》等書存世。帶存堂爲曹度書塾。曹度,生於明末清初,卒年不詳。字正則,號壘耻民、越北退夫,浙江崇德人。事迹參見《[光緒]嘉興府志》等。遁居村野,閉門著書。有《帶存堂集》傳世。

是書分四卷,附錄一卷。附錄列於卷首,所錄或爲李維楨、袁中道等人所記序跋,或爲王醇等記與曹臣交往之事,多爲曹度從他書所輯。卷一爲《蛙音稿》,《蛙音稿》爲曹臣詩文集,所記皆爲游歷、交游之事,體例多樣。卷二爲《鬼訂》,收錄七言詩,内容多爲關心民間疾苦、追悼友人。卷三爲《游囊》,收錄四篇游記,記錄了作者游覽新安江、落石、洗泉和黃山的經歷。最後一卷爲《搜玉集》,收錄游記三篇,分別爲《登岱記》《游靈岩記》《游黃華洞記》;又收錄疏三篇,多於佛事相關,另有《汪烈婦李氏墓志銘》一篇。曹臣其人,相關記錄較少,《文几山人集》是較爲詳盡的史料。

書中鈐"傅增湘讀書"印,當爲傅增湘舊藏。(朱婷婷)

剩草一卷

明楊宣撰。明崇禎六年(1633)楊宣自刻本。一冊。半葉八行,行十八字。白口,四周單邊。

楊宣,生卒年不詳,約活動於明崇禎時,九華人。據卷首楊宣《自鳴》後鈐"不宣氏"推測,楊宣,字不宣。

本書卷首有崇禎癸酉(六年,1633)東莞王應華題以及楊宣《自鳴》一篇。楊宣自謂:"不佞游天下,眼日富而囊日貧。倦羽西還,笥中止剩殘詩半帙。噫嘻! 遇奇際勝快事也,亦蕩機也,因刻此以語諸好游者,是謂剩草。"指出書名由來。

全書分五言古詩、七言律詩、五言絶句和七言絶句,多紀游、咏物之詩及贈友人之作。

楊宣《自鳴》篇後鈐"楊宣之印"白文方印和"不宣氏"朱文方印各一枚。

此書流傳不廣,《中國古籍善本書目》僅著録國家圖書館藏。　(田婷婷)

敬民堂小集三卷

明蔡邦俊撰。明崇禎刻本。一册。半葉九行,行十八字。白口,四周單邊。

蔡邦俊,生卒年不詳。據清各朝《[乾隆]福建通志》《[乾隆]泉州府志》《[道光]晉江縣志》《[光緒]撫州府志》等可知,蔡邦俊爲福建晉江人。明崇禎戊辰(元年,1628)進士。崇禎四年(1631)任撫州知府。於任中修《[崇禎]撫州府志》,撰《[崇禎]撫州府志》前序,卒於任。

本集略可分爲三部分,卷端題"敬民堂小集",署"温陵蔡邦俊師伯甫著""男蔡光擘東汝甫編次",第一部分首篇爲《敬民堂記》,記叙作者上任之所垣宇荆棘、堂舍傾圮,進而由"敬民"之義論及堂舍修葺,曰:"爰搜湖中費,庀材鳩工,略加修葺,計凡三閲月告成。東偏西廡,焕然改觀。而扁其堂曰'敬民',使知民瘼之不可忽,圖籍之不可玩。重是民,重是官,而因以重是堂,斯則區區飲水受命之意焉爾。敬勒堂左,用識歲月。"由此亦可瞭解此集署名之來源。

正文第一部分爲文,體裁包括記、序、説等;第二部分爲詩,詩體包括五言排律、五言古、五言律、七言律、七言古、七言絶等,未完全按體編排;第三部分是各種對聯等,《敬民堂聯》其一曰:"似湖斯清,臣心政欲如水;惟民爲貴,户口敬獻於王。"小

集中多有廉政爲民、勤政爲民的内容。（徐慧）

萬里吟二卷

明冒起宗撰。明末刻本。二册。半葉六行，行十六字。白口，四周單邊，無格。

冒起宗（1590—1654），字宗起，號嵩少，江蘇揚州人。與其子冒辟疆爲揚州如皋冒氏代表人物。起宗生而豐頤偉岸，舉止英邁，記誦异常。十七歲補博士弟子員。制舉文章常常在同輩中拔得頭籌。明萬曆四十六年（1618）舉於鄉，崇禎元年（1628）與史可法爲同科進士。起宗由科舉入仕，中進士當年便授行人司行人，負責到地方頒布詔書、出使國外等。崇禎六年（1633）升考功司郎中，崇禎七年（1634）爲山東充西僉事，崇禎十二年（1639）起備兵嶺西，以卓异聞，旋調湖南衡永参議。崇禎十四年（1641）張獻忠破襄陽，再調襄陽監軍。崇禎十七年（1643）起副使督上漕儲。起宗爲官主要在軍事方面，能盡心吏事，有御軍謀略，然因不諳官場世故人情，故仕途生涯起伏跌宕，經歷明末戰火後，起宗回歸鄉里，築小齋，日坐卧其中，著書立説，寄情田園。有《萬里吟》《馭交記》等著作存世。

是書所録冒起宗詩，可分送别、懷人、咏物、懷古等諸類。送别詩在本集中占有相當的分量，多爲仕宦期間與友人的贈别之作，如《咏報國寺松寄别李徂徠》《曹彙然孝廉雨中餞别》等。懷人詩主要表達自己對官場友人的深厚情誼，如《武林病次懷佘仲容》，詩云：“漠漠湖天暮，凌寒事遠征。迴腸隨岸轉，病骨學雲輕。漁唱空山答，猿啼旅夢清。同心吾共爾，千里遞縈情。”表達了雖與友人相隔千里却异地同心的友誼，此類詩歌還有《冬日寄懷公變處沖兩兄》《懷海陵宮鷟鄰昭陽李心水年丈》《過嚴陵寄汪無際同門於壽昌》等。咏物詩則表達了作者對自然美景的喜愛，又蘊含了忘我自適的豁達，如《下清源山》：“竟日耽幽賞，迴車近夕陽。主賓情競美，詩酒興俱狂。徑曲疑山轉，雲歸覺鳥忙。最憐分袂速，指顧束輕裝。”在“山轉”“鳥忙”中體現了自己的詩興、酒興，此類詩歌還有《登嶧山》《登嶧山絶頂》《惠山池亭避熱》《清源山晚眺》《咏山間白茶花》等。《桐城懷古》《孟嘗君養士處》《留侯冢》《莊子觀魚處》《歐陽石室》等咏史詩表達了詩人對歷史遺迹的吊古咏懷，感嘆歷史的更替流變。冒氏還有些詩作表達了對時事的關心,如《聞婁岐山參戎出鎮大同》,詩云:"今日雲中虜,披猖异昔時。鴟張殘内地,蠶食并諸夷。聖主勤三接,將軍統六師。胡塵堪即滅,斗印肘間垂。"言辭之間表達了作者對北方戰事的關注,此類詩歌又有《聞海上捷音》《再寄大同婁岐山元戎》等。總體來講冒宗起的詩歌内容充實,關注現實,有爲而作,在情感上反映内心,情辭勝理,豁達通脱,深受明末虞山詩派的影響。(宋凱)

葛坡草堂集四卷

明韓國植撰。明崇禎刻本。半葉九行,行十九字。白口,四周單邊。

韓國植,生卒年不詳,字君維,陝西涇陽人。明萬曆四十年(1612)舉人,崇禎元年(1628)進士。歷官至四川成都府知府。書中紀事至甲申(崇禎十七年,1644)。

是書前有黄起有叙和崇禎十四年(1641)韓國植自叙,序稱自壬申(崇禎五年,1632)游北平起,轉任潞陽、淮海、荆巴以至成都各官署,"在刑言刑……在漕言漕……在餉言餉,今來守成都則在府言府",所言皆發自性情,故詩集名爲"十載我言",取立言不朽之意。凡分四卷,《十載我言》一卷,末附小令八首;《續我言》一卷,收詩數十首;《江南詩》一卷,爲退居杭州時作品;《笥存稿》一卷,爲雜稿九篇并附《創建北平小學記》一篇。其詩以流連景物、懷古抒情爲多,間有托寄賓疇、贈答之作。有"避寇"詩若干題,如《驚聞寇入關西》《聞賊犯西安城》,咏明末農民起義。

此書傳本極稀見,明清藏書目録中絶少著録,今僅國家圖書館收藏一部。(樊長遠)

退思堂集十二卷

明李陳玉撰。明崇禎刻本。十二册。半葉八行,行十八字。白口,四周單邊,無直格。

李陳玉,生卒年不詳,原名陳玉書,後改李陳玉,字石守,號謙庵,自署方外道人,江西吉水人。明天啓甲子(四年,1624)舉於鄉榜,崇禎七年(1634)進士。授嘉善令邑。爲民興利除弊，多异政。擢儀制，主事召對，稱爲儒林循吏，擢監察御史，不避權貴，卒入祀鄉賢祠。著有《三易大傳》《臺中疏稿》等。

卷首有錢士升《退思堂集叙》，署"年家治生錢士升頓首撰"。錢士升，字抑之，號御冷，晚號塞庵，嘉善（今浙江嘉興）人。萬曆四十四年（1616）殿試第一。授翰林院修撰，纍官禮部尚書兼東閣大學士。著有《南宋書》《遜國逸書》等。次序，署"通家治生曹勛書於未有居"。曹勛，字允大，號峨雪。崇禎元年（1628）會試第一。授庶吉士，歷官禮部侍郎。著有《易説》《東千集》等。次李陳玉叙，署"丙子長至前九日嘉善令李陳玉自題"。後爲《删訂退思堂目録全目》。全書包括令書、令記、述職言、文告、申參、批記、讞語、奏牘、雜文諸體。

《令書》前有《令書自叙》，署"丁丑七夕後十日嘉善令李陳玉自記"。次《退思堂集令書内篇目録》。卷端署"西平李陳玉石守甫著"。《令記》前有《令記自叙》，署"古雪道人李陳玉自叙"。《述職》前有《述職言小引》，版心題"考滿事迹册引"，署"丁丑天中前十日嘉善令西平李陳玉焚香自題"。次《册目》，凡二十九條。卷端題"述職言"，署"嘉善令李陳玉自記"，卷末附"事迹摘略"。《退思堂焚香日録》署"吉陽李陳玉石守甫日記"。《雜文》署"吉陽李陳玉石守父著"，後附詩。

錢士升贊其文："文告温而勵，申參詳而莊，批決簡而風，爰書明而恕，奏牘質而文。"文中有朱筆圈點。（顔彦）

妙遠堂詩三集一卷閩游草一卷

明王翽撰。清初王自超鈔本。一册。半葉十行，行二十二至二十三字。白口，四周單邊。

王翽（？—1668），字子安，別號遁納，或云名予，字予安，別署菌閣主人，浙江紹興人。曾入遼東袁崇焕幕府，明亡後出家爲僧，因隱居於紹興雲門寺，與同郡祁豸佳、董瑒、王雨謙、陳洪綬、王作霖、羅坤等人并稱"雲門十才子"。與抗清名士黎遂球、梁稷友善。又曾收留青年屈大均，托付其收藏的袁崇焕疏稿及他人爲袁訟冤疏稿，囑其作《袁大司馬傳》爲申其冤。清康熙七年（1668）死於西北邊地，屈大均聞之,作《王予安先生哀辭》。著有《匪石堂詩》三十二卷等。

本書爲作者未刊著作,由其子王自超鈔録。《妙遠堂詩三集》收各體詩七十八首,《閩游草》收詩一百一十四首(其中《喝水崖》一首有目無篇),亦各體兼備。《妙遠堂詩三集》卷首題"戊寅",即崇禎十一年(1638),集中皆游歷杭州所作;《閩游草》卷首題"己卯",即崇禎十二年(1639),所收詩爲自杭州至福建多地游歷所作。是二集之詩,寫山水風光、名勝古迹,清新秀麗、閑情悠然。《飲酒》一組十九首,仿陶淵明,尤有特色。本書與《匪石堂詩》爲作者可考的僅存著作,且均未曾刊刻,爲明遺民研究之稀有史料。書葉略有殘損處已經修裱。書衣題記署"道光甲辰三月西園樵民"。背面書葉有殘,題"己亥七月朔十日石叟記於匪石堂"。卷首鈐"王麐"印。末葉有殘但内容似全。墨筆鈔寫,多有塗改,據墨色似非一時一次所改;朱筆圈點間有塗改。稿紙版心印"茜閣鈔"。(謝非)

曹子玉詩集十卷

明曹玑撰。明末刻本。四册。半葉六行,每行十五字。白口,左右雙邊。

曹玑,生卒年不詳,字子玉,一説號蘭皋,江蘇江陰人。天啓四年(1624)中舉人,崇禎丁丑(1637)進士,與陳子龍同榜。官至户部侍郎。明晚期曾組蘭皋社,原有《蘭皋吟》傳世,後失傳,今有《自娱集》《碎琴集》等十集傳世。曹玑平生交游甚廣,與王鐸、葉培恕、文震亨等人組詩社,與王鐸最相親。與袁宏道交好,彼此唱和。明清變革之際,曹玑全力營救抗清義士黄毓祺,導致家道中落,避禍隱居,竟抑鬱而終,詩集多禁毁,流傳於世者,極爲罕見。曹玑所作之詩多爲交游、行迹、感懷人生等。《倚聲初集》收其詩《閨怨》,云:"朝上江樓望,暮上江樓望。空漾鏡中波,千帆樓下過。總是王孫友,各有閨中婦。憔悴獨余殘,羅衣懶試單。"情感沉鬱,用以自況。貢修齡撰《斗酒堂集》中有《送曹子玉下第東歸》,詩云:"江南三月鶯亂飛,游子翩翩策馬歸。到處溪山縱吟眺,絶勝香映染人衣。"表現出青年士子的朝氣。

《曹子玉詩集》第一册收《自娱集》《天許集》二種。《自娱集》由李令晳訂正,前有王鐸所作序。王鐸,字覺斯。明末著名書畫家,與董其昌齊名,係曹玑社友兼好友。序中稱："詩百物之精也，天地之聚而一代政治之鍾也。"他和黃裳都認爲詩需"溫厚爲命"，且寄托作者的政治抱負。又有李令晢序。李令晢稱自己與子玉論詩與他人不同，他人以論論，李曹二人以不論論，他評價曹子玉《自娛集》窮亦工，不窮亦工。此集收詩約五十首，多爲七言律詩，亦有五言律詩，題材爲與友人送別、祝壽等。最爲奪目者乃是《小齋坐雨次袁石公山居韵》八首，其三爲："收拾林泉意，恬余卧起情。一竿紅日穩，數卷道書輕。曙鳥多周折，山花失姓名。不知身世外，車馬爲誰行。"十分切合山居之題，淡雅自然，表現出詩人超然自邁的情懷。後有黃裳一長跋："此曹子玉詩傳世絶罕，諸家藏目無以之著録者，禁網雖密，亦不收此，知刻本清初即已鮮存矣。"《自娛集》王序下鈐"夢雨齋圖書記""黃裳臧本"等印，李序下鈐"裳讀"印，卷首鈐有"黃裳臧本""黃裳青囊文苑""黃裳藏鑒賞印""來燕榭"等印，黃裳跋下鈐印"小雁"。

《天許集》由劉若宰訂正。劉若宰，號退齋，四川中江人。前有徐遵湯作序，徐爲曹子玉舅氏。曹子玉認爲"天之以閑許我"，故將詩集定名爲"天許"。此集收詩七十餘首，題材多爲與友人交往，如賀升遷、離別等，還有參加詩社諸作。體裁爲五言排律、五言絶句、七言絶句、七言律詩等。此集中即有令黃裳頗爲驚訝的《出白門却寄顧眉生》，詩云："客久須忘世，愁來恐未然。友思前哲善，纔嘆美人憐。醒醉誰堪老，悲歡一餉全。斷烟荒草色，成就別離天。"更有《白門大社分得相逢行》一首，可見當時文人亦在聲色之場結社，顧眉生與曹子玉之間的交往成爲文壇一段軼事。《天許集》徐序下鈐印"來燕榭珍藏記"，卷首鈐有"黃裳臧本"印。

第二册收《清嘯集》《珠塵集》《碎琴集》三種。《清嘯集》由王鐸訂正。前有王鐸、杜詔先所作之序。王鐸序是一首五言長詩，回顧了與曹子玉在詩社唱和的情形，贊賞曹的杰出才華，結尾"勿謂語迂疏，脉脉復何言"寫出二人之間的深厚情誼。杜詔先爲曹玘詩社盟侄，屬晚一輩，曾伴游澄江、虎丘之地。此集收詩三十餘首，其中《議城守告守土者》《募士》《周大司空援兵至》《虜圍》《圍解》等詩詳細生動地描述了曹子玉守城的經過，具有一定的史料價值。王序下鈐有"黃裳青囊文苑""來燕榭珍臧記""黃裳臧本"等印。杜序下鈐有"黃裳容氏琭臧圖籍",卷首鈐有"草草亭藏書記""裳讀""容家書庫""黃裳臧本"諸印。

《珠塵集》由陳函輝訂正。陳函輝,字木叔,浙江臨海人。此集收詩三十餘首,多抒懷之作。明崇禎元年(1628)除夕、元旦,崇禎二年(1629)除夕、元旦俱有詩作。中有偈語若干,其中"爾非倦歸鳥,乃向深岩息",頗有自況之意。《珠塵集》卷首鈐印"黃裳臧本"。

《碎琴集》由葉行可訂正。葉行可,字腴仙。前有葉培恕所作序。此集收詩二十余首,《閨怨》即在此集中。書後有黃裳墨筆舊跋一則,又有朱筆新跋一則。舊跋講述黃棠得書經過和此本之珍貴,云:"此蘭皋曹玑所撰詩集十種,刊刻至精而傳本絕少。諸家藏目俱不見著録。余今日覓於市肆,嘆爲异書,即挾之而歸……庚寅十月初六日黃裳。"新跋云:"癸巳立春後一日重讀,距初獲此逾二年矣。黃裳。"《碎琴集》葉序下鈐印"黃裳瀏覽所及",卷首鈐印"黃裳百嘉",黃跋下鈐"黃裳"印兩方。

第三册收《指水集》《青蕖集》二種。卷前有黃裳長跋,介紹是書成書經過,最早之詩作於戊辰(崇禎元年,1628),《自娱集》李序作於壬午(崇禎十五年,1642),刊刻於崇禎十六年(1643),跋云:"詩起崇禎戊辰爲最早,今收《碎琴》諸集中是也。《自娱集》李令晳序屬崇禎壬午,距國變只二年矣。是刊刻之際當在癸未也。"黃序還介紹了子玉的師承和交游情況,序曰:"之師宋綺石,於王覺斯、葉培恕、李令晳、葉行可、文震亨爲同輩行,投贈之什有趙靈均、冒巢氏、王弇州、顧橫波、沈藥圃、王季重、許非熊等,杜詔先則稱社盟侄,晚一輩矣。"《指水集》由朱統鎬訂正。朱統鎬,字景周,江右(今江西)人。此集收詩四十餘首,其中《四嬋娟詞》較爲獨特。《指水集》卷首鈐印有"黃裳珍藏善本""黃裳臧本"。黃跋下鈐印"裳讀"。

《青蕖集》由杜祝進訂正。杜祝進,字退思,楚黃(今湖北黃岡)人。阮大鋮成立詩社,杜祝進即爲社員之一。卷前有曹玑自序。序中講述了自己對詩歌創作的觀點,曹子玉反對以清微峭刻爲宗的創作方法,提倡詩歌"爲己用""顏以青渠一以見余之情”，故以“青渠”名之。收詩約六十首，有歌行體，五言絶句、五言律詩等。其中《懷宋綺石師》《懷葉行可》兩組詩，情深意摯，表現出失去友人的痛苦心情。曹序下鈐“黄裳青囊文苑”印，卷首鈐“黄裳臧本”印，卷末鈐有“裳讀”“黄裳瀏覽所及”二印。

第四册收《感遇集》《飲水集》《餘醉集》三種。《感遇集》由薛正平訂正。卷前有薛正平序。薛正平，字更生，雲間（今屬上海）人。序中認爲，昔人感遇詩沉鬱無聊，曹子玉認爲文章猶如云遇，靈感如電光石火一般，寫感遇詩，眼破八荒，觀時察變，由此而生，感慨成詩。《感遇》組詩共三十首，均爲五言律詩，第二十六首云：“名教有餘樂，主賓無强求。我持一瓢去，或以雙魚酬。”充滿出世超然之意。薛序下鈐“黄裳臧本”“黄裳青囊文苑”印，卷首鈐“黄裳珍藏善本”“來燕榭”“裳讀”印。

《飲水集》由高世泰校訂。高世泰，字彙旃，梁溪（今江蘇無錫）人。此集收詩七十餘首。

《餘醉集》由文震亨訂正。文震亨，字啓美，長洲（今江蘇蘇州）人。文徵明曾孫。明代著名作家、畫家。明天啓五年（1625）恩貢。此集收詩四十餘首。卷末有黄裳手跋一則，鈐“黄裳”印。

是書曾藏於黄裳處，於書肆中得，視爲珍寶。内中有黄裳手跋多則，文内間有朱筆點讀、注釋年代，亦鈐有黄裳多方印章，足見藏家對此書之鍾愛。黄裳從他書中輯出若干與曹子玉相關之語，考證其生平宦迹，并寫入跋語中。（張偉麗）

忠介公正氣堂文集八卷越中集二卷南征集十卷

明錢肅樂撰，清全祖望輯。清鈔本。八册。半葉十行，行二十六字，無欄格。

錢肅樂（1606—1648），字虞孫，一字希聲，號振之，又號止亭，鄞縣（今浙江寧波）人。明崇禎十年（1637）進士。知太倉州，有政績，進刑部員外郎，以憂歸。清兵下杭州，屬郡多迎降，肅樂建議起兵，士民應者數萬人，遣張煌言奉表請魯王朱以海監國，會王赴紹興行監國事。召肅樂爲右僉都御史。魯王監國三年（1648），連江失守，肅樂病中聞敗訊，以頭觸枕，遂絶食，以身殉國。卒於舟，年四十三，謚“忠介"，學者稱止亭先生。傳見萬斯同《明史》。

此書首有全祖望所撰《忠介公全集序》，叙述搜集編纂此書之過程，盛贊肅樂之氣節。書前還有錢肅樂胞弟肅圖題識及所撰紀略，簡述肅樂之生平。另有其侄中盛於清乾隆七年（1742）所作跋文及同年其子濬恭所作附述。此書收録了錢肅樂各個時期所作的詩文創作。其中，《正氣堂集》爲弘光元年（1645）六月以前之作，《越中集》爲此後一年之中所作，《南征集》則收録1646年之後三年的作品。這些詩文不僅反映了錢肅樂忠貞耿介的報國之心，同時也記録了南明諸多重要的歷史事件，具有相當的史料價值。

此書爲民國藏書家張之銘舊藏，書衣鈐"張之銘珍藏"印，書中多處鈐"四明張氏古懽室藏書記""恒齋書藏""古懽張之銘珍藏""古懽室秘篋""師易"等印。
（王俊雙）

張公亮先生癸甲螢芝集二卷

明張明弼撰。明崇禎刻本。二册。半葉九行，行十八字。白口，四周單邊。

張明弼（1584—1652），字公亮，號琴牧子、琴張子，南直隸金壇縣（今屬江蘇常州）人。崇禎十年（1637）進士。授廣東揭陽縣令。政績卓异，秩滿，因讒被降爲浙江按察使司照磨署杭州推官。因群議不平，始調升台州推官。南明弘光元年（1645），擢户部陝西司主事，不赴。入清不仕，歸隱著述。著有《螢芝集》《榕城二集》《書蕉》等。

此集卷前有陳子龍、胡周藻序，蕭琦、周銓引言。據周銓引言所言"琴張向有《螢芝集》二十卷，爲揭陽有《榕城集》十四卷，已久行於天下矣"，今所見有國家圖書館、中國科學院圖書館藏天啓五年（1625）刊本《琴張子螢芝集》七卷、《評琴張子禪粟秝》二卷，清代爲禁毁書目。此本題爲"張公亮先生癸甲螢芝集"，是其於癸未（崇禎十六年，1643）、甲申（崇禎十七年，1644）年詩文結集，或名爲"螢芝新集"。卷之一爲賦、檄、記、序、論、傳、讚；卷二爲記、詩。作者此時正處明清易代之際，戰亂頻仍，故集中的作品多爲針砭時弊、憂憤難平之作。書中有四明董元嚴墨筆圈點批注。

　　國家圖書館另藏有光緒刊本《螢芝全集》十八卷，爲張公亮詩文總集。此書鈐有"元嚴""靖之作""吾歌可夫""平坦道人"印。（馬琳）

幾亭文録四卷

　　明陳龍正撰。明崇禎刻本。十册。半葉九行，行十八字，無直格。白口，四周單邊。

　　陳龍正（1585—1645），原名陳龍致，字發蛟（也作發交），後改名龍正，字惕龍，高攀龍弟子，嘉善（今浙江嘉興）人。晚明學者，有"盛代醇儒，經世巨品"之譽。崇禎七年（1634）進士。崇禎十年（1637）授中書舍人，左遷南京國子監丞。未赴，起爲祠祭司員外，亦不就，杜門著書。清順治二年（1645），南京城爲清軍攻陷，龍正聞變，憤恨嘔血，絶食以死。有《幾亭全書》。《明史》卷二百五十八有傳。

　　此集爲詩文集，共四卷，卷前有陳龍正崇禎四年（1631）自序，知此集刊於龍正爲官之前，是龍正早期作品的結集。卷一包括解二篇、記一篇、序六十篇；卷又一包括疏二篇、議一篇、記四篇、書二十八篇、題跋六篇；卷二包括書十四篇、題跋十二篇、祭文十篇；卷三爲詩集，有四言詩四十六首、五言古詩七首、五言律詩十三首、五言排律三首、五言絶句四十三首、七言古詩二十六首、七言律詩二十五首、七言絶句十三首、六言十五首。另有康熙四年（1665）刊《幾亭全書》六十四卷，包括《學言》三卷，《學言詳記》十七卷，《政書》二十卷，《文録》二十卷，《因述》二卷，《陳祠部公家傳》二卷，爲其子陳揆於清初主持編纂。是書已收録在《四庫禁毀書叢刊》，是對陳龍正著述較爲全面的搜集和整理。（馬琳）

操縵草十二卷

　　明熊人霖撰。明崇禎刻本。四册。半葉八行，行十八字。白口，左右雙邊。

　　熊人霖（1604—1667），字伯甘，江西南昌府進賢縣人。《［同治］進賢縣志》卷十八《熊人霖傳》曰："聰敏絶异，九歲解唐詩大意，十一即尋究《性理》《皇極經世》

諸書,十五赴童子試,爲學政黃汝亨所首拔,自是試輒冠軍……天資醇厚,賓禮賢
士,汲引殷殷,博學深思,造次紙筆不去手。"崇禎十年(1637)進士。歷任義烏知
縣、南京工部都水司主事、太常少卿,所至有政聲。明亡後不仕。主修《[崇禎]義
烏縣志》,著有《地緯》《律諧》《南榮集》《尋雲草》等,《[同治]進賢縣志》載其著作
有《四書繹》《詩約箋》《名臣録繹》《相臣繹》《忠孝經繹》等。

　　書前有徐世溥、譚元春等序。全書以詩體分類,有樂府、四言古、五言古、七言
古、五言律、五言絶、六言律、六言絶、七言律、七言絶等十類。熊人霖自幼隨父親熊
明遇任官多地,熊明遇好出游,熊人霖得以遍覽名山大川,其詩多寄慨之作。徐世
溥叙謂:"伯甘少負异,六歲能詩,從宦四方,周覽山川,慨然有邁世之志……足迹所
及,心目恢如,故其響峥嶸蕩潏,而無局促之氣。"

　　首葉鈐"南州後人"白文方印、"徐湯殷"白文方印、"南州書樓所藏"朱文方印、
"徐紹棨"白文方印。首葉天頭又鈐"香港圖書館管理"朱文長方戳記和"南州書樓
藏書,徐湯殷整理,編列明字九號,一九五二年一月八日"藍印。(劉波)

柳潭遺集六卷

　　明王自超撰。清初平遠刻本。二册。半葉八行,行二十字。白口,四周單邊。

　　王自超,字茂遠,山陰(今浙江紹興)人。明崇禎十六年(1643)進士。授庶吉
士。明亡後,歸里隱居,年三十而卒。《[乾隆]紹興府志》卷五十四有傳。

　　本書是王自超詩集,係其卒後,友人平遠搜集遺稿付之梨棗。卷前有顧予咸、
徐徵麟、蘇淵、姜圖南諸人序,書末有孫榮旭、林必達序。全書分爲六卷,以詩體分
卷:卷一五言古詩,卷二四言古詩,卷三七言古詩,卷四五言律詩,卷五七言律詩,卷
六五、七言絶句。

　　徐徵麟在序中説"吾友茂遠才名卓絶,近古無兩,年未三十,離愁以死",與
《[乾隆]紹興府志》所載"年三十而卒"略有不同。孫榮旭序中言:"則自戊子春,余
適以事至……别踰數月,嗣音之來則訃也。"戊子爲清順治五年(1648),據此可知
王自超卒於是年。

此本通篇手寫上板，鎸刻精緻。（謝冬榮）

上海公遺稿不分卷

明彭長宜撰。清鈔本。一册。半葉八行，行二十四字，無格。

彭長宜，生年不詳，卒於弘光元年（清順治二年，1645）。字德符，御史彭宗孟之子，浙江海鹽人。明崇禎癸未（十六年，1643）進士。授南直隸上海縣知縣。勤政愛民，深得民心。弘光元年（1645），南京城破，彭長宜悲痛不食，扼吭而卒。《［光緒］海鹽縣志》有傳。

遺稿書衣題"上海公詩集"，正文前有彭長宜友人劉理順題記一篇，劉氏簡述了自己與彭子以文會友之經過，譽彭子之文爲正始之音："予之知彭子也，以文，而彭子之晤予也。每喜稱詩律之字、作者之意云。予亟索其吟編讀之，吹律胸臆，調鐘口吻，力返大雅，一洗邇來尖酸纖靡之習，所謂正始之音，非耶？"對其文章、才華均褒獎有加："帖括之外出其剩材，餘勇猶足與沈宋齊驅，應制爭當上官昭容之選，從此益加沉詣，空鱗爪，奪扇簹，直易易耳……兹復將繇稱詩，以達於政表，人代風雅之宗，距僅攬勝烟雨樓、張軍里門，執君子六子之牛耳哉！則信乎？予之知彭子不盡也。"

題記首葉及卷端均鈐"吳興劉氏嘉業堂藏"陽文長方印，可知此稿曾經劉氏嘉業堂遞藏。此稿爲彭子詩稿，不分卷，無目録，然全稿按體編排，依次爲五言古詩、七言古詩、五言排律、七言排律、五言律詩、七言律詩、五言絶句、七言絶句八個部分。其詩時而清麗動人，時而慷慨闊遠，常携景入情，描寫細緻入微。（潘菲）

山水移三卷

明楊文驄撰。明崇禎刻本。二册。半葉八行，行十六字。白口，四周單邊。

楊文驄（1596—1646），字龍友，號鶴巢，又號雪盦，貴陽人。明萬曆四十七年（1619）舉人。崇禎七年（1634）選爲華亭縣教諭，遷青田、江寧、永嘉等知縣。爲御史詹兆恒參劾，奪官候訊。後福王立於南京，馬士英當國，楊文驄與馬士英爲親戚，得其推舉,爲朝廷重用,擢右僉都御史,防守清軍。1646 年,清軍至衢州,楊文驄臨陣不降,被戮。善畫山水,代表作有《枯木竹石圖》等,爲"畫中九友"之一。

本書卷首有鄒嘉生序、崇禎己巳(二年,1629)越其杰序、崇禎庚午(三年,1630)社弟馬士英序。另有《諸社長送游贈言》,題贈者包括雲間社弟夏允彝、社弟陳煒、淛西社支如璔、鹽官陳梁、雲間社宋存楠等。

全書共三卷,卷一爲賦,卷二爲記,卷三爲傳。楊文驄於崇禎二年(1629)自秦淮涉長江,下金山、焦山、眺北固山,又渡錢塘,入括蒼山、鼎湖,見其父楊霞標。後游覽天台山、赤城山,至黄岩、海門,登盤山、雁蕩山,足迹遍及浙江各處名山勝水。楊文驄與明末江浙名士交情頗好,故此番行程,友朋多有贈言。其所作《赤城山賦》《台蕩日記》亦是游覽途中所作。《腐侯傳》一文,楊氏爲豆腐作傳,傳後有題記曰:"因豆腐作此傳,故説得如此清白,恬淡而尊之曰'侯',則亦舞陰侯,雪衣娘等傳之比歟。"

本書卷首鈐"梁清遠印""清""傳""江天一色"諸印,可知曾經明末清初藏書家梁清遠收藏。又有天頭墨筆題"何至忠珍本",不知爲何人。(杜萌)

烟霞外集一卷

明范汝植撰。明崇禎刻本。一册。半葉八行,行十六字。白口,四周單邊。

范汝植(1601—?),范大冲從弟,浙江省鄞縣(今寧波)人。撰有《使秦吟略》一卷、《雁字十咏》一卷等。

本書卷首有謝三賓序、崇禎辛巳年(1641)卓爾昌序,序後有目次。詩文不分卷,共收詩七十二首。均爲近体詩,五言絶句、七言絶句、五言律詩、七言律詩、排律等形式均有。所撰詩題材豐富,多爲即事感懷詩,如《沈無懷先生偕錢夫人六帙雙壽兼膺封誥》《送高甥元發之星沙省覲兼柬其尊君憲長》《丁亥除夕予年四十有六偶成六首》等;也有寫景抒情詩,如《雨後月湖桃堤獨泛夜過碧沚先司馬祠同友人劇飲》;還有人物描寫詩,如《美人九咏》等。

此詩文集内容詳實,且多篇寫明寫作的時間、人物和事件,是研究明代歷史文

化的重要資料。（閆智培）

穀園集詩一卷文一卷

明楊彞撰。清道光二年（1822）譚天成家鈔本。二册。半葉九行，行二十二字，無格。

楊彞（1583—1661），字子常，號穀園，南直隸常熟縣（今屬江蘇）人。明末詩文家。張采姻親、嵇永仁表伯。明崇禎八年（1635）歲貢，以明經第一入北京國子監。九年（1636）選授松江府學訓導。十四年（1641）授江西都昌縣令，因病未任。與同學顧夢麟友善，二人研習經傳、興復古學，時人稱爲“楊顧之學”，或稱“虞山派”。明天啓四年（1624）冬與顧夢麟、張溥、張采等於其家應亭創應社。明亡後隱居。弘光中，史可法延聘，亦作詩以辭。卒後私謚“淵孝先生”。家有鳳基樓、紅豆山莊聞名。曾捐刻佛經多種，與顧夢麟同編《備考彙典》《二三場合鈔》，自編《皇明詩經文徵》。著有《四書大全節要》《復社事實》《塢丘紀略》《燕中又語》《懷舊詩》《楊子常全稿》《穀園集》等。

本書第一册爲詩集，第二册爲文集。詩集卷前有張采《題十景詩序》、顧夢麟題詩，集後附許玉森《徵刻孤貞贈言小言》、作者曾孫楊熙跋、《都昌令楊公崇祀錄》、徐乾學《子嘗（常）先生行狀》、譚天成跋等。文集卷前有諸多序、題辭、小引等，凡十六篇，撰者皆江南名士、詩文名家，蔚爲大觀，依次爲：張采序、楊廷樞序、顧夢麟序、張溥《楊子常全稿序》、周立勛序，又孫元凱《制義小引》、傅冠《題楊子常制義》、朱徽序、陳際泰叙及《送楊子常南還序》、徐鳴時序、吳升元序、汪琬《楊顧兩先生合傳》、錢陸燦序、許芝鼎《楊子常先生遺集小引》、許嘉祐《復楊敬公書》。

詩集共收各體詩二百零四首，其中《麟士見慰都昌近事次答》附贈詩一首。集中酬贈顧夢麟（字麟士）之作頗多，足見二人之誼。詩多長序，記創作原委甚詳，涉明季動亂、江南結社等大事，又有吊挽崇禎皇帝、辭史可法聘等題，可資考證。《讀史詩》二十九首、《題唐墅十景》十二首，爲特色之作。文集收錄三十一篇，大部爲序文，餘則書信等，多論爲文治學。本書爲作者未曾刊刻之詩文集，收錄了大量文獻,多爲應社、復社同人所撰,乃明季江南文人結社之重要史料。

卷首卷末鈐有"石麟""古里瞿氏""鐵琴銅劍樓"等印。兩册書衣均題"文詩集共兩册",第一册書名題"穀園詩集",第二册題"穀園文集崇祀録行狀附詩集後"。(謝非)

五石居詩二卷

明陳紹英撰。清鈔本。一册。半葉八行,行十八字,無格。

陳紹英,字生甫,號瓠庵,浙江仁和人。舉人。由父蔭仕爲南京刑部郎,曾於明崇禎十一年(1638)任平越府知府。

該書共兩卷,分別爲《司雲章》及《長安稿》。書前鈐"汪子用藏""振綺堂兵燹後收藏書"等印。是書《千頃堂書目》題爲"五石居詩草",未記卷數。《傳是樓書目》著録爲三卷,共三本。今本僅一册兩卷,與《傳是樓書目》所記不同。按書前有江元祚作於崇禎癸未(十六年,1643)叙,《長安稿》卷前有陳函輝(字木叔,原鈔誤作"水叔")作於崇禎甲戌(七年,1634)叙。書末有薛寀跋,亦作於崇禎甲戌。且其中有提及陳叙之語,故知成於陳叙之後。據陳叙及薛跋,可知《長安稿》應成書於1634年。而《司雲章》中有《乙亥元日紀事》,則是詩作於明崇禎乙亥(1635)。又有《薛歲星和回生紀事詩附》云"正學先生堂懸先君子詩二章,是庚戌年筆,懷念二十七年前笑處語言",則知是文作於庚戌(1610)後二十七年,爲1637年。故《司雲章》卷應成書於《長安稿》卷之後。又據書前江跋"亡何官金陵寄予《五石居集》""今年春長公階尺又出翁新刻視予""遂以曩所揄揚僭引其端"等語,可知是集至少曾有新舊兩本。而江跋云於舊本中"及閲寄題橫山諸作",而相關詩作不見於今本,則知今本兩卷已非完帙,且所缺者或爲舊本中之一卷。

據陳叙,"五石居"寓意"人五石、才五石、酒五石"。"長安稿"一卷據《玉泉庵》《香山》《石經山》等詩及《紀麥餅宴》詩注"英忝分録事之職",可知爲作者官居北京之作。其詩多抒發田園山水、居官歸隱之意,天頭偶有鈔手自注。

據《中國古籍善本書目》著録,僅國家圖書館有藏。(李林芳)

孫雪屋文集不分卷

明孫永祚撰。清稿本。二冊。半葉九行，行二十四字。

孫永祚，生卒年不詳，明末清初時人。字子長，號雪屋，室名古嘯堂，江蘇常熟人。從魏沖學，明崇禎二年（1629）入復社。拔貢。當授推官，未赴。明亡後隱居山林，清順治中屢薦不起，教授以終，卒年八十餘。與董其昌、鍾惺等交好。私諡“文節”。

孫氏生前刻有文集二種，其一爲《雪屋集》，其二爲《雪屋二集》。《雪屋集》八卷，崇禎五年（1632）古嘯堂自刻本。前有錢謙益序，稱其詩：“含咀宮商，前浮聲而後切響，組唐緯宋，緣情匠意，而不屑爲今日之吳聲，可謂踔屬特出者也。”後有其《自叙》一篇。除卷一爲賦外，另七卷皆爲詩，依次爲五古、七古、五律、七律、五絕、七絕。《雪屋二集》五卷，順治十七年（1660）古嘯堂自刻本，亦有錢謙益序。五卷皆爲詩，然不以格式爲序，易之以時間爲序排列，起於癸酉（1633），終於乙酉（1645）。其所作，離亂時詩讀之，令人不勝感喟。此二種文集今皆收於《四庫禁毀書叢刊》中。

孫氏稿本流傳於世者，今所見有國家圖書館、上海圖書館、常熟圖書館三處，此爲國家圖書館所藏者。此本共分兩冊。第一冊收孫氏爲他人所作詩文集序及題跋、壽序等五十餘篇，後附《重申關聖帝君里社冊》，有落款“崇禎戊寅（1638）秋社末孫永祚題”，後爲《蝦蟆吞墨賦》。第二冊亦多收序文，然保存狀況較差，多有殘損處，其中《蔣南陔傳》一文與其餘文字字體不同，疑爲後補。以上二冊所收之文皆不見刻本，且爲孫氏稿本，對研究明清之際文學不無補焉。（張曉天）

許山集一卷承平雜咏一卷

明高夢箕撰。清括齋王氏鈔本。一冊。半葉十行，行二十字。小黑口，四周單邊。

高夢箕，生卒年不詳，字斗南，號許山居士，北直隸獻縣（今屬河北）人。明崇禎進士。福王南渡仕至鴻臚少卿，因南太子案獲罪。

是書前有光緒十八年（1892）朱筆題識概述高夢箕生平。全書分爲二卷，《許山集》收詩三十三首，《承平雜咏》收詩二十二首。書中詩歌以步韵、次韵、和韵和限韵等方式所作，其中僅二首《無題》注明乙酉年（順治二年，1645）成詩，餘者不知紀年。就内容而言，既有寫景咏物抒懷，也不乏頌聖之作。既有"試問誰無亡國恨，愚臣總誤也堪傳"的國破之後深恨報國無門的文人風骨，也有陷入南太子案後"羞將生計細評論，但把幾希一脉存"的謹慎蕭索。各詩雖無明確紀年，却能大致分辨出作者從年輕時意氣風發，到明朝國家傾覆大背景下個人的無能爲力，再到晚期牽連入政治鬥争之後的謹小慎微的人生歷程。

書口處有"括齋王氏藏本"，爲清藏書家王灝（1820—1880）據藏本刊刻。（任珊珊）

何士龍詩一卷

明何雲撰。清初鈔本。一册。半葉九行，行二十五字。

何雲，生卒年不詳，字士龍，江蘇常熟人。好藏書，多善本。能古文詩詞，尤熟唐史。文學大家錢謙益愛其才，崇禎十年丁丑（1637），錢謙益被訐下獄，何雲稱願"慷慨誓死相隨"，陸貽典序載"延致家塾，服習講貫，其業益精"。甲申（1644）明亡之後，何雲四處游歷，陸貽典序曰："辭家遠游，流離閩粵，歷十五年而始歸。每對親故，有梵志金吾之嘆……乃竟逾年而殁。"

書名據序題，卷端題"廬江三集之七"。作者生逢明清易代之際，曾參與晚明抵抗活動，有多首詩作予以反映。錢謙益贊其作品"才情意匠，蒼老雄健"。其長詩《七夕行》感慨隆武帝時期的亂離憂苦，錢氏《吾炙集》評"感激用壯，有玉川子（唐代詩人盧全）《月蝕》之遺音"。書前有康熙十一年（1672）同邑陸貽典序，陸氏對何氏的詩才人品深爲嘆贊，輯佚搜遺，在何雲侄子何畋幫助下編成此書。（張杰）

文彦可先生遺稿不分卷

明文從簡撰。明稿本。一册。

文從簡（1574—1648），字彥可，號枕烟老人，明代湖廣衡山人，系籍長洲（今江蘇蘇州）。明末畫家。文徵明曾孫，文嘉孫，文元善子。明崇禎十三年（1640）拔貢。入清後退居林下，以書畫自娛。

書後有清邵彌跋。書衣有徐康題簽"明文彥可先生遺稿""同治二年二月凌鎬重裝""徐康敬題"。書封題"枕烟公詩"，鈐"枯蝯頭陀"等印。全書字體靈秀，封底有"邵彌""善之父"等印。（陳紅彥）

墨巢集十六卷

明謝焜撰。明崇禎十年（1637）汪宗友刻本。六册。半葉六行，行十二字。白口，四周單邊。

"墨巢"，作者釋爲翰墨貯存之處，自序云："焜半生慳賤，力不能買書，惟生平借鈔，或大家見貽。約數伯（百）卷，與前後所存，斷竹殘素，有翰墨意者，都貯於此。亦表之曰'墨巢'。"《墨巢集》共十六卷，前九卷按年編排，每年分《雲笈》《蕊笈》《雪笈》三卷，共九卷；十至十六卷則爲附集，收入《雲笈附草》二卷，《蕊笈附草》三卷，《雪笈附草》二卷。共收入作品二百五十七首，其中前九卷一百四十六首，附草一百一十一首。

謝焜爲廩生多年，有詩作流傳。張肯堂在巡視閩中時，購得謝焜詩"一帙"，張肯堂在《墨巢集詩》序中稱謝詩"不摹古、不趨今……予見則輒爲心快"。遂與龍溪汪宗友商議，資助梓行。張肯堂，字載寧，號鯤淵（一作鮌淵），明末清初宋江華亭（今屬上海）人。明天啓進士。崇禎間擢御史，巡撫福建。南明隆武朝先後任兵部尚書、吏部尚書、左都御史。順治六年（1649），清兵攻陷舟山，兵敗賦詩自盡。汪宗友，字彥輔，安徽休寧縣人。崇禎七年（1634）進士。據張肯堂序，曾任福建龍溪縣令。

《墨巢集》所收詩作，最早應爲崇禎二年（己巳，1629），最晚爲崇禎十年（丁丑，1637）。其詩或即景抒懷，或酬答往復，或畫梅咏石，或宴飲，反映出明末部分士人雖有貧苦却仍可跌蕩於詞場酒海間。集中有數首爲與紹和張先生所作之詩。張燮

（1574—1640），字紹和，號海濱逸叟，龍溪（今福建漳州）人。萬曆甲午（1594）舉孝廉於鄉，與蔣孟育、高克正、林茂桂、王志遠、鄭懷魁、陳翼飛等號漳州七子。著述頗豐，有《霏雲閣集》《群玉樓集》《東西洋考》《閩中記》等。張燮與黃道周（1585—1646）尤善，據黃道周《黃石齋先生文集·冰天小草自序》卷八所載，謝焜與黃道周也偶有往來，討論治世之論。

此書有朱筆圈點。（趙大瑩）

絶餘編四卷

明釋智旭撰。明崇禎十五年（1642）釋普滋等刻本。一册。半葉九行，行二十字。白口，四周單邊。

智旭（約1599—1655），俗姓鍾，名際明，字藕益，自號八不道人、北天目道人，又從所居自稱靈峰老人。明末清初湖州高僧。少習儒學，二十四歲師從憨山弟子雪嶺出家，法名智旭。智旭援儒入佛，多有創見，著作頗豐。圓寂後塔於靈峰衆香塢。門人編輯其遺稿而成《靈峰宗論》《靈峰釋論》等，共計六十餘種一百六十四卷。弘一法師所著《藕益大師年譜》對其生平有詳細介紹。

智旭所學，遍涉法相、禪、律、華嚴、净土諸宗教義，主張禪、教、律三學融合。然而其《宗論》《釋論》散佚嚴重，唯有其詩文之作《絶餘編》因收入《嘉興大藏經》而幸存全帙，是非常珍貴的原始文獻。據此書自序，是書大約寫於1636年之後，記録了智旭在1630年之後閱覽佛經的感悟之作。共分四卷：卷一收録願文六篇，卷二收録法語十篇、傳一篇，卷三收録序三篇、題跋五篇、書柬十一篇、雜文二篇、疏六篇，卷四收録贊十一篇、銘二十三篇、詩偈一百四十九首，附對聯四副。崇禎十五年（1642），利根法師繼續刊刻《嘉興大藏經》，《絶餘編》適在此列。

本書鈐有“無畏居士”“敕賜萬安山法海禪寺記”等印，知曾爲北京鳳凰山法海寺所藏，今藏國家圖書館。（曹菁菁）

蕪巢拾稿一卷悲風草一卷

明周之玠撰。清初刻本。二册。半葉九行，行十九字。白口，左右雙邊。

　　周之玠，生平年不詳，長洲人（今江蘇蘇州）。據卷端署"同社馬宏人伯、毛晋子晋閱"，推測其大約生活明末天啓、崇禎年間。

　　此集爲《蕪巢拾稿》《悲風草》各一卷。前有周之玠自叙。《蕪巢拾稿》包括擬古詩樂府、五言古、七言古、五言絶句、七言律各類詩作百餘篇。《悲風草》則其爲亡母所做哀辭，并附《悼亡女蘭姝盡合韵》一篇。觀其詩作，以擬古爲多，其餘諸作多爲閑適之作，或抒發自己生活困頓窘迫之情。此本爲清初刻本，僅存於國家圖書館。（馬琳）

栩栩編□卷存一卷

　　明李德星撰。明崇禎刻本。一册。半葉八行，行十六字。白口，四周單邊。

　　李德星，字子五，生平不詳。

　　書中前有明朝董大晟引、佛頂山院龍幻叙、謝簡序以及作者本人自叙。自叙中説明了全書成文經過以及"栩栩編"的書名由來，曰："固知周爲夢言，而蝶乃周之化身也。又知周蝶非夢，而其爲周蝶蓬蓬，而栩栩則夢而已矣。我非蝶也，蝶非我也。何言栩栩乎？栩栩則蝶矣周矣，不栩栩則我矣非蝶矣。栩栩而不有周則蝶矣，蝶則化矣。"

　　原書卷數不詳，現僅存卷上。卷上開始即點出"栩栩者，蝶也"，用十首咏蝶詩開篇，分別爲《黄蝶》《粉蝶》《孤蝶》《百蝶》《舞蝶》《睡蝶》《撲蝶》《放蝶》《化蝶》和《過牆蝶》，主旨是圍繞"栩栩"而寫。後用更多篇幅的詩賦描述春夏秋冬四季中身邊的一些景色和瑣事，如賞白蓮，月夜賞秋卉，游桃源，外出看紅葉，冬季賞雪景等等。此書爲其詩集，共收録作者所撰詩作數十首。

　　《中國古籍善本書目》僅著録國家圖書館有藏。（龍堃）

雪花三十韵一卷

　　明鮑釗撰。明末刻本。一册。半葉九行，行十八字。白口，四周單邊。

　　鮑釗，生平年不詳，字從遠。此集卷前有李標題識。據《明史》記載，李標

(1582—1644),字汝立,高邑人。明萬曆三十五年(1670)進士。官至太子太保,禮部尚書,文淵閣大學士。因此可推知鮑釗亦生活在明末。

作者以平水韵平聲的三十韵部爲韵,做咏雪詩七律三十首,結成此集,分别爲一東、二冬、三江、四支、五微、六魚、七虞、八齊、九佳、十灰、十一真、十二文、十三元、十四寒、十五删、十六先、十七蕭、十八肴、十九豪、二十歌、二十一麻、二十二陽、二十三庚、二十四青、二十五蒸、二十六尤、二十七侵、二十八覃、二十九鹽、三十咸。其中佳句有"色自開來千瓣壘,香因冷去片心孤""光浮魏闕渾雕玉,艷積秦壇恍鑄銀""共道羽花沾鎧袖,還傳脂帶繫征袍。風迴輦路金莖冷,星淡銀河玉燭高"等,可見詩人窮極所能來描寫雪之萬千情態,讀之若"光浮滿室,璀璨琳瑯"。(馬琳)

坁場集十九卷

明曾益撰。明末刻本。四册。半葉九行,行二十字。白口,四周單邊。

曾益,生卒年不詳,字謙受,號鶴岡,明末清初山陰(今浙江紹興)人。《[乾隆]紹興府志》卷五十四有傳,言其"性嫻雅,著述最富,談詩喜李昌谷",又言"工畫,禿筆迅掃,大率寫其胸臆,有時細密謹嚴,如出二手"。有《昌谷集注》《溫飛卿集箋注》等。

是書前後無序跋,按照體裁編排分卷:賦三卷、招一卷、辭一卷、操一卷、五言古詩一卷、七言古詩二卷、五言律詩二卷、七言律詩二卷、七言排律一卷、五言絕句二卷、七言絕句三卷。本書所收曾氏詩文中,有以同一主題而作多首者,如"賦"中有《名園十四賦》,"操"中有《名姬十二操》,"五言律詩"中有《游仙百首》,七言絕句中有《和王季重比部魚燈詩四十首》。

現存曾益的資料稀見,此爲其别集的早期刊本,尤爲珍貴。本書是研究曾益生平、交游以及詩文創作的重要參考文獻。(謝冬榮)

容庵詩集十卷辛卯集一卷容庵文集二卷

明孫爽撰。清康熙刻本。二册。《容庵詩集》《辛卯集》半葉九行,行二十二字。白口,四周單邊。《容庵文集》半葉十一行,行二十字。黑口,四周單邊,單魚尾。

孫爽(1614—1652),字子度,崇德(今浙江桐鄉)人。諸生。與吕留良三兄吕願良交好,結澄社;後又與吕留良等結徵書社。善詩歌,長於畫。《[光緒]嘉興府志》卷六十有傳,言其:"幼穎悟,甫就塾,輒弄筆作小詩。後從新安程孟陽游,詩文皆得其指授。"

《容庵詩集》前有著者《甲申以前集自叙》(順治乙酉年,1645)、《感遇詩自述》、《秋懷詩叙》、《抱膝吟自叙》。全書分爲十卷,按照體裁分卷:卷一四言,卷二至三古樂府,卷四五言古,卷五七言古,卷六五言律、五言排律,卷七七言律,卷八五言絶,卷九六言絶,卷十七言絶。《辛卯集》一卷,係其於清順治八年(1651)所作詩,各種體裁皆有。《容庵文集》二卷,收錄各種體裁文章七十三篇,其中有關於錢謙益的《與虞山錢宗伯書》、吕願良的《吕季臣詩草序》等等,於此可見其交游,也可爲相關人員提供研究資料。前有清康熙壬申(三十一年,1692)甥孫許自期跋。許自期在跋中提到孫爽詩集的刊刻:"賴邑中諸公與茗上閔子念修之力,刊於順治之戊戌、己亥間,流傳者不數本,時下鮮有知者。"

《四庫全書總目提要》收錄孫爽《容庵詩集》十卷《辛卯集》一卷,謂"其詩刻於學古,亦刻於用意,而摹擬雕鑿之痕,俱不能化"。(謝冬榮)

籠鵝館集不分卷

明王與玟撰。清初鈔本。二册。半葉九行,行二十二字,無格。

王與玟(1606—1642),字文玉,山東新城人。明天啓七年(1627)恩貢。明末詩人、書法家、收藏家。生於新城王氏名門,家族中高官文士輩出,與玟爲王象豐子、王象春侄、王之猷孫。少年穎慧,詩書皆承家學,尤受伯父王象春影響,然因鄉試策文指斥閹黨而困於科場,未得仕進。明崇禎壬午(十五年,1642)之難,清兵大掠山東,與玟隨王氏子弟協守縣城,城破殉難,年僅三十七。著有《籠鵝館集》。

《籠鵝館集》本爲作者生前自編詩文集,本書僅爲其歷戰禍後殘存篇什。卷首有林棠、高珩、徐夜、榮實穎序,林、高二序字迹有異於全書,應爲各人自書,高序并有草稿,與鈔定稿不盡相同。榮序詳述成書始末,與玟殉難前以遺稿托付實穎,連年兵燹輾轉藏匿,"片羽寸膠,十落八九",戰後撿拾殘篇重行編輯付梓。又卷端署"同學榮實穎華淑編輯""甥徐元善長公鑒定""男王士驤杜稱録刊",可知本書爲榮、徐二人所編輯,原應有刻本,今僅存此鈔本,工楷鈔録者或爲作者之子王士驤。卷末王瀠《明王文玉墓志銘》七葉爲刻印,應即爲刻本之殘存者。又經王士禎重訂,每葉均有其圈點、校改、眉批、夾批。全書以體裁編次,收古近體詩、詩餘、雜文、題跋、評書、詩話、筆記、尺牘,凡詩一百零四首、詞十首、諸體文十篇、評書五則、詩話五册、筆記三則、尺牘十六通。(謝非)

天啓宮中詞一卷雪舫集一卷

明陳悰撰。清初刻本。二册。半葉九行,行十九字。白口,四周單邊。

陳悰,生卒年不詳,字次杜,江蘇常熟人。

《天啓宮中詞》前有作者自序,陳繼儒、錢謙益、黃文焕、曹溶、張有譽、龔立本、鄒之麟、陳必謙、姜垓、張縉彦、張忻、許譽卿等人題辭。本書收録在《四庫全書總目提要》中,列存目類,内評價此書稱:"其詩仿王建《宮詞》,雜咏天啓軼事,凡一百首。自注亦極詳悉,頗足以廣異聞。朱彝尊嘗録入《明詩綜》,其《静志居詩話》述徐昂發之言,以爲本秦徵蘭撰,悰攘而有之。徵蘭,字楚芳,亦常熟人也。"

後合刻有《雪舫集》一卷,係陳悰詩集,收録詩作七十餘首。内容以感懷、交游、題咏等爲主。(謝冬榮)

小青集一卷閱稿一卷

明馮小青撰。明末刻本。一册。半葉六行,行十四字。白口,四周單邊。

馮小青(1594—1612),名玄玄,字小青,明南直隸揚州(今屬江蘇)人。小青自幼聰慧非常,十歲遇老尼,授《心經》,一遍成誦。及長,生得美艷清麗,好讀書,通音律,善弈棋。十六歲嫁杭州馮姓公子爲妾,遭大婦嫉妒,遂徙居孤山別業,親戚勸其改嫁,不從。後淒怨成疾,命畫師畫像自奠而卒,年十八。

此爲馮小青詩集,録詩十一首,詞兩首,閱稿三十首。該書首有怡齋跋,卷首有平原居士序、戔戔居士《小青傳》。馮小青爲明末才女,其事迹膾炙人口,引人入勝。但其人是否存在,其詩集是否爲他人托名之作多有争議,至今仍無定論。該書所録詩詞十三篇,文筆情思沉鬱,其情深、其意切、其辭悲,句句是愁思含泪之作,讀之有深沉悠遠、觸目傷懷之感。閱其詩則明末江南士人悲沉寂落之情盡入於眼,不禁慨然而嘆。

書中所收閱稿三十首,俱爲稱頌美人之詩,其辭清麗自然,咏小青妍恣雅態,頗爲生動,亦有悲凉沉鬱之感,應爲明末士人所作。閱稿末缺評語一葉,然無傷其全體之文。此本爲該書現存最早刻本,鈐“白門主江祝春章”“質清所遇善本暫爲護持”諸印。(賈大偉)

小青焚餘集一卷

明馮小青撰。清咸豐九年(1859)勞權鈔本。一册。半葉十四行,行二十字,烏絲欄。白口,四周單邊。

馮小青其人其事素有真僞之争,如錢謙益《列朝詩集小傳》即云:“又有所謂小青者,本無其人。邑子譚生造傳及詩,與朋儕爲戲曰:‘小青者,離情字,正書“心”旁似“小”字也。’”周亮工《因樹屋書影》云:“丙寅年予在秣陵,見支小白如增,以所刻《小青傳》遍貼同人。鍾陵支長卿語余曰:‘實無其人,家小白戲爲之,儷青妃白,寓意耳。’後王勝時語予:‘小青之夫馮某,尚在虎林。’則又實有其人矣……予意當時或有其人,以夫在,故諱其姓字……即無其事,文人游戲爲之,亦何不可!”施閏章《蠖齋詩話》、陳寅恪《柳如是別傳》等則考證馮小青確有其人。

《小青焚餘集》存古詩一首,絶句十首,詞二首,書一篇,後附《小青傳》。鈔寫精工,爲勞權鈔本。勞權,字平甫,號巽卿,又號蟫盦,別署雙聲閣主人、丹鉛生、飲香生、飲香詞隱等。清諸生。藏書處名丹鉛精舍。藏書頗豐,精校勘之學,擅詞曲,與其弟勞格并稱"二勞"。

　　是書情詞淒婉,其絕句:"冷雨幽窗不可聽,挑燈閑看《牡丹亭》。人間亦有癡於我,豈獨傷心是小青。"流傳尤廣。(貫雪迪)

提要篇名筆畫索引

篇　　名	頁碼

一畫

一舫齋詩一卷	174
一葦集二卷附録一卷	307
乙巳春游稿五卷	137

二畫

二楞庵詩卷一卷	304
入楚吟一卷	137

三畫

三餘集□□卷存二十二卷	229
大司馬張海虹先生文集十七卷	243
大業堂詩草十一卷	303
上海公遺稿不分卷	346
山水移三卷	346
山陵賦一卷	138
勺水庵詩集一卷	272
小青焚餘集一卷	358
小青集一卷閱稿一卷	357
小草齋集十一卷烏衣集一卷	245

小雅堂詩稿不分卷 283

四畫

王太史季孺詩草一卷 235

王考功鸎適軒詩集十卷存六卷文集四卷附錄一卷 244

王南郭詩集六卷 119

王椒園先生集四卷 154

天啓宮中詞一卷雪舫集一卷 357

木天遺草二十八卷附錄一卷 245

五石居詩二卷 349

五瓠山人詩集四卷續附一卷 210

五龍山人集六卷 142

太古堂遺編十四卷 271

太保東湖屠公遺稿七卷 117

太華山人集四卷 141

太虛軒稿一卷 184

太霞集選二十八卷 323

友梅集不分卷 105

止園集二十四卷續集一卷 258

少司馬谷公文集二卷 172

中麓山人拙對二卷續對一卷 153

內方文集五卷 140

片玉齋存稿二卷 221

公餘漫稿五卷 167

文几山人集四卷附錄一卷 334

文彥可先生遺稿不分卷 351

斗南先生詩集六卷　　　　　　　　　　97

心逸道人吟稿二卷　　　　　　　　　　201

五畫

玉介園存稿十八卷附録四卷　　　　　　189

甘泉湛子古詩選五卷　　　　　　　　　131

古穰文集三十卷　　　　　　　　　　　107

石民甲戌集□卷存五卷　　　　　　　　331

石羊生詩稿六卷　　　　　　　　　　　230

石居士漫游紀事二卷　　　　　　　　　232

石湖集一卷　　　　　　　　　　　　　150

石湖稿二卷　　　　　　　　　　　　　222

石隱園文稿不分卷　　　　　　　　　　247

北游漫稿三卷附録一卷　　　　　　　　209

北轅集一卷　　　　　　　　　　　　　205

四留堂雜著不分卷　　　　　　　　　　278

白狼山人漫稿二卷　　　　　　　　　　207

白蓮沜文選九卷詩選六卷　　　　　　　236

瓜涇集二卷　　　　　　　　　　　　　118

用拙集一卷丁艾集一卷　　　　　　　　214

印可編一卷續編一卷　　　　　　　　　312

句曲游稿一卷　　　　　　　　　　　　310

市隱堂詩草五卷　　　　　　　　　　　303

玄庵晚稿二卷　　　　　　　　　　　　132

玄對樓巳集七卷　　　　　　　　　　　305

半日閑一卷　　　　　　　　　　　　　318

汀西詩集六卷　　　　　　　　　　　　　144

六畫

匡南先生詩集四卷　　　　　　　　　　　199

西巡草一卷　　　　　　　　　　　　　　231

西征集二卷存一卷　　　　　　　　　　　187

西征稿八卷　　　　　　　　　　　　　　268

西游續稿六卷　　　　　　　　　　　　　256

西渓草一卷　　　　　　　　　　　　　　310

西園存稿四十三卷附録二卷　　　　　　　238

西園續稿二十卷存十八卷　　　　　　　　314

在原咏一卷題贈一卷　　　　　　　　　　294

在筍集十卷　　　　　　　　　　　　　　134

存筍詩草五卷　　　　　　　　　　　　　279

朱文懿文稿不分卷　　　　　　　　　　　217

竹素園集九卷　　　　　　　　　　　　　233

竹聖齋吟草一卷　　　　　　　　　　　　270

自由堂稿十一卷　　　　　　　　　　　　175

行藥吟一卷　　　　　　　　　　　　　　290

危太樸續補不分卷　　　　　　　　　　　89

亦頖集八卷　　　　　　　　　　　　　　326

江皋集六卷遺稿一卷　　　　　　　　　　200

七畫

杜東原雜著一卷補遺一卷　　　　　　　　108

李石叠集四卷附録一卷　　　　　　　　　146

李長卿集二十八卷　　　　　　　　　　　　　　　　　241

李侍御詩略一卷　　　　　　　　　　　　　　　　　　219

李裕州蕭然亭集四卷　　　　　　　　　　　　　　　　183

李駕部集二卷續編詩集一卷續編文集一卷青霞漫稿一卷　168

秀野堂集十卷　　　　　　　　　　　　　　　　　　　260

我有軒集四卷哀挽詩一卷　　　　　　　　　　　　　　300

何士龍詩一卷　　　　　　　　　　　　　　　　　　　351

何仲默先生詩集十五卷　　　　　　　　　　　　　　　129

何震川先生集二十八卷　　　　　　　　　　　　　　　191

余鶴池詩集十卷　　　　　　　　　　　　　　　　　　144

沛園集五卷　　　　　　　　　　　　　　　　　　　　228

宋布衣詩集二卷　　　　　　　　　　　　　　　　　　225

宋景濂先生未刻集不分卷　　　　　　　　　　　　　　88

妙遠堂詩三集一卷閩游草一卷　　　　　　　　　　　　338

邵北虞先生遺文不分卷　　　　　　　　　　　　　　　178

八畫

玩世齋集十二卷　　　　　　　　　　　　　　　　　　323

武林稿一卷容臺稿一卷二臺稿一卷省中稿四卷　　　　　162

青邱詩集擷華八卷　　　　　　　　　　　　　　　　　92

青來閣二集十卷　　　　　　　　　　　　　　　　　　278

青錦園文集選五卷存一卷　　　　　　　　　　　　　　281

青藜齋集二卷洛書樓社草一卷祀岳集一卷孝行始末文稿一卷

　學行始末文稿一卷　　　　　　　　　　　　　　　　302

長嘯軒近稿一卷續草一卷　　　　　　　　　　　　　　194

坦上翁集不分卷　　　　　　　　　　　　　　　　　　125

坻塲集十九卷　　　　　　　　　　　　　　　　　355

范文忠公文稿不分卷　　　　　　　　　　　　　　274

林泉高士孫西川詩稿一卷　　　　　　　　　　　　142

林屋集二十卷南館集十三卷　　　　　　　　　　　143

來復齋稿十卷　　　　　　　　　　　　　　　　　275

松寥詩一卷　　　　　　　　　　　　　　　　　　322

枕肱亭文集二十卷存十二卷　　　　　　　　　　　110

東安李都憲先生文集五卷　　　　　　　　　　　　109

東里詩集三卷文集二十五卷續編六十二卷別集三卷附錄四卷　　100

東游草一卷　　　　　　　　　　　　　　　　　　287

東溪遺稿四卷附錄一卷　　　　　　　　　　　　　124

臥雲稿一卷　　　　　　　　　　　　　　　　　　292

臥癡閣彙稿不分卷　　　　　　　　　　　　　　　133

雨航吟稿三卷　　　　　　　　　　　　　　　　　223

尚友堂詩集十三卷　　　　　　　　　　　　　　　218

易齋稿十卷附錄一卷　　　　　　　　　　　　　　99

忠介公正氣堂文集八卷越中集二卷南征集十卷　　　342

忠肅公和梅花百咏一卷　　　　　　　　　　　　　106

金陵集三卷存二卷　　　　　　　　　　　　　　　253

金閶稿二卷　　　　　　　　　　　　　　　　　　222

采藍集四卷　　　　　　　　　　　　　　　　　　325

周子弼集不分卷　　　　　　　　　　　　　　　　163

刻庚辰進士少薇許先生窗稿一卷會試墨卷一卷　　　231

宛溪先生滄州摘稿□卷存二卷滄州近稿二卷無文漫草□□卷存十二卷　　169

居易子鏗鏗齋外稿續集一卷雜卷一卷　　　　　　　308

姑蘇雜咏二卷　　　　　　　　　　　　　　　　　91

迦陵集一卷 321

孟我疆先生集八卷存四卷 223

九畫

春別篇一卷 253

胡仲子先生信安集二卷 90

胡伯良集六卷游廬山詩一卷詩說紀事三卷 298

南坡詩稿十五卷存八卷 114

南門仲子續集二卷 211

柳潭遺集六卷 345

思庵先生文粹十一卷 105

韋庵集二卷 121

香國樓精選夔臺草□□卷存三卷 317

重訂集古梅花詩四卷 124

皇甫司勛慶曆稿二十一卷 155

泉湖山房稿三十卷存十二卷 186

施信陽文集七卷存四卷 116

恒游草一卷燕游草一卷 276

洞庭漁人續集十六卷 157

宣廟御製總集不分卷 107

客乘二十八卷 241

客越集一卷 284

退思堂集十二卷 337

十畫

素軒吟稿十一卷 200

素雯齋集三十八卷 273

素蘭集一卷 313

起曹稿□卷存一卷 192

袁海叟在野集八卷 93

華陽稿二卷 128

莊擊壤公詩集一卷附錄一卷 95

桐岡集不分卷小稿一卷 133

桃葉編一卷 292

桃溪類稿六十卷存五十一卷附錄一卷 112

栩栩編□卷存一卷 354

夏叔夏貧居日出言二卷仍園日出言二卷 311

唧唧吟一卷 319

秣陵集八卷 206

徐汝思詩二卷 171

徐孝廉遺稿二卷 234

徐徐集一卷家乘一卷 160

留餘堂集二卷 188

郭汝承集□卷存四卷 263

烟霞外集一卷 347

烟鬟子集十四卷 237

海上老人別集二卷 165

海岱會稿一卷 136

海剛峰先生集六卷政事四卷 179

浮山堂集一卷石倉文稿一卷 252

浪吟集二卷疏草一卷方城公尺牘一卷 321

容庵詩集十卷辛卯集一卷容庵文集二卷 355

陳庶常遺集四卷附錄一卷　　　　　　　　　　　　280

陳徵士集四卷　　　　　　　　　　　　　　　　　139

陭堂摘稿十六卷　　　　　　　　　　　　　　　　157

孫雪屋文集不分卷　　　　　　　　　　　　　　　350

十一畫

珵美堂集一卷沙上集一卷　　　　　　　　　　　　316

黃子錄六十六卷存三十七卷　　　　　　　　　　　315

黃夫人臥月軒稿六卷續刻一卷　　　　　　　　　　332

梅谷蕭山稿一卷　　　　　　　　　　　　　　　　203

曹子玉詩集十卷　　　　　　　　　　　　　　　　339

曹門學則四卷存二卷　　　　　　　　　　　　　　246

雪花三十韵一卷　　　　　　　　　　　　　　　　354

雪堂文集十卷附錄一卷　　　　　　　　　　　　　264

偲庵詩集十卷存七卷文集十卷附錄一卷　　　　　　123

停雲館詩選二卷　　　　　　　　　　　　　　　　290

假庵詩草不分卷　　　　　　　　　　　　　　　　308

許山集一卷承平雜咏一卷　　　　　　　　　　　　350

庸齋先生集二卷　　　　　　　　　　　　　　　　173

康德瞻集四卷附錄一卷　　　　　　　　　　　　　122

鹿城詩集二十八卷　　　　　　　　　　　　　　　210

望雲樓稿十八卷　　　　　　　　　　　　　　　　251

率道人素草七卷　　　　　　　　　　　　　　　　256

淮上詩四卷　　　　　　　　　　　　　　　　　　193

淥江集十二卷附錄一卷　　　　　　　　　　　　　138

寄籬稿詩六卷存一卷寄籬稿文一卷寄籬雜稿一卷　　175

密娛齋詩集九卷後集一卷　　　　　　　　261

屠長卿集十九卷存十三卷　　　　　　　　230

張中丞詩集二卷　　　　　　　　　　　　194

張公亮先生癸甲螢芝集二卷　　　　　　　343

張弘山先生集四卷　　　　　　　　　　　204

張修撰遺集八卷附錄一卷　　　　　　　　102

張尊江先生存笥集二卷徵行錄一卷　　　　147

陽明先生文錄十七卷語錄三卷　　　　　　126

絅齋先生文集□□卷存四卷　　　　　　　183

巢雲詩集八卷　　　　　　　　　　　　　226

巢鵲樓吟稿不分卷　　　　　　　　　　　219

十二畫

博趣齋稿二十三卷　　　　　　　　　　　120

萬里吟二卷　　　　　　　　　　　　　　336

葛司農遺集不分卷　　　　　　　　　　　257

葛坡草堂集四卷　　　　　　　　　　　　337

董中峰先生文選十一卷　　　　　　　　　130

敬民堂小集三卷　　　　　　　　　　　　335

落花詩一卷　　　　　　　　　　　　　　304

雲仙集□□卷存十七卷　　　　　　　　　197

雲岡選稿二十卷　　　　　　　　　　　　148

雲間清嘯集一卷　　　　　　　　　　　　97

雲隱堂文集三十卷詩集十卷附錄四卷　　　317

紫庭草一卷　　　　　　　　　　　　　　270

紫薇堂集八卷附錄一卷　　　　　　　　　265

紫霞閣文集十三卷存十二卷　　　　　　　　　295

間存集八卷　　　　　　　　　　　　　　　　164

剩草一卷　　　　　　　　　　　　　　　　　334

程右丞稿八卷　　　　　　　　　　　　　　　161

程刺史栖霞集不分卷　　　　　　　　　　　　170

答問草一卷　　　　　　　　　　　　　　　　259

筆花樓新聲一卷　　　　　　　　　　　　　　289

筆峰詩草一卷醉鄉小稿一卷　　　　　　　　　208

愧齋文粹五卷附錄一卷　　　　　　　　　　　113

尊生館稿不分卷　　　　　　　　　　　　　　243

馮光禄詩集十卷　　　　　　　　　　　　　　166

湖海長吟八卷操瑟迂譚二卷　　　　　　　　　285

温函野詩集二卷　　　　　　　　　　　　　　184

渭上續稿十一卷　　　　　　　　　　　　　　180

游梁集一卷　　　　　　　　　　　　　　　　173

游梁詩集六卷　　　　　　　　　　　　　　　214

游參知藏山集十卷　　　　　　　　　　　　　228

游燕雜紀二卷　　　　　　　　　　　　　　　282

寒村集四卷　　　　　　　　　　　　　　　　158

寓軒詩集九卷存三卷拾遺一卷　　　　　　　　96

巽隱程先生文集四卷　　　　　　　　　　　　98

絶餘編四卷　　　　　　　　　　　　　　　　353

幾亭文録四卷　　　　　　　　　　　　　　　344

十三畫

瑞雲樓稿□□卷存三卷　　　　　　　　　　　310

瑞鶴堂近稿三卷   199

遠游集十二卷   306

蒼谷集録十二卷存六卷   127

兼葭什一卷   329

楚游稿二卷   284

楊升庵詩五卷   135

楊宜閑文集十二卷存六卷   109

槎庵詩集八卷   266

携劍集四卷恒西游草一卷   296

睡庵詩稿一卷文稿二卷   250

蜀都賦不分卷   298

傳是堂合編五卷河東文告四卷奏議一卷   274

遙連堂訂王損仲先生詩乙稿一卷   254

頌帚三集二卷   269

頌帚居士戒草一卷   269

詹炎集三十四卷存十八卷   254

誠意伯劉先生文集二十卷   89

新樂王甲戌稿一卷   199

溪南清墅集草六卷   247

十四畫

静軒文鈔不分卷   120

碧雞集一卷彈鋏集一卷金陵游稿一卷   216

瑤草園初集□□卷存十一卷   272

趙梅峰先生遺稿四卷   215

嘉南集二卷   162

蔣氏敬日草十二卷外集十二卷　　　　　　　　　315

閩中稿一卷　　　　　　　　　　　　　　　　　204

種菊庵詩四卷　　　　　　　　　　　　　　　　94

管子憲章餘集二卷　　　　　　　　　　　　　　220

鳳川先生文集三卷　　　　　　　　　　　　　　130

鳳岩山房文草二十六卷存二十四卷　　　　　　　176

齊雲山史集不分卷　　　　　　　　　　　　　　213

鄭少白詩集□卷存四卷　　　　　　　　　　　　150

鄭松庵漫稿七卷存五卷附錄一卷　　　　　　　　207

漱玉齋類詩三卷初吟草一卷解弢集一卷　　　　　255

漪游草三卷　　　　　　　　　　　　　　　　　217

緒言四卷　　　　　　　　　　　　　　　　　　309

綠槐堂稿二十二卷　　　　　　　　　　　　　　170

綴閑集二卷公孫龍子達辭一卷　　　　　　　　　330

十五畫

穀原詩集八卷　　　　　　　　　　　　　　　　151

穀園集詩一卷文一卷　　　　　　　　　　　　　348

蕪巢拾稿一卷悲風草一卷　　　　　　　　　　　353

橫山草堂詩集十一卷　　　　　　　　　　　　　329

橫戈集一卷附錄一卷　　　　　　　　　　　　　187

橫槎集十卷　　　　　　　　　　　　　　　　　181

樊氏集十二卷　　　　　　　　　　　　　　　　149

歐陽南野先生文選五卷　　　　　　　　　　　　145

撫上郡集一卷　　　　　　　　　　　　　　　　135

賜麟堂集六卷存四卷　　　　　　　　　　　　　179

墨華集不分卷 327

墨巢集十六卷 352

黎縝之游稿一卷椒花初頌贈言一卷 328

餘廉堂集八卷 320

潛溪後集十卷 87

潛溪集十卷附録二卷 87

豫章既白詩稿四卷 198

樂中集一卷近集七卷前集七卷 267

樂府一卷 166

十六畫

操縵草十二卷 344

薊丘集四十七卷 240

薄游小草一卷 259

橄墩詩集□卷存七卷 185

踽庵集不分卷 277

學半齋集不分卷 249

學言一卷 281

學易齋集二十卷 189

錢海石先生詩集七卷 159

龍川駢語不分卷 152

龍潭集□□卷存十七卷 313

澶淵雜著二卷 262

十七畫

環溪漫集八卷 152

藏甲岩稿六卷　　　　　　　　　　　　　177

藏徵館集十五卷　　　　　　　　　　　　239

擊轅草一卷　　　　　　　　　　　　　　287

礐園詩稿二卷　　　　　　　　　　　　　295

鍾山獻續一卷再續二卷三續二卷　　　　　332

謝茂秦集二卷　　　　　　　　　　　　　202

十八畫

瓊臺吟稿十卷　　　　　　　　　　　　　111

瓊臺類稿七十卷　　　　　　　　　　　　112

豐村集三十六卷　　　　　　　　　　　　212

韞璞齋稿一卷燕臺草一卷　　　　　　　　301

鐫黃離草十卷　　　　　　　　　　　　　235

雞肋刪三卷　　　　　　　　　　　　　　242

十九畫

藿議不分卷　　　　　　　　　　　　　　264

蘆花湄集二十九卷　　　　　　　　　　　248

蘇門山房詩草二卷文草四卷家乘一卷東事書一卷　250

醯雞鳴瓿□□卷存十一卷　　　　　　　　224

鏡山詩集□□卷存六卷　　　　　　　　　132

鏡心堂草十六卷　　　　　　　　　　　　227

懷柏先生詩集十卷　　　　　　　　　　　115

二十畫

蘭陔堂稿十四卷　　　　　　　　　　　　289

覺非先生文集五卷 103

釋義美人染甲詩二卷 324

釋義雁字詩二卷 325

二十一畫

㲉音集一卷 293

二十二畫

聽真稿二卷 156

聽雪篷先生詩集七卷附錄一卷 92

二十三畫

籠鵝館集不分卷 356

二十四畫

觀光詩集四卷助教侯先生文集四卷 103

觀槿續稿十九卷存十卷 225